大班额教学新视野：
学习共同体构建与教学方式变革

潘洪建 沈文涛 主编

DABANE JIAOXUE XIN SHIYE
XUEXI GONGTONGTI GOUJIAN YU
JIAOXUE FANGSHI BIANGE

江苏大学出版社
JIANGSU UNIVERSITY PRESS
镇江

图书在版编目(CIP)数据

大班额教学新视野:学习共同体构建与教学方式变革/潘洪建,沈文涛主编.—镇江:江苏大学出版社,2012.12
ISBN 978-7-81130-435-0

Ⅰ.①大… Ⅱ.①潘…②沈… Ⅲ.①中小学—教学研究 Ⅳ.①G632.0

中国版本图书馆 CIP 数据核字(2012)第 317685 号

大班额教学新视野:学习共同体构建与教学方式变革

主　　编/潘洪建　沈文涛
责任编辑/米小鸽
出版发行/江苏大学出版社
地　　址/江苏省镇江市梦溪园巷 30 号(邮编:212003)
电　　话/0511-84446464(传真)
网　　址/http://press.ujs.edu.cn
排　　版/镇江文苑制版印刷有限责任公司
印　　刷/句容市排印厂
经　　销/江苏省新华书店
开　　本/718 mm×1 000 mm　1/16
印　　张/22.25
字　　数/442 千字
版　　次/2012 年 12 月第 1 版　2012 年 12 月第 1 次印刷
书　　号/ISBN 978-7-81130-435-0
定　　价/48.00 元

如有印装质量问题请与本社营销部联系(电话:0511-84440882)

国家社会科学基金"十一五"规划 2010 年度教育学一般课题

"大班额学习共同体构建与教学方式变革研究"

（课题编号：BHA100051）

课题主持人：	潘洪建				
核心成员：	沈文涛	陈余根	薛义荣	姜义松	丁 睿	葛家梅
	陈士文	曹国峰	薛晓阳	龚林泉	李庶泉	李发武
主要参研人员：	何蓓蕾	时友菊	张彩娣	张亚丽	周 悦	朱兰君
	盛传云	李兆兵	贡加斌	张广潮	陈传军	赵艮平
	唐 骏	吴爱华	卢 伟	刘付刚	仇丽君	孙静静
	杨文卉	马志芳	张 俊	王永昌	郭玉芳	严保静
	陈 悦	陈 君	孙云平	缪德龙	孙 玮	谢娟萍
	侯翠萍	祁 萍	王 妍	周微微	查仪勇	黄国斌
	董大春	朱有伟	翟春娣	薛彩雨	宋金男	王 清
	卢 婷	滕 静	张 瑜	栾新蕾	刘 华	蔡 澄
	刘久成	赵明玉	翟 楠	屠锦红	王洲林	丁文宏
	丁连根	王 雄	江 虹	史桂荣	王真红	胡吉蔚
	张金梅	杨 静	吴 晶	袁建萍	丁 熠	韩云先
	陈旭兰	丁龙祥	常冬琴	袁 绥	陈 香	洪 妍
	马新安	吴光超	赵 娱	付 勇	朱殿庆	潘 旭
	李雪琴	高 蓉	覃丽华	李 娜	韩 锋	王小宙
	张 林	文海琳	仲 军	蒲晓茹	高 明	杜成谦
	魏晓红	谢永刚	卿德平	李 军	于建军	阳 彦
	张志鹏	李纪龙	张学友			

前　言

参照教育部班额标准，一般认为，中小学校每班46～55人为"大班额"，56～65人为"超大班额"，66人以上为"特大班额"。目前，大班额现象在我国许多地方的中小学中十分突出。四川省2006年教育事业统计年鉴的数据显示：全省小学班额在46人以上的教学班有75026个，占小学教学班总数的43.7%，其中56～65人的超大班额和66人以上的特大班额分别达到24752和19190个，分别占小学教学班总数的14.4%和11.2%。由于班额过大，教师难以关注每一个学生，致使相当一部分学生参与机会少，学习兴趣缺乏，信心不足，成为"陪客"。大班额现象已严重制约着我国基础教育教学质量的提高，制约着学生生动活泼的发展，影响着基础教育均衡发展目标的实现。

日本学者佐藤学2004年11月在华东师范大学大厦讲坛上说："学习共同体是21世纪的教育理想。"在我国这样一个学龄人口基数巨大、优质教育资源短缺且配置不均、家长教育期望普遍偏高的国家，大班额的存在还会持续很长时间。那么，如何让每一个学生从大班额教学中真正受益，学有所成，学有所长，真正提高大班额教学的有效性，是一个亟待研究与解决的重大课题。我们认为，构建学习共同体，变革教学方式，是破解大班额教学难题的重要途径。在此背景下，2010年5月，我们组织申报了"大班额学习共同体建构与教学方式变革研究"课题，获得批准，被列为国家社会科学基金"十一五"规划2010年度教育学一般课题（课题编号BHA100051）。由此，我们开展了系列理论研究与实践探索，特别地，一批中小学教师积极参与，开展教学行动研究。可以说，大班额学习共同体建构与教学方式变革研究有助于解决中小学班额过大与效率低下的矛盾，提高大班额教学的有效性，促进教育公平；有助于挖掘大班额潜在的教育资源，使学生相互影响，彼此促进，共同成长；有助于拓展教学研究的视野，为教学理论发展提供新的生长点。

近3年来，课题组全体成员以高度的热情投入课题研究，努力探索，大胆尝试，形成了系列研究论文与行动研究报告，为课题成果的凝练积累了丰富的资料。在此基础上，我们经过概括与提炼，撰成本书。本书包括4篇、12章。

第一篇，研究现状。包括第1—2章，主要涉及理论研究现状和教学实践现状。首先,查阅相关文献,对大班额教学、学习共同体、学习方式的研究进展进行了梳理与评析,总结既有的成就,检讨存在的问题,预测未来发展趋势,以使读者对相关研究有一个概貌性把握。其次,课题组编制了调查问卷与访谈提纲,深入中小学考察、调研,明确大班额教学状况及其存在的问题、困难,探讨成因及其对策,力求描述当下大班额教学的实际现状,为理论研究与行动研究提供基础,以增强研究的针对性。

第二篇,大班额学习共同体构建研究。包括第3—6章,主要涉及学习共同体的概念、特征、理念以及大班额学习共同体构建的阶段、原则、策略,开展了语文、历史、英语、数学、物理、化学等学科大班额学习共同体构建的行动研究,为学习共同体在学科教学中的具体运用提供操作策略。同时,还探讨了学校层面大班额学习共同体运行机制以及网络平台建设问题,为大班额学习共同体的运行提供强有力的制度支持与技术支撑。

第三篇,大班额教学方式变革研究。包括第7—11章,主要涉及大班额自主学习、大班额合作学习、大班额分层教学、大班额个别化教学、大班额作业布置与批改等内容,既阐述了教学方式的理论,又结合大班额教学实际,在语文、数学、英语、历史、物理等科目展开教学方式变革的行动研究,初步形成一套可供借鉴的大班额学科教学方式实施策略和操作案例。

第四篇,大班额教学管理研究。包括第12章,涉及大班额课外作业管理、座位安排、班级管理等内容,主要针对大班额教学管理中的实际问题,展开行动研究与实践探索,为大班额教学管理提供指导。

本书立足大班额教学实际与问题,以学习共同体构建与教学方式变革为核心,既有理论上的阐释,更有实践上的关怀,结构合理,层次明晰。书中精选了一批课题组成员从行动研究中总结出来的典型案例,对于指导大班额教学实践、开展大班额教学研究颇具积极的示范作用和启发价值。

本书的主要执笔者依次为:潘洪建、仇丽君、孙静静、栾新蕾、王洲林、龚林泉、朱殿庆、李庶泉、屠锦红、李兆兵、葛家梅、卢伟、唐骏、张亚丽、盛传云、沈文涛、赵艮平、张瑜、陈悦、张广潮、滕静、江虹、缪德龙、卢婷、孙云平、王清、薛义荣、陈余根、丁连根、马志芳、杨文卉、刘付刚。全书由潘洪建、沈文涛担任主编,由潘洪建设计与统稿。

本书在写作过程中参阅了一些著作、论文及资料,在此表示感谢! 由于作者水平有限,书中的疏漏与不足在所难免,敬请专家同仁批评、指正。

作 者

2012 年 10 月 22 日

目录

第一篇
DIYIPIAN

现状研究

第一章　研究现状

一、大班额教学研究进展

根据中国知网的不完全统计,2001 年至 2010 年,中国期刊全文数据库,中国博士、硕士学位论文全文数据库中输入关键词"大班额教学"查找(查找方式为精确,进行跨库搜索),共有文章 19 篇。而输入篇名"大班额教学"查找,共有文章 50 余篇;输入主题词"大班额教学"查找,文章达 90 篇。可见,大班额教学已引起教育工作者的关注。

(一) 大班额教学研究的现状及内容

1. 大班额现象弊端与产生原因的研究

(1) 大班额教学的弊端

有研究指出:大班额给学校带来 3 个方面的压力:学生活动空间压缩;管理难度加大;教师的身心压力加大。[①] 大班额不但影响了教学效果,影响了学生的参与度,同时也使学生的管理难度加大。[②] 有研究者将大班教学与小班教学进行比较,总结出大班额教学的弊端:师生互动频率相对较低,教师难以全面掌握学生反馈的信息,难以对个别或少数学生实施针对性教学;学生受干扰因素多,增加课堂调控难度。[③]

大多研究均从社会、学生、教师、家长等不同角度对大班额现象的弊端进行分析,指出大班额现象对学生发展、教学质量、课堂管理等方面的消极影响。

(2) 大班额现象产生的原因

2008 年民盟兰州市委提交的《关于解决我市中小学大班额现象的提案》认为,形成"大班额"的原因主要来自 3 个方面:一是城区学校的规划建设未与城

---

① 刘策:《大班额——压力与行动》,《宁夏教育》,2009 年第 6 期。
② 他夏多勒:《大班额教学之我见》,《青海教育》,2010 年第 3 期。
③ 林宗何:《大班额教学不利因素的应对策略》,《小学教学参考》,2007 年第 7 期。

区发展同步;二是随着人民群众对子女接受优质教育需求的增加,择校之风盛行,这是优质学校大班额居高不下的主要原因;三是随着城镇化进程的加快,大量生源的涌入,直接导致城区学校大班额的形成。① 有研究者指出:社会城镇化发展,农村学生大量涌入,政府投入不足,教育设备短缺,教育资源流失,教师数额不足是造成大班额现象的原因。② 有论者分析大班额现象的存在来自多方面的压力,如经费的压力、编制的压力、择校的压力。③

一些研究指出:造成大班额现象的原因是多方面的,其中,教育资源的供给不能满足基础教育的需要是造成大班额现象的制度原因,城镇化进程的加快是造成大班额现象的社会原因,学校办学的市场导向是造成大班额现象的经济原因。

总之,大班额现象产生的主要原因是学生人数增加、教育资源短缺、优质教育资源配置不均衡,这些问题是大班额现象产生的最根本的外在原因。当然,要从根本上解决大班额问题,政府和学校应做出切实的努力,加大对教育的投入,增加必要的教学设施,控制班级额度,提供更多的优质教育资源。此外,班主任应该合理编排学生座位,任课教师应努力提高课堂教学的清晰性,改进教学方式,提高教学效率。

2. 大班额教学策略的研究

一些研究者在较为宏观的层面上探讨消除大班额问题的途径:各级政府要切实承担发展城区义务教育的责任;科学布局,统筹规划城区学校建设;加快薄弱学校改造步伐,提升农村学校办学水平;大力发展民办教育,推行多元化办学体制;依法办学,切实规范办学行为。④ 但更多的研究是在班级教学层面探讨大班额教学的有关问题,研究的主要内容有:

(1) 大班额学生座位的研究

学生座位作为一种有效的教育资源,具有明显的认知和个性发展价值。国外研究显示,不同座位对学生的生理健康、学习效率、课堂纪律等均会造成不同的影响。基于这些影响,众多研究者提出一些座位编排的策略:按学科互补的方式,把偏科的学生交叉安排;按性格互补的方式,把不同性格的学生交叉安排;学生自主选择与班主任考察安排相结合。⑤ 一些研究者提出大班额座位应前后轮换、左右轮换。综观已有研究,有关不同座位排列方式与学生发展、教学效率关

① 林宗何:《大班额教学不利因素的应对策略》,《小学教学参考》,2007 年第 7 期。
② 王富民:《大班额现象制约新课标的实施》,《中学生英语》,2010 年第 6 期。
③ 陶西平:《正视"大班化"走向》,《北京教育(普教版)》,2004 年第 5 期。
④ 陈岩:《关于城区中小学班额过大问题的思考》,《湖南教育》,2006 年第 5 期。
⑤ 闫江涛:《大班额教学环境下学生座位价值的实现》,《教育评价》,2005 年第 4 期。

系的实证研究极少,目前还缺乏翔实的有足够说服力的支持材料。

（2）大班额教学方式的研究

① 自主学习的研究

大班额教学要面向全体,照顾差异,一些学校试行"贷款"教学制,满足一般生支配学习的需要,试行"择业证""免考证""游学证",拓展超常生支配学习的范围;让每位学生拥有支配学习的自主权;通过人人参与值勤、早会才艺表演舞台,让每位学生拥有体验活动的参与权;通过设立班级成果展示区,建立个人成长记录,让每位学生拥有表现自我的展示权。① 这些措施较好地强化了学生的自主意识,提高了大班额教学的效率。

一些研究者探讨了大班额自主学习的引导后认为,在引导学生自主学习的过程中,要给学生充裕的时间读书,使学生对课文内容真正有所感悟;读书之后,要留给学生充足的时间思考,以便他们在交流时能准确表述自己的观点,并质疑问难。②

② 合作教学的研究

合作教学是开发利用学生差异资源、提高大班额教学质量的重要策略。我国的教育工作者在学习、借鉴国外成果的基础上,将合作教学运用于大班额教学,实施分组合作教学。一些研究者提出了大班额合作学习的分组方式:异质分组、同质分组、男女搭配分组、自由组合分组。组建合作学习小组要遵循的基本原则:把握组建合作小组的时机;组内异质,组间同质;组内互动,组内竞争;通过角色、资源等的分配,让学生承担起个人责任并相互依赖。还有一些研究者对合作学习的课堂结构进行了研究,提出马蹄型或圆桌会议型、一课一组合、田式设组等。一些研究者论述了合作学习的技能、技法:学会表达、学会倾听、学会操作、学会共处。③

有研究者基于对大班额学生的学科知识的摸底排序,确定帮扶对象和对应帮扶者。学科成绩第一名帮扶最后一名,第二名帮扶倒数第二名……组成"1+1"帮扶组,一个班共有7个左右的重点帮扶组,由学生自己商定帮扶目标。此外,将其他同学组成"1+2"助学组。第一组由成绩靠前的同学担任组长,成绩紧跟其后的两位同学为组员。这两位组员又同时是下一级"1+2"助学组的组长。这样就把全体同学组成了一张网,一位小组长直接负责本组两位同学和前一位帮扶对象(实际是3位同学)的预习、课内外作业、背诵的检查及辅导等,形

---

① 沈怡箬:《新课程下大班额教学照顾学生差异的实践与思考》,《基础教育课程》,2005年第7期。
② 罗伟:《大班额教学如何面向全体》,《今日教育》,2005年第12期。
③ 惠敏华:《尊重学生差异,实施分层教学》,《新课程学习(综合)》,2010年第6期。

成"1 + 2"助学网。①

③ 分层教学的研究

分层教学能最大限度地调动各层次学生学习的积极性,使各层次的学生都能够获得主动和谐的发展,促进大班额教学质量的提高。一些研究者对分层教学提出了具体的实施方法:学生分层、目标分层、施教分层、作业分层、评价分层。②

(3) 大班额作业评改的研究

有研究者对大班额作业存在的问题进行了分析,提出大班额作业改革的建议:全批全改、精批细改、分组批改、当面批改、自我批改、给作业写评语。一些教师根据自己的教学经验提出"单页作业""流动作业"方法,强调作业的层次化、趣味化。③ 还有研究者总结提炼出大班额作业改革的 4 字要诀:一是作业种类的设置不宜过多,要精到,解决一个"繁"字;二是作业布置要克服重复现象,要精要,解决一个"多"字;三是作业批改不宜面面俱到,要恰当,解决一个"泛"字;四是教师要认真备课,吃透教材,抓住教学目标,围绕教学的重点、难点精心设计作业练习,着眼于一个"精"字。④

一些学科对大班额作业的评改进行了探索。如语文作文的评改,有的教师采用流动作文的办法,把全班学生分成 6 ~ 8 组,每组一个作文本,每组每天一人写作文,当天教师只需批改 6 ~ 8 本学生作文,批改后将作文本交给每组第二人,第二天批改后交给第三人……以此类推,这样既减轻了教师批改作业的负担,使学生作文每天能得到教师的批改,又促进了学生之间相互交流。⑤ 此外,人们还探讨数学、英语作业的评改。这些研究根据学科特点与实际,将作业批改具体化,丰富了大班额作业批改的实践。

(4) 大班额考试改革的研究

有研究者指出大班额试卷的试题设计要有层次性和一定的弹性,以最大限度地适合各类学生的特点。⑥ 对于试卷设计,一些论者提出,考核的内容应面向全体,可以设计包含必做题、选做题、拔尖题等不同层次与不同形式的试题,供学生选择,以符合各类学生的发展水平,促进学生在各个层次上均有所发展。

---

① 张锋:《大班额教学措施探索"1 + 1 + 2"帮扶助学机制》,《新课程》,2010 年第 3 期。
② 刘立国:《课堂教学面向全体学生的思考》,《中国教育学刊》,2000 年第 5 期。
③ 徐慧林,等:《"大班"教学如何面向全体》,《江西教育》,2005 年第 7 ~ 8 期。
④ 刘策:《大班额——压力与行动》,《宁夏教育》,2009 年第 6 期。
⑤ 同③。
⑥ 同②。

综观现有文献,关于大班额考试改革的研究,大多强调试题的层次性与可选择性,以促使不同发展程度的学生都能得到发展,更好地面向全体。

3. 大班额课堂管理的研究

课堂纪律是大班额教学顺利开展的基本保证,构建科学的、适应大班额教学的课堂管理机制对提高大班额教学质量具有重要意义。有研究者对课堂纪律进行了研究,提出了大班额教学中维持纪律需要教师具有魄力、感召力和亲和力。[①] 很多教师针对大班额出现的问题以课题的形式开展了研究,通过研究解决管理中的实际问题,提出通过诸如激发学生兴趣、丰富教学内容、实施问题教学、提升教师自身素养等途径来提高课堂管理水平。

通过文献资料可以看出,对国外有关课堂管理的研究介绍较多,专门针对大班额课堂管理的研究较少。

4. 大班额的生态学、心理学研究

有学者从生态学角度分析了大班额学校中的生态效能,指出大班额不仅是一种课堂组织形式,更涉及学校生态的功能和效率问题。大班额的生态效能表现为:自组织效应、差异资源效应、功能整合效应、放大与回固效应、生态补偿效应、生态场效应。其中,差异资源效应十分明显,因为班额越大,学生的个体差异就越大。虽然教师难以做到面向全体学生和关注到每一位学生的发展,但学生间的差异是重要的教育资源,差异导致竞争,竞争促进发展,同时差异也会导致合作,合作能促进学生在互补中共同成长。大班额具有人数多的优势,学生思维活跃、发散性强、信息来源广泛,容易通过信息交流、思维碰撞来促进知识的互补和点燃创新的火花。[②] 这种分析不无新意,对于发掘大班额教学资源具有启发意义。

有学者吸收加德纳的多元智能理论与卡罗尔的学习达成度思想,指出可以在课堂教学中开发利用学生的多种智力资源,提供多种学习机会,改善教学行为,谋求学生全员发展。大班教学实现全员发展必须做到:立足于面向全体学生的群体教学,融入小组合作学习和个人自学。在群体教学中,教师要在以下两个层面努力:提高教学的可懂度,增加学生的参与机会;教学内容突出精要,从根本上提高学生的能力和动机,使他们会学和好学。在小组活动和学生自学上,教师要充分发挥和发展学生的内在资源。[③]

还有学者从心理学角度探讨大班额教学心理环境的优化问题,提出运用开

① 马雪:《新课程改革中的有效课堂管理策略》,《教学与管理》,2007 年第 2 期。
② 胡继飞:《论大班额背景下的我国学校教育生态》,《教育研究与实验》,2006 年第 4 期。
③ 刘如平,徐长林:《论大班教学条件下的学生全员发展》,《教育科学》,2003 年第 5 期。

放式课堂、构建大班教学互动平台、创设积极多元的课堂评价机制等方法优化大班额教学的心理环境,达到提高教学效果的目的。①

5. 大班额教学的实践研究

除了理论上的探讨,人们对大班额的座位编排、教案撰写、课堂互动、帮扶结对、作业批改等问题也进行了研究,并在实践中进行了一定的尝试,特别是在分层教学与小组合作方面有较多研究。如陕西宝鸡市岐山县五丈原初中、安徽安庆市菱北中心小学、江苏泰州姜堰仓场小学、江苏徐州市邳州碾庄中学、江西宁都三中,此外,还有甘肃、宁夏、四川、湖北等省的一些中小学校对大班额教学也进行了一定的探索,积累了一些研究资料。

(二) 大班额教学研究的反思与前瞻

1. 大班额教学研究内容不平衡,有待丰富

尽管人们对大班额教学现象与问题做了不少研究,但就我们搜索到的文献看,研究内容还存在明显的不平衡性,其主要表现是:关于大班额现象产生的原因与弊端的宏观分析较多,而对大班额课堂教学策略的微观研究相对薄弱;吸收国外相关研究成果,简单推演较多,而立足于我国本土的扎扎实实的研究较少;经验总结式的、议论性的文章较多,而调查的、实验的文章较少;零碎、分散的小块文章较多,系统的、有分量的研究和探索较少;来自一线教师的思考与建议较多,理论工作者的关注与研究不够。正是上述问题的存在,致使大班额教学的研究处于经验式、零散性状态,完整的大班额教学体系尚未建立,大班额教学的研究远远不能适应大班额教学现实的需要,严重地滞后于实践。今后的研究应对大班额教学开展多方位、深层次的研究,加大研究力度,提升研究水平,更好地为提高大班额教学的有效性服务。

2. 大班额教学研究方法单一,有待改进

从文献资料可以看出,已有的大班额教学研究方法单一,其表现是:经验总结、行动建议较多,而实验的、行动的研究较少。国外研究如合作学习、合作教学的介绍较多,国内则深入的实验研究较少。众所周知,国外特别是西方发达国家班级规模小,其研究成果难以直接推广到大班额教学之中,我们必须进行深入的教学实践,结合我国大班额教学实践展开扎扎实实的探索,以解决我国大班额教学面临的实际问题。今后,应在吸收相关研究成果的基础上,更多地进行大班额实验研究与行动研究。

在实验研究方面,可进行大班额合作教学的实验研究,通过实验研究找出适

---

① 洪军:《浅谈大班教学心理环境的优化》,《福建论坛》,2008 年第 6 期。

合我国大班额教学的分组方法,诸如对不同学科、不同内容的合作教学究竟怎样开展,每组多少人效果最佳,小组活动时间多长为宜,小组之间的座位如何安排,不同能力、性向的学生在小组中的作用如何发挥等问题进行研究。在行动研究方面,应加强大班额课堂教学实践的行动研究,对大班额教学中的教学设计、课堂组织、教学方式、考试评价等问题进行深入、扎实的行动研究,形成一些行之有效的、可供选择的大班额教学模式,丰富大班额教学实践,提高大班额教学效率。

3. 大班额教学的理论研究薄弱,有待加强

已有研究显示,大班额的研究主要以一线教师为主体,理论工作者关注不够,参与很少,使得大班额教学研究长期处于"犹抱琵琶半遮面"的状态,影响了研究的广度与深度。事实上,由于学龄人口基数过大、教育资源紧缺、人们对优质教育需求显著增加、优质教育资源分布不均衡等原因,大班授课制还将在一定时期内广泛存在,短期内不会消除,大班额教学问题的有效解决离不开理论工作者的参与。因此,教育理论工作者要自觉地承担社会责任,敢于正视、直面重大的教学现实问题,深入教学实践,与广大教师携手并肩,通过理论工作者与实践工作者之间的合作、对话,采用实验研究、行动研究等方法,共同探讨、研究大班额教学中存在的诸多问题,破解大班额教学与管理难题,形成一些大班额教学与管理的模式、策略,全面提高大班额教学效率与质量。

(执笔:扬州大学潘洪建、孙静静)

二、学习共同体研究进展

近年来,随着教育改革的推进,"学习共同体"已逐渐成为教育研究领域备受关注的话题。根据中国知网不完全统计,2001—2010 年,在中国期刊全文数据库、中国博士学位论文全文数据库、中国优秀硕士学位论文全文数据库中以"题名"为检索项,输入检索词"学习共同体"(匹配方式为精确,以时间进行排序,进行跨库搜索),搜索到文章 478 篇,其中,2002 年 1 篇,2003—2004 年 19篇,2005—2006 年 65 篇,而 2007—2008 年达 171 篇,2009 年至今则有 222 篇。这些数据显示,学术界关于"学习共同体"的关注度在与日俱增,学习共同体的价值获得充分认同。纵观既有研究文献,关于学习共同体的研究主要集中在学习共同体的概念、要素、形成与发展、理论基础以及课堂学习共同体的构建等问题上。

(一)学习共同体的定义

目前"学习共同体"还没有统一的定义,存在着多种解释,兹列举如下:

学习共同体是未来学校的美好向往与理想状态。此观点源于法国哲学家尚吕克·侬曦，他认为共同体事实上从来没有发生过。共同体只是人们所执着的信念，是一种美好的向往，是一种完美的、理想化的社会状态。[①]

学习共同体主要是指一个由学习者与助学者（包括教师、专家、辅导者和家长等）共同构成的团体，他们具有共同的目标，经常在一定的支撑环境中共同学习，共享各种学习资源，进行相互对话、交流和沟通，分享彼此的情感、体验和观念，共同完成一定的学习任务，通过共同活动形成相互影响、相互促进的人际联系，并对这个团体具有很强的认同感和归属感。[②]

学习共同体是一个系统的学习环境。学习共同体成员与其周围成员共同的实践活动、共同的话语、共同的工具资源构成了一个学习环境。[③]

学习共同体是由建构主义理论支撑的一种新型学习模式，其概念内涵体现为四大要素：情境、协作、会话、意义建构。[④]

学习共同体是为完成真实任务或解决现实问题，学习者与其他人相互依赖、探究、交流和协作的一种学习方式。[⑤]

学习共同体是一种关于学习和学习者的社会性安排，它提供给学习者围绕共同的知识建构目标而进行社会性交互活动的机会，每一个成员从不同水平和不同角度加入到围绕知识的合作、争论和评价中，并在形成共同体的共识性知识的过程中确立自己的身份感。[⑥]

由此可见，基于不同视角，人们对学习共同体也有着不同的理解。从哲学的角度进行分析，学习共同体是一种理想信念的存在。从教育学的视角看，学习共同体是一种学习模式，是学习共同体成员为完成真实任务、解决现实问题所进行的探究、交流与协作。从社会学的角度看，学习共同体可以被视为一种社会安排，在共同体中师生交往互动、相互促进，为共同的成长愿景而奋斗。这些界说，有助于我们从不同角度把握学习共同体的丰富内涵。

（二）学习共同体的特征

学习共同体特征的分析能加深我们对学习共同体的理解，有关学习共同体

---

① [法]Jean-Luc Nancy：《解构共同体》，苏哲安译，台北桂冠出版社，2003 年，第 74 页。

② 薛焕玉：《对学习共同体理论与实践的初探》，《中国地质大学学报（社会科学版）》，2007 年第 7 期。

③ 郑葳，李芒：《学习共同体及其生成》，《当代教育科学》，2007 年第 5－6 期。

④ 万舒，张晨，袁晓斌：《论基于构建主义的网络学习共同体的构建》，《河南广播电视大学学报》，2007 年第 1 期。

⑤ 钟志贤：《知识构建、学习共同体与互动概念的理解》，《电化教育研究》，2005 年第 11 期。

⑥ 赵健：《学习共同体的构建》，上海教育出版社，2008 年，第 24 页。

特征的主要表述有：

具有代表性的表述是萨乔万尼、斯达莱特和雷威德的观点。萨乔万尼用反思、发展、多样化、对话、关怀和责任感这些关键词概括了他对学习共同体的理解，并认为只要在我们的教育理念中融入上述观念，我们的教学就会是成功的、有效的。斯达莱特提醒我们学习共同体的思想是一个隐喻，它给我们展现了一个新的教育观：学习需要批判和合作，批判能去伪存真，合作能丰富知识，学习的内容植根于日常生活，应该引导学生产生一种对历史、现实和人类本原东西的关注，使学习走出艰、深、繁、杂的误区，回归本来面目。雷威德提炼出一系列学习共同体的特质：(1) 尊敬。教师和学生彼此尊敬，以礼相待。(2) 关怀。它既包括教师给予学生的关怀，也包括学生给予教师的关怀。(3) 包容。共同体让所有的参与者都能参与活动，没有人被排斥在外。(4) 信任。共同体的成员互相信任，乐意向同伴展示自己的成果，分享自己的资源。(5) 授权。教师和学生都会感到在共同体中被授予了权利，他们乐于表达自己的要求和感受。(6) 承诺。共同体的目标和核心价值是所有成员共同决定的，他们乐于尊重自己的决定。[①]以上分析显示，学习共同体的特征表现为学习者在地位上的互相尊重与平等，在学习过程中的互动与关怀，在学习结果上的谋求学习者的共同发展。

根据"学习"作为认知活动的特点，有研究者将学习共同体的主要特征归纳为：(1) "共识"，学习共同体授权给组织成员，成员间通过协商达成共同的组织愿景。(2) "异质"，学习共同体通过针对"同一性"的格斗而尊重彼此的"差异"。(3) "脱域"，学习共同体的组成成员不受地域、时空、社会的限制，凭借分享共同的思想和观点而"聚集"。(4) "角色互嵌"，学习共同体沉浸在宽松、和谐、民主的合作文化氛围之中。[②] 这种思考主要从"共同体"的本质属性入手，将学习置于"共同体"的境脉中，演绎、说明学习共同体的特征。

以上是对有关学习共同体特征的多元描述。这些表述大多是基于对共同体的把握而进行的逻辑推演，而较少基于学习共同体自身的剖析，对学习共同体区别于一般共同体的独特性分析不够，尽管有的视学习为认知活动的分析，但还比较单一，基于学习本身系统特征的分析有待展开。

（三）学习共同体的构成要素

学术界对学习共同体构成要素的认识，目前处在初步探索的阶段，主要观

---

① 王黎明：《基础学校建立学习共同体的研究》，华东师范大学硕士学位论文，2004 年。
② 包蒻蒌：《迈向课堂学习共同体——课堂教学的反思与重建》，上海师范大学硕士学位论文，2007 年。

点有:

三因素论。学习共同体的构成要素主要由助学者、学习者和信息 3 种要素构成。[①] 助学者一般指在学习共同体中的教师、学科专家和受过培训的辅导者。学习者是指在学习共同体中从事个性化学习、协作学习进行交流和反思的成员。信息是在学习共同体中学习者与学习者、学习者与助学者之间的交流信息。信息交流既包括知识、能力的交流,也包括情感的交流。这与班杜拉把行为、个体和环境看做相互作用的一个学习系统的观点有类似之处。根据温格关于共同体构成的 3 个要素(相互的介入、共同的事业和共享的技艺库)的观点,有研究者认为,在教育学领域,根据教育教学的特征和学习者参与的特点,学习共同体的构成要素至少包括以身份构建为发展目标的参与者、促进参与者成长的共同目标(并非完全相同的目标)和互动的交往。[②]

四因素论。有论者认为,一个真正的学习共同体,其构成要素至少包括:(1) 以身份建构为发展目标的参与者,包括学生、教师以及其他学习者。(2) 促进参与者成长的共同目标,以便参与者之间形成互助关系,为实现共同目标负责地参与到学习活动中。(3) 互动的交往,以平等的身份参与分工协作,在竞争中发展,获得认知、情感和能力的成长。(4) 以活动为载体,参与者通过相互交流、讨论发现、探讨问题,获得学习体验和生活感悟。[③]

五因素论。有论者认为学习共同体由 5 个要素组成:(1) 学习主体(包括个体或群体的学习者)。(2) 共同愿景。(3) 课程知识(如文字材料、书籍、音像资料、CAI 与多媒体课件以及 Internet 上的信息等)。(4) 规则。(5) 学习活动分工。[④] 这一观点把视角集中在具体的课堂情境中,突出了课程知识的重要性。

也有研究者从参与者之间的需要及其满足的角度来研究学习共同体的构成要素,如归属感、信任感、互惠感和分享感等。社会心理学特别是群体心理学,为这方面的研究提供了丰富的理论支撑。

综观不同学者对学习共同体因素的分析不难发现,基于要素的分析都是建立在一定的理论基础上的,不同之处在于:有的从社会学的角度进行论述,有的从教育学的角度进行论述,有的从心理学的角度进行论述,这些论述有助于我们更深入地理解学习共同体的特征。我们认为,一个完整的学习共同体的构成至

---

① 齐香香,赵莎莎,张红艳:《虚拟学习社区中学习共同体的构建》,《中国现代教育装备》,2007 年第 1 期。

② 全守杰:《"学习共同体"评述研究》,《现代企业教育》,2007 年第 7 期。

③ 全守杰:《"学习共同体"研究理论考察与新探》,《湖北经济学院学报(人文社会科学版)》,2007 年第 10 期。

④ 刘月红:《课堂学习共同体中的"互动"研究》,苏州大学硕士学位论文,2008 年。

少包括多层次的参与者、共同的目标、活动的载体(信息、情感的互动交流)。

(四)学习共同体的构建

除了学习共同体一般理论的探索,人们还探讨了学习共同体的实践问题。不少学者对学习共同体构建步骤、原则与策略进行了分析。

关于学习共同体构建的步骤,有学者认为,课堂教学中学习共同体的活动设计主要由4个阶段组成:(1)提出问题、明确任务阶段。问题提出与任务的确定要考虑到学生的兴趣和生活经验,能激发学生参与活动和探索的积极性。(2)探究问题、解决问题阶段。此时教师的主要工作是适时地提供技术指导与必要的附加指示,让学生围绕问题,在活动中初步体验团队学习的乐趣。(3)相互讨论、共享信息阶段。学生通过信息资源的共享来重新审视自己的探究过程,进而反思自己在学习过程中可取的方面和欠缺的方面。(4)整理文件、形成作品阶段。这一阶段为学习者提供一个改进和完善自己作品的机会,学习者可根据上一阶段的评价对原有作品中不正确的或不足的地方进行修改。①

有学者提出学习共同体构建的五阶段说:(1)共享愿景,寻求共同的情感归属。有了观念认同,共同体成员才可能将共同体的规范转化为自身的自觉行为。(2)建立规章,确定内化的行为标准。规章制度是共同体成员共同遵守的行为准则,建立规章制度是为了实现课堂学习共同体的目标,凸显人文关怀与发展创新。(3)解决冲突,建立互惠的合作关系。为了解决共同体成员间认知上的冲突,需要营造互惠合作的氛围,培养互惠合作的意识,增强互惠合作的技能。(4)沉浸体验,达成双赢的发展目标。课堂学习共同体的共同目标是强调具有不同背景文化的学习者,利用各自的专长,相互支持与合作,共同完成学习任务,在体验中逐步实现个人的发展。(5)反馈信息,实现动态的持续发展。在该阶段要及时有效地反馈课堂学习共同体的有关信息,适时地调整发展策略,不断调整甚至重新设计各项措施、方案,实现课堂学习共同体动态的持续发展。②

还有论者从生生互动的角度出发,以"同伴协作学习"(Peer assisted learning,简称 PAL)为蓝本来创建课堂学习共同体模式,并指出教师在学习共同体实施背景的调查、目标的确定、课程范围的考察、参与者的选择与配对、帮助、接触、材料选择的指导、培训、监督以及评价和反馈 10 个阶段做好准备工作,帮助学习者提高学术成就与交际能力。③

---

① 王红艳,何泰伯:《学习共同体在课堂教学中的应用探究》,《渭南师范学院学报》,2009 年第 3 期。
② 刘光余,邵佳明,董振娟:《课堂学习共同体的构建》,《中国教育学刊》,2009 年第 4 期。
③ 包蔼黎:《迈向课堂学习共同体——课堂教学的反思与重建》,上海师范大学硕士学位论文,2007 年。

关于学习共同体构建的原则，一些研究介绍了温格、麦克德莫特和斯奈德等人提出的培育实践共同体的 7 个原则：（1）为形成共同体而设计；（2）在内部和外部的观点之间展开对话；（3）激发不同层次的参与；（4）既发展公共的共同体空间，也发展个人的空间；（5）聚焦价值；（6）融合熟悉性和兴奋性；（7）创造出共同体的节奏。[①]

另外，有研究者从课堂这一具体情境出发，指出构建课堂学习共同体要遵循以下 4 个原则：（1）尊重差异、培育尊严。（2）相互倾听、积极回应。（3）对话合作、共同分享。（4）民主平等、公平竞争。[②] 即在构建学习共同体时要照顾所有学习者，把成员之间的差异作为一种有效的资源，通过积极、平等的互动和沟通，实现知识、技能、经验的共享与学习者的发展。

关于学习共同体构建的策略，有学者认为，"对话"是学习共同体构建的基本途径，因为对话有助于共同体成员知识的增长、群体智慧的共享、成员归属感和安全感的提升。[③] 有人认为，树立平等的师生交往观、建立良好的师生关系、转变师生角色等是创建学习共同体的主要途径。[④]

有论者在研究国外案例的基础上指出，我国中小学构建学习共同体的策略应包括：（1）改变对学习概念的看法。把学习看做一种社会性行为，而非独自的"孤身作战"。（2）促使从个体学习到合作学习的转变。学习共同体的魅力在于，利用恰当的智慧活动将教师和学生带入一个共同的情境，使人与人在课堂中交流和互动。（3）"实习场教学法"，即通过设计类似于实际工作场景的方式来提高学生的学习质量。（4）建设学习型班级。全班上下齐心协力共同塑造一种积极的学习氛围。（5）建立相互协作的教师共同体。（6）密切家校之间的合作关系。（7）加强学校、社区、家庭之间的对话和沟通。[⑤] 该论者主张运用各种资源，形成全班、全校、全民共同学习的文化氛围，转变孤身作战的做法，进行多层次的合作。

基于以上认识，我们认为，学习共同的构建要考虑：共同体成员构成上的异质性，真实的情境和共同的目标，参与者之间良好的互动、对话，相对完善、稳定的规则，以保证学习共同体持续健康的成长。当然，关于学习共同体构建的研究还有待深入，并走向不断的具体化、可操作化，以优化学习共同体的实践。

---

① 赵健：《学习共同体——关于学习的社会文化分析》，华东师范大学博士学位论文，2005 年。

② 包蒨黎：《迈向课堂学习共同体——课堂教学的反思与重建》，上海师范大学硕士学位论文，2007 年。

③ 张豪锋、王小梅：《基于对话教学理论的课堂学习共同体研究与设计应用》，《现代教育技术》，2010 年第 2 期。

④ 彭新华：《构建学习共同体 提高课堂生沟通的有效性》，《传承》，2009 年第 9 期。

⑤ 何树彬：《中小学学习共同体之构建：理念与策略》，华东师范大学硕士学位论文，2005 年。

（五）学习共同体研究的反思与前瞻

1. 学习共同体的定位有待厘清

综观目前的研究,关于学习共同体的内涵到底是什么、如何对学习共同体进行定位,学术界还存在较大分歧。学习共同体究竟是一个真实存在的组织实体,抑或仅仅是人们头脑中的一种理念? 有学者认为它是一种理想的形态,只是作为一种理想信念存在,学习共同体的追求是学校未来发展的一种取向,它不能作为一种实体而存在。有些学者甚至指出,学校本来就是一个共同体,"只是人们的关注点一直集中在学校情境下的学习活动,而未给予这个古老的、日常化的、生活化的社会学习形态足够的承认和重视"。① 对于此,我们认为,对学习共同体概念的界定就是在追问学习共同体"是什么",对学习共同体的含义、特征、条件做一个基本的界说,形成关于学习共同体的基本观念。这实际上是研究的"本体论承诺",换言之,我们总要对自己研究对象的范围、属性有所规定,从而才能为研究与实践提供一个认识起点与行动框架。当然,这并不否认我们可以从不同的预设出发进行探索。实际上,不同的"本体论承诺"可能导致不同的致思路径。如果我们把学习共同体作为一个实体,我们就会用某种标准、规范来要求、调控现实的学习组织,对现实中的班级或小组进行改造,使之合乎学习共同体的规范,并追寻其完善与优化。如果把学习共同体仅仅作为一种理念、一种理想,那么我们在实践中就没有必要对现存的学习群体进行改革与重建,因为它本身就是一种学习共同体。换言之,两种"本体论承诺"及其实践追求遵循着不同的路线,前者是激进主义路线,可能急躁冒进,后者是改良主义路线,可能流于形式。我们认为,"共同体"是当代社会建设的一种基本理念与价值追求,是社会发展与组织建设的重要趋势。对于学校发展而言,不仅要吸收其基本理念,引导学校组织的发展,更重要的是要付诸行动,用共同体的标准、规范来进行学习共同体的建设,进行学校组织制度的创新。否则,学习共同体的概念可能流于口号而陷于空泛,学习共同体的建设极有可能停留在理念层面,难以真正落实。

2. 学习共同体的理论基础有待夯实

学习共同体的理论基础已有一定的探讨,但研究不够深入,亦存在明显的不平衡性。首先,就我们搜索到的文献看,关于学习共同体产生背景、概念、特征的研究,文献很多,而对学习共同体理论基础方面的专门研究则较为薄弱。其次,学习共同体的知识论、社会学方面的研究较多,为学习共同体建设提供了一定的理论支撑,但有关心理学、生态学、人类学基础的探讨甚少。最后,已有的学习共

---

① 冯锐,殷莉:《论学习共同体形成和发展的社会性构建观》,《中国电化教育》,2007 年第 8 期。

同体理论基础的研究不够深入,存在着表浅化和缺乏研究深度的问题。我们认为,对学习共同体理论基础的研究还有待夯实,视野有待拓展,应从多种视角对学习共同体进行透视,加大研究的力度、深度,夯实学习共同体的理论根基,为学习共同体的建设提供扎实的知识基础。

3. 学习共同体的实践研究亟待加强

审察已有的学习共同体的研究文献我们发现,人们对学习共同体的基本理论问题研究较多,而对学习共同体的实践问题研究很少,即便是关于学习共同体的实践研究,也大多停留在学习共同体构建原则、阶段、策略等一般问题的研究上,缺乏深入而扎实的个案研究、行动研究。事实上,实践操作中的问题可能远比理性的思考复杂得多,如果没有深入、扎实的实践探索、实验与行动,理论研究就缺乏动力、源泉。只有理论与实践互动,学习共同体的研究才有可能走向深入。今后的学习共同体的研究应深入到学科层面与课堂层面,绝不能只有空泛的一般性议论,即使我们进行理论上的探索,也要密切联系实际,并努力作持续的、系统的、与教学实践密切结合的研究。这应该成为今后进行学习共同体研究的基本方向和理论发展的生长点。我们建议,学习共同体的研究应脚踏实地地在不同学段、不同年级、不同学科开展实实在在的实验研究与行动研究,采用量化的与质性的多种研究模式,积累丰富的典型案例与研究资料,促进学习共同体研究的具体化与操作化,为学习共同体的理论研究提供丰富的实践资源。总之,学习共同体的研究需进一步拓展视野、范围,大力强化实践研究、行动研究,全面提升学习共同体研究的水平,引领学习共同体迈向更高层次。

（执笔:扬州大学潘洪建、仇丽君）

三、学习方式研究进展

"学习方式"一词最早由美国学者塞伦于1954年提出,其英文形式为 Learning Approach 或 Learning Style,国内也有学者将之译为"学习风格""学习类型"。随着新课改的推行,学习方式已经成为一大研究热点。我们检索了中国期刊网,从2000年到2010年,以学习方式为篇名的文章有1380篇,以学习方式为关键词的文章则多达13476篇,若加上以学习风格、学习类型为篇名和关键词的文章,则更多。在此,我们对我国近10年来有关学习方式的研究综述如下。

（一）关于学习方式的定义

目前,国内学者对学习方式的理解多种多样,其中,具有代表性的定义主要有如下几种:

第一,学习方式是学生在完成学习任务时基本的行为和认知取向。它不是指具体的学习策略和方法,而是指学生在自主性、探究性和合作性方面的基本特征。[1]

第二,学习方式问题是一个学生为完成学习任务而采用何种策略和手段的问题。它是学生在完成学习任务时经常表现出来的或偏爱的基本行为和认知取向,是学生连续一贯表现出来的学习策略和学习倾向的总和。一般来说,学习方式是思维方式和生活方式的体现,是在长期的学习过程中受社会、家庭、学校教育方式等诸多因素的影响而逐渐形成的习惯。[2]

第三,学习方式是学习方法的上位概念,两者类似于战略与战术的关系。学习方式相对稳定,学习方法相对灵活,学习方式不仅包括相对的学习方法及其关系,而且涉及学习习惯、学习意识、学习态度、学习质量等心理因素和心灵力量。[3]

第四,学习方式泛指学习者在各种学习情境中所采取的具有不同动机取向、心智加工水平和学习效果的学习方法和形式。[4]

第五,学习方式是学习者在学习过程中经常表现出的相对稳定的认知与行为的方法、策略及其倾向的总和。它不仅包括学习的操作形式如感知偏向、思维方式、学习方法与学习策略,而且包括学习的基本质量如学习习惯、学习态度、学习情感等。[5]

第六,学习方式是学生在学习过程中为达到某种学习目标而采取的作用于特定学习内容(对象、客体)的具体路径。特定的学习方式总是与特定的发展目标、特定的学习内容相适应。当学习活动的目标、内容发生变化时,学习方式也会发生相应的变化。[6]

前两个定义主要从行为和认知的方面定义学习方式,认为学习方式是学生在完成学习任务时基本的行为和认知取向。此种定义过于笼统,不易深入理解。中间两个定义主要从学习方式与学习方法的关系角度定义学习方式,认为学习方式不仅包括学习方法,还包括学习习惯、学习形式、学习情感等。第五种定义在综合前几种定义的基础上对学习方式做了更明确的界定,认为学习方式是认知与行为的总和,既包括学习的操作形式,如学习方法、学习策略,又包括学习的

① 孔企平:《论学习方式的转变》,《全球教育展望》,2001 年第 8 期。
② 周兴国:《反思"转变学习方式"说》,《课程·教材·教法》,2006 年第 7 期。
③ 韩江萍:《关于课程改革中学习方式变革的几点思考》,《教育实践与理论》,2003 年第 11 期。
④ 庞维国:《论学习方式》,《课程·教材·教法》,2010 年第 5 期。
⑤ 潘洪建:《学习方式:概念、转型与研究意义》,《教育科学论坛》,2004 年第 4 期。
⑥ 陈佑清:《关于学习方式类型划分的思考》,《课程·教材·教法》,2010 年第 2 期。

基本质量,如学习习惯、学习情感等。第六种定义主要从影响学习方式的因素的角度定义学习方式,认为学习方式与学习目标、学习内容息息相关。虽然以上学习方式定义的表述各不相同,但从中仍可以看出,学者们在某些方面还是达成了一定的共识。如学习方式包括认知和行为两方面,学习方式是学习方法、学习策略等概念的上位概念等。我们不能简单地说某种定义是正确的或错误的。每一种定义都是从某一特定的角度揭示了学习方式的某些特征,都有其合理成分。实际上,正是这些从不同角度出发的定义使我们对学习方式的理解更深入、更丰富。

(二)关于学习方式的特征

有研究者认为学习方式有 3 个重要特征①:第一,差异性。学习方式有"质"的优劣、"量"的是否充分、"形式"的是否适当之分,这是"转变学习方式"的必要性。第二,可变性。学习方式可以随着学习情境的变化而变化,这是"转变学习方式"的可行性。第三,多样性。学习方式多种多样,如果只有一种或少数几种的话,学习方式便也失去了"转变"的可能性。此外,学习方式还具有情境依赖性。学习方式不是稳定的个性特征,它可以由教师或学生根据情境要求而改变,无论课内还是课外,教师和学生都可以根据学习的目标和要求、学习材料的属性、可用的学习媒体,灵活地调整、变换学习方式,以取得最佳的学习效果。

另有研究者认为学习方式具备 4 个方面的特征②:第一,个体性。这是学习方式的基本特征。学生的学习在感知通道、场的定向、大脑优势半球、认知基础、情感准备以及学习能力和倾向等方面存在差别,这就决定了学生所采用的学习方式各异。第二,稳定性。学习方式受个体内在生理素质影响,在长期的学习过程中逐渐形成,一经形成就相对稳定。当然,这种稳定性是相对的,不是一成不变的。在一定条件下,学习方式是可以改变、培养和转化的。第三,多样性。可供选择的学习方式多种多样,如听讲、背诵、实验、阅读、调查等。第四,互补性。学习方式没有水平高低、优劣之分,每种方式既有长处和优势,同时也存在劣势与不足,各种学习方式相互补充、相互渗透。

还有研究者认为学习方式具有 5 个基本特征③:第一,主动性。这是新学习方式的首要特征,与传统学习方式的被动性构成鲜明的对比。两种方式在学生的学习生活中分别表现为"我要学"与"要我学"。第二,独立性。这是新学习方

---

① 庞维国:《论学习方式》,《课程·教材·教法》,2010 年第 5 期。
② 潘洪建:《学习方式:概念、转型与研究意义》,《教育科学论坛》,2004 年第 4 期。
③ 朱增华:《课程改革与学习方式转变》,《课程·教材·教法》,2002 年第 8 期。

式的核心特征。它与传统学习方式的依赖性相对,表现为"我能学"。第三,独特性。学生都有自己的内心世界、精神世界和内在感受,所以每个学生的学习方式本质上都有独特的个性差异。第四,体验性。只有让学生亲临其境去体验,学习才能进入人的生命领域;只有有了体验,知识学习才可以扩展到情感、身心和人格等领域。第五,问题性。自主学习、合作学习、探究学习都具有很强的问题性、实践性、参与性和开放性。

上述对于学习方式特征的论述存在相似之处,如第二种观点所说的个体性与第三种观点所说的独特性,实质上均指学习方式具有个体差异性。3 种观点看似矛盾,实则一致。如第一种观点认为学习方式可随学习情境变化而变化,具有可变性,而第二种观点在论述学习方式的稳定性时,认为这种稳定性是相对的,在一定条件下,学习方式是可变的。两种观点并不矛盾。再如,第一种观点认为学习方式存在质量的差异,而第二种观点认为学习方式没有高低优劣之分,每种方式既有优势,也存在劣势,两种观点基本一致。第一种观点是从特定的具体的学习内容的角度来说的,针对特定的学习内容存在最优的学习方式,而第二种观点是从学习整体而言的,各种学习方式可以相互补充、彼此渗透。第三种观点所列举的 5 个特征主要是针对新课程改革提出的新学习方式而言的,明确这些特征有助于我们理解新学习方式,更好地实现学习方式的变革。

（三）关于学习方式的类型

随着新课改的深入,对于学习方式类型的划分越来越细致。不同的研究者根据不同的标准将学习方式分为多种类型。主要的划分方法大致有以下几种:

有人分析了影响学习方式的主要变量,并从该变量着眼划分了学习方式的类型。[①] 首先,根据学习对象的不同形态,可区分出 5 种学习方式,即:以文字符号作为对象和媒介的符号学习,以对实际事物的操作或身体器官动作为对象的操作学习,以他人为活动对象的交往学习,以自身经验、生活过程和身心结构为对象的反思学习,以对实际事物及其模型、形象的感知为对象的观察学习。其次,从学习者参与学习活动的方式来看,可以从 3 个维度对学习方式进行分类:按照学习者参与学习活动的社会组织形式,可将学习方式分为个体性学习和合作性学习;按照学习者参与学习过程的独立性程度,可将学习方式分为他控性学习和自主性学习;按照学习者与学习对象间的联系,可将学习方式分为间接性学习和参与性学习（体验性学习）。再次,从学习者的信息加工方式来看,可以从 4个维度对学习方式进行分类:按照学习活动的探究性高低,可将学习方式分为接

---

① 陈佑清:《关于学习方式类型划分的思考》,《课程·教材·教法》,2010 年第 2 期。

受性学习和探究性学习;按照学习内容与学习者心理结构的联系,可将学习方式分为机械学习和有意义学习;按照学习者对学习内容的分析方式,可将学习方式分为分析理解式学习和整体把握式学习;按照信息加工过程中的思维方式,可将学习方式区分为聚合思维和发散思维、线性思维(单向思维)和复杂思维(多维思维)、求异思维和求同思维;等等。最后,从学习者所使用的信息媒体不同来看,可将学习方式划分为3种类型:基于传统教学媒体(黑板、粉笔、书本、直观教具等)的学习;基于电化媒体(幻灯机、录放机、投影仪、电视、电影等)的学习;基于现代媒体(计算机、多媒体、互联网络等)的学习。

另有研究者将学习方式理解为学习方法和形式的总和,认为学习方法是学生个体层面的问题,而学习形式涉及师生两方面,由此分别对学习方法和学习形式进行分类。① 首先,学习方法有"质"和"量"的差异。在"质"的差异上主要表现为动机取向和信息加工水平的不同。从动机取向上看,学习方法分类可采用二分法,如被动学习和主动学习,以表象为目标的学习和以掌握为目标的学习。从信息加工水平角度看,学习方法分类通常采用层级法,如加涅、布卢姆的分类。在"量"的差异上主要表现为拥有学习策略的多少,从学习策略角度讲,学习方式的转变就意味着学习策略的"增加",从"不用""少用"转变为"多用",甚至自主创造学习策略。其次,学习形式主要涉及"是否匹配"的问题,其分类具有不同的标准:依据学习内容是否以定论方式呈现,可将学习形式分为发现学习和接受学习;依据学习内容是否以有意义方式获得,可将学习形式分为有意义学习和机械学习;依据是否生成新的思维产品,可将学习形式分为维持性学习和创新性学习;依据经验情境,可将学习形式分为体验式学习和学术学习;依据学习的情境化,可将学习形式分为情境学习和抽象学习;依据学习的社会性,可将学习形式分为合作学习和独立学习;依据学习者的自主水平,可将学习形式分为自主学习和他主学习。另外还有以问题为依托的研究性学习、探究性学习和基于问题的学习,这3种学习形式基本等义。

近年来,自主性、探究性和合作性成为大多数学者考察学习方式分类问题的基本维度。但是随着新课改的推进,有些学者开始从更广阔的视野理解学习方式分类问题。如有学者将学习方式分为读中学、研中学、做中学、生活中学和交往中学5种,并认为它们之间相互开放、相互渗透。② 有的从教育与社会环境、经验与知识两个哲学范畴出发,将学习方式分为书本中学习、经验中学习和探究

---

① 庞维国:《论学习方式》,《课程·教材·教法》,2010年第5期。
② 王道俊,郭文安:《主体教育论》,人民教育出版社,2005年,第37-38页。

中学习 3 种。① 再如有的学者从拓展学生的学习潜能出发,将学习方式分为动作的学习、感知的学习和潜意识的学习;从拓展丰富多样的学习形式出发,将学习方式分为与"井底之蛙"眼光不同的"海式学习"、与钻牛角尖的"显微镜学习"不同的"望远镜学习"、与循序渐进的学习不同的跳跃超前的学习、与过分理性的科学式学习不同的审美式学习、与不厌其烦的"加法学习"不同的"减法学习"。②

另外还有学者提出了划分学习类型的 7 个维度:根据学习的组织化和专门化,将学习方式分为正规学习和非正规学习;根据经验的载体和学习的手段,将学习方式分为阅读式学习、观察式学习、交往式学习、听讲式学习和实践式学习;根据学生在学习中有无伙伴,将学习方式分为合作学习和独立学习;根据学习有无指导和帮助,将学习方式分为有指导的学习和自学;根据学生独立思考和探究的程度,将学习方式分为接受式学习和发现式学习;根据学习的技术手段,将学习方式分为手工学习和现代技术学习;根据环境的不同和学习的功用,将学习方式分为维持性学习和创新性学习。③

有关学习方式类型的划分远不止这些,研究者们基于自己的研究从不同的角度对学习方式进行分类;有的对现有的学习方式进行系统的整理和归类;有的则更倾向于提出一种分类框架;有的则独辟蹊径,不再从自主、合作、探究的基本维度划分学习方式的类型,而是从更广阔的视野、更新颖的角度论述学习方式的类型。多样化的划分拓展了我们对学习方式的认识和理解。

(四)关于学习方式的转变

随着新课改的推行,如何转变学生的学习方式已成为研究者关注的一大热点。近些年,国内很多学者就学习方式的转变问题发表了自己的观点。

有学者从学习方法的改善和学习形式的匹配两方面来论述学生学习方式的转变。④ 首先从提升学生学习方法质量上看,在学习动机方面,变被动学习为主动学习;在加工深度方面,从简单的记忆层面向理解应用创新层面推进;在学习策略方面,掌握具体的策略,理解这些策略的用途、重要性和使用条件,掌握运用、监控、维持和概括所习得策略的自我调节技能。其次从澄清各种学习形式的适用条件上看,当师生之间信息不对称时,学生的学习形式以接受学习为主;当

① 崔相录:《学习方式变迁的史地解读——关于学习方式以及教学模式的三分法(假设)》,《网络科技时代》,2004 年第 6 期。
② 陈建翔:《当代学习方式变革的外延创新》,《北京教育(普教版)》,2004 年第 10 期。
③ 钟祖荣:《论学习方式及其变革的规律》,《北京教育学院学报》,2005 年第 6 期。
④ 庞维国:《论学习方式》,《课程·教材·教法》,2010 年第 5 期。

学习内容在学生的已有发展区之内时,学生的学习形式以自主学习为主;当通过合作学习所获得的知识技能大于单独学习或独立学习无法完成学习任务时,学生的学习形式以合作学习为主。总之,学习方式要根据教学目标、学习内容、学生特征等多方面的要求灵活运用。

另有研究者在调查研究的基础上对转变学习方式提出建议。[①] 科学地选择学习方式要考虑如下因素:首先是学科知识的性质与类型。理科知识的客观性决定其学习方式更多的是客观把握,应以观察、实验为基本方法,而人文知识关涉人的精神、情感,其学习要求"走进"文本,应采取体验、感悟的方式去学习。其次是学生身心的发展水平和特征。低年级学生应较多地采取经验、感性的方式学习,而高年级学生应更多地采用理性、阅读的方式学习。独立性强的学生在独立学习中容易获得最佳的学习效果,而依赖性强的学生采用合作学习效果最好。再次是教学目标的影响。以吸收信息、把握动态为目标的学习宜采用接受的方式,而以解决问题为目标的学习宜采用探究的方式。

有研究者从知识分类学的角度阐释各类知识适用的学习方式。[②] 首先,根据知识的认识方式可将知识分为科学知识和人文知识两种。对科学知识的学习大多是一种客观把握,较多地诉诸事实分析与逻辑推断,因此,其学习方式是外观、分析和理性把握。而人文知识的学习更多地依赖于学习者的主观经验和情感卷入,诉诸想象与直觉,因而其学习方式应是参与式的、开放式的、主客交融的。其次,根据知识的语言表征程度和理论抽象水平,把知识分为演绎—系统知识和经验—缄默知识两类。演绎—系统知识以成熟的理论形态存在,概念明确、逻辑清晰、自成体系,因此,该类知识的获得以教师系统讲授、学生有意义接受为主要形式,其学习属于"讲授—内化"方式。而经验—缄默知识具有难以言传性和个体经验性,这类知识的学习和掌握仅靠言语传递和观念建构是无法完成的,它更多地要诉诸学生亲自的操作、活动、感受和体验,其学习属于"指导—活动"方式,如动手操作、情感体验、社会实践、模仿尝试、角色扮演等。

由上可见,研究者们在学习方式转变方面的观点比较一致,认为转变学生的学习方式需考虑学习目标、学习内容、学生特征 3 方面的因素。但研究仅限于影响学习方式转变的因素层面,并未提出转变学生学习方式的具体策略,这有望成为今后研究的重点。

---

① 潘洪建,丁传炜,金其宝:《新课改背景下中学生学习方式的调查研究》,《当代教育论坛》,2005年第 7 期。

② 潘洪建,李尚卫,王洲林:《知识类型学与学习方式选择》,《西华师范大学学报》,2005 年第 1 期。

（五）学习方式研究的反思与前瞻

1. 明确学习方式的概念

目前学术界对于学习方式还没有一个确切的定义，由此造成学习方式与其他一些概念的混乱，有时将学习方式等同于认知方式、学习方法、学习策略、学习风格、学习类型等，造成学习方式的研究范围不清、界线不明。因此，今后的相关研究首先要厘清学习方式的概念，明确学习方式与认知方式的关系，搞清学习方式与学习方法、学习策略、学习风格、学习类型等概念的边界与异同，确定学习方式的研究范畴和研究重点，以便对学习方式做进一步的分析和研究，为学习方式的转变提供清晰的概念基础。

2. 多维度划分学习方式的类型

划分学习方式的类型是学习方式多样化和学习方式转变的关键。毋庸置疑，学习方式具有多样性，自主、合作、探究的学习方式只是新课改针对我国传统教学弊端而提出的几种重要的学习方式，实际上，现存的学习方式远不止这3种，对学习方式类型的划分也不是只有这3个维度。对于学习方式类型的把握，我们应在明确概念的基础上遵循多维度划分事物类别的原则，坚持从多个维度划分学习方式的类型。单一或过少的划分维度不利于我们对学习方式全面整体的把握，也不利于学习方式的多样化。若增加划分的维度，我们必将得到更多的学习方式。只有了解学习方式的分类标准，认识学习方式的多样化，才能在实践中灵活运用学习方式，才能避免对某一种学习方式的过度依赖与泛用。

3. 研究学习方式的适用条件

学习方式多种多样，但并不是每一种学习方式都可以随意地应用到任何一个学习过程中。事实上每一种学习方式都有其特定的发展功能和教育价值，同时又有其局限性，为了实现特定的发展目标，我们必须在学习时选择适合的学习方式。因此学习方式适用条件的研究就显得尤为重要。从宏观层面来讲，首先要研究影响学习方式选择的种种因素。事物之间是相互联系、相互影响的，影响学习方式选择的因素很多，远不止学习目标、学习内容、学生特征3个，进一步分析影响因素，有助于促进学习方式的选择与运用。从微观层面来讲，要研究不同学习方式的优点与局限，明确学习方式的适用条件，避免学习方式的误用和滥用。

4. 关注学习方式转变的实践

随着新课改的推进，有关学习方式的研究逐渐从理论层面转向具体的教学实践。新的学习方式已深入人心，并走进课堂。我们在实践中已取得了一定的成绩，但不可否认，由于多方面因素的影响，学习方式的转变出现了诸多问题，如对传统接受式学习的全盘否定，对某一学习方式的盲目崇拜与过度追求等。这些问题导致学习效率的低下和教学资源的浪费。表面上看新的学习方式轰轰烈烈，而实际上形式主义居多，新学习方式并未发挥出预期的功效。因此今后有关学习方式的研究要更多地关注转变学习方式的实践，针对实践中出现的问题，开展实验研究、行动研究、课例研究，提出行之有效的解决对策。以实践促进理论研究，以理论引领实践进步。只有做到理论和实践相结合、互动，才能实现学习方式的深刻变革。

5. 加强教学方式变革的研究

学生的学习是在教师指导下的、有目的的身心发展和素质提升过程，有效的"学"离不开教师的"教"，"教"是对"学"的指导、激励与促进。只有将学生的学习方式和教师的教学方式有效结合，才能真正实现学习方式的根本转变。然而，从现有研究中可以看出，近十年来出现了大量的学习方式的研究，而关于教学方式的研究则凤毛麟角，研究极不平衡。今后，应进一步加强对教学方式的研究，构建与学习方式相对应的教学方式，加大对教学方式本身及其学习方式指导的研究，为学习方式变革提供外部支撑与教学条件，促进学生学习方式的变革、丰富与完善。

（执笔：扬州大学潘洪建、栾新蕾，绵阳师范学院王洲林）

第二章 实践现状

一、大班额教学现状

为了把握大班额教学现状,我们自编大班额教学现状教师问卷,进行了问卷调查、课堂观察、个别访谈,以期为解决大班额教学之道提供依据。问卷由主观题与客观题两部分组成。客观题内容涉及大班额的教学态度、座位安排、教学设计、课堂管理、教学方式、教学评价等多个维度,主观题旨在明晰教师对大班额教学的感受、困惑及思考。本调查的时间为 2011 年 3—5 月,调查对象为江苏扬州、淮安,河南周口,四川绵阳、苍溪等地部分中小学教师。[①] 发放问卷 500 份,回收有效问卷 445 份,有效率为 89%。采用 SPSS 统计软件对数据进行了分析处理。

(一) 教学现状

1. 尊重学生差异,努力满足学生的需要

调查显示,84.7% 的教师认为所教班级学生的差异较大和很大。面对"您认为在确定教学目标与内容时,需要根据学生的差异分层设计吗"一问,选择必要的教师占 56.2%,选择十分必要的占 33.9%,这表明教师进行教学设计时能尊重大班额学生差异,针对性较强。面对"在实际教学过程中,您考虑学生的差异情况吗"一问,60.9% 的教师表示经常考虑。在作业布置时,经常考虑学生差异的教师占 34.8%,还有 40.9% 的教师表示有时会考虑。可见,教师能意识到学生之间的差异,并在行动上考虑学生差异,积极探索大班额教学之道,力求使教学适应不同学生的特点,适度满足不同学生的需要。

---

① 具体调查学校为扬州育才小学、扬州汶河小学、扬州美琪学校、扬州公道中学、扬州新华中学、淮安淮海中学、淮阴师范学院附小、周口市直一中、周口实验一小、绵阳警钟街小学、绵阳火炬一小、绵阳九中、安县花荄初中、苍溪中学。

2. 座位安排较为合理，体现人文关怀

课堂座位编排方式对学生的课堂行为、学习成绩、社会交往、学习态度、人际关系以及整个教学活动会产生直接或间接的影响。调查表明，教师普遍意识到了座位对学习活动的影响。关于座位对学生学习的影响，认为有很大影响的教师占21.3%，认为有较大影响的占50.3%。在座位编排策略的选择上，21.1%的教师选择学科互补型，27.6%的教师选择性格互补型，27.0%的教师选择成绩互补型，24.3%的教师选择能力互补型。4种编排策略的选择几乎平分秋色，表明教师关注学生多方面的差异，学生的能力、性格与学习成绩均成为教师的关注点。在实际安排座位时，有51.2%的教师考虑学生身高、成绩、纪律因素，将不同类型学生"适当交叉"。可见，面对大班额学生多、差异大的现实状况，教师在编排座位时综合考虑多方面因素，从学生实际情况出发，尽量满足学生需求，体现了教师的人文关怀。

3. 师生课堂互动，学生积极参与

教师们对"在您的课堂中，您运用较多的教学方式是_____?"（多选题）的回答显示：讲授与问答相结合占73.0%，教师讲授占57.3%，多种方式结合占56.6%，小组讨论占50.3%，同桌交流占45.6%。在教学过程中，61.1%的教师表示经常留给学生思考与讨论的时间。对于交流与互动的对象，38.0%的教师选择与全班互动，47.9%的教师选择与大部分学生互动。这表明在大班额教学过程中，教师能有意识地与大多数学生互动。面对"您组织课堂讨论的情况"一问，回答"经常"的教师占56.4%。可见，教师从传统"一言堂"的角色，逐渐转向学生主动学习的组织者、引导者，帮助学生积极参与课堂讨论。

4. 教学评价开始呈现多元化趋势

调查显示，在评价内容方面，对于学生学习状况的评价，虽然部分教师仅以"考试成绩"作为考量标准，但大部分教师注重对学生学习过程的评价：32.1%的教师以课堂表现作为判断标准，23.8%的教师选择日常观察，14.8%的教师选择家庭作业，可见大班额教学评价能关注学生整体发展和多方面表现，而非仅仅关注学生学业成绩。在评价主体参与方面，面对"学生参与教学评价吗"一问，37.1%的教师表示学生偶尔参与，30.6%的教师表示经常吸收学生参与评价。由此可见，教学评价开始关注学生的多维动态发展，并逐渐成为多方共同参与的交互活动。教学评价呈现多元化趋势。

（二）主要问题

1. 班级规模大，难以兼顾所有学生

调查显示，58.0%的教师认为理想的班级人数为30～40人，而面对"您现在所教班级学生人数"一问,75.3%的教师回答为 50 人以上。可见,班级的规模远远超过了教师的预想程度,大班额成为我国中小学中存在的不争事实。如此班级规模的形成有以下原因:(1)客观方面。首先,我国是一个人口大国,学龄儿童基数庞大。其次,教育设施设备资源不足,师资短缺。再次,优质资源分配不均衡,优质学校特别是县中班级严重超载。(2)主观方面。家长望子成龙心切,想方设法把孩子送进优质学校,人为地扩大了班级规模,"重点班""实验班"人满为患,不堪重负。

在访谈中笔者了解到,面对大班额教学实际,有教师提出"每节课 40 分钟,如果 55 个学生,关注每个人的平均时间连一分钟都没有"。显然,日益增大的班级规模,造成教师根本无法顾及全部学生。调查显示,在实际课堂教学中,70.1%的教师表示会较多地辅导学习困难的学生。而教师们"提问较多的学生"中,学习困难学生占 42.7%,学习优秀学生占 22.7%,性格内向学生占19.8%,调皮学生占 14.8%(见图 2-1)。可见,目前教师关照的重点仍为某一类学生,特别是学习困难的学生,这与教学评比直接相关,教师试图通过提高学习困难学生的学业水平,提高全班整体水平,这可能导致优等生难以拔尖,中等生得不到应有的关注,从而令大部分教师陷入两头与中间难以两全其美的困惑。可见,面对超额的班级规模,在时间与精力有限的情况下,教师即使心存兼顾所有学生、开发每一个学生潜能的美好愿望,也实在无能为力。不仅如此,大额的班级规模也制约着教学质量的提升。很多教师反映班级人数过多,难以实现教育公平,教学效果难以保证。

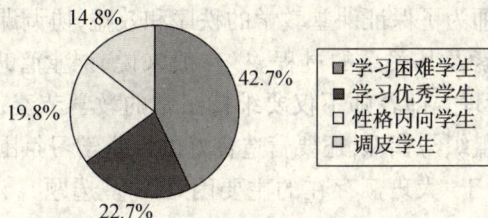

图 2-1 教师课堂提问学生百分比

2. 合作学习形式化,效果不显著

在有限的课堂学习时间内,让全班五六十名学生都有发言展示的机会的确不易,小组合作学习则是解决这个矛盾的根本方法。在被调查者中,有 79.4%的教师在教学过程中采用小组合作的方式。但一些教师指出,大班额中"合作学习效果一般","合作学习难以展开"。调查显示,面对"通常小组合作的教学效果"一问,回答收效甚微的占 18.2%,有一定效果的占 67.0%,效果明显的只占 14.2%(见图 2-2)。为什么在大班额教学中,合作学习有失实效?大致有以下原因:首先,学生数多,即便是分组讨论,也难以保证每个学生都有发言的机会。一些教师反映,人数多,分组讨论太难,合作互动不易组织,学生的学习潜力难以最大限度地发挥。其次,基于"秧田式"课堂的学生座位,教师只能把前后桌或者同桌组建成一个小组,而这种组合方式常常难以实现"异质分组"的功能,学习小组难以成为真正的学习共同体,影响了学生合作学习的效果。最后,合作学习欠缺连续性。调查发现,学生的合作学习基本上仅限于课堂且时间甚短,教师一声令下讨论便戛然而止,合作学习只是课堂活动一个短暂的插曲,事实上,这样的讨论难以激发学生的兴趣和热情。迫于教学内容多、进度快、升学压力大等诸多现实压力,合作学习仅仅局限于课内,课外合作甚少。可见,受制于班级规模和学习时间,目前大班额的合作学习不够深入,存在形式化的倾向,学生不能从合作中真正受益,缺乏合作热情,实际效果不理想。

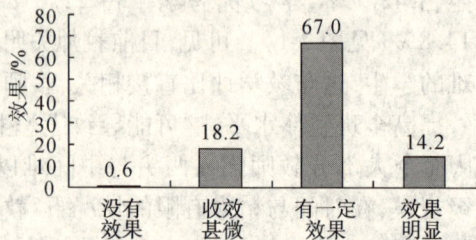

图2-2　小组合作教学效果百分比

3. 课堂管理乏力,常常顾此失彼

课堂管理指教师为了保证课堂教学的秩序和效益,协调课堂中的人与事、时间与空间等各种因素及其关系的过程。[①]　一般来说,课堂管理主要包括课堂教学管理、课堂纪律管理。即教师不仅要维持正常的教学节奏,处理教学速度,对学生学习进行有效组织与管理,还要营造良好的课堂学习氛围,保持良好的课堂纪律。调查显示,对于"大班额存在的主要困难"(多选题),认为是课堂纪律的教师占66.3%,认为是课堂组织的占62.2%(见图2-3)。可见,大部分教师感受到了课堂管理的压力,不少教师在问卷中写出"难以管理""课堂不好控制""纪律维持困难""课堂教学难以完美实施"等类似的话语,流露出对课堂管理的无奈。在访谈中,很多教师反映,自己对大班额的课堂管理费心费神,有时为了维持课堂纪律而浪费了时间,影响了教学进度。部分教师反映教学与管理很难兼顾,常常顾此失彼。很多教师反映,学生人数多,日常备课、作业批改任务艰巨,

---

① 施良方,崔允漷:《教学理论:课堂教学的原理、策略与研究》,华东师范大学出版社,1999 年,第279 页。

加之其他事务与活动,教师常常处于超负荷运转状态,身心疲惫,因而对课堂管理乏力。正如景德镇市一位小学教师的感慨:"教室内,黑压压的学生占据着每个角落,窒息的空气,烦躁的喧闹。我们仿佛置身巨大的菜市场,扯着嘶哑的喉咙在为学生解惑答疑。为了保护嗓子,许多老师包括我,都自费配上了话麦,好不容易下课了,拖着疲惫的身躯走到办公室内,每张桌上都是'这边风景独好',一摞摞作业本犹如一座座矗立的山峰,这套作业没有改完那套作业又来了。校内 8 小时全搭上去还不够,还要赔上课余或双休日。因此老师们都感叹:怎一个累字了得!"[①]

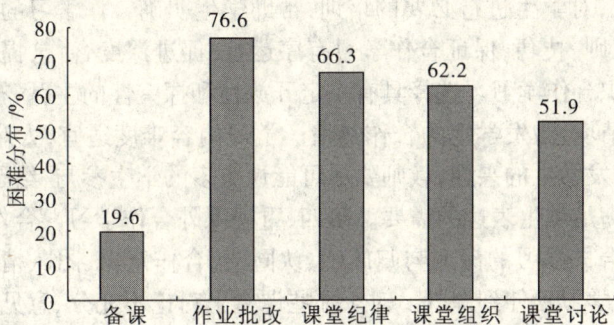

图 2-3　大班额教学主要困难分布百分比

4. 质性评价运用有限

质性评价有多种方法,档案袋评价是其中一种重要的质性评价方法。它通过建立学生学业或个人发展档案,评价学生学习和进步的状况,激励学生反思与成长。但调查显示,对于档案袋评价的使用,只有 11.5% 的教师表示所教班级使用过档案袋评价,大部分教师从不或者很少使用档案袋评价。从档案袋评价的实际使用来看,学生参与评价仅仅局限于某一领域且浅尝辄止,广度与深度不够。出现这样的现象,至少有 3 个方面的原因:第一,学校面临的升学压力大,档案袋评价难以列入考虑范围。第二,档案袋评价费时费力,迫于班级规模过大、教学任务繁重的压力,学校无暇顾及。第三,教师缺乏相应的培训,难以有效运用。

(三) 对策与建议

1. 构建学习共同体,增强合作学习实效

面对大班额教学效率低下的问题,许多学校尝试班内合作学习,但因班级人

---

① 徐慧林,等:《"大班"教学如何面向全体》,《江西教育》,2005 年第 Z1 期。

数太多，分组困难，课堂纪律难以维护，一些教师开始怀疑合作学习的可行性。我们认为，大班额孕育着合作学习的潜能，构建学习共同体，提升合作学习水平，是提高大班额教学效率的根本途径。第一，科学组建合作小组。教师按照"组间同质，组内异质"原则安排座位，考虑前后座学生的差异（当然也可适当照顾学生的意愿），开发学生的差异资源。第二，将合作小组提升到学习共同体水平。目前，许多小组合作水平较低，合作学习流于形式，优秀学生控制了合作话语权，而其他学生缺乏参与，成为"沉默的羔羊"或配角，致使合作学习收效不大。为此，教师应加强对合作小组的建设与指导，如建立基本的合作程序、规则，进行合理分工，对学生进行必要的培训，帮助学生明确合作学习的目的与意义，掌握合作的规则、技巧，保证合作学习有序运行，促进深度合作，提高合作效果。第三，精心组织合作学习。选择具有一定开放性和探究性的主题，布置真实性任务，模拟实际情境，激发学生的合作热情。学习内容难度适宜，太难或者太简单的问题难以引发学生的兴趣，教师要尽可能让更多的学生参与，给予小组与个人展示的机会，满足学生表达的需要。第四，重视课外合作学习。合作学习不能囿于课堂，为了合作学习的深入与归属感、认同感、合作意识、团队精神的形成，应将学生的合作学习延伸到课外。对于那些课堂上讨论不充分、意见分歧较大、学生探索热情较高的课题，教师可组织学生在课余开展合作探究，并在课堂学习时汇报交流。简言之，要保证合作学习的实效性，组员配合是前提，兴趣激发是关键，教师指导是保证，课外合作是延伸。

2. 革新教学组织形式，培养自主学习能力

班级授课制扩大了教育对象，办学成本低，但很难适应学生的个别差异，难以满足不同学生的需要。我们认为，大班额教学应坚持以班级授课制为基础，注重吸收其他教学组织形式的优点，对传统的班级授课制进行一定的改造。我国教育工作者已开展过诸如自学辅导、分层教学、选修制、合作学习、帮扶结对、小先生制等教学实验，取得了明显的效果。采用特朗普制，将大班教学、小组讨论与个人研究有机结合起来，不失为一种有效的做法。即首先，运用现代教育技术手段如多媒体，面向大班学生集体授课，传递系统的知识与技能；接着，组织学生围绕大班教学中存在的问题进行分组讨论，深入研究大班教学中的重点难点，强化大班教学效果；最后，指导学生进行独立学习和自主探究。针对大班额教学实际，该组织形式可这样操作：在集体教学的基础上进行自主阅读或独立练习，再针对自主学习存在的问题进行小组讨论与交流，最后总结与提炼。这种形式将学生自学与教师指导、个别学习与集体学习、教师检查与学生自检相结合，有助于提高大班额的教学效率。在作业批改方面，可采取全批全改、精批细改、分组批改、当面批改、自我批改、给作业写评语等形式；也可使用"单页作业""流动作

业"等方法,注重作业的层次化、趣味化①;还可借鉴导生制的某些做法,教师选择性批改学习小组部分学生的作业,并对他们进行指导培训,然后再由这部分学生负责其他学生的作业批改与辅导。

有必要指出的是,大班额教学要特别加强自主学习能力的培养。自主学习是班级授课制的构成要素与基本前提,除了课堂教学,大班额教学尤其要为学生创造广阔的学习空间,引导学生主动学习、自主探究,增强学生的自我教育能力。如指导学生制订个性化学习计划,强化责任意识;指导课前预习,让学生带着问题上课,提高课堂学习效果;指导学生自我反思、自我改进、自我激励,培养学生的自主意识与学习能力。

3. 完善教学评价方式,发挥评价的发展性功能

新课改倡导"立足过程,促进发展"的教学评价,这对大班额教师来说无疑充满着挑战。面对众多学生,很多教师表示"形成性""发展性"评价难以落实。如何改进这种状况? 首先,观念变革是前提。教师要确立发展性评价理念,坚持以评价促进学生发展的原则,通过过程性评价,激发学生的成就动机,释放评价的内在潜能,发展学生多元智能。其次,制度健全是保障。没有一个健全的制度,新的评价理念与方式就难以落实。为此,应建立相应的评价制度,其中最重要的是实现日常评价与终结性评价(鉴定性评价)的适当分离,将评价作为一种信息反馈与激励学习的手段,而不是甄别、筛选与淘汰学生的方法,通过评价让学生获取学习状况的有关信息,发现学习中存在的问题,进行矫正、补救,增强学习的信心,激发学习热情。最后,方法科学是根本。由于日常教学评价不同于学业鉴定评价,其主要目的在于促进学生的进步与发展,属于过程性、发展性评价。那么,如何在大班额中进行过程性评价呢? 我们认为,大班额日常评价可将小组评价与个人评价相结合。具体地讲,合作学习评价应以小组为单位进行评价,侧重评价学习小组合作互动、共同发展的情况,以促进小组成员之间的合作与交往。对学生个人的评价应更多地尊重学生的差异,进行质性的、多元的评价,为学生个性化发展拓宽空间,多一把尺子,就多一批好学生。要有选择地运用、完善档案袋评价,充分发挥档案袋评价的功能。

4. 多方合作,增加学生受关注机会

学生受关注机会可以使用这样一个公式直观地表达:学生受关注机会＝教师的关注/学生数。显然,班级学生基数越大,每一个学生被关注的机会就越少。在大班额日常教学与辅导中,学生得到教师关注的平均机会与时间非常有限。尽管如此,我们认为,课堂虽然是学生学习的重要场所,但它不是学生获得经验

---

① 刘立国:《课堂教学面向全体学生的思考》,《中国教育学刊》,2000 年第 5 期。

的唯一途径。泰勒曾提出"学习发生在哪里"的问题。他指出学习不仅发生在学校,还发生在家庭,发生在社会。[①] 在班级授课制下,一个班的学生人数是固定的,假设教师的关注不变,分母越大,分数便越小。大班额课堂上,仅凭教师的力量确实难以顾及所有学生,因此,可以把"教师的关注"扩充为"学校的关注 + 家长的关注 + 社会的关注",即充分挖掘学校、家庭与社会的教育资源,动用多种力量,齐头并进,增加学生受关注的机会,满足学生的多样化需求,共同促进大班额学生的成长。对于学校而言,可组织学生社团、俱乐部、兴趣小组、比赛活动等满足学生多种需要,增加学生展示与交流的机会,发展学生的特长与个性。对家长而言,要与学校建立经常性联系,多跟孩子沟通、交流,关注孩子在学校中的表现,督促孩子及时完成作业,组织必要的业余活动等。班主任可组织家长定期或不定期开展经验交流活动,并就孩子的学习、成长问题进行讨论,分享家庭教育经验。对于社区而言,可由居委会、企事业单位牵头组织志愿者、大学生、家长或社会人士参与大班额学生的课业辅导,如扬州大学教育科学学院组织师范生星期日进入社区(社区牵头),为中小学生提供免费辅导,受到广泛好评。也可吸收社会资金,接受社会捐赠,完善教学设施设备。当地政府应增加经费投入,改善办学条件,为大班额教学提供物力支持。当然,从长远目标来讲,政府应合理配置教育资源,从源头上解决大班额问题。

5. 开展行动研究,破解大班额教学难题

众所周知,我国人口众多,学生基数庞大,优质资源与教育需求的矛盾致使大班额教学仍将持续存在。在这种背景下,如何增强教师的应对能力,解决大班额教学面临的问题? 我们认为,开展大班额教学行动研究是解决问题的有效途径。行动研究强调立足学校教育教学的实际问题,选择具体的研究课题,通过现状调查与问题发现,制订行动研究方案,实施研究计划,在实践中反思,在反思中改进。在本次调查中,面对"学校组织过专门的大班额教学问题研讨吗"一问,只有 10.1% 的教师表示经常开展,36.6% 的教师表示从不,53.3% 的教师表示很少和偶尔。可见,目前一些学校对大班额教学问题的重视度不够。学校要加强对大班额教学问题的研讨,定期或不定期地组织教师开展大班额教学问题研讨,讨论存在的问题,交流教学心得,分享彼此的经验。市县教研部门、研究院所可通过课题招标、立项方式,围绕大班额教学中的重点、难点问题进行集体攻关,破解大班额教学难题。高校教育教学专家应参与大班额教学问题的研究,为大班额教学提供智力支持。

(执笔:扬州大学潘洪建、仇丽君,绵阳市教育科学研究所龚林泉、朱殿庆)

---

① [美]泰勒:《课程与教学的基本原理》,施良方译,人民教育出版社,1994 年,第 29 页。

二、大班额学习现状

本次调查主要采用了问卷调查、课堂观察、个别访谈等方法。其中,自编了由主观题与客观题两部分组成的学生问卷。客观题内容包括课堂师生互动、学生课堂学习行为、教师教学辅导与教学方式、学生对大班额教学环境与教师教学的态度等内容。主观题旨在了解学生对于大班额学习的感受、困惑与需求。本次调查的时间为 2011 年 3—5 月,调查对象为江苏扬州、淮安,四川绵阳、苍溪,河南周口等地部分学校的中小学生。① 发放问卷 2100 份,回收有效问卷 1929份,回收有效率为 91.8%。采用 SPSS 统计软件对数据进行了分析处理。

(一)大班额学生学习现状

1. 大班额学习利弊兼存,学生看法不一

很多大班额教师反映大班额"难教""太累""希望小班化",而本次调查显示,学生对大班额学习的态度不一:(1)支持型。有学生反映"人多可以培养我们的交往能力""同学一起学习很有兴趣""很好,有利于互相合作学习,加大竞争力"等。(2)安于现状型。部分学生感叹"说了也没用""都已成习惯了,没什么意见""无所谓,听从安排"等。(3)反对型。该类型的学生占很大比例,他们表示"班级人数过多,教师难以兼顾所有学生""班级太吵,纪律太差""人多,不利于我们与老师的交流,课堂效率不高",期望缩减班级人数,调整班级规模。可见,大部分学生意识到自身学习与教师教学的困难,但也有学生看到大班额学习的潜在优势。

2. 学生学习满意度较高,学习进展较为顺利

调查显示,大部分学生对目前教师的教学比较满意,在"对大多数老师的教学"的调查中,选择十分满意的占 22.8%,选择满意的占 44.2%,选择一般的占23.5%,选择不满意的占 9.5%。较高的满意度可能归因于教师较强的责任感。调查还显示,55.7% 的学生表示大多数教师很关心自己,在面对"你认为,多数教师对待后进生有歧视态度吗"一问时,30.2% 的学生表示不明显,40.5% 的学生表示没有。这表明,在大班额教学中,大部分学生能感受到教师的教学公平。对于大班额课堂纪律,有 43% 的学生表示班级课堂纪律较好。这表明大班额学生

① 具体调查学校为扬州育才小学、扬州汶河小学、扬州美琪学校、扬州公道中学、扬州新华中学、淮安淮海中学、淮阴师范学院附小、周口市直一中、周口实验一小、绵阳警钟街小学、绵阳火炬一小、绵阳九中、安县花荄初中、苍溪中学。

学习环境良好。在学习效果的调查上,面对"对于大多数课程的教学进程,你通常_____"一问,79.8%的学生选择"完全跟上"或"能跟上"。可见,大部分学生学习活动进展较为顺利,学习满意度较高。

3. 小组学习渐成常态,学生合作意识较强

大班额人数众多,教师难以照顾每个学生,小组合作学习是解决这个问题的有效途径。面对"你们班是否采取小组互助学习"一问,40.1%的学生选择经常,36.2%的学生选择有时。"你喜欢的教学方式"(多选题)的选择结果显示,排在首位的是小组讨论式(占49.2%),可见,近半数学生喜欢小组讨论。而且,不少学生反映"希望教师能多组织讨论式学习""应该让学生们思考,不懂就讨论"。在学习过程中遇到困难时,"与同学讨论"(占50.8%)居于解决方法之首。显然,合作意识逐渐形成,合作学习开始成为学生解决问题的基本方式。

4. 内部学习动机比较明显,课堂学习自觉性较高

学习动机对唤醒学习行为、维持学习活动具有重要作用。"就实际而言,你认为上课的主要目的是_____"(多选题)的选择结果显示,首选掌握知识的占65.2%,其他依次为培养能力(占61.5%)、考试升学(占53.7%)、毕业工作(占28.6%)。可见,学生学习动力的主要来源为个体的认知需求与自我完善。在大班额课堂,尽管教师无法兼顾所有学生,但大部分学生课堂表现认真积极。如,关于"上课是否认真做笔记",58.4%的学生选择经常。面对"你上课时玩手机、听MP3或与身边的同学聊天吗"一问,55.5%的学生表示从不,30.5%的学生表示很少,9.7%的学生表示有时,只有3.3%的学生表示经常。面对"上课时,你容易走神开小差吗"一问,选择经常的占7.9%,有时的占39.0%,很少的占41.8%,从不的占11.3%。可见,大部分学生具有较好的自律性、自控性。

(二) 大班额学生学习存在的主要问题及其原因分析

1. 教学环境欠佳,课堂学习干扰大

教学环境主要指学校教学活动的时空条件、各种教学设备、校风班风、师生关系等。[①] 调查中,很多学生反映,大班额课堂中教学环境欠佳,影响学习质量的提高。首先,从班级人数看,班级规模较大。在调查的班级中,学生人数在51~60人的班级占34.2%,61人以上的班级占26.9%。可见,班级人数多,教室内人满为患,空间拥挤,杂音较大,干扰学习。其次,空气质量较差。访谈中,一些学生反映,教室内人太多,空气浑浊,有时头昏脑涨,影响学习效率。最后,

---

① 黄甫全、王本陆:《现代教学论学程》,教育科学出版社,2003年,第270页。

座位编排存在问题。座位编排方式对学生的学习态度、课堂行为会产生重要影响。调查显示,面对"对现在的座位安排,你是否满意"一问,选择十分满意的占12.2%,满意的占29.1%,一般的占43.4%,不满意的占15.3%。可见,目前大班额的教学环境有待优化。

2. 班级规模大,教师个别辅导受限

调查显示,面对"上课时,教师与学生之间的互动"一问,选择从不的占7.5%,很少的占22.6%,有时的占41.5%,经常的占28.4%(见图2-4)。面对"在课后,科任老师对你们进行课外辅导吗"一问,表示从不的占24.7%,很少的占27.1%,有时的占34.4%,经常的只占13.8%。由此可见,课内师生互动以及课外教师的个别辅导状况令人担忧,不少学生抱怨:"老师辅导不周,不能顾及每一个学生""老师对自己的关心不够"。其主要原因在于超载的班级规模使得教师难以关注每一位学生。在"教师课堂提问的对象"方面,选择主要提问大部分学生的占36.4%。可见,班级规模的扩大,造成教师根本无法顾及全部学生。其次,大班额教学中的作业批改成为令众多教师十分头疼的问题,在关于"你认为教师通常批改的作业量"的调查中,42.5%的学生认为少和很少。超负荷的大班额作业批改,使教师在有限的时间与精力内,无力对学生进行个别辅导,学生感到教师作业批改与个别辅导不够。

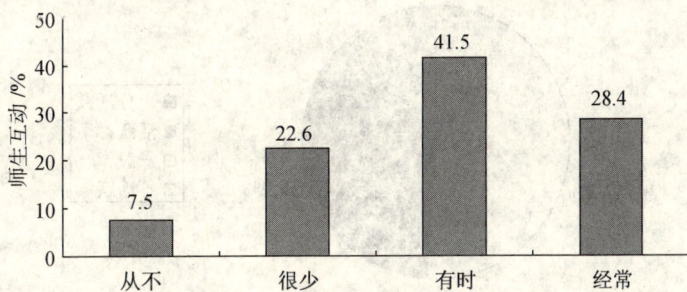

图2-4 课堂师生互动情况分布

3. 学生自主学习能力示弱,主动参与意识淡薄

新课改倡导自主学习,要求唤醒学生的自主学习意识,培养学习的主动精神。但在大班额课堂上,部分学生的自主学习能力有弱化症候。如面对"课堂上你通常处于什么状态"一问,选择以听讲为主的学生占36.5%,静听旁观的占14.1%(见图2-5)。这表明近半学生的学习呈现出被灌输的状态,主动探索、自主学习不够充分。在课堂参与方面,调查显示,只有12.1%的学生经常主动向老师提出问题。下课后碰到问题时,从不主动问老师的学生占11.8%,很少主动问的占31.2%。可见,不管课内还是课外,相当部分学生习惯于被"推着走",

常常处于被动状态。其原因大致有：首先，教学任务繁重，教师往往忙于教学与管理，无暇顾及学生自主学习能力的培养，过重的学业负担与压力致使学生疲于应付。其次，学生缺乏自主意识。调查显示，面对"大多数情况下，你的课堂思维如何"一问，42.2%的学生表示一般，10.0%的学生表示不活跃，学生的课堂思维欠活跃(见图2-6)。可见，当学生长时间沦为灌输知识的容器时，很难自主地提出见解和疑问，自主意识、求知欲望、探索精神逐渐弱化。特别是在大班额课堂上，相当部分学生感受不到教师的"悉心关怀"，久而久之，容易视自己为"局外人"，对班级、学习失去热情。

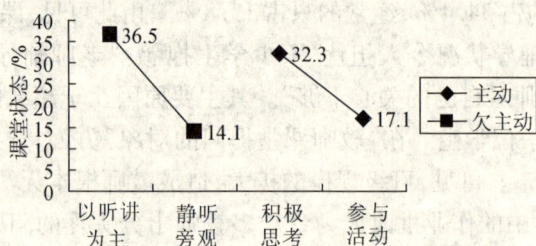

图2-5 学生课堂状态分布图

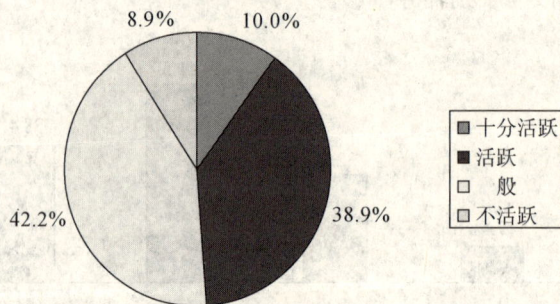

图2-6 学生课堂思维情况分布图

4. 教学方法单一，学生学习兴趣不高

教学方法对学生知识技能的掌握以及智力与个性的发展均具有重要意义。然而调查显示，很多学生对大班额教学方法评价不高，他们表示"大班额课堂的气氛比较沉闷""教师的教学方法比较死板，缺乏灵活性""教学方法过于传统保守，局限于老师讲学生听，课堂不活跃"，渴望教师改进教学方法。造成教学方法单一、学生兴趣不高的原因是，大班额课堂学生人多、差异大、教师教学任务重、课堂管理难驾驭、教学计划难以真正落实，不可能采用多种教学方式。而且，即便是小组讨论，由于受制于有限的学习时间和囿于预设的标准答案，大班额合作学习大多蜻蜓点水、浅尝辄止、不够深入,学生不能尽兴讨论、尽情展示、欢畅分享,遂逐渐对合作学习失去兴趣。

(三)改善大班额学习状况的对策

1. 优化教学环境,创设良好的学习氛围

教学环境对学生的智力发展、学习动机、课堂表现、学习质量有着不容忽视的影响。教学环境的构成要素是复杂的,既有物理性因素(光线、温度、教室空间、教学设施等),又有心理因素(人际关系、校风班风、教学气氛等)。奥托·戴克提出:"教学活动是在一定的物理环境中进行的,这个环境在一些非常重要的方面限制和规定着学生学习和发展的可能性。环境这个舞台一旦搭起来,那么在这个舞台上将要进行的演出活动就已经被部分地决定了。"[①]但调查发现,在大班额课堂中,很多学生对所处环境表示不满。教学环境优化刻不容缓。

首先,加强课堂物质环境建设。大班额教室相对拥挤,夏天更是闷热,在班级人数以及教室空间无法改变的状况下,为使教室温度适宜学生学习与思考,很多学生表达了这样的心愿:希望增设电风扇甚至安装空调。显然,加大教育投资、寻求必要的物力支持是缓解大班额教学难问题的重要保障。

其次,加强心理环境建设。教师应关心学生,为学生营造一个良好的学习氛围。为此,教师不要把疲惫的心态带到课堂,要以饱满的精神去诱发学生的学习热情。教师要善用宽容之心,平等地对待每一个学生,用言语、表情、姿势等向学生传达教师的关爱,给予后进学生更多的关心、鼓励,赏识学生的点滴进步,让他们获得信心、力量,感到亲切、温暖。只有在这样一种轻松愉快的学习氛围之中,学生学习的积极性和自觉性才能有效提高。

2. 构建学习共同体,开发差异资源

众所周知,我国人口众多,大班额现象还将持续存在。大班额学生之间存在较大差异,不同学生的个人经验、思维方式和看待事物的角度各异,对其他学生而言,这是一些重要的、有待开发与利用的教学资源。那么,如何开发、利用大班额潜在的差异资源呢? 在这里,教师应具有一双慧眼,善于发现、挖掘、利用学生之间的差异资源,使之成为大班额重要的教学资源。我们认为,构建学习共同体,实施合作学习,是开发利用大班额差异资源的重要途径。

首先,根据"组内异质,组间同质"的原则组建4~6人构成的学习小组。其次,制订合作规则,确保每一个学生的参与和深度交流,开发学生间的资源。再次,发挥教师的引导作用。在大班额课堂中,学生充分讨论往往需要较多的时间

---

① 田慧生,李如密:《教学论》,河北教育出版社,1996年,第159页。

和教师的引导,教师的指导对于达到更高水平的推理以及高质量的解释来说至关重要。[①] 学生讨论时,教师走下讲台,聆听、观察学生的讨论,并以学习者的身份加入到小组讨论中。最后,教师指导学生共同批改作业。上海育才中学原校长段力佩曾提出教师要从作业堆里解脱出来,因为教师淹没在作业堆里,"整天东画西圈,忙个不停,使得教师无暇仔细备课,认真进修和充分休息,反过来也影响了教师教学水平与教学质量的提高"。[②] 目前大班额学生参与作业批改的机会很少,教师应把作业批阅权归还给学生,把批阅作业的时间用于研究学生作业中出现的问题并加强个别指导,即实现"作业零批改"[③],以发挥大班额学生学习的积极性,使其互教互学、共同促进。

3. 改进教学手段,实现教学方法的多样化

在大班额课堂上,受班级规模、课堂时间、传统观念等多种因素的制约,教学方法单一,无助于学生学习兴趣的激发和学习效率的提高,为此,教师要改进教学手段,运用灵活多样的教学方法。

首先,善于运用先进的教学技术。将现代信息技术融入教育领域,为大班额教学提供强有力的支撑。教师应适当地在课堂上应用多媒体,图、文、声并茂,提供更丰富的感官刺激,让学生通过多种感官通道接受、加工信息,促进理解,丰富体验,提高学习积极性与学习效率。

其次,灵活运用多种教学方法。每种教学方法都有其优越性和局限性,为了发挥每种教学方法的优势,教师应根据教学目标、内容、时间和学生特点综合地选择、灵活地运用多种教学方法。如:运用讲授法,面向全体学生集体授课,传授基础知识;适时穿插阅读、讨论、练习,深化知识理解与意义建构,促进知识巩固与创新。此外,采用演示、观察、操作、实验等方法,让学生全方位、立体地感知、思考、探索,丰富学生的课堂生活,全面提高大班额学习效率与教学质量。

4. 加强自主学习能力的培养

面对大班额学生存在的学习倦怠、被动机械的学习现状,必须唤醒学生的主体意识,培养学生的自主能力,让学生学会、会学、爱学,提高学习效率。其基本策略有:(1) 指导学生制订自主学习计划。引导学生根据自己的特点、问题,制订切实可行的自主学习计划,包括学习的时间分配、学习内容与学习方式的选择等,让学生自觉规划、调控自己的学习活动,而不是被动地跟着老师转。(2) 指导学生自主预习。为了提高课堂学习效果,进行适当的课前预习是必要的。教

---

① [美]斯滕伯格,[美]威廉姆斯:《教育心理学》,张厚粲译,中国轻工业出版社,2003 年,第407 页。

② 段力佩:《段力佩教育文集》,上海教育出版社,1982 年,第148 – 149 页。

③ 熊川武:《论中学教师"零作业批改"》,《中国教育学刊》,2007 年第5 期。

师应指导学生对一些学科进行课前预习,以便上课时有的放矢,积极思考,合作探究,提高课堂学习的针对性与有效性,改变盲目被动的课堂学习状况。(3)指导学生自主巩固。新知识、新技能的学习尤其需要进行一定的巩固练习,教师要引导学生及时练习巩固或进行一定的过度学习,降低遗忘量。(4)指导学生自主地反思。教师要引导学生总结、归纳,及时自主反馈学习结果,对自己学习进步与问题进行反思,培养自主学习能力,强化学习的独立性、自主性,增强学习信心,提高学习效果。

　　(执笔:扬州大学潘洪建、仇丽君、孙静静,周口市教育局李庶泉)

大班额学习共同体
构建研究

第三章 学习共同体概观

一、学习共同体概念辨析

学习共同体是共同体中的一种类型。纵观共同体的发展历史,共同体概念的内涵和外延一直处于不断变化之中。有学者指出,目前人们对共同体的概念缺乏分析,没有明确的定义。这是一个普遍存在的问题。因为"对于共同体的认识出自于人的主观体验:我们每个人都可以决定自己的共同体构成形式,它可以基于我们的工作同事、邻里关系、宗教信仰和民族群体等等。而且,人们还可以同时从属于多个共同体,但依附的程度又可能各不相同,这就使问题变得更为复杂化"。① 在今天,随着经济、政治和社会交往的不断拓展,共同体已成为包含地理区域、地域性社会组织、共同情感和互动关系等特征的更为广泛的概念。学习共同体概念是共同体的一种特殊类型,它与学习型组织、班集体(学习集体)、学习小组有许多交叉。辨析上述概念,有助于厘清学习共同体的内涵与外延,把握学习共同体的实质,为学习共同体的实践和研究提供基础。

(一)共同体与社会(社区)

共同体的英文形式是 community,它可译为社区、社群、共通体等。1881 年德国社会学家滕尼斯出版《共同体与社会》一书,首次提出共同体概念。他区分了两种人类生活群体:community 与 society。community 是自然形成的、同质的,诸如家庭、家族、村庄;society 则是后来形成的,它是有目的的联合体、人工制品。在滕尼斯看来,共同体建立在有关人员本能的中意或者习惯制约的适应或者共同的记忆之上。相反,社会则是形成的,它产生于众多个人思想和行为有计划、有目的之协调,众多个人为了共同实现某一特定目的聚合在一起,共同行动。在人类的发展史上,社会的类型晚于共同体的类型。共同体是古老的,而社会则是新的。在萨乔万尼看来,社会是理性主导的,基于规则,而共同体共享价值与观

---

① [英]保罗·霍普:《个人主义时代之共同体重建》,沈毅译,浙江大学出版社,2010 年,第 139 页。

念,基于规范。换言之,共同体属于自然社会,它基于血缘、地缘、精神等因素,而社会是人为的,它基于理性与规则、分工与合作等因素。

但是,进入现代社会以后,工业化、都市化逐渐发展,社会流动加剧,滕尼斯所指的原始的、自然的、同质的共同体逐渐衰落。正如涂尔干所说,异质的、分工与合作的、通过各种利益的调整控制而团结起来的"有机关联"(社会)迅速发展,并取代"机械关联"。根据韦伯的论述,"选择意志"取代"本质意志"成为不可逆转的社会发展潮流。理性驱动的利益联系得以强化,建立在情感、情绪与传统惯习基础上的共同体(自然社会)逐渐让位于建立在理性主导和利益规则驱动基础上的社会(人为社会)。社会不断理性化,理性主导,自然祛魅,功利至上,人情冷漠。鲍曼坦言,一方面,对于现代社会中的人来说,共同体总是好的东西,它夹杂着些许温馨的怀旧情感。因为"共同体"这个词所传递出的所有含义均预示着快乐,而且这种快乐通常是我们想要去经历和体验的。"共同体是一个'温馨'的地方,一个温暖而又舒适的场所。它就像是一个家(roof),在它的下面,可以遮风避雨;它又像是一个壁炉,在严寒的日子里,靠近它,可以暖和我们的手。"然而,另一方面,令人遗憾的是,"'共同体'意味着的并不是一种我们可以获得和享受的世界,而是一种我们将热切栖息、希望重新拥有的世界"。① 换言之,由于社会迅速发展和日益复杂化,不确定性因素增加,交往范围日益扩大,多种角色不断变换,身份确认成为问题。那种自然的、同质的、封闭的、确定的、基于共同理解的原始共同体开始解体,而异质的、开放的、有差别的、需要共识的社会不断扩展。今天,共同体已成为一个久远的梦想,人们开始怀念昔日的共同体。

当然,"共同体"与"社会"并非完全对立,"共同体的力量在社会的时代之内,尽管日益缩小,也还是保留着,而且依然是社会生活的现实"。② "在共同体里,尽管有种种分离,仍然保持着结合;在社会里,尽管有种种的结合,仍然保持着分离。"③不过,由于信息技术与网络技术的发展,一个新的"脱域的共同体"正向我们走来。英国诺丁汉大学政治学教授安东尼·吉登斯不断重申"脱域的共同体"概念。他认为:"现代性的一个特点是远距离发生的事件和行为不断影响我们的生活,这种影响正日益加剧。这就是我所说的脱域(dis-embedding)即从生活形式内'抽出',通过时空重组,并重构其原来的情境。……'脱域式'和'重

---

① [英]齐格蒙特·鲍曼:《共同体》,欧阳景根译,江苏人民出版社,2007年,序第2—5页。
② [德]滕尼斯:《共同体与社会》,林荣远译,商务印书馆,1999年,第76页。
③ 同②,第203页。

嵌式'（re-embedding）的过程在经济领域中发生的同时，也发生在生活的其他领域。"① 正是由于现代社会中"共同体"的脱域，"共同体"的内涵开始脱离固定疆域、边界，一个对其成员的知识建构、身份认同起着决定性意义的共同体开始超越有形的、固定的边界与组织。Community 更多地指向以共同的社会心理和社会文化为基础的群体，而不仅仅是一个天然形成的地理空间概念。共同体的概念需要转换与重构。

总之，在今天，共同体与社会的概念发生倒转，重建共同体的需求日益增长，共同体从自然形成的共同体走向主动建构的共同体。共同体除了共同情感、彼此理解和亲密关系，也可以是异质的、人为的、基于规则的、脱域的。事实上，共同体和社会并非完全对立，它们具有包含、交叉和转换的性质，即社会部分地带有共同体的性质，而共同体也常常是一定社会中的共同体，具有社会的特征，二者是交叉、互嵌的。换言之，当代语境下的共同体概念已扬弃了传统的自然形成的、原始共产主义时代的 community 与人为的社会的概念，在超越的同时又涵盖了 community 与 society 两者的含义。② 共同体概念吸收了社会概念中的目标、规则、联合与原始共同体概念中的情感、理解。原始的、自然的共同体解体了，新的、人为的共同体尚待形成，人们企求通过共同体的建设，既重温昔日的感情，追寻那份久违的记忆，又促进社会互动，提高群体的活动效率。今天，人们可以在个体差异较大的背景下，借助分工与合作，有目的、有计划地建设共同体，即共同体可以是人为的、建构的。地域、血缘意义上的共同体已不再重要，基于情感、价值与目标的共同体才是我们追求的东西，尊重差异而不是同质，强调共同目标、理想与愿景，强调共同的精神意识，而不仅仅是外在的规则约束。在共同意志下，使之"有机化"。在今天，共同体概念已基本超越地理区域、地域性的社区或社会组织，更多地指向共同目标、情感和彼此互动。

共同体概念的现代转换对学校教育具有重要的意义。因为学校是人为组织起来的，它已不属于原始意义上的自然共同体（尽管学校的长期生活可能形成共同体），学校即社会，它本身不是共同体，需要建设和培养，只有通过规划、建设，学校才能成为现代意义上的学习共同体。

（二）学习共同体与学习型组织

组织是一种有序的社会结合，它包含着一定的权力结构、制度规范、运行机

① ［英］安东尼·吉登斯：《第三条道路——社会民主主义的复兴》，郑戈、渠敬东、黄平译，北京大学出版社，生活·读书·新知三联书店，2000 年，第 169 页。
② 赵健：《学习共同体——关于学习的社会文化分析》，华东师范大学博士学位论文，2005 年。

制，以使该结合能持久、有效，进而才能使组织得以维护和正常运转。组织晚于共同体。齐格蒙特·鲍曼研究发现，随着现代资本主义生产方式的产生和发展，自我维系和自我再生产的共同体走向瓦解，一致同意和自然理解所支配的社会联结消失了。随之而来的一种趋势是：用人为设计的、强加的监控规则，来取代共同体过时的"自然而然的理解"、取代由自然来调整的农业生产节奏和由传统来调整的手工业生活规则。另一方面，伴随着这种"逆共同体"趋势，在新的权力结构框架内，从零开始创造出一种"共同体的感觉"。① 从发展演进看，组织大致经历了自然组织（如小农经济）、科学组织（如泰勒的科学管理）、科层组织（如马克斯·韦伯倡导的科层制）、扁平的科层组织、网络组织等形式。泰勒的科学管理在工厂中被普遍运用，也被广泛运用到学校等机构之中，学校类似工厂流水线，根据课程标准生产大批量的同质化的学生。可以说，学校模拟工厂流水线与科层制的形式建立了相应的组织形式，正如彼得·圣吉所说，学校也许是现代社会中临摹生产流水线的最为神似的样例，学校被按照生产线形塑（shape）起来：学校被划分成各个阶段，冠之以"年级"，学生被按照年龄分配到各年级进行加工，加工的顺序是由低到高顺级而上。每一年级均有车间主任——教师来负责监管，一定定额学生数的班级在课程表规定的时间里进行操练，以备质检，所有学生应按照设计的同一速度、根据铃声规定的刻板课表运行。在这样的流水线上，与其说学生在学校中学习，不如说学生通过跟上流水线的节奏，在适应并再生产着一个控制的系统。② 工具—目的理性支配下的学校组织和其他理性主义组织一样，冷漠、机械，以个人为中心，共同体精神失落。但是，物极必反，共同体精神必将得以觉醒、复苏。20 世纪 50 年代，人文主义思潮复兴，并获得广泛传播，科学主义受到批判，工具—理性主义支配下的组织建设受到置疑、批判，扁平的、网络化的组织形式开始涌现，出现了多种组织形式并存的局势，如同摩根（Gareth Morgan）在《组织的意象》（Images of Organization）一书中所概括的现代组织的新变化。他以隐喻的手法剖析、描述了现代组织的演变及其特征：作为机器的组织、作为有机体的组织、作为文化的组织、作为大脑的组织、作为政治体系的组织、作为精神牢狱的组织、作为支配工具的组织，等等。与此同时，学习型组织的概念应运而生，其研究引人注目。学习型组织研究的集大成者彼得·圣吉概括了学习型组织的五大特征，即自我超越、改善心智模式、建立共同愿景、团体学习、系统思考（又称为学习型组织的五项修炼）。③ 学习型组织的研究为学习

① ［英］齐格蒙特·鲍曼：《共同体》，欧阳景根译，江苏人民出版社，2003 年，第 39 页。
② 赵健：《学习共同体——关于学习的社会文化分析》，华东师范大学博士学位论文，2005 年。
③ ［美］彼得·圣吉：《第五项修炼——学习型组织的艺术与实务》，郭进隆译，上海三联书店，1998 年。

共同体建设提供了基本框架和理论依据。

与学习型组织概念不同,学习共同体概念缺乏特定的界说,以致人们常常难以分辨学习共同体和学习型组织这两个概念。在一些文献中,有的将这两个概念等同使用,如加拿大教育学家迈克尔·富兰在《变革的力量——透视教育改革》中这样写道:"学校现在还不是学习型组织……看一看校长和教师还有什么工作要做,以便把学校从一个官僚主义的机构转变为一个兴旺的学习者的共同体。"[1] William Malloy 认为:"学习共同体这一术语,其实就是学习型组织术语的改换(adaptation)而已……"有的将二者置于相互解释的循环中,用学习型组织去阐释学习共同体,"学习型组织为学习共同体提供了最重要的理论依据","学习共同体就是一种学习型组织,是学习型组织在教育领域中的应用",因而学习型组织中倡导的"团体学习、组织优化和共同愿景也是学习共同体的重要特征"。[2] 有的用学习共同体去阐释学习型组织,视学习型组织为学习共同体。

我们认为,作为两种组织方式,学习型组织与学习共同体有共同之处,二者无论是在理论基础,还是在实践策略上,都存在着相当多的交叉与重叠之处。它们可以相互吸收,彼此借鉴,从而丰富自身的内涵。学习共同体和学习型组织均强调学习与发展,重视全体成员的参与和共同提升、经验的交流与分享、共同目标与愿景的形成等。学习共同体吸收学习型组织中的一些因素如共同愿景、系统思考、自我超越、心智模式改善,学习型组织则吸收学习共同体中的团体学习、共同成长、情感支持、身份认同等,二者相互支撑。但是,二者之间的差异是否仅仅属于一种修辞的差异?我们认为,共同体和组织是两种不同的社会结构,学习共同体与基于正式组织再造、改进的学习型组织承担着各自不同的理论追求和实践功能,二者的区别是明显的,主要体现在以下几个方面:

(1)在目标追求上,学习共同体更多地追求群体中的个人发展,通过互教互学,取长补短,共同发展,不让任何孩子掉队;而学习型组织通过弥补、缩小个人之间的差距,谋求组织的有效发展,完成特定的组织任务。追求组织目标,可能忽视个体需要,个体发展仅有工具意义,却失去内在价值。

(2)在内容要素侧重点上,学习型组织更多地属于任务功能型,受理性支配,追求效率,功利色彩较为浓厚;而学习共同体强调真实情境、彼此互动,似乎具有更多的理想成分与情感色彩,预示着快乐、和睦友爱、相互依靠,令人向往。学习型组织关注团体学习与系统思考,以效率、任务为导向,而学习共同体注重个人认同、情感支持与共同精神。

---

[1] 富兰:《变革的力量——透视教育改革》,教育科学出版社,2000年,第56页。

[2] 王黎明:《基础学校建立学习共同体的研究》,华东师范大学硕士学位论文,2004年。

（3）在建设途径与方式上，学习型组织更强调团体学习、心智模式的改善、系统思考，而学习共同体更多地强调民主管理、团体意识、共同协作等信念诉求。

（4）在组织层次上，学习型组织更多地适用于班组、企业、公司、社会团体、社会（如学习型社会），而学习共同体尽管具有多个层次，如组、班、学校、社区、社会乃至世界，但更多地指由特定学生群体组成的学员共同体。

当然，以上区分仅仅是为了分析的方便，二者实际上关联密切。严格地讲，学习共同体不属于政府部门这样典型的社会权力结构意义上的组织，不具有一般组织的社会功能，也不像松散的社会民间组织、团体，它更多地聚焦于学生的发展，属于教育团队或学习集体。学习共同体可以从学习型组织的相关理论中借鉴与吸收更多的元素和理念，从而丰富自身的理论与策略。

（三）学习共同体与学习集体（班集体）

"集体"是前苏联社会心理学、教育学中的一个基本概念。它是指执行有益的社会职能的、高度发展的群体。与西方社会心理学家不同，苏联社会心理学家在研究群体分类时，一般都把社会主义社会中的集体看成一种特殊的群体与组织形式。学习集体（班集体）的指导思想是集体主义，即主张个人从属于社会，个人利益服从集团、民族、阶级和国家利益，它既是一种实体，更是一种意识与精神。

"班集体"（class collective）属于集体中的一种类型，是按照班级目标和教育规范组织起来、以共同学习活动和直接人际交往为特征的社会心理共同体。健全的班集体"应具有正确的政治方向，共同的奋斗目标，坚强的纪律，正确的舆论，以及团结友爱、勤奋好学的好风气"。[1] 良好的班集体对学生健康成长非常重要，健全的集体是一股巨大的教育力量。集体的发展目标、得力的班集体核心、正常的集体秩序、形式多样的教育活动、正确的舆论和良好的班风，是班集体的构成要素。

学习共同体与学习集体均可视为心理共同体，属于社会群体。它们强调共同的意识、精神，重视团体成员之间的互动、协作，追求成员多方面的发展与进步。它们都能为个人提供归属感和安全感，满足个体的社会性需要。但二者之间还是存在较大差别的，具体体现在以下几个方面：

在概念归属上，班集体更多地属于学校管理与德育范畴，班集体建设属于班主任与政教处工作的重要内容，该概念主要在社会主义国家使用；而学习共同体属于学习科学、社会学、人类学的范畴，具有普遍性，不受社会制度的限制，可以

---

① 华中师范学院，等：《教育学》，人民教育出版社，1980年，第290页。

通用。

在价值导向上,班集体追求的是集体主义[①](collectiveness,collective)。它强调一切言论和行动符合集体利益,当个人利益和集体利益发生矛盾的时候要服从集体利益。强调无产阶级的集体利益高于个人利益,要求个人利益服从集体利益、眼前利益服从长远利益、局部利益服从全局利益。它主张个人要服从集体,集体利益重于或大于个人利益。然而,集体主义也会在集体内部形成领导层和非领导层,造成集体内部个人的不平等。集体主义极容易导致"集体"的"老大哥"侵犯"集体"内弱势者的个人利益。事实上,几乎所有强调集体主义的"集体"均不同程度地侵犯甚至剥夺集体内个体的利益。"大多数人的暴政"这种不平等状况的存在,使得"集体主义"几乎成为一个空幻的概念,甚至还可能演化为不同利益集团为了争夺各自利益的挡箭牌与借口,蜕变为特殊利益集团的"集团主义"。而学习共同体则强调自主性与多元性的互补和结合,因为"共同体并不是一种抽象的存在,它们是自主性与多元性赖以发挥作用的环境或场所;特别是我们每个人通过寻求各种机会去行使自己的自主性,并做出自己的生活选择,这一切都发生在共同体或社会之中。因此,共同体决定了自主性和多元性的特征"。

在互动方式上,班集体属于以直接交往为特征的人际关系系统,重视集体内部成员之间的直接交往与人际互动;而学习共同体也强调交往,但不一定完全是直接交往,也可能是间接交往或虚拟的网络交往(脱域共同体),它更多地是一种共同体的情感联系与共同体意识。

在目标追求上,班集体建设强调建立共同的理想、共同的奋斗目标、共同的舆论、统一的意志和共同的纪律;而共同体建设则更强调成员之间的持久协作,形成共同的意识与精神,鼓励多元,尊重差异。

值得一提的是,作为社会群体的学习共同体与班集体(学习集体)涉及如何处理个人与社群关系的问题。罗森伯格批判社会主义主张的"集体"或者社群主义所希冀的"社群"以及滕尼斯意义上的共同体。在他看来,学习共同体与集体均不是建立在"共识"的基础之上,没有任何反思、批判或试验的动力。个人与社群的关系到底如何处理是当代自由主义和社群主义的斗争焦点。是权利优

---

① "集体主义"一词是斯大林 1934 年 7 月同英国作家威尔斯谈话时明确提出来的。他说:"集体主义、社会主义并不否认个人利益,而是把个人利益和集体利益结合起来。"他提出:"个人和集体之间、个人利益和集体利益之间没有而且也不应当有不可调和的对立。不应当有这种对立,是因为集体主义、社会主义并不否认个人利益,而是把个人利益和集体利益结合起来。社会主义是不能撇开个人利益的。只有社会主义社会才能给这种个人利益以最充分的满足。此外,社会主义社会是保护个人利益唯一可靠的保证。"出自:《和英国作家赫伯特·乔治·威尔斯的对话》,参见 http://zh.wikipedia.org/zh/。

先于善还是善优先于权利,两者对此还是争论不休,至今没有令人满意的答案。而早在 18 世纪末 19 世纪初的早期浪漫主义,曾试图通过建构有机国家来消弭个人与社群、个人自由与共同体归属之间的分裂,力图实现个人自由与共同体归属的和谐统一。这一理想并未达成,国家反而成为"巨无霸"凌驾于个人之上。在今天,中间组织与社团备受重视,人们希望通过大量的中间组织和社团来保证个人和地方的参政权、自由权与平等权,既防止中央的集权控制,又为个体提供社群归属,防范极端个人主义的滥觞。发挥中间组织和社团在权力均衡中的独特作用。班内不同层次的学习共同体既可克服个人主义的局限,又可防范集体主义的僭越,从而平衡个人与集体的权力。

(四) 学习共同体与合作小组

学习共同体与合作学习、合作小组涵义特别接近,容易混淆。这两个概念有较大的交叉、重叠,特别需要明晰分辨。

合作小组与学习共同体都强调成员之间的合作、交流与共同成长。合作、互动、共同进步是合作小组与学习共同体的共同追求。它们都从知识的社会建构性出发,重视意义的合作建构,鼓励学习者之间的经验交互。① 但也有不同之处:

(1) 从缘起来看。学习共同体缘于人类学与社会学研究,吸收了人类学与社会学的研究成果,聚焦于学习者的社会文化的成长,促进真实的意义生成。它既包括同辈交往,也包括代际交往。而合作小组基于社会心理学与教育心理学研究,吸纳了心理学的研究成就,聚焦于个体的知识掌握、认知发展,以及学习态度与情感的变化。它更加关注同伴或同辈的水平交流。

(2) 从社会控制水平来看。合作学习属于强控制,而学习共同体属于弱控制。课堂中的合作大多属于结构化合作,学习的任务、步骤、规则大多由教师事先规定或安排,学生在规定时间内按规则与要求进行交流对话,完成特定的学习任务。如研究性学习小组围绕某一问题、按照特定的程序与要求开展系列研究活动。而学习共同体中学生的相互合作带有半结构化性质,尽管有规定的任务,但学生之间合作的时间、地点、组织分工和合作过程有较大自由度。在较高水平的共同体中,学生的合作、协作带有更多的自发性,即在没有教师的任务规定之下,学生之间进行兴趣型、任务型的共同学习活动,相互帮助,并且这种合作、协作并非仅仅在学科学习之中,也可能发生在日常生活、道德交往中,进行频繁接触和持久合作,接近真实社会中的交往,为未来生活中的合作提供共同的经验基

---

① 赵健:《学习共同体的建构》,上海教育出版社,2008 年,第 42 页。

础。换句话说,学习共同体的发展逐渐超出教育学的水平,进入社会学、人类学的水平,反映学习者在真实社会中的文化特征。

（3）从交往方式看。合作小组中合作一般是直接的、面对面交往互动,界线与边界比较清晰。而学习共同体中的合作可以是间接合作,或仅仅是一种精神交际、情感支持和共同意识,更多地是心理上的感受。共同体属于社会文化性范畴,"它是对一组共享的价值、规范和意义,以及一个共享的历史和身份认同的一定程度的承诺"。① 当然,我们倡导的学习共同体亦强调成员之间的相互依赖、相互学习、相互促进、共谋发展,鼓励成员之间进行深度对话、思想碰撞、观点交锋,重视成员之间的密切联系。换言之,学习共同体的运行可以小组为学习单位,借助小组合作的形式来实现。

（4）从表现形态看。学习小组一般是实质性的群体,必须面对面地进行人际互动,不能仅仅停留在意识与情感层面。而学习共同体有多种类型、层次、范围,既有小组层次的共同体,也有班级、年级层面的共同体,还有学校甚至学区层面的共同体,有直接的、真实的,也有间接的、虚拟的。共同体不一定都是真实的、面对面的,它可以是虚拟的,如网络共同体。

（5）从目标追求上看。合作学习小组侧重于知识、技能的掌握与认知发展,而学习共同体除了知识技能的学习,还特别关注身份的形成与社会文化成长。合作小组中的合作学习主要作为一种学习方式,促进知识理解和掌握,而学习共同体中的合作主要追求形成合作的文化,促进学生社会性的发展。

总之,学习共同体基于合作学习,又超越合作学习。合作并非共同体,它可能是制度安排的合作,并非出自自愿。共同体并非一定要合作,它更多地是一种精神倾向、情感归依和心理认同,即将自己归于某一共同体,进而产生安全感、归属感和群体意识,但共同体亦不排除合作。如民族共同体,平时可能素昧平生,不相往来,但危急时刻,共同体意识被唤醒、强化,并释放出巨大力量,如地震、水灾爆发之时,民族自发组织救灾抗灾活动,齐心协力,共度时艰。学习共同体更强调有效的、深度的合作。

小组合作是学习共同体建设的基础,是共同体建构的必经阶段（社会安排）。合作学习的技术、策略、模式在许多情形下,亦能在学习共同体的建构过程中运用、分享,即二者在实施策略上可以共享,有相通之处。但学习共同体比合作学习有着更高的目标与追求,追求新型的师生关系、学习者会话与协商关系的重建以及合作文化、差异文化的建设。它要求超越合作的具体策略与技术,走向交往的常态化、日常化,达于精神、情感的际遇和情感关怀,从学校迈向社会。

---

① Amitai Etzioni. Creating Good Communities and Good Societies. *Contemporary Sociology*, 2000（1）.

在此意义上讲,学习共同体建设的任务更加艰巨、宏大,是学校教育的追求方向。

总之,学习共同体与学习型组织、班集体、合作小组既相互区别,又相互联系。根据上述分析,我们将学习共同体的概念界定如下:学习共同体是指在班级教育活动中,以共同愿景、价值和情感为基础,以真实任务为核心,师生、生生之间持续的、深层的合作和互动,共同成长、共同进步的学习组织与精神追求。它是一种组织与实体,更是一种意识与精神。

（执笔:扬州大学潘洪建）

二、学习共同体的基本特征

“共同体”本是一个社会学的基本概念,由德国社会学家滕尼斯在 1881 年的社会学名著《共同体与社会》中提出。随着“共同体”思想在教育领域的应用与发展,1995 年,博耶尔发表了题为《基础学校:学习的共同体》的报告,首次提出了“学习的共同体”的概念。目前,随着教育改革的推进,学习共同体的范围已经从课堂延伸到学校,并逐渐蔓延到社会。为了更好地规范学习共同体的建设,有必要对学习共同体的特征进行分析,我们尝试从学习共同体与“单子式”学习个体、“合作小组”比较分析的视角,来剖析学习共同体的基本特征,以便在实践中更好地落实学习共同体建设。

莱布尼茨认为,单子之间是相互独立的,不可能有什么东西可以进入其内部而造成变化,单子的“偶性”也不可能离开实体而进入其他单子。所以,单子之间没有“物理的影响”,不存在真正的相互作用。[①] 这里的“单子式”个体正是基于莱布尼茨的“单子”论思想,“单子式”学习个体可以理解为:个体停留在“封闭的、自足的”状态,自主安排学习进度、选择学习方法、进行自我决策与独立思考,个体与个体之间表现为零接触、零互动、零分享。所谓合作学习小组,就是以小组的形式进行学习活动,小组成员互动,分享学习资源,达成教学目标。

（一）成员构成的异质性

“单子式”个体的学生处在莱布尼茨所谓的没有窗户的“单子”世界里,学习者犹如井底之蛙,只是积累、占有自己的知识,其构成成分具有单一性。合作学习小组的成员尽管在原有知识水平、学习经验、个性特征等方面存在一定差异,且具有一定互动,但被限制在单一的学生群体中,仍处于“半异质化”分布中。学习共同体在成员构成上则打开了一个崭新的窗口,其成员可以超越班级、学校

---

① 张志伟:《西方哲学十五讲》,北京大学出版社,2004 年,第 230 页。

的界限,面向整个社会,甚至整个世界,学习共同体中成员可能来自不同地区、从事不同行业,他们中间有学生,有教师,有家长,有社会人士,有学科专家,甚至还包括某一领域的顶尖人才,他们通过在场的面对面交流或者不在场的信息交流,就某一问题来分享知识与经验,共同进步,共同构成学习共同体的主体。其成员的异质性体现为地域条件、文化背景、职业领域、社会角色、知识涵养、思维方式等多个方面的差异。因此,与完全均质化的"单子式"个体、"半异质化"的合作小组相比,学习共同体在成员构成上表现出极大的异质化。我们认为,在传统的均质化、制度化的学习系统中,学习主体之间不断分化,学习者被封闭在单一的框架里,主体经验丧失了交流的可能性,学习世界俨然成为客观的世界。学习共同体认识到了存在差异的团队可以从成员不同的经历和视角获得益处,有利于得到更多的观点和更好的决策。①

(二) 学习目标的共同愿景

对一个组织而言,在缺少愿景的情形下,充其量只会产生"适应型的学习",只有当人们致力于实现某种深深关切的事情时,才会产生"创造型学习"。② 所谓共同愿景是指组织中人们所共同持有的意象或愿望,这种意愿或愿望把大家凝聚在一起,成员为了实现共同的渴望,主动地参与学习与分享经验。在人类群体活动中,很少有东西像共同愿景那样能激发出如此强大的力量。对"单子式"个体而言,他们概不存在"共同愿景",因为他们是独立进行学习活动的"单子"。合作小组的活动任务是由小组成员共同完成的,但在现行的教学中,"小组比赛"的开展使得比赛结果成为大部分学生关心的重点,这种由外界规定的"奋斗目标"不能称为"共同愿景",我们认为除非人们对他们真正想要实现的愿景感到振奋,否则这种学习的效果就会大打折扣。博耶尔在《基础学校:学习的共同体》一书中把"有共享的愿景"作为"在学校建立真正意义上的学习的共同体"必须具备的第一个条件提出来。所以,成员具有共同愿景是学习共同体得以存在的重要特征。而事实上,学习共同体具备了在目标上拥有共同愿景的条件:首先,成员参与到一个学习共同体是出于自主自愿的;其次,学习共同体不存在竞争或者比赛的压力枷锁,成员聚集到同一个学习共同体的目的是通过互惠式的交流学习,达到共同的进步和成果的共享。

---

① [美]罗伯茨,[美]普鲁伊特:《学习型学校的专业发展——合作活动的策略》,赵丽、刘冷馨等译,中国轻工业出版社,2004年,第74页。

② 陈德钟:《学习型组织——第五项修炼简明教程》,企业管理出版社,2005年,第55页。

（三）身份转换的灵活性

对于"单子式"个体而言，在整个学习活动中，个体处在封闭的学习状态中，学习者的身份是确定、唯一的，无法实现身份的转换。对于合作小组，从整个组的范围来看，它关注的多是同辈群体的交往，很少与别的层次、身份的人产生交集，成员总是固定地扮演着学生的角色。从每个组的组成来看，成员的分工已经是被明确细化了的，成员各司其职、各尽所能，虽然提倡组内成员进行角色互换、分享领导，从组员升级为组长，但治标不治本，在课堂学习中成员仍旧无法避免处于被教师领导的位置，其身份还是归于学生。而在学习共同体中，其成员的身份是可以重塑的。布鲁纳认为，在学习共同体中，"教师不一定会成为专卖者，而学习者们也有能力相互成为支架"。① 即在学习共同体中，参与者的身份是可以重建的，一方面，"术业有专攻"，在某一领域，学生可以成为老师，专家成为初学者；另一方面，随着学习活动的不断推进，人员的流动性产生了新的初学者，原先的初学者或新手也可以通过"合法的边缘参与"逐渐变成专家或者老手而进入中心角色。所以，任何人都可能以特定身份或角色与一个或几个相同或不同身份的人联系交往，交往的开放性使每个个体都可能最广泛地参与到学习活动中去。成员通过身份的转变，不仅获得知识上的分享，也获得思想上的交汇和情感上的满足。

（四）活动时间的持久性

从时间跨度上来看，学习共同体与"单子式"个体与合作小组也存在着差异。对于"单子式"个体而言，因为他们拥有着自主决策权，所以学习活动的进行很少受到外界影响，"单子式"个体的学习时间由学习者自行决定，具有较大的自由度。而合作小组的时间安排则要受到很多外界因素，特别是教师因素的制约。现有的合作小组学习的实践显示，教师在课堂安排小组学习时，更多地将它作为一种教学组织的技术，常见的是，教师在课堂中的一段时间或某项任务上安排合作小组的形式，之后仍然回到原来的节奏和轨道上，这使得合作小组成为课堂中一个个短暂的插曲和风景。② 而学习共同体的学习活动在时间上表现出持久性，这是因为：一方面，学习共同体的开放性特性，使得随时有新的成员参与进来，分享经验，产生新的话题和学习内容，成员保持持续的交流互动，从而使学习活动得以持续进行；另一方面，学习共同体必须是一个长时间的过程，这样才

---

① [美]布鲁纳：《教育的文化：文化心理学的观点》，宋文里译，台湾远流出版社，2001年，第51页。
② 赵健：《学习共同体的建构》，上海教育出版社，2008年，第44页。

能保证新手通过边缘的观察、模仿进入中心角色,即学习共同体成员需要在宽松、充裕的学习时间中进行身份的转变,从而获得知识与情感的满足。

（五）学习情境的真实性

目前,合作小组的实施仍缺乏实效性,以形式化为主,教师在教学任务繁重与课时数不够的矛盾下,往往选择按时完成教学任务,根本不会"浪费"时间给学生创设具体情境,最多只是作秀式的浅尝辄止。在他们看来,有没有实践、实不实施情景教学并不影响教学效果,知识的掌握才是最重要的,却不考虑这样获得的知识是不是有助于学生的发展。有论者指出,知识是情境性的,它受到知识所使用的活动、情境以及文化的基本影响,可以通过对特定情境中实践性活动的参与获得社会价值与意义。学习是学习者基于特定的情境对知识进行主动建构的过程,脱离开特定情境的知识只能是"呆滞的知识",它们无法迁移到相关的情境中去。① 所以,学习共同体存在的一个重要特征是具有真实或类似真实的学习情境:(1) 具有反映知识在实际中应用的物理情境;(2) 设计丰富的情境性支持以保证情境的真实性;(3) 具有丰富的学习资源;(4) 设计应尽量还原问题所处的真实环境。② 即,在学习共同体中,必须让学习者身处与知识对象有关的具体境脉中,包括对象本身的具体细节以及对象所存在的文化实践境脉中。而学习共同体的意义,就是为学生提供处在真实情境中的机会,通过真实或仿真实的实践活动,实现成员之间的异质交往,将真实世界中的学习方式带到课堂与学校中。

（六）人际交往的主体间性

所谓主体间性是指主体与主体之间以交往和对话为手段、以理解为目的所达成的一致性和共识。主体之间的世界,是复数主体的"互为"领域。它存在于由"你"和"我"组成的共同体中,它的行动的主体是"我们",是共同体,行动的对象是我们共同的世界,这个世界是作为普遍的形式而与主体间性相关的。③ "单子式"个体强调个体的独立思考,把别人看做被占有和利用的对象,作为客体的存在,无视人与人之间的共在关系,体现为一种占有性单子式个人主体性。学习共同体则不然,它由多个主体组成,成员之间互为主体,即,学习共同体的主体间性首先表现为它在交往过程中超越了"主体—客体"的关系而走向"主体—主

---

① 冯锐,殷莉:《论学习共同体形成和发展的社会性建构观》,《中国电化教育》,2007 年第 8 期。

② 曹培杰:《基于学习共同体理论的社会化软件整合应用研究》,河南大学硕士学位论文,2009 年。

③ 冯建军:《主体教育的历史透视》,《南通大学学报(教育科学版)》,2005 年第 12 期。

体"的关系。其次,学习共同体的主体间性还表现在成员的"对话"上,在对话中,学习共同体的成员把参与对话的"他"看做一个与"我"一样有着平等地位的人,他们彼此尊重,在共存、共容的前提下,通过不断的平等、民主、互爱的对话交流,形成主体之间的密切关联,这超越了学习小组成员间的松散联系与浅层接触,获得了新质。

（执笔:扬州大学仇丽君、潘洪建）

三、大班额学习共同体的构成系统

大班额背景下学习共同体的建构涉及两个结构系统:一是基于学校场域中的结构系统,一是基于课堂场域中的结构系统,两个系统相辅相成。基本模型如图 3-1 和图 3-2 所示。

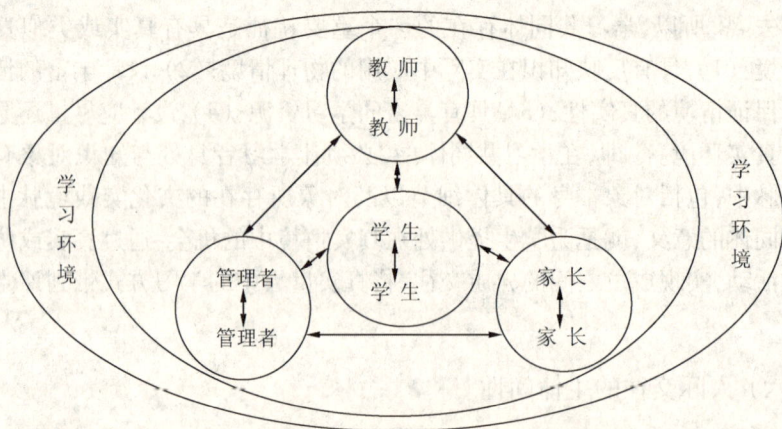

图 3-1　基于学校场域中的学习共同体结构模型

图 3-1 揭示了大班额背景下学习共同体在整个学校场域中的基本图景。这里的"学习环境"是指有助于学习共同体有效运作的一切主客观条件和力量的综合。既包括有形的,也包括无形的;既包括来自现实生活的,也包括来自网络世界的。除了"学习环境",这一结构系统还包括 4 个子学习共同体,分别是学生学习共同体、教师学习共同体、学校管理者学习共同体以及家长学习共同体(当然,整个学校场域也同时构成一个共同体)。上述 4 个子学习共同体各自内部是互动的,各个子学习共同体之间也是互动的。其中,教师、管理者和家长这三个子学习共同体以学生这一学习共同体为核心。这表明,所有的子学习共同体的根本目标都是为了学生的进步与发展。

图 3-2 揭示了大班额背景下的整个课堂场域中的学习共同体的基本图景。

这里的"共同体"均是指学生学习共同体。学习共同体数量的多少,要根据大班额实际的人数以及学生的实际情况而定(本图以 5 个为例)。学生学习共同体的组织,需要通过日常观察、问卷测验、访谈、学科考试等方式,且要综合考虑人数、性别、成绩、个性、专长以及家庭背景等多个因素,从而形成具有不同特性、功能的多类型、多层次、多规模的学习共同体群(当然,整个课堂场域

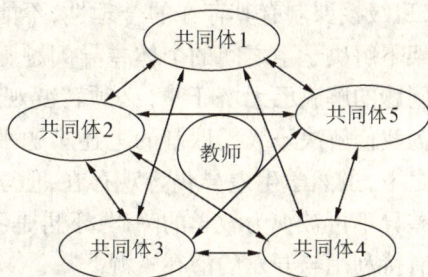

图 3-2　基于课堂场域中的
学习共同体结构模型

亦同时成为一个总体的学习共同体)。学生学习共同体群中各个子学习共同体的内部是互动的,各子学习共同体之间也是互动的。教师处在学生学习共同体之间,并不意味着所有的学生子学习共同体都围绕教师转,而是指教师在整个学习共同体的和谐运作中起到组织、引导、促进的作用。教师不单独属于哪一个子学习共同体,而是维系整个学习共同体的纽带与桥梁。

(执笔:宿迁学院屠锦红,扬州大学潘洪建)

四、大班额学习共同体的基本理念

(一) 个体差异是学习共同体的重要资源

班级授课制是各国中小学教学的基本组织形式。班级授课制扩大了教育对象,促进了教育的普及,但难以适应学生的个体差异,难以实施因材施教。近些年来,随着人们对优质教育资源需求的增长,学校实现规模化发展,优质学校特别是县中、重点中学的班级人数剧增,学生的差异也相对扩大。在 46 人以上的大班额中,学生的个体差异更大,这给教师的教学设计、课堂组织、作业批改带来困难。如何适应学生之间的巨大差异是任课教师都不得不面对的重要问题,也是大班额教师最感棘手的难题。即使是小班授课,学生之间也存在明显的差异。那么,如何认识与处理班级教学中学生的差异问题?人们曾做过不少探索,如美国 20 世纪二三十年代的道尔制、文纳特卡制,50 年代实施的分组教学(同质分组),60 年代英美国家具有浓厚自由色彩的开放教室,等等,这些改革试图克服班级教学的弊端,以适应学生的不同差异。但事实表明,这些改革的效果并不理想,它们在解决班级授课制问题的同时又引发了新的问题,引起人们的批评甚至指责,许多改革往往半途而废、难以持久。可见,完全打破班级授课制是不现实

的,班级授课制有其存在的合理性,不能完全否定。那么,如何在班级授课制的框架下解决学生之间的个体差异问题呢? 显然,旧有的思维模式与探索路径对于问题的解决已无济于事,必须转变观念,实现思维模式的突破。"共同体"概念为我们解决班级授课制的上述难题带来了新的思路、新的方向。在共同体理念之下,虽然学生差异仍客观存在,但学生差异观开始发生转变,班级之中学生的差异不再被视为教学的障碍,不再是我们要克服或消除的因素,而是大班额教学有待利用与开发的潜在资源。

在传统的差异观视野下,学生个体之间的差异是一种消极因素,或者说是班级教学的干扰因素,它不利于教师统一的教学设计、课堂组织和教学评价,学生差异的存在增加了教学的变量与不可控因素,教师只能被动地适应学生之间的差异,减少、克服甚至消除差异,达成统一的目标与要求,教师的工作无非是通过种种努力如课堂讲授、集体辅导,使学生差异接近或达到均衡状态。这是工业化时代模式化、标准化、简单化思维的产物,严重阻碍了大班额教育潜能的发挥,限制了学生的个性生成与多元发展。

在共同体视野中,差异不再成为教师教学的负担,而是有待开发的重要资源,差异资源成为班级共同体得以存在、维持和发展的前提、根基和动因。首先,差异是共同体存在的前提。班级共同体之所以产生,就是因为差异的存在,共同体即是存在差异的个体的联合体,在共同体中既有共性、共同的基础,又有差异,相互区别,否则,"共同体"就变成了"同一体"或个体的放大。其次,差异是共同体维系的根基。共同体内个体之间的交往互动需要一定的差异,差异的存在使得共同体成员相互依存、相互吸引,并产生对话、交流、协商、讨论。不同家庭环境、文化背景、早期教育的差异性以及学生学习策略、学习方法的多样性等都是学生差异资源的丰富表现,它们构成学习共同体存在的基础。正如生态多样性有助于生物的保护,差异的存在使得共同体能进行持续的思想交流,有助于共同体的维系。如在解题教学中,按照学生审题能力、逻辑推理能力、反思能力、发散思维能力等强弱不同进行搭配分组,能力互补,解题时发挥小组集体智慧,实现学生差异资源的优化组合,每组都争取以最优组合发挥最高水平,以使学生在思维碰撞中产生灵感,迸发出智慧的火花,以促进每个学生的发展。片面强求一致和统一,漠视差异和个性,就会导致单调和乏味,教育也就丧失了生命活力。没有差异,只有同一,学校文化生态就失去了存在的基础,也就不可能实现学生群体的差异发展。[①] 最后,差异是共同体发展的内在动力。正如易经所揭示的阴阳互抱相互推动产生生命,给自然带来勃勃生机一样,个体差异的存在也使得共

---

① 程向阳,华国栋:《学生差异资源的教育教学价值初探》,《教育研究》,2006 年第 2 期。

同体产生一定的"势能差"，并由此引发个体间思想、观念、情感的流动与激发，彼此间产生冲突、交锋，推动共同体互动涨落、持续成长，否则，便会由于缺乏"位差"而死水一潭，丧失内在的活力，最终走向解体。可见，大班额差异的存在不是劣势，而恰恰是大班额教学的优势所在，它增添了教学的丰富性、多样性、复杂性，是大班额共同体构建有待开发和利用的重要资源。

将学生差异视为教育资源，有助于充分利用学生不同的学习性向、风格和智能特点，发现每个学生的聪明才智，挖掘每个学生的优势潜能，给每个学生提供适合其发展且具有一定挑战性的学习内容，促进学生的多元智力的开发与人格的完善。学习共同体不追求每个学生各方面的平均发展，而是让每个学生在原有基础、不同起点上进步，并在共同体生活中形成自己的个性和特色。差异资源观的确立，还有助于借助大班额共同体活动，实现成员间的优势互补。在共同体的交往互动中，师生之间、生生之间互为影响，相互激励，每个学生从其他学生那里获得经验与力量，取长补短，积极向上，健康成长。

学生的差异资源具有丰富的内容形式，除了知识、技能、能力的差异，还有情感、兴趣、学习方法、学习风格等方面的差异。同时，学生差异资源还具有潜在性特征，需要我们对差异资源进行识别和开发。差异资源的丰富性、潜在性要求我们通过多样化的课程设置以及灵活多样教学方法、多种教学组织形式的选择，特别是组建不同类型的学习共同体，尽可能满足每个学生不同的学习需要，通过合作互动，彼此激励，共同发展，让每个学生在多种学习共同体中获得最优发展，全体学生共同进步，提高大班额教学的效率。

（二）班组异质是学习共同体组建的基本方式

"共同体"是学习型组织的高级形态，它既是一种理念，也是一种实体。作为一种理念，它主要指一种精神状态，表现为一定群体中为全体成员所认同的价值目标和情感归属，是群体建设的最高追求。作为一种实体，当一个群体形成了共同体的目标、愿景、规范，积极依赖，交流互动，并产生一定的归属感、认同感时，该群体就可称为"共同体"。换言之，共同体有一种类似于"一家人"的感觉，产生利益相关、同舟共济的体验。小至家庭、班组，大至民族、国家，乃至全球、世界，只要它符合共同体的特征，即成为一个事实上的共同体。在学校中，有学校共同体、年级共同体、班级共同体、小组共同体，有教师共同体、学生共同体与师生共同体等，这些共同体彼此交叉、相互镶嵌。其中，小组共同体是最基本的单位，是学校共同体的细胞。不同于想象的民族共同体、国家共同体，教育共同体更多地表现为由一定人员构成的实体。学校中的学习共同体具有两个最基本的层面，即班级共同体与小组共同体，其中小组共同体又是学习共同体最基本的单位。从共同体构建方式上看,学习共同体可以分为同质学习共同体与异质学习共同体。同质学习共同体强调小组成员的一致性、共性,如共同的知识基础、能力水平、兴趣爱好等(当然同中有异)。异质共同体关注的是小组成员的差异性、互补性(当然异中有同),即将不同认识水平、技能水平、兴趣、爱好、个性的学生组合在一起。两种类型的共同体均有存在的必要和价值,但从大班额教学面临的实际问题与学生差异资源开发来说,我们更倡导异质共同体。理由有二:一是异质分组有助于解决大班额学生差异巨大的现实难题。与常规班、小班化教学相比,大班额所面临的最大问题是学生人数众多,差异甚大,教学效率低下。如何调动每一位学习者的积极性,提高学习的参与度和效率,常常困扰着大班额教师。同质共同体无助于该问题的解决,因为它只能使"失败者"处于长期的被动、消极、自卑、弱势状态,如同质分组、分层教学常常致使一些小组成员缺乏自信,屡遭歧视,而那些"尖子生"、优秀者又高高在上,优越感十足,同时又承受着极大的心理压力,不利于他们人格的健康成长。此外,同质分组方式还有悖教育民主,有失教育公平。与同质分组不同,异质分组则能将所有学生置于平等地位,让每个学生承担责任,积极参与,展现其独特才能,发挥其特殊作用,获得认可与尊重。即异质分组能为每一位学生的参与提供机会,让他们各得其所、各显其能。二是异质分组能有效地促进合作和深度对话,在合作过程中,每个小组成员都积极展示自己的长项与优势,相互学习,取长补短。

美国心理学家加德纳的多元智能理论为异质小组的构建提供了重要的理论依据。在加德纳看来,人的智能由多个要素(如数学智能、语言逻辑智能、空间智能、身体智能、音乐智能、人际交往智能、自然智能等)构成,各人的智能结构存在差异,有的要素处于优势,有的要素处于劣势,有的要素一般,发展不均衡,多种要素的不同组合便形成了个人独特的智能结构,每个人的优势智能各有不同。异质分组为学生个体多元智能的展现提供了平台,每个学生可充分展示自己的优势潜能,在不同共同体活动中,每个学生通过操作、演示、讨论、探究等方式,彼此补充,相互启发,每个人在展示、贡献中得到回报、受益,集奉献者与享受者于一身。如美国波士顿的弥尔顿·傅勒学校五年级教师帕可在教授美国的西部大开发史时,设计了一组班级多元智能活动[1],鼓励孩子们积极参与,引导他们用不同的方式表达学到的东西,在展示多元思考的过程中获得智能的多元发展。

---

① Ronald E. Koetzsch Ph. D:《学习自由的国度——另类理念学校在美国的实践》,薛晓华译,华东师范大学出版社,2005 年,第 224 页。

1. 逻辑数学智能：测量距离，参考地图；
2. 音乐智能：研究和演奏印第安音乐、制作工具；
3. 空间智能：画印第安人的图，做马车和地理的模型；
4. 语言智能：读印第安的神话故事，讨论占领土地的情况，写一个有关印第安的故事；
5. 身体智能：表演印第安的祈雨舞，办一场马车竞赛；
6. 内省智能：在这段时间以印第安人的身份写日记；
7. 人际智能：和同学一起去远足，或是安排一个印第安式的集会。

共同体组建有多种形式：正式的与非正式的、临时的与长期的、课内的与课外的、同质的与异质的。从共同体的价值追求看，我们更加重视正式的、长期的、异质的合作分组，因为其更能为我们所规划、组织、构建、管理，通过小组内频繁的、深度的交往互动，形成共同愿景，彼此认同、接纳、欣赏，产生共同意识与情感归属，将合作小组建成真正意义上的学习共同体。根据不同标准，可以将异质小组划分为不同类型，如基于不同兴趣的异质小组、基于不同科目学业成绩的异质小组、基于不同学习风格的异质小组，等等。以上划分仅仅是理论上的单一维度的划分，事实上，多个维度在现实的学习小组中常常交叉在一起，构成多维异质小组，如考虑学生的性别、家庭背景、能力、成就等。当然，异质分组仅仅是学习共同体建设的基础工作，还需要在此基础上开展活动、互动交往，这样学习小组才可望发展成为学习共同体。可以说，合作分组是共同体得以存在的载体、外观，共同体精神是维系合作小组的灵魂、纽带。

（三）真实任务是学习共同体维系的驱动力量

学习共同体本质上是一种协作、互助、共进的学习组织，是在共同的学习愿景之下，围绕特定的学习任务展开的系列学习活动的特殊组织。为了加强团队的凝聚力，促进深度的、持续的合作与交流，需要一定的任务驱动，特别是真实、复杂任务的驱动。而要解决那种模拟的、结构化的问题和完成简单而封闭的学习任务，没有合作的必要，这类问题和任务也难以唤起学生的探究兴趣与合作热情。正如罗杰斯所说："倘若要使学生全身心地投入学习活动，就必须让学生面对各种现实问题，让他们经历将来会成为他们真正问题的情境。"他相信"构建一种让每一个学生都面临非常真实的问题情境是可能的"。[1] 学习共同体的持续发展需要真实的问题加以维系。真实的问题与复杂的任务能让学生感受到学习的现实意义，发现学习与生活、生产的内在联系，不是为了学习而学习；能让学

---

① 袁书华，张会清：《合作学习中的优势分析》，《山东教育科研》，2002 年第 3 期。

生面临实际问题的挑战，激发学生的探究欲望以及战胜困难、解决问题的决心；还能让学生在真实的问题解决过程中学会学习、探索，感受学习的快乐，培养学生的创新精神。

真实的学习任务在教学中主要表现为问题的设计。为了提高异质小组学习的效果，教师需要精心设计共同学习的问题，其基本要求是：首先，问题要有现实意义。从现实生活与学生的经验实际出发提出问题，激发学生的兴趣，让学生感受问题讨论的价值。其次，问题要具有开放性。开放性问题往往能挑战学生的思考，激发学生参与讨论。学生为了解决问题，会展开充分的协作、讨论、磋商，进行深度的思考、探究、合作、互动。因为，"当问题的答案不是唯一，每种答案背后可能有不同的逻辑推理和事实依据时，每种意见的代表者都会尽力说明自己的观点或者说服和反驳别人"。[①] 设置开放性、没有唯一答案的讨论话题与学习主题，更能引起学生的思考与争论，他们愿意从不同角度去探索，寻求解决问题的方案或路径，产生激烈的观点冲突和思想碰撞，深化对所探讨问题的认识，促进相互合作。而封闭性问题则会限制学生的思维，阻碍学业上的深入思考与合作探索。最后，问题要有较高的复杂度。小组合作的过程就是共同体成员一起探索、共同学习的过程，通过合作探究，挖掘问题的深层内涵，促进深度思考，因此学习小组讨论的问题要有一定的深度与复杂度，这样才能激发合作探索的欲望，培养探究意识与共同体精神。如，3 个小学生被要求解决如下问题：一个抽屉中放有 80 个红色小球，70 个白色小球，60 个黑色小球，50 个蓝色小球，小球的外形完全相同，一个小孩在看不见的情况下从抽屉中随意地取出一些小球，问他至少从中取出多少个才能保证其中一定有 10 对颜色相同的小球。尽管这一问题有一定难度，但是能够激发学生的积极探索热情。3 个学生通过相互合作、积极探索解决了这一问题，也证明了学生的确存在巨大潜能。[②]

（四）互动交往是学习共同体运行的内在机制

异质班组的建立犹如学习共同体"万里长征"的第一步，要将作为载体形式的合作小组转变为实质意义上的共同体，实现从合作小组到学习共同体的飞跃，其根本途径是小组成员的互动、交往。通过互动、交往，形成、强化共同体的目标、愿景、价值、规范、荣誉感、成就感、认同感、归属感。交往、互动、对话、探究是共同体形成的内在机制，这是因为：

第一，互动交往为成员个体差异的展现、潜能的释放提供了契机。如前所

---

① 靳玉乐：《合作学习》，四川教育出版社，2005 年，第 233 页。
② 余开颖，汪国华：《基于合作学习的数学问题设计原则》，《中学数学教学参考》，2003 年第 8 期。

述,个体之间存在差异,这种个体差异是共同体构建的重要资源,是有待识别、开发的教育财富,但如果缺乏展现的机会,差异资源难以被意识、发现,可能一直处于潜在的、待开发状态。"生生互动是教学系统中尚未开发的宝贵的人力资源,是教学活动成功的不可缺少的重要因素。"[1]只有凭借一定的活动平台,这些潜能才有所展示、表现、发展,交往与互动为差异资源的开发提供了契机。在共同体这个舞台上,学生可以充分、自由地展示自己的经验与思考、特长与技艺,特别是对于学习后进学生而言,他们往往有各自独特的智能优势,共同体的互动交往有助于他们在完成共同体任务的过程中承担责任,发挥独特的作用,进而重新认识自我,发现自我,拾回信心。共同体为每个成员提供了展示差异、释放潜能的机会,并使其产生成就感与自我效能感,获得内在的满足与提高自尊。

第二,互动交往能促进成员之间共享发展经验,实现"视域融合"。共同体的学习改变了传统的孤岛式、单子式的学习方式,它强调学习者之间的互动、交往,通过对话、讨论,共同建构知识的意义,分享彼此的思考与成长经验,实现价值增值与学习优化。特别是在异质班组之中,参与者有着不同的倾向、兴趣与观察世界、思考问题的不同视角,每一个参与者能从他者那里获得新的意义、体验、认识,拓展视野,深化理解。学习者之间的对话、探究,有助于超越个人的狭小天地,促进不同视域的融合,实现思想的交流、观点的碰撞,产生创造的火花,开辟新的意义世界,实现价值的增值。这是孤岛式、单子式学习无法企及的学习境界。总之,交往互动能提高大班额教学效率。

第三,互动交往能促进共同意识的形成,强化共同归属感。如前所述,共同体更多地表现为一个群体的所有成员拥有共同的意识、精神、文化,而不仅仅表现为某种组织、群体、社团等外在形式。换言之,群体、班级、小组只有具有共同体的特质,诸如共同的意识、价值,产生认同感、归属感,且相互依赖、休戚相关、荣辱与共时,才能具有共同体的实质蕴涵。那么如何形成共同体的意识与情感呢?我们认为,互动与交往是共同意识与集体情感形成的基本途径。只有在长期的交往、频繁的互动过程之中,学习者为了完成学习任务,达成共同目标,彼此合作、共同探究,感受学习的乐趣,共享成功的喜悦,才能形成对共同体的认同,并将自己纳入共同体,作为共同体的一员,产生归属感与荣誉感。

如何促进共同体成员的异质互动呢?首先,建立互动的基本程序与规范,为互动交往提供行为准则,促进互动的有效进行。以阅读文章回答问题为例,教师可清楚地说明完成任务的程序与规则:(1)三人小组中的一人朗读课文中的一段,另两个人注意听,对错误进行纠正。(2)研究第一个问题。每人都提出自己

---

① 王坦:《合作学习——原理与策略》,学苑出版社,2001年,第78页。

对这个问题的看法。至少记下 3 个好的回答。小组成员共同决定哪一个回答为他们组的最佳答案。（3）依照步骤二逐一解决所有的问题。（4）所有问题均已答完后进行小组总结。① 其次，建立平等、和谐的氛围。在异质班组中，小组成员在性格禀赋、学习成绩、家庭背景、合作能力等方面存在着一定差异，尤其需要彼此的尊重和平等的交流，只有和谐、宽松的氛围，才能促进共同体成员的参与、协作。最后，鼓励进步，表扬先进。教师还应对学生的进步及时进行表扬与鼓励，甚至给予必要的奖励，促进参与合作。

（五）共同进步是共同体建设的目标追求

共同体构建的目标，既注意个人的发展，更追求群体的发展。共同体建设强调通过群体发展而促进个人发展，实现个人发展与共同进步的统一。

学习共同体可以说是一种特殊的学习组织，是学习型组织的发展与深化。学习型组织要解决的问题是克服组织中的"短板"问题，因为组织的工作绩效不仅取决于优秀成员的绩效，而且也更多地受制于低效成员的工作质量。正如一个木桶盛水的容量多少不是由该木桶的长板决定的，而恰恰取决于最短的那块木板的长度。要提高水桶的实际容量，必须改善短板的品质，使短板"变长"。同样，大班额教学的整体绩效（教学效率）不仅仅取决于优秀学生的成绩，而且往往受制于后进生的成绩，他们的学业成绩可能将全班的平均成绩拉下几个百分点。在目前的评价体系下，这种现象的存在使许多教师深感苦恼与无奈，建立学习共同体有助于解决班级中的"短板"与拖后腿问题，激发后进生的学习热情，帮助他们提升学业成绩，进而提高整个班级的教学效率，获得大面积的教学丰收。

基础教育是为学生持续发展奠基的教育，它事关国家未来公民的素质。促进每一个学生的发展是学校教育的基本任务，"不要让任何一个孩子掉队"已成为世界教育的共同追求，也是我国教育的指导思想。为了实现民族的复兴，为了全体学生的发展，组建学习共同体是基本途径和必要手段。特别是在大班额教学中，教师无法顾及每位学生，往往"顾此失彼"，因此必须构建学习共同体，使学生在多种学习共同体中得到关注，获得展示成就、表现自我、提升自身的机会，拓展个性发展的空间，克服大班额教学存在的种种局限与不足。美国教育家布卢姆的掌握学习在一定程度上体现了共同体的理念，但它仅仅局限于"补救教学"阶段的互助学习，还需要将互助学习贯穿到整个学习过程与阶段。

马克思关于人的本质的有关理论为学习共同体建设奠定了立论基础。人是

---

① 马兰:《合作学习》,高等教育出版社,2005 年,第 52 页。

社会的人,"人的本质不是单个人所固有的抽象物,在其现实性上,它是一切社会关系的总和"①,个人只有在社会、群体与共同体中才能获得发展的条件与资源,脱离社会、离群索居的"鲁滨逊式"的人难以获得自由充分的发展,其生存与发展会受到极大限制。同样,学生只有在一定的群体中共同生活、交往、劳动,才能获得发展的条件、机会和动力。学习共同体是一种高级群体,在学习共同体中,共同体成员既可以充分地展示自我、表现自我,又可以通过彼此的交流、互动,吸取他人的经验与智慧,获取发展的资源与力量。在共同体的学习中,他们相互启发,彼此激励,共同建构知识的价值与意义,探索未知世界,实现学习价值的增值,发展多方面的能力、素质。

共同进步、团队精神的培育具有重要的时代意义。在今天这样一个全球化市场化迅速发展、个人主义盛行的时代,人的行为方式正在朝着更加个人主义和以自我为中心的方向发展,更需要培植共同体精神,加强社会凝聚力。正如保罗·霍普所言,全球化"销蚀了共同体生活赖以存在的重要先决条件,如互信、友谊和协作关系等社会资本,并将导致更进一步的个人主义和不确定性"。后现代社会"带给人们普遍的焦虑与不确定性,并进一步促进了个人主义的发展,使人们更加专注于个人的狭小天地,削弱了大众的共同体生活"。② 学习共同体的目标追求指向全体成员的共同进步,共同体建设追求的是"不求人人成功,但求人人进步"。

共同进步指共同体内每一个成员都能进步、发展,同时,不仅指那些可以量化的学生学业成绩与知识技能的进步,还包括那些难以量化的诸如情感态度、协作意识、团队精神、多元智能等方面的进步。共同进步关注全体学生在不同领域、维度的共同进步,而不是单方面的发展。

共同进步的目标追求要求在对共同体建设进行评价时,不仅评价个人的发展,而且更多地将共同体本身的发展作为评价的对象,对共同体的活动开展状况、成员参与、互动频次、合作成果、平均成绩、突出表现等,以共同体为单位收集信息与评价,评价共同体的发展状况。日本中小学特别重视群体评价,许多中小学的体育比赛、运动会不设个人项目,基本上以团队为单位进行组织、评价,以强化合作意识与团队精神,值得借鉴。共同进步的价值取向有助于推动共同体的发展,强化个人对共同体发展的责任,通过鼓励团队合作、交往、互动,促进每一个成员在团队合作中获得最佳进步与多维发展。

（执笔:扬州大学潘洪建）

---

① 《马克思恩格斯选集》第 1 卷,人民出版社,1995 年,第 56 页。
② [英]保罗·霍普:《个人主义时代的共同体重建》,沈毅译,浙江大学出版社,2010 年,第 4 页。

第四章 大班额学习共同体构建

一、大班额学习共同体构建的阶段

学习共同体不是自然形成的,而是教育构建的产物。我们认为,学习共同体建设可分为下述 6 个阶段。

(一)宣传动员,建立共同愿景

学习共同体建设首先要确立共同的愿景。博耶尔在《基础学校:学习的共同体》一书中把"有共享的愿景"作为建立真正意义上的学习共同体必备的首要条件。根据博耶尔的观点:学习共同体是所有人因共同的使命而朝共同的愿景一起学习的组织,共同体中的成员共同分享学习的兴趣,共同寻找通向知识的旅程和理解世界的运作方式。① 麦克米兰和查维斯从心理学的角度将共同体界定为"一种成员所拥有的归属感,一种成员彼此间及与整个群体休戚相关的感情以及对成员的需求将通过他们对共同生活的认同而得到满足的共同信念"。② 作为共同体所有成员"共同信念"的共享愿景,能够使共同体成员产生共同的观念认同与情感归属。唯有如此,共同体成员才有可能将共同体的目标与愿景转化为自身的自觉行为。在学习共同体初创阶段,每个成员都希望得到别人的认可,并在共同体中找到自己的位置。因此,应用一定时间和精力来培育"共享愿景",以包容和欣赏的心态在师生之间建立共同愿景,使共同愿景为每个人所认同,从而使每个人对共同体产生强烈的归属感。

然而,以班级为基本单位的传统教学建基于个人主义哲学之上,学生之间缺少真正的、深度的互动和交流,学生的学习属于集体教学框架下的"单子式""孤岛式"学习,学生难以产生归属感。学习共同体是一种新型的学习组织,它挑战着传统的教学观念、行为与组织方式。学习共同体强调学习者之间、学习者与教

① 梁宇学:《建设教师学习共同体 有效促进教师专业发展》,《人民教育》,2008 年第 Z1 期。
② 王越英:《打造学习共同体促教师专业发展》,《上海教育科研》,2004 年第 3 期。

育者之间的深层互动、经验共享与思维推进。由于传统习惯、学习观念与组织方式的强大影响,学习方式的变革并非易事。因此,学习共同体建立之初,教师应做一定的宣讲、动员,对学习共同体构建的意义、作用做一定的解释、说明,让学生理解学习共同体的理想、价值与追求,产生共同学习的愿景,培养共同意识与精神,产生认同感和归属感,为学习共同体的建构做好心理上的准备。下面是一个班级学习共同体建设的宣讲词:

> 本学期我们打算尝试一种新的学习组织,它的名字叫"学习共同体"。其实,这种组织大家并不陌生,它与以前的合作学习有许多相似的地方。学习共同体强调学习小组成员之间的密切合作、充分讨论和经验分享。它要求小组内每个成员积极参与,充分讨论,或发表自己的观点,或提出自己的疑问,或呈现收集的资料,或展示研究的成果。一人发言时,其他同学认真倾听、提问、补充、完善,并做好记录,加以整理,然后在全班汇报。小组每个成员都应发挥自己的作用,为共同体作出贡献。"三个臭皮匠,顶一个诸葛亮。"该种学习形式能帮助我们更好地理解、掌握化学知识,提高化学习效果。希望你积极参与,扬长避短,相互鼓励,共同进步。

(扬州公道中学陈传军,行动研究报告)

上述宣讲既说明了学习共同体的内涵、意义,又提出了一定要求,有助于增进学生对学习共同体的初步认识,激发学生对学习共同体的向往。

确立学习共同体的共同愿景,其基本内容是确立共同的目标,离开了共同的目标追求,学习共同体就丢掉了灵魂,迷失了前进的方向。学习共同体是在面对各种问题情境、进行持续"对话"与深度讨论的过程中形成的,并在这一过程中实现共同的目标。共同目标在学习共同体的建构中起着导向作用,它决定着学习共同体的计划安排、组织形式和方法选择,但这并不意味着学习共同体没有个人目标,在关注共同目标的同时,必须同样注重个人目标的实现,只有将学习共同体的共同目标转化为共同体成员的个人目标,学习共同体的共同目标才能实现。可以说,学习共同体的发展过程就是共同体目标和个人目标共同实现的过程。当然,随着学习共同体的发展,学习共同体共同目标和个人目标具有一定的差异,不同发展阶段的共同目标和个人目标应有所侧重。在学习共同体建设初期,要了解共同体及其成员的状况与个性特点,整合个人目标,找出学习共同体的优势和劣势以及所面临的机遇与挑战,据此确立学习共同体的目标。在学习共同体平稳运行阶段,具有不同文化背景的学习者利用各自的专长,相互支持与合作,共同完成其共同协商确定的学习目标。[①] 在该阶段,共同目标也开始转化为个人目标,共同体成员在"沉浸"于共同目标的过程中实现个人目标。总之,在学习共同体建设的初级阶段,应建立学习共同体共同活动目标和个人发展目标;在学习共同体建设的稳定运行阶段,教师要下放权力,张扬学生的个性,促使学生个人目标充分有效地实现;在学习共同体成熟阶段,应把共同目标和个人目标融为一体,在追求学习共同体共同理想的过程中达成个人目标,实现双赢。

（二）组建小组,搭建学习平台

宣讲动员工作结束之后,应着手学习小组的建立,将学生分为不同的学习小组。学习小组是学习共同体的基本形式（当然,班级也是一个学习共同体）,一个班级可以组建不同规模、性质的学习小组（或称为合作小组）。学习小组初建涉及以下几个问题:

学习小组的标准问题。即根据何种标准组建学习小组。概括起来,学习小组的划分标准大致有知识基础分组、能力水平分组、学习任务分组、学习方法分组、学习成绩分组、学习风格分组、学习兴趣分组、性格特征分组等。教学中,较多的分组是根据知识基础、能力水平、学习任务和学习兴趣进行的。

学习小组的类型问题。学习小组有多种类型,如同质小组与异质小组、固定小组与临时小组、课堂合作小组与课外合作小组、面对面的课堂学习小组与虚拟的网络学习小组、帮扶结对小组与互促共进小组、教师指定小组与自由组合小组等。

学习小组的组建问题。首先,考虑分组标准,即确定分组标准是一个还是两个或更多个。我国目前合作小组组建多以学业成绩为标准,比较单一。其实学习小组的组建有多个标准,这是由学生的多样性决定的。同时,不同标准的学习小组具有不同的功能,为了促进学生多方面发展,可以选择 2~3 个标准作为分组的依据。其次,考虑分组类型,即确定分组类型是实行同质小组还是异质小组。同质分组即将具有相同性质的学生分为一组,异质分组指将具有不同性质的学生分为一组。从学习共同体建设目标来讲,互补型的异质学习小组更能体现学习共同体的基本精神。当然,也可课内异质、课外同质,或课外异质、课内同质,使同质分组与异质分组兼存,二者相互补充,相得益彰。再次,考虑合作小组的规模。合作小组规模的确定应利于互动交流、讨论探究,如果班级规模较小,可选择 4 人一组,如果班级规模较大,可选择 6 人一组,课内分组小些,课外分组大些。小组规模不能太大,如果太大,每个学生参与的机会就会减少,甚至失去

---

① 商利民:《教师专业学习共同体研究》,华南师范大学硕士学位论文,2005 年。

互动交流的机会,影响参与热情和学习效率。此外,在空间的安排上合作小组应以邻座互动为宜,不能频繁挪动桌椅和变换座位。

全班 50 位学生,和班主任商量后,根据语文学习情况重新安排座位,划分为 12 个学习小组。除第 6 组、第 9 组各有 5 人外,其余 10 组各有 4 人,A、B、C、D 4 个层次的学生各 1 人,第 6 组和第 9 组各有 D 层次的学生 2 人。合作学习时 4 人适时相向而坐,12 个组长(分别由综合实力最强者担任)及时分工,组织课堂合作及小组展示。以第 5 组为例,本小组共有成员 4 人。姜稽正(男生)学习能力、组织能力强,属于 A 层次的学生,也是这一组的组长;吴浩然(女生)头脑比较灵活,做事比较利落,学习节奏较快,属于 B 层次的学生;王思维(女生)语言组织和表达能力较强,属于 C 层次的学生;张晔(男生)不善言辞,学习的能力较弱,属于 D 层次的学生。

(高邮市赞化学校周微微,行动研究报告)

（三）制定规则,内化行为标准

真正意义上的学习共同体不能等同于一般的学习小组,它需要小组成员频繁的互动、广泛的交往、深度的交流,需要成员之间经常的精神际遇、思想交锋、观念碰撞,从而达于实质性合作与共同体的持续发展。实质性合作需要一定的规则作为保障。合作规则是共同体成员应共同遵守的行为准则与要求,是学习共同体成功的基本条件。在规则的规范与指引下,每个成员积极参与,彼此交流,共享思考,共同体学习才能有序、有效地进行。规则可以限制话语"霸权者""主宰者",减少"游离者""沉默者",让每个学生都参与讨论,自觉承担责任,既为共同体发展作出贡献,分享共同体的成果,又能感受学习共同体的快乐与幸福,在共同体中成长进步。

规则的大致范围有:有关发言的规则,如发言的顺序、时间限制、内容及表达方式;有关倾听的规则,如静默、双眼注视着发言者、不做小动作等;有关回应的规则,包括什么时候插话、插话的时间及内容;有关评论的规则,如肯定、否定、补充、完善、赞许、修订等;有关记录的规则,包括记录什么、怎样记录、记录多少等;有关小组汇报与交流的规则,如谁来汇报、汇报与交流的时间等;有关主持人的规则,如谁来主持、主持时间的把握、主持技巧的运用等。

如何制定规则? 在传统的学习小组中,规则大多来自教师单方面的规定,并借助外部力量加以实施,规则执行成为一个强制的外在过程。为了使规则深入到共同体成员的内心,把规则要求转化为学习共同体成员的自身需求,内化为共同体成员的行为标准,并自觉支配学生的行为,必须改进规则制定方式,改教师代为制定为教师指导下的学生自主制定,或师生共同讨论、协商,确定合作学习的系列规则。需要说明的是,尽管合作学习规则涉及多个方面,规则的表述应尽可能简明扼要,可采用关键性核心动词,让学生知道做什么以及怎样做,以增强规则的可操作性与实效性。规则的表述应尽量体现人文关怀,注重提醒与激励,强调目标与指引,提出具体规范,尽可能少用或者不用"严禁""必须"等词语,多用一些"请""需要"等更具浓厚人文色彩的词语。让规则有助于放飞学生心灵,发展学生个性,营造宽松和谐、积极向上的心理环境,激发学习共同体的内在活力。规则一旦确定,教师应组织学习、领会,督促、指导规则的执行,发挥规则的引导、调节、规范作用,提高合作学习水平,将规则内化为行动的指南。当然,随着合作学习的开展,一些规则已为学生掌握和自觉运用,这时规则数量可适当减少,表述更加简明。同时,根据学习共同体建设的实际需要,及时地调整、补充和完善规章制度,以便能够根据情况的变化对规则进行动态调整。

如,"课外阅读学习共同体"规则可包括以下内容:(1)选择读物,选择教师推荐、网络推荐书目或自己感兴趣的书籍。(2)选择阅读内容,选择整部(篇)或部分章节。(3)明确阅读方法,可有摘抄精彩句子或段落、写作心得体会、点评分析、概括性介绍(但不能直抄前言、后记)、习作片段等。(4)阅读时间安排,制订每周、每月、每学期或学年的阅读计划。(5)阅读交流汇报,其程序是:一人介绍,其他人提问,介绍的人回答解释,总结反思,教师点评。其基本规则与要求包括介绍要求、问答要求、点评要求、总结反思要求等。

(四)活动展开,体验学习快乐

小组学习活动的展开阶段是共同体形成的核心环节,它是学习规则支配下展开的学习过程,是小组成员围绕某一学习内容进行的讨论、协商与对话。共同体理念支撑下的小组学习应遵循下列原则:第一,真实问题,任务驱动。传统教学的问题一般是结构化的、模拟的问题,学生可以按照某一模式进行解答,而学习共同体面对的问题多是非结构化的、真实的、复杂的问题,强调通过真实的学习任务驱动学习过程的展开,真实任务更有助于激发学生合作学习的热情,更需要成员之间的深度交流与共同探究(对于不同水平的学习成员,"简单性"可能有着不同的要求与规定)。换言之,合作学习的内容需要选择、设计,并非所有学习内容都适合采用合作学习的方法,对于那些比较简单、个体通过努力能理解、掌握的内容可让学生自主学习。第二,创设情境,引发认知冲突。认知冲突是指一个人已经建立的认知结构与当下的学习情境之间暂时的矛盾与冲突,是学生已有的知识、经验与新知识之间存在某种差距而导致的心理失衡。这种心理失衡能够激发学生的学习兴趣,调动学生的探究热情,为学习新知识创设"最近发展区"。学习共同体的真正发展需要成员间认知上的冲突与矛盾,冲突对学习共同体起着驱动的作用。但是,冲突不会自动转化为学习共同体构建的动力,期间组织者必须发挥引导协调作用,使师生在解决冲突的过程中,建立互惠的合作关系,促使学习共同体实现动态发展。[①] 教师在教学过程中应充分利用教学内容设置认知冲突,要善于利用学生的认知矛盾,在学生的疑难困惑处、求知兴奋处、意见分歧处、思维创新处等,合理而适时地创设情境,激发学生的求知欲,提高学生的参与度。第三,深度交流,共同建构知识的意义。合作学习是学习者之间共同建构知识意义的过程。为了保证合作学习中的意义建构,充分开发学生个体的差异资源,促进共同体中每一个成员的成长,教师应指导、提醒学生遵循合作学习的基本程序和规范,尽可能减少或消除优势学生控制整个讨论过程而弱势学生旁观游离的现象,让每位学生均受到尊重,平等参与、交流,充分发表意见,表达观点,深度回应,反馈深化,从合作中真正受益,并在此过程中逐渐形成归属感、认同感,巩固共同体意识与团队精神。第四,活动形式丰富多样。学习内容、学习任务的多样性,学生个性与需求的多样性,要求小组活动具备多样性。应让学生通过听取、说明、求助、反思、帮助、支持、说明、建议、协调等合作方式进行学习交流。通过多种活动激发学生的学习热情,促进学生多方面的发展。第五,要有足够的合作时间。我们常常看到一些课堂上的闪电式、浅层次的合作,从合作启动到合作结束时间太短,学生还未进入合作状态便被叫停,如此合作最终使合作学习成为一种课堂表演和插曲,流于形式,失去合作的意义。

如,在教授高中语文《寒风吹彻》这篇课文的过程中,一位语文教师针对《寒风吹彻》中的第二个主题,组织全班(共同体)学生展开了争论:

师:第二个主题我们讨论得不够全面(投影一典型答案),问题出在哪里了呢? 现在我给大家一些提示,看能不能有更多的想法。谁愿意说说看?

生:我想课文以《寒风吹彻》为题,首先全文围绕"寒"展开;其次,讲了自然界的寒冷、生活的贫困所带来的贫寒,还有面对生老病死所产生的心寒;另外,又讲了14岁的"我"、路人、姑妈、母亲所面临的寒冷。其实是想告诉我们,每个人都避免不了"寒"。(在充分准备后,学生对自己的答案更有把握,因此主动回答问题,层次清晰,自信。)

师:大家觉得顾笑赫的答案怎样?

生:好(小部分同学小声应和)。

师:(摇头)请各共同体再讨论讨论,提醒一下,顾笑赫同学刚刚少

---

① 钟志贤:《知识建构、学习共同体与互动概念的理解》,《电化教育研究》,2005 年第 11 期。

提了谁? 请形成文字答案,觉得小组成果不错的,就交到讲台上来,一起分享。

（在讨论 2 分钟后,陆续有几个组将自己的讨论结果交到讲台上。）

师:安静,我这边已经有 3 个讨论成果了,第三组、第四组,还有第 11 组。（又有一个组交上来,实物投影,共同体成员讲解。）

生:我们的共同体认为,除了刚才顾笑赫所说到的 3 点,还需补充一点,就是作者不仅写到了"14 岁的我"还写到了"30 岁的我",实际上是要告诉我们,人的一生都不能避免"寒风",所以以"寒风吹彻"为题。

师:其实,大家有没有想过,我们在思考为什么以"寒风吹彻"为题这个问题的时候,除了抓住"寒",还要抓住——?

生:"彻"（齐声）。（原本相对较难较深的问题,只要老师信任学生的能力,放手让他们主动、积极、自由地学,学生得出的结论远远超出我们的想象。）

在不同观点的碰撞中,进一步加深学生的思维深度,拓展学生的思维宽度,同时也使学生乐于学习,大胆交流。语文的答案是丰富多彩的,语文的学习是多姿多彩的。

（如东县马塘中学何蓓蕾,行动研究报告）

(五) 成果展示,分享学习成果

为了促进更深入的理解,形成班级认同与情感归属,小组学习结束之后,可组织学习小组之间的交流、互动,展示小组学习成果,使小组学习扩大到全班范围,进而构建班级层面的学习共同体。

小组学习成果既有认知的成果,也有操作的成果,还有问题解决的成果,因此,成果展示的内容应丰富多样,如观点结论、认识分歧、共同作品、研究报告、小论文、小制作、小发明等。成果展示的基本形式有汇报、板演、板报、辩论演说、戏剧表演、作品展览等。通过多种形式展示小组活动的成果,分享小组活动的成功与喜悦、思考与建议。教师可以结合教材内容设计一题多解的问题。例如在学习高中化学"弱电解质醋酸的电离平衡"时,要求学生设计若干种化学实验以证明弱电解质醋酸的电离平衡移动的过程。首先,请学生独立思考如何设计实验,证明弱电解质醋酸的电离平衡移动;然后,小组合作讨论设计实验;最后,各小组在全班展示合作学习成果,形成了 12 种解法:

（1）取出 1mol/L 醋酸、1mol/L 盐酸分别与同样的铁片反应,观察生成气泡的快慢。

（2）取出 1mol/L 醋酸、1mol/L 盐酸分别与同样的锌片反应，观察生成气泡的快慢。

（3）取出一定浓度、一定体积的醋酸稀释 100 倍，检验稀释前后的溶液 pH 值。

（4）对一定浓度的醋酸进行加热，检验加热前后的溶液 pH 值。

（5）取出 1mol/L 醋酸、1mol/L 盐酸稀释相同的倍数，用稀释后的溶液与同样的铁片反应，观察生成气泡的快慢。

（6）取出 pH＝1 的醋酸、盐酸，稀释 100 倍，用稀释后的溶液与同样的铁片反应，观察生成气泡的快慢。

（7）取出 0.1mol/L 的醋酸、盐酸稀释相同的倍数，然后检验稀释前后的溶液 pH 值。

（8）对 0.01mol/L 的醋酸进行加热浓缩，检验浓缩前后的溶液 pH 值。

（9）在一定浓度的醋酸中加入少量的醋酸铵晶体，检验加入前后的溶液 pH 值。

（10）对一定浓度的醋酸进行降温 10℃，检验降温前后的溶液 pH 值。

（11）取出 pH＝1 的醋酸稀释 100 倍，检验稀释后的溶液 pH 值。

（12）取出 0.1mol/L 醋酸、0.1mol/L 盐酸，分别检验溶液 pH 值。

（扬州公道中学盛传云，行动研究报告）

学生组内研讨解法，同时又在全班交流，成果展示丰富了学习内容，深化了对知识点的理解，也有助于强化学生的合作意识，培养学生的思维灵活性和共同体精神。

成果展示的过程与规则。首先，小组代表总结发言或展示，本小组成员补充，其他小组可以发问、质疑，本小组组长或成员回答问题。接着，第二组汇报，依次循环。如果是作品展览，可先统一展示，再交流探讨。相应规则为：各组代表汇报时，其他小组成员认真倾听，并准备提问或质疑；提问质疑应建立在理解原意的基础之上，不能断章取义；回答不兜圈子，不回避问题；提问或回答简明扼要，条理清楚；控制展示节奏与时间，为更多的展示提供机会；尊重人格，不得进行人身攻击；等等。展示活动结束时，教师应简要总结，强化认知，但不一定形成统一的意见或提供标准答案（尤其是对于开放性的问题）。

（六）反思评价，提升合作境界

根据共同体建设需要，在成果展示之后，可安排一定的反思与评价活动（如对复杂学习任务、问题解决的合作学习）。反思与评价是对活动展开过程与结果（包括成果展示）的反思与评价，它既包括个人反思与评价，也包括小组反思与评价，还可以是全班反思与评价，既有对学习内容的反思与评价，也有对成果形成过程的反思与评价，还有对合作规则运用情况的反思与评价。通过反思与评价，将学习共同体建设推向更高水平与层次，提升合作境界。

反思包括个人反思和小组反思。个体层面上的反思包括：个人的参与意识、参与频率、对小组的贡献、成绩与不足。小组层面上的反思包括：合作过程、合作规则遵守情况、合作成果。通过反思，明确下述问题：学习共同体是否已经达到预期目标，如果达到，还有更好的方法吗？如果没有达到，是学习共同体发展策略的问题，还是实施过程存在问题？共同体建设是否还有一些问题有待解决？在学习共同体所处的不同阶段应运用多种方式进行反思，适时反馈共同体学习的信息，及时调整共同体建设策略，不断调整或设计共同体建设方案，实现学习共同体动态的可持续发展，通过反思，发现问题，促进共同体成长。

"学习共同体"实施一段时间后，我发现出现了以下问题：一些学生没有进行独立思考，浅尝辄止，匆忙提问；在合作过程中，有些学生盛气凌人，高高在上；有的学生较为保守，不太愿意帮助学习上的"弱者"；一些学困生始终积极性、参与度不高；在合作学习过程中，一些学生讨论时容易跑题，甚至个别组在老师不在时出现较多废话现象；有些学生与组内同学之间若即若离，没有真正融入到小组中。针对以上问题，我一方面利用各种机会与学生进行个别交流，另一方面思考解决这些难题的对策。经过反思，我认为解铃还需系铃人，于是发动学生让他们自己来解决这方面的问题。在班会活动时间，我提出3个问题，让同学们认真思考、讨论。问题1：组建"学习共同体"以来你最大的收获有哪些？问题2：在"学习共同体"中你想得到的收获有哪些？问题3：在"学习共同体"中你遇到的最大挑战是什么？在班会课上，同学们参与的热情高涨，真是做到了知无不言、言无不尽，发言的每一个同学都对这3个问题进行了充分的研讨，并对学习共同体的进一步发展充满了期待。

（扬州公道中学盛传云，行动研究报告）

学习共同体建设的评价亦包括小组评价与个人评价，但主要针对小组进行评价。"组内异质，组间同质"是小组组建的基本原则，它更多地要求组内合作，组间竞争。因此，"学习共同体"评价也应侧重于小组合作学习的状况评价。小组学习评价的内容包括：学习成果的广泛性、深刻性，汇报形式的多样性、生动性，汇报时回答问题的正确性、敏捷性。评价包括量的评价（共同体内成员的学业成绩）与质的评价（如独特表现，创造性成果，合作态度，参与频度，学习的主动性、积极性,等等)。通过评价,肯定成绩,强化动机,发现不足,改进完善,促进组内合作和组间交流,将学习共同体建设推向更高层次。

上述阶段的划分是相对的,在实际的共同体构建中,它们相互交叉,相互渗透,构成一个有机的整体。不同学科的学习共同体组建的步骤、要求亦有所不同。如语文学科的学习共同体构建可分为 9 步(如图 4-1 所示):

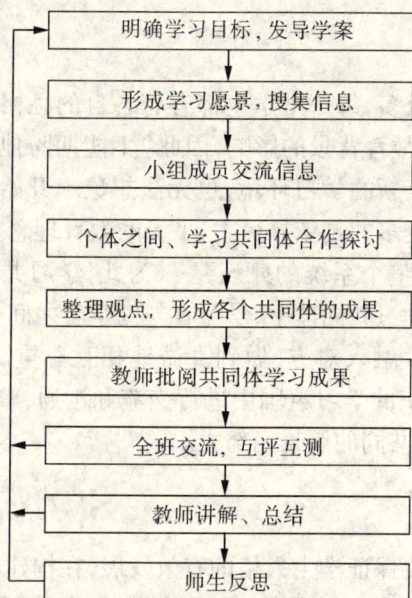

```
┌─→┌────────────────────────┐
│  │   明确学习目标,发导学案   │
│  └────────────────────────┘
│             ↓
│  ┌────────────────────────┐
│  │   形成学习愿景,搜集信息   │
│  └────────────────────────┘
│             ↓
│  ┌────────────────────────┐
│  │     小组成员交流信息      │
│  └────────────────────────┘
│             ↓
│  ┌────────────────────────┐
│  │ 个体之间、学习共同体合作探讨 │
│  └────────────────────────┘
│             ↓
│  ┌────────────────────────┐
│  │ 整理观点,形成各个共同体的成果 │
│  └────────────────────────┘
│             ↓
│  ┌────────────────────────┐
│  │   教师批阅共同体学习成果   │
│  └────────────────────────┘
│             ↓
├─→┌────────────────────────┐
│  │     全班交流,互评互测     │
│  └────────────────────────┘
│             ↓
│  ┌────────────────────────┐
├─→│      教师讲解、总结       │
│  └────────────────────────┘
│             ↓
│  ┌────────────────────────┐
└─→│        师生反思         │
   └────────────────────────┘
```

图 4-1　语文学习共同体构建阶段

(如东县马塘中学何蓓蕾,行动研究报告)

(执笔:扬州大学潘洪建)

二、大班额学习共同体构建的原则

(一) 和而不同

大班额背景下学习共同体的建构,首先要尊重个体,尊重差异,所谓"和而不同"。学习共同体的建构,是对国家主义和工业主义的学校管理模式,即将学校分割成均质的空间、追求均质的学习效果的一种反动。在学习共同体中,学生是一个个具有独立生命存在的个体,要体现他们的尊严、维护他们的荣誉,就要充分发挥学生学习的主体性与独特性,尊重学生的差异。一方面,要让每个学生在原有知识、经验的基础上获得最优的发展,力求不用一个标准来衡量学生的进步，不搞平均化；另一方面，还要承认学生发展的独特性，不追求学生在各个方面都平均发展，而是让他们形成自己特色鲜明的个性。[1] 如同交响乐需要不同的乐器方能真正奏出动听的旋律一样，学习共同体的建构必须尊重和接纳不同差异的个体；"差异"是一种重要的学习资源，它是大班额背景下学习共同体构建的前提，也是大班额背景下学习共同体有效运行的动力。

（二）对话协商

大班额学生人数众多，每一个学生都有着各自的性格特征、家庭背景、知识修养，教师也深受传统教育背景的影响，因此"不能期盼他们会自动转向去构建学习共同体这样一种全新的学习环境，也无法想象一开始就通过系统外部的力量强制推行这样一种更多的是依靠民主、平等的教育理念支撑的学习环境，否则的话，很有可能会造成整个系统的瘫痪"。[2] 为此，学习共同体的建构必须遵循对话协商的原则。在学习共同体中，学习者与助学者之间、学习者与学习者之间必须学会相互"倾听"、融入对方，做到真诚地相互尊重、相互接纳、相互促进。在一种平等、自由、公正的学习氛围中进行交流和沟通，整个课堂上大家的心是相互敞开的，朝着一个共同的愿景而努力。

（三）活动体验

在大班额背景下要保证学生人格的有效发展，在构建学习共同体之际，必须遵循活动教学的理念。为此，必须抵制"凯洛夫教育学"情结的泛滥，要让学生真正参与到教学活动中，要让课堂真正成为"学习"的课堂。而所谓"学习"本质上是一种对话性实践——同客观世界对话（文化实践）、同他者对话（社会实践）、同自我对话（反思实践）三位一体的活动。构建学习共同体，就是要保证让学生真真切切地去活动、去体验，在积极的参与式学习中，实现知识、技能、情感、态度、价值观等的重构与内化。

（四）合作共享

大班额背景下构建学习共同体，就是要让每个"个体"从"共同体"中汲取能量和智慧，而要达成这一愿望，首先必须合作，要让共同体成员内部的每一个人怀有"荣辱与共"的共同体意识和情感。在学习共同体中，每个人既是学习者，也是助学者，"师"与"生"没有绝对的界线。正如马丁·布伯认为的那样，作为

---

[1] 包蔼黎：《迈向课堂学习共同体——课堂教学的反思与重建》，上海师范大学硕士学位论文，2007 年。
[2] 郑茂，李芒：《学习共同体及其生成》，《当代教育科学》，2009 年第 5—6 期。

沟通的主体,师生之间不是"我"与"他"的关系,而是一种"我"与"你"的关系,是一种主体间性的关系,"教师不是把对方看做占有和改变的对象,而是与我讨论共同'话题'的对话中的'你',沟通交往中的'你',师生之间是一种平等参与—合作的关系,二者的合作达到一种默契"。[1] 通过合作,学习共同体的每一个成员不仅构建自己的知识与智慧,同时也在共同发展、建构共同体的公共知识和智慧,从而在共享中实现"个体"与"共同体"的双赢。

(执笔:宿迁学院屠锦红,扬州大学潘洪建)

三、大班额学习共同体构建的策略

(一) 学习共同体的组建策略

1. 确立学习共同体构建的标准

学习共同体的构建首先要确定恰当的标准,需要按照一定的标准组建不同规模、不同类型、不同层次的学习小组,以实现不同的教学目标。一般地,人们主要根据学业成绩划分和组建学习小组,这样的分组难以满足学生多样化发展的需要,难以适应大班额教学的特点。因此,应适当拓展学习共同体组建的标准,满足多元需求,如:依据学习方法,改善学习方法;依据学习基础,夯实学习根基;依据学习习惯,养成良好习惯;依据学习兴趣,促进特长发展;依据学习风格,适应学习差异;依据不同智能,发展多元智能。此外,还可以组建道德自律共同体、心理辅导共同体、情感支持共同体、志愿者共同体等。除了课内学习共同体,还有课外学习共同体(艺术社、体育队等)、网络学习共同体等。这样,一个班级将有多种类型、层次、规模的不同时空的"学习共同体"同时并存,一个学生除了课内固定的学习小组,还可参加 2～3 个课外小组。多种多样的"学习共同体"有助于突破传统学科、课堂的限制,拓展学习时空,丰富学习共同体的内涵与意义,充分利用、挖掘大班额学生的差异资源,既展示、开发自己的优势潜质,又吸收他人的优点、长处,取长补短,携手共进,满足大班额学生多样化的发展需要,为不同特长、不同潜力的学生提供展示平台和发展机会,实现学习共同体蕴涵的多种价值,使整个班级成为一个真正意义上的共同体。

案例:基于学习风格的学习共同体

本次研究选择高三(5)班作为试验班级。该班共有 55 名学生,其中,女生 13 名,男生 42 名。通过"感知学习风格问卷"施测,测试学生

---

[1] 冯建军:《主体间性与教育交往》,《高等教育研究》,2001 年第 6 期。

的感觉通道偏好方式,将学生主要分为视觉型、听觉性、动觉型、混合型。表4-1为不同学习风格人数分布情况。

表4-1 不同学习风格人数分布情况

学习风格类型	人 数	
	男	女
视觉型	11	7
听觉性	3	3
动觉型	23	2
混合型	5	1

由表4-1可知,该班动觉型学生最多,其次为视觉型、听觉型、混合型。这与有关研究结论存在差异:中学生最主要的感知学习风格是视觉型学习风格,其次是触觉型和听觉型学习风格。[①] 为了不影响班级正常管理,笔者在确保每组被试学生中存在视觉型、听觉型、动觉型学生的前提下,挑选了8名学生(见图4-2),初步构建基于学习风格的学习共同体。

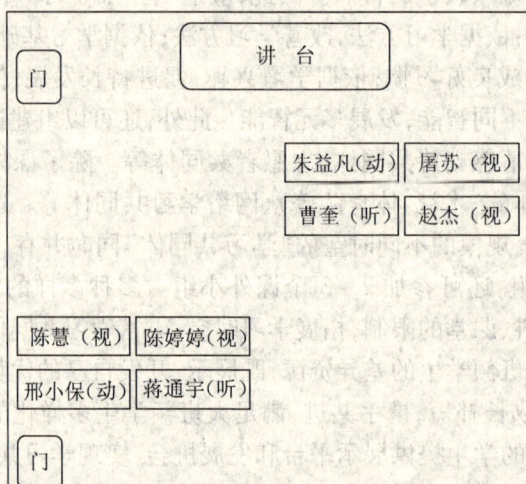

图4-2 被试学生座位分布

(扬州大学仇丽君,行动研究报告)

---

① 赵文英:《中学生感知学习风格的特点及其与教学方式的匹配性》,河南大学硕士学位论文,2010年。

2. 学习共同体组建(分组)

首先,进行现状评估,通过日常观察、课堂提问、调查问卷、心理测试、个别访谈、作业检查、作品分析、试卷分析等方法对大班额学生的知识基础、兴趣爱好、能力水平、性格特征进行评估。其次,开展资源调查。了解学校设施设备资源、指导教师资源、社区环境资源的基本情况。最后,进行分组,采用民主的方式,通过协商、对话、解释、说明、引导等方式,进行合理、有序的分组。学习小组有两种性质:同质小组与异质小组。为了充分利用、开发学生的差异资源,一般以异质分组为主,将具有不同特质的学生组成一个小组,使他们互助互学,但也不排除同质分组,即将有共同兴趣、相近水平的学生组成一组,使他们共同提升。有研究者基于大班额学生的学科知识摸底情况进行排序,确定帮扶对象和对应帮扶者。学科成绩第一名帮扶最后一名,第二名帮扶倒数第二名,以此类推,组成"1+1"帮扶组,一个班7个左右的重点帮扶组,由他们自己商定帮扶目标。此外,将其他同学组成"1+2"助学组,由成绩靠前的同学担任组长,成绩紧跟其后的两位同学为其组员。这两位组员又同时是下一级"1+2"助学组的组长。一位小组长直接负责本组两位(或三位)同学的预习、作业、背诵的检查及辅导等,形成"1+2"助学网。[①] 关于共同体规模问题,针对不同任务、目标,可选择不同规模。一般地,课堂中的合作学习以4人小组为宜,且男女生混合。[②] 我们认为,考虑到大班额的实际情况,课内主要采取3×2方式(3人一小组,6人一大组),课外兴趣小组、活动小组可适当扩大人数,但也要考虑任务的复杂程度,明确分工,强调合作。

案例:江苏省临泽中学学习共同体的组建

根据学生能力、性格、性别的差异,学校对原来的学习共同体进行了调整,每组2~3名女生,按成绩分为A、B、C 3类,每组共6人,组建学科学习共同体。学科成绩相对较好的学生任组长,较差的任首席展示员,其分工是:小组组长是总监督人,负责分配任务,每周收取各科科代表记录,教师给予学科评分,积分汇总到班主任处,由班主任周内总结,学校每月评选"课改之星""进步之星""明星学习共同体"等。每节课上在共同体内讨论的前提下,由首席展示员展示共同体的组内交流成果,在组内B类学生对首席展示员展示的内容提出质疑,A类学生点评追问。表4-2为2012—2013年临泽中学高二(2)班各学习共同体登记表。

---

① 张锋:《大班额教学措施探索"1+1+2"帮扶助学机制》,《新课程》,2010年第3期。
② [日]左藤学:《学校的挑战》,钟启泉译,华东师范大学出版社,2011年,第24页。

表4-2　2012—2013年临泽中学高二(2)班各学习共同体登记表

共同体	共同体名称	共同体口号	组长	首席展示员(建议每学科选两名)				
				语文	数学	英语	物理	化学
第一共同体	铃兰	没有完成不了的事情，只有想不出来的办法。	周奕宏	吴文杰	张　静	史　航	周　烨	查海华
第二共同体	热火	没有绝望的处境，只有绝望的心境。	陈　平	卞庆怀	王　宇	李　宁	管天祥	薛　勇
第三共同体	骑士	Where amazing happens.	胡　俊	葛蕾蕾	赵　莉	袁　媛	张　毅	汤厚峰
第四共同体	旋风	看万山红遍,层林尽染,漫江碧透,百舸争流。	侍　园	朱鑫宇	郑智宇	葛押桂	张鹏飞	耿　赋
第五共同体	神起	No pains,no gains.	高德鑫	张　勇	毛　娅	蒋　悦	薛瑞华	赵坤杰

（高邮市临泽中学姜义松、查仪勇,行动研究报告）

3. 制定共同体活动的规程

学习共同体作为一种教学组织形式,不是机械的联合和暂时的"应景",不是学习过程中的一个短暂插曲,而应成为学生学习的一种常态。因此,制定学习共同体规程便成为学习共同体健康成长和可持续发展的内在必要。规程的确立与运行能为共同体提供行动的规范,使学习共同体成为一个有机的社会实体,并最终内化为一种教学文化。共同体规程包括两个方面:活动程序与活动规则,规则包含于程序之中。合作学习规程既有宏观的活动规程,又有具体的活动规程。课堂合作学习一般规则为:(1) 只谈关于练习或讨论的问题,语调"轻微"。(2) 耐心和蔼地对待同组成员,不排除争论。(3) 参与讨论,认真倾听,有责任心。(4) 向他人求助或为他人提供帮助,确保所有成员弄懂。具体规则如:以三人小组阅读学习为例,其程序是:(1) 三人小组中的一人朗读课文中的一段,另两人注意听,对错误进行纠正。(2) 研究第一个问题。每人都提出自己对这个问题的看法。至少记下3个好的回答。小组成员共同决定哪一个回答为自己组的最佳答案。(3) 依照步骤二逐一解决所有的问题。(4) 所有问题均已答完后进行小组总结。[①] 还可制定学习章程。图4-3为扬州公道中学高二(5)班学习共同体章程。

---

① 马兰:《合作学习》,高等教育出版社,2005年,第52页。

> **公道中学高二(5)班学习共同体章程**
>
> 问题:独立思考、合作探究、追根究底;人格:人人平等、和谐共处、真诚相待
> 学习:互相学习、共同参与、取长补短;纪律:互相提醒、助人为荣、干扰为耻
> 生活:互相关心、体现善意、收获乐趣;思想:精诚团结、共同进步、收获成果
> 目的:学会交流、学会合作、学会分享;培养:激发兴趣、增强自信、提升能力

图 4-3 学习共同体章程

(扬州公道中学盛传云,行动研究报告)

在该课题实验学校,一些教师展开了组建"学习共同体"的行动研究,如:

每个学习共同体内的分工主要有两大类——学习的主持者和学习的实施者。学习的主持者主要负责学习活动的组织、分工和监督等,让合作学习得以有序地开展;学习的实施者可以根据不同活动的需要设立不同的角色,如记录员、资料员、报告人、检查人、联络人、发言人等,各角色互教互学,形成相互依靠和合作的关系。当然,这种角色分工也不是长期固定的,组内成员要轮流担任,实现角色的互换,既便于同伴间的合作,又利于公平竞争,可以起到相互学习、讨论、切磋、交流的效果,增进生生互动的有效性,使每个成员都能从不同的位置上得到体验、锻炼和提高。

(扬州公道中学李兆斌,行动研究报告)

需要指出的是,在学习小组组建过程中,有必要开展一些宣传、解释与说明工作,甚至进行一定的培训。通过培训,使学生认识到学习小组的必要性与重要性,明确小组活动规则,积极参与小组活动,互助互学,共同进步。

(执笔:扬州大学潘洪建)

(二) 学习共同体的运行策略

1. 选择恰当的学习内容与形式

不是所有内容都适合合作学习。当下的课堂合作,有的内容比较简单、机械,难以引发学生的热情,有的形式比较单一、呆板,过分偏重作业检查、订正,很难保持学生的兴趣。"共同体"理念下学习小组中的合作并不排斥上述内容,但它更注重学习任务的真实性和开放性,注重学习内容的复杂性和一定的挑战性,注重将当代社会生活、生产中的真实问题、热门话题、科研难题和新闻焦点引入学习之中,因为这些内容有较大的探索空间,可以激发学生的探究心理和求知欲望,促进他们参与讨论,从不同角度去探究、解答。因此,并非所有课程内容都适合学生合作与探究。一般地讲,学科中的重难点内容以及与社会生活、学生经验

联系密切的内容，更适合作为小组学习的内容。

同时，学习小组活动形式应丰富多彩，除了小组作业检查、1+1帮扶结对、同桌交流、前后排讨论，还应有其他形式，如课堂辩论、戏剧表演、操作展示，以及在课外合作开展的实地考察、调查访问、社会服务等。多种合作形式有助于扩大学习范围，拓展活动空间，丰富大班额学生的学习生活，深化学习内容，养成团队意识与共同体精神。

2. 把握合作时机

为了避免合作形式化、肤浅化，需要选择合适的时机，把握合作时间。从教学内容上看，当遇到教学重点、难点时，可组织学生进行合作，促进学生理解、掌握、消化；当课程内容与现实社会生活、学生经验相联系时，可组织合作活动，强化科学世界与生活世界的融通、关联；当部分学生对某一内容有特别兴趣，需要加以拓展、深化时，可以进行合作学习；当一定数量的学生在学习上遇到疑难问题，通过个人努力无法解决，或存在认知偏差时，可以进行合作学习；当需要把学生的自主学习引向深入的时候，可以进行合作学习；当学生的思路不开阔，需要相互启发时，可以进行合作学习；当学生的意见出现较大分歧，需要共同探讨，或解答开放性题目时，可以进行合作学习；当学习任务较复杂，需要分工协作时，可以进行合作学习。[①] 对于合作持续的时间，不能一概而论，可视学习内容的复杂性、难度而定，学程中的基础知识点的理解可组织10分钟左右的合作讨论，复杂的、开放程度较大问题的讨论可持续一节课，而对于那些研究性课程学习，需要搜集资料、实地考察、调查访谈、资料整理、撰写报告，可持续一个月、半学期甚至一个学期。总之，应视问题的不同，留给学生较为充足的时间，避免走马观花、浅尝辄止。

3. 加强合作技能指导

从一般的合作小组迈向真正意义上的学习共同体，需要教师加强对学生合作过程的指导，树立学生的规则意识，进行合作规则的教育。实践表明，许多合作学习流于形式，部分学生参与不积极，缺乏热情，袖手旁观，游离于外，致使合作低效或失效，究其原因，可能与合作缺乏明确规范或合作失范密切相关。因此，加强合作指导，帮助学生树立规则意识，按照规范进行合作，便成为提高"共同体"学习质量的关键所在。小组合作初期，教师应向全体学生（小组学生）重申合作规则，要求学生出声地复述规则，熟记在心，并在合作过程中自觉遵循。或安排一名成员作为规则"监督员"，专门提醒、监督，评价规则执行情况，从而使学生将规则内化为意识，自觉地支配行动。当规则转化为一种合作文化时，规则便成为一种无形的力量，学生会自觉遵守。作为指导者的教师，应随时检查规

---

① 左昌伦：《促进学生有效地合作学习》，《中国教育学刊》，2003年第6期。

则的执行情况,加强指导,对执行好的小组给予表扬,对执行差的小组提出要求,进行规范,使合作学习从他控走向自控。此外,要注意协调合作中的人际关系,为小组合作创设良好的环境与氛围。

(三)学习共同体的评价策略

1. 强调合作,彰显特色

学习共同体的评价是关注个人还是群体？由于学习共同体建设关注合作,合作是学习共同体的基本理念,也是学习共同体实现的基本途径,因此,小组是评价的基本单位,学习共同体评价的重心应该是小组成员的共同进步与整体提高,而不单单是个人的进步。通过评价小组表现及其成果,鼓励、引导小组成员展开更多的合作、互动,强调合作价值,凸显合作意义。小组评价的内容包括小组成员的参与情况、互动情况、规则执行情况、讨论的深度、观点的新颖性和成果的创造性,应鼓励个性化展示和特色化表现。对那些提出新颖观点的小组予以特别加分,激励小组成员的深度交流与独特探索,培养学生的创新思维和创造才能。小组整体评价有助于培养小组成员的成功感、荣誉感,强化归属感、团队意识。在小组评价时,可以暂时不考虑个别差异。个别评价主要体现在一般的考试(如期中、期末评价)之中,小组评价更多地承担发展性功能,属于发展性评价。因此,小组评价应以群体为取向,强调组内合作的价值。当然,也应适当关注差异,对表现突出的个体进行鼓励,鼓励个人独特的表现,不用一把尺了衡量所有学生,要意识到"多一把尺子多一批好学生",引导学生展示自己的特长,扬长补短,和谐发展。

如东县掘港镇华丰中学刘金易将全班42人分为6组(每组7人)。采取小组捆绑式教学,每个小组设小组长1人,负责难题的讲解,并且设立小组团体奖,荣获考试小组平均成绩前3名的小组每个小组成员都有加分。对优秀小组颁发表扬榜。

表　扬　榜

经过一个月的阶段活动,发现以下组的同学学习最积极、最认真:
组长:成湘云。组员:陆敏敏、成周霞、徐清清、杨青云。希望其他小组同学向他们靠拢、学习。

2. 重视结果,关注过程

大班额学习共同体建设旨在提高大班额教学效率,克服班额过大以及学生差异带来的诸多问题,大范围提高学生的学业成绩,全面提升教育教学质量,促进大班额全体学生的健康成长。因此,学习共同体的评价应重视小组学习的实际成果,如知识理解、技能掌握和情感发展。大班额学习共同体应特别关注学生通过小组学习、合作、讨论对学习内容的理解和掌握状况,关注实际的学习成效。因此,大班额学习共同体评价应坚持结果取向的原则,如果学生通过小组合作学习未达到对知识、技能的理解和掌握,就说明小组合作存在问题,有待改进与完善。当然,重视结果并不一定意味着忽视过程,当结果不甚理想、未显示预期成效时,过程的意义便彰显出来,因为结果是由过程导致的,结果不理想的原因可能是过程不规范、不合理,也可能是学生参与不够,还可能是评价本身存在问题,需要调整、改进。当然,有的学习共同体更关注过程,如情感支持共同体、志愿者共同体,这时应以过程性评价为主。如果过程存在虚假、结果失真,更应对弄虚作假现象进行批评、矫正,对学生进行警示教育。

3. 非定期评价,强化成就动机

是否在每次合作学习后就马上进行评价?笔者的行动研究团队中有教师反映,在班里进行的小组合作学习评价开展一段时间后,发现有的学习小组弄虚作假,虚报"战绩",以博取老师的表扬、奖励。外在的、附属的动机取代了内在的、认知的动机,学习不是为了理解、掌握、发展,而是为了老师的认可、肯定、表扬,这的确值得我们反思。造成这一结果的原因可能是多方面的,它可能与评价过多、过于频繁有一定关系。学习共同体鼓励合作、交流、分享,其评价也是为了学生更好地合作,提高成就动机与学业水平。评价是一种手段,而不是目的,学习不是为了评价,恰恰相反,评价是为了促进学习。但是,当评价偏多,且评价与小组分数、荣誉过多地捆绑在一起时,评价就可能变成了学生追求的目的,而学习本身的真正目的可能被遮蔽。因此,应改及时的、定期的评价为延迟的、非定期的评价,让合作学习回归学习本身,而不是仅仅为了博取表扬、赞扬。通过非定期评价,引导学生更多地从合作、交流过程及其结果中感受学习的价值,体会学习的快乐,享受学习的成果,将更多的注意力放在学习行为、合作活动本身,而不是外在的、附加的意义上。

4. 多方参与评价,引导学生自评

学习共同体活动不仅在课堂内开展,有的需要在课外进行,如兴趣小组、研究性学习小组。学习共同体的指导,需要多方参与、协作,指导者除了教师、家长,还可能有社会团体、机关、部门、社区人士。因此,学习共同体的评价也需要吸收相关人员共同参与,从不同角度、在不同方面对"共同体"活动开展状况与实际成效进行评价。通过评价,肯定成绩,指出不足,促进共同体成员的反思与改进,引导共同体健康成长。除了外部评价,应特别重视引导学生对"学习共同体"进行自我评价,包括个人评价与小组评价。通过评价,促进"学习共同体"可持续发展与完善。

表4-3、表4-4、表4-5为高邮市临泽中学共同体评价表格(部分)。

表4-3 共同体成员学习常规管理考核表

学习日常表现考核项目			周一	周二	周三	周四	周五
课堂表现	加分项目（每项1分）	上课积极、主动答题					
		组内讨论发言积极					
		主动提问					
	减分项目（每项1分）	不参与组内讨论，不发言					
		做与学习无关的事情					
作业完成情况	加分项目（每项1分）	作业及时完成					
		作业独立完成					
		及时订正					
	减分项目（每项1分）	作业拖拉（包括订正不及时）					
		作业抄袭					
总 分							
成绩考核加分项目							
每项1分	考试成绩在班级进步5名（超过累加）						
	考试成绩在年级进步50名（超过累加）						
	考试成绩在班级前10名						
	考试成绩在年级前200名						
	考试成绩在年级前40名能保持不退步						
每项0.5分	考试成绩单科优秀						
	班级里单科进步10名						
成绩考核减分项目							
每项1分	考试成绩位于班级后10名						
	考试成绩位于年级900名外						
	考试成绩在班级退步5名及以上						
	考试成绩在年级退步100名及以上						
	单科退步5名及以上						
	作业拖拉；考试、作业作弊						

备注：1. 学期末三好学生、优秀学生评定将以此为依据；

2. 所有班委基础分为5分，但违反扣分项目则多扣1分；

3. 请如实填写，一经发现不属实情况，本周加分全部清零。

表4-4 小组考核汇总表

班主任签字:

组号	组名	常规纪律	活动表现	学习常规	目标达成	成绩考核	小组总分	排名	备注
1									
2									
3									
4									
5									
6									
7									
8									
9									

表4-5 学习共同体日报表

高_____( )班第_____学习共同体学习评价日报表 第_____周 日期_____月_____日

姓名	导学案课前完成情况								组内班级展示次数								课堂展示次数								课堂异组质疑次数								综合得分
	1	2	3	4	5	6	7	8	1	2	3	4	5	6	7	8	1	2	3	4	5	6	7	8	1	2	3	4	5	6	7	8	

填写说明:1. 导学案完成并及时上交记3分,完成迟交记2分,未完成或未交记0分。

2. 组内展示一次记1分,课堂展示一次记2分,质疑一次记3分。

3. 此表每天晚自习前由组长交班长处。

(高邮市临泽中学姜义松、查仪勇,行动研究报告)

（四）学习共同体的支持策略

1. 物质—技术支持

学习共同体建设需要一定的物质的、技术的支持系统，如小组活动需要教室、场地、实验室、图书馆、博物馆等。随着现代信息技术、网络技术的发展，网络学习共同体的组建与活动需要电脑、网络、网络平台等技术的支持。

传统座位编排方式的变革。为了开展合作学习，需要对"秧田型"座位编排进行改良，如实施"3＋3"式编排。这样，可以兼顾合作学习和教室美观的特点，有助于学生主动学习，尤其有助于个别后进生进步，同时也能发挥一些优秀学生的能力，带动整个班级共同进步。

提供课堂展示平台与交流空间。可对教室座位进行重新调整，将小组成员的课桌拼组在一起，形成长方形结构，构成 6～8 个小组，小组成员围坐四周，中间为活动展示区。这样教室可划分成 3～4 个大的区域，每个小组间留下足够空间，让教师和学生方便行走。教室内用 3～4 面墙壁挂上黑板，学生可以在上面板演、展示，减少擦黑板和板书时间，大大提高课堂学习效率（其效果如图 4-4 所示）。

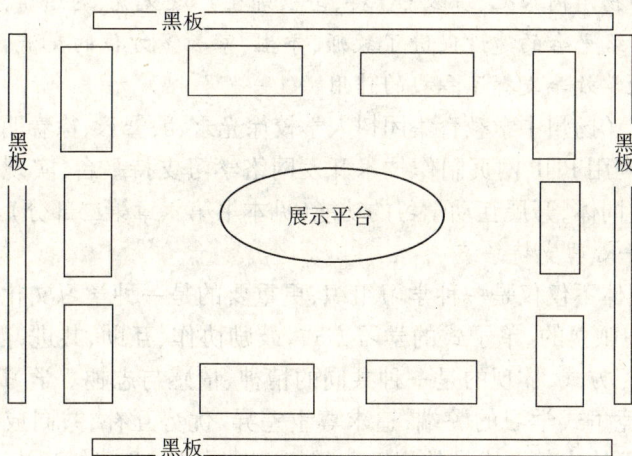

图 4-4　课堂空间布置

（扬州公道中学陈传军，行动研究报告）

网络学习平台的构建。网络可提供一些认知工具、会话工具，支持共同体成员实现交流、合作以及知识的建构。认知工具指支持和扩充学习者思维过程的心智模式和设备，如知识库、视频工具、概念图、计算工具等。会话和合作的工具如 BBS、聊天室、电子邮件等，促进学习共同体成员之间的交流讨论合作，以完成学习任务。为了促进大班额学生的讨论与交流,可在校园网上设置网络学习平台,以年级或班级为单位,将一些学习资料、作业、问题放到网上,供学生阅读、思考、讨论;也可将一些优秀的教学视频采取超链接的方式放在网上,为学生的个别化学习提供广阔的空间和丰富的学习资源。设置网络交流平台和讨论专区,进行非共时的交流、讨论。鉴于大班额人数多、作业批改量大的实际问题,可将部分作业放到网上,让有条件的学生课后上网练习(如果网络平台具有自动批改、评分功能则更佳,学生就可以上网练习并自行反馈、检测、矫正)。教师上网抽查学生的作业完成记录,并针对普遍性问题重点评讲。

扬州中学教育集团树人学校充分发挥中国电信家校 E 通功能,在校园网中开设了教师个人主页、教研组空间、班级公共邮箱、扬州树人吧、校长信箱、班级 QQ 群等平台,打造网络学习平台。利用教师个人主页,教师向学生家长群发短信,将作业及其要求发给家长,由家长指导、督促孩子的学习,或将孩子的成绩发给各位家长,同时家长可在教师个人主页上下载作业,让孩子练习提高,或教师与家长个别沟通、交流。利用教研组空间,教研组长发布通知,上传文献,共享学习资料,教师之间展开互动讨论。通过班级公共邮箱,学生可发表评论、留言、下载。借助扬州树人吧、班级 QQ 群,全校师生广泛交流、沟通情感、讨论问题。网络平台的建设促进了教师、学生、家长多方位的交流,对提高大班额教学效率发挥了积极的作用。

(扬州中学教育集团树人学校徐光永、殷翠云、徐春明,访谈记录)

此外,可利用 PHP 网页制作技术开发网络学习支持平台,实现利用网络平台构建学习共同体,开展互动学习的功能(见本书第六章第二部分)。

2. 文化—心理支持系统

学习共同体不仅仅是一种学习组织,更重要的是一种学习文化。它挑战传统的、封闭的、孤立的、单子式的学习方式,鼓励协作、互助、共进,倡导合作、互惠、团队的学习方式,体现的是一种共同的精神、情感与志趣。学习共同体试图克服排他的、竞争式学习的弊端,追求尊重差异、优势互补、共同成长的合作文化,力图发挥群体中每个成员的积极性、创造性,通过彼此间的互补、协作、互促,释放群体潜在的教育功能,发挥大班额的差异优势,使每个成员获得独立学习难以达到的效果。换言之,通过群体成员之间的人际互动和深度交流,彼此激励,共同探索,在群体中获得最佳的发展。因此,学习共同体的建设需要加强合作文化的建设,鼓励小组合作和团队思考。(1)通过黑板报、文化角、标语,营造团结、合作氛围,推进学习共同体建设。如标语"自强不息,厚德载物""团结协作,求实创新""每天进步一点点,每天充实一点点"。通过展示合作学习成果,创设合作文化。（2）引导组员在共同研究、讨论的基础上为自己的团队起一个名字，设计一个口号。名字要能体现出团队特色和精神，如"给力组""飞虎队""筑梦2012""Dreaming 队""探索无极限""希望之光"等。每个小组还需为团队设计一个口号，要求所有队员在每天早晨高声喊出团队的口号，这样鼓舞了士气，振奋了精神，增强了凝聚力。在此基础之上，每个小组要确定小组共同的目标计划。各小组还确定了本组的行动口号，如"努力奋斗、共同进步""好好学习、共同进步""今天的汗水，造就明天的幸福""相亲如兄弟，勤奋如蚂蚁""让效率开口说话""精诚团结、太阳无敌""追求真理、努力拼搏""共同学习、共同进步、共同成功""放飞理想、成就辉煌""珍惜现在、拥抱未来""不求最好、但求更好""努力今天、成就明天"。（3）利用班级学习园地、网络平台、小板报，展示合作学习成果。如，将学生小组活动的成果放入班级学习园地、专栏，供其他同学观摩、学习，或在校园网设置展示平台，将小组学习成果放到网上加以展示，交流分享。通过展示，对小组学习成就、进步、创造充分肯定，激发学习热情。

创设良好的心理氛围。小组学习需要良好的心理氛围，没有积极的心理气氛，合作学习难以深入、持久。许多合作学习不能有效地开展，其中的一个重要原因是缺乏彼此尊重、宽松自由的气氛。部分学生参与度低、热情不够，对合作袖手旁观甚至强烈排斥，这可能跟少数学生把持话语权而其他学生沉默寡言有关。因此，教师要注重创设积极的、健康的教学氛围。教师可通过活动开展、规则执行、教学游戏、小组竞赛、表扬鼓励、非言语交流等方式，为小组合作提供心理支持，使学生在学习中感受合作的愉快，享受合作的成果，体会合作对个人成长的独特价值。

　　　　江苏高邮临泽中学高二(3)班各共同体口号：

　　　　第一共同体：为成长扬帆，为梦想导航

　　　　第二共同体：超越极限，展现自我，Nothing is impossible

　　　　第三共同体：正直向上，勤奋求知

　　　　第四共同体：把握现在，就是创造未来

　　　　第五共同体：课堂因我参与而精彩

　　　　第六共同体：把得失留在过去，把努力放在现在，把美好献给将来

　　　　　　　　　　（高邮市临泽中学姜义松、查仪勇，行动研究报告）

　　3. 制度—管理支持系统

　　作为一种新的教学组织与精神追求，大班额学习共同体的建设是一个长期而艰巨的过程，需要一定的制度支持平台和相应的管理措施与之配套，只有这样，学习共同体才能走向持续发展。同时，学习共同体有着不同层次、类型。就层次而言，有小组的、班级的、年级的和整个学校的学习共同体。就类型而言，不

同学科有不同活动,还可根据不同标准构建各式各样的学习共同体。此外,除了课堂共同体,还有课外共同体、网络共同体等。不同共同体具有不同的性质、特点,其目的、功能、活动时间、活动方式、指导方式也不尽相同,如何使不同层次、类型、范围、规模的共同体协调运行,是学习共同体建设亟待研究的一大课题,也是学习共同体管理的难点所在,因此,学校管理需要进行模式转换和制度创新。为此,可创建以下教学管理制度。

(1) 教学时间弹性制度。常规课堂时间固定,每节课40分钟或45分钟,它适合传统教师主导下的单元教学,要求学生适应固定的教学内容与教学方法,而不同类型的共同体活动需要的时间不一样,传统的固定时间制不能适应大班额学习共同体的需要。因此,应根据不同共同体活动需要的时间划分教学时段,在不打破常规教学时间管理的前提下,可实行弹性教学时间制度,根据教学需要,可长可短,灵活安排,不强求一律。

(2) 网络教学制度。网络学习共同体需要依托一定的网络平台。网络教学不同于一般的教学,其持续发展需要相应的技术支撑和制度支持,许多学校的网络教学平台之所以流于形式,未能发挥应有作用,可能与缺乏相应的制度保障有关。因此,应建立学习共同体网络教学管理制度,对网络教学的任务内容、方式、评价及其责任作出明确的规定,科学导向,规范管理。

(3) 教学研究制度。为了学习共同体的常态开展和有效实施,需要建立与之相适应的教学研究制度。如开展定期的研究活动,围绕大班额学习共同体建设的问题进行研讨,举办公开课,进行教学观摩;确立小型研究项目,开展课题研究,对不同层次、不同类型、不同学科学习共同体建设中的问题开展行动研究;定期交流研究成果,讨论问题,分享经验。

(4) 建立教师共同体。教师共同体是学生共同体的重要支撑。为了各种学习共同体的有序运行与持续发展,除了学生共同体,还需要建设教师共同体,如年级教师共同体、学科教师共同体、备课教师共同体等。通过学生共同体、教师共同体、师生共同体的建设,研究与解决学习共同体存在的问题,使学习共同体能协调运行,切实提高大班额教学效率。通过网络还能使教师共同体的作用发挥到最大。教师可以通过网络进行集体备课,也可以把自己的教案、观点放到论坛上让其他的同仁给予指点。扬州文津中学建立教师校本教研平台,开展网络备课、评课、研讨活动,促进了教师共同体的建设,取得了显著成效。

"文津中学网络教研空间"主要由电子备课平台、在线评课平台和专题研讨平台构成。(1) 电子备课平台主要用于网上集体研讨。在集体研讨过程中,教师根据设定对学习目标、预习展示与质疑、课堂师生互动探究的问题(活动、任务)、课堂学习方法、课堂检测反馈与评价以及如何设置情境导入新课、如何进行突破重点、难点的设计等7个版块进行集体研讨。备课组教师在规定时间内网上参与研讨;外聘学科专家组专家同步指导;同组教师同步与专家互动。(2)在线评课平台主要用来引领教师反思提升。我们将开设的研究课、示范课、反思课以及亮相课等开课者的教学视频、教学设计、四导四学稿以及教后反思等上传至这个平台,备课组成员通过听课(观课)进行评课,提出肯定与改进意见,起到相互促进和共同提高的作用。其流程是备课组研讨—专家引领—备课组长小结。如我们组织开展了"同课异构课件说课录像课比赛",分批次将说课的视频录像、说课稿及反思放到平台上,各学科备课组老师、专家在网上评课并评出奖次。(3)专题研讨主要用来引领教师"做中研",形成教学研究化的工作常态。其流程是:首先以微型课题为形式,提出本级段本学科有关教与学的需重点解决的问题;其次以学期为时限,备课组组织教师研讨、实践(每位教师每学期至少有两次以上的交流);再次专家参与引领;最后形成微型课题研究成果。

(扬州文津中学王军文、王子玉,访谈记录)

总之,学习共同体建设需要明确班级、年级、学校各管理部门在学习共同体建设与管理方面的职责,为学习共同体的教学与研究提供制度框架与管理规范,保障学习共同体健康发展、高水平推进。

(执笔:扬州大学潘洪建)

第五章　大班额学习共同体构建的行动研究

一、语文学习共同体构建的行动研究

（一）研究方案

1. 前期调查

自编调查问卷"高中语文合作学习现状调查"，问卷包括合作意识、合作态度、合作形式、合作效果等方面。调查结果显示：学生欢迎合作学习方式，但教师对小组合作学习重要性认识不够，学生合作的技能不够，认为影响合作学习效果的最大问题是合作技巧和合作形式的占17.5%。

2. 研究目标

更新教学及学习理念，让学生在合作共进中掌握知识，深化理解，提高学习兴趣，培养自主合作能力，提升团队意识和创新精神；努力探寻一套农村高中语文学习共同体建设和活动的实施策略，为农村高中语文教师构建语文学习共同体提供范式。

3. 研究对象

研究对象为扬州邗江区公道中学高三（1）班。该班共有学生58人，男生19人，女生39人。其中住宿生19人，男住宿生4人，女住宿生15人。研究以高三（2）班作为对照班。

4. 研究内容

（1）学习共同体建构。了解学生需求，针对实验班学生的学业成绩、兴趣爱好、学习能力、心理素质、家庭情况、性格特点、性别等方面存在的差异，合理搭配，组成组内异质的语文学习共同体。按照空间就近、情感就近、优势互补的原则安排座位，依据学习任务组成组外同质的学习共同体。每个小组内6个成员，各有优势，互补促进。

（2）共同体学习活动组织与实施。通过小组之间竞争、班集体大组合作，将课堂变为一个师生共同学习的共同体，并向课外延伸。活动时，小组自主学习与合作探究相结合,小组展示学习成果,各组之间展开比赛竞争,在互帮、互学、互比中掌握知识提高能力。

(3) 学习共同体评价。以共同体为基本单位,侧重于团队评价。评价共同体达成目标的总体成绩,个体成绩不再作为衡量的主要依据,但对小组内个人的评价也是必不可少的,可以通过设置团队奖励分对共同体内部成员进行激励,以激发学习共同体成员互相学习、取长补短,实现"不求人人成功,但求人人进步"的共赢目标。

语文学习共同体活动记录及评价表如表 5-1 所示。

表 5-1　语文学习共同体活动记录及评价表

小组名称		组长	
小组成员		记录人	
活动时间		活动地点	
小组活动情况记录(活动任务、成员观点等)			
小组活动中遇到的问题			
对小组成员的评价(重点评价合作态度和贡献)			
活动后记			

5. 资料搜集方法

(1) 课堂观察。明确目的,观察每个成员在实验中的转变,借助日常观察、课堂观察,收集资料,了解学生对学习内容的理解程度和学习共同体的参与情况,判断学生的学习效果。

(2) 撰写日志。及时记录行动研究的进展、成绩与问题,写好研究日志,对小组学习、共同体运行中出现的问题进行反思。

(3) 学生作业。收集学生完成的各种作业,通过对学生作业的分析,评估学习小组的学习进程和学习效果。

(4) 个别访谈。选择典型学生,分阶段单独与其进行访谈,及时了解学生对于构建语文学习共同体的看法、建议、困惑以及学生在共同体学习中的收获。

6. 效果检测与评价

通过对实验班与对照班语文成绩的前后测量,对实验班学生接纳度和语文学习情感态度变化进行分析,评价语文学习共同体的效果。除了教师评价外,还有学生自评、小组互评、组间评价等。在注重个人自评、组内互评的同时,更应注重组间互评,对各个团队作出公正的评判。

(二) 方案实施

1. 组建语文学习共同体(合作小组)

约翰逊强调,合作学习的基本特征是"积极互赖、直面互动、责任到人、人际技能和小组建设"。每个学习共同体有 4~6 人,每学期调整一次,重新划分学习共同体,形成一种互动和交流,以便让成员有更广泛的交流空间。同时为了体现竞争的公平性,各个学习共同体总体实力应基本保持一致,而不是根据学生在教室的座位前后 4 人简单地组合。在构建学习共同体的过程中,"责任"先于"权利","共存"先于"竞争","享受"先于"所有","团结"先于"自由","异质"先于"划一","尊严"先于"救赎"。

选用的设组办法照顾到以下几方面:(1) 协调设组。教师应综合多方面的意见,特别是应与其他学科老师进行沟通,让形成的合作小组具有一定的协调性,每门学科基本可以通用,每个学生能与自己的小组同伴很容易地在一起活动。这样不会出现每节课都有变化的现象。(2) 交友设组。分组时遵循"组内异质,组间同质"的原则,在此前提下适当照顾自愿并兼顾互补,使进入同一个组的学生都成为朋友,和睦共处,坦诚相待,民主平等,互帮互学,共同进步,能够把小组的成绩和进步看做自己的成长与光荣。

笔者从 2010 年 11 月份开始在公道中学高三(1)班进行语文学习共同体的尝试,同时把另一个学生构成、语文基础与高三(1)班相近的班级作为对照班。实验班在总结原有的学习合作小组活动模式的基础上,针对班级人数多的特点,根据学生的知识基础、兴趣爱好、学习能力、心理素质、家庭情况、性别等进行综合评定,遵循"组内异质,组间同质"的原则,在班级内构建起 10 个合作共享、民主和谐的"学习共同体",前面 9 个小组每组 6 人,最后一个小组 4 人,共 58 人。分组时把男生和女生、本学科学习较好的和有一定困难的、性格内向的和性格外向的分到一起,这样有利于学生在小组学习中取长补短、互帮互学,让学困生在合作学习中得到锻炼,让中等生在合作学习中得到发挥,让优等生在合作学习中得到表现,最终形成各显其材、各尽其能、互帮互助、团结协作的学习氛围。

以其中第八小组(第三大组第二小组,取名"文艺双馨队")为例,该小组共有 6 名成员,即陆杨婷、陈敏、吴韦、齐开平、徐明、马标,其中男生 3 人,女生 3人。陆杨婷成绩最好,个性外向,乐于助人,爱好播音与主持,是班级的团支部书记;马标性格内向,学习认真,成绩中上等;齐开平性格外向,有正义感,成绩中上等,担任副班长;陈敏、吴韦学习认真,心理压力较大,自信不足,成绩中等,其中陈敏身材较胖,身体不太好,影响了成绩;徐明性格活泼,基础不好,成绩最差。

这样分组可以使每个同学形成互补,有利于学生在小组合作学习中取长补短、互帮互学、共同进步。

2. 营造合作学习氛围

(1)协调教室座位,创造合作环境

有研究显示,不同的教室座位会对学生的生理健康、学习效率、课堂纪律等产生不同的影响,因而座位本身就具有了一定的教育价值,特别是在大班额教学环境中,座位的价值就更加明显。同时座位也是一种教育资源,并且是一种比较有限的资源。了解这些将有助于老师在分配座位时减少随意性、盲目性,提高合理性、有效性,也有助于学生形成公平意识,建立良好的同学关系,为学习营建一个适宜的环境。

为了平时能更好地合作交流,笔者对实验班教室的座位也进行了相应的调整。全班共58人,按之前组建的语文学习共同体(合作小组)为单位,前后2排,每排3人共6人为一个学习小组,最后一组为后排4人,相对集中。全班共分为10个合作学习小组,同时全班形成3个大组(具体如表5-2所示)。要求每位同学的课桌上书本高度不超过10厘米,以方便讨论合作。这样小组的设定和座位的排列相对稳定,成员坐得紧凑,有利于共享资源,用轻声即可相互交流。小组之间留下可以让老师顺利联络、巡视的路线。学生座位实行定期轮换制,以避免长期处在某一位置而产生的心理膨胀、脆弱或心理颓废等,增加学生之间的彼此理解。这样就为合作学习提供了一个良好的外部环境。

表5-2　实验班级高三(1)班座位(2010年11月)

			丁雪瑶	朱晓玲	唐 月	禹振雄		
陈 宇	杨家振	陈 杰	房 超	罗 文	徐天蛟	陈 祥	娄 强	付道磊
吕林芳	郑仁凤	李 婷	祝青青	胡 月	金 婷	杨 楠	毕 晨	时佩佩
田 媛	吴 群	徐云霄	李 馨	蒋 苏	李 月	陆杨婷	陈 敏	吴 韦
徐 炜	王 晨	赵学聪	王文宗	谈 振	谢 飞	齐开平	徐 明	马 标
陈 晨	苏金文	王 甜	王 玲	徐 晶	陈 燕	杨 波	陶丹丹	陈 露
潘丹丹	赵 荷	王 丹	张媛媛	王 初	李小宁	池 欢	夏 欣	周 越
第一大组			第二大组			第三大组		

(2)确定小组目标,培育小组精神

作为共同体重要特征之一的共同的愿景与信念不是靠外部的权威来维系的,也不是靠自上而下的行政命令来达成的,而是靠共同体成员的相互讨论、协商自愿达成的。

（3）借助宣传阵地，营造合作氛围

在黑板报、文化角、标语等地方选择一些有利于营造团结、合作氛围的内容，这样对学习共同体的建设起到了一定的推进作用。如标语"自强不息，厚德载物""团结协作，求实创新"。

（4）演讲加呼号，渲染激情文化

演讲锻炼学生的热情，口号培养学生的激情。巧妙、准确地让学生演讲，呼喊口号，能培养学生的积极心态和使其保持饱满情绪，是渲染班级激情文化的一种极好的方式。

课前5分钟演讲及呼喊口号是语文课所特有的优势。学生自己写演讲稿，自己在每天课前5分钟开始演讲并领着全班同学喊口号。每天有一名学生演讲，要求按照学习小组的顺序进行，每位同学都有机会。演讲内容由自己定，可以是对自己的鼓励鞭策，也可以是对同学的鼓励，可以是议论，也可以是抒情，演讲结束后要求将演讲稿贴到文化角处。课前演讲锻炼了学生的组织语言、在公共场合大声表述自己观点的能力，呼喊口号又具有导向、激情、励志、凝聚和规范等多种功能。这样，整个班级就充满蓬勃的生机、澎湃的激情。

笔者利用语文老师的优势，每次语文课开始时用三分钟左右时间安排一名同学进行演讲，老师便顺势导入新课。演讲的同学是按小组轮流上讲台脱稿演讲，由选举产生的4名小评委每次做好评分记录，于课后报给课代表汇总。这样既可以提高学生演讲和学习语文的积极性，又可以培养和提高学生在公共场合进行表达的能力，并营造浓烈的班级文化氛围。如在教学"获得教养的途径"一课时，一名学生课前演讲的主题是"向青春举杯"，该学生演讲结束时说道："是的，我们正值青春，意气风发，激情澎湃；我们属于青春，情感丰富，充满理想；我们面对青春，敢以挑战者姿态迎接一切，能理性地追问生命的意义。"笔者借此完成了过渡："正因为如此，我们就更应该努力从蒙昧走向智慧，从自然的人成为社会的人、有教养的人。识字，不等于有知识；有知识，不等于有文化；有文化，不等于有教养。获得教养，能提高生存质量，能获得有价值的人生。"整个课堂充满了活力。

（5）借助经典诵读，升华文化精神

与经典同行，领悟文化内涵。为了让每位学生充分认识中华传统文化并理解其对生命成长的重要性，要求学生进行经典诵读活动。以"学国学悟经典，提升自身素养"为目标，要求各共同体内部先进行朗诵训练，由各小组选出一人参加班级诵读经典比赛，对表现好的小组和个人加分。这样调动了学生学习的积极性，学生在诵读中抓住主题的核心价值，通过诵读、收集、积累、欣赏、交流、书写等方式,使国学经典"入眼、入耳、入心",在提升学生文化修养的同时,培养学生良好的道德情操和健康的审美情趣。

3. 帮助成员分工,加强角色培训

为了不让合作学习变成只重视形式不重视实质的"虚假合作",在学习共同体构建后,还需在学习共同体内部帮助其进行合理的人员分工,明确任务和职责。这样在一个阶段内每个组员都有相对侧重的一项任务,担任一个具体的合作角色,因而学习时就不会出现盲从现象。

其实每个学习共同体内的分工主要有两大类——学习的主持者和学习的实施者。学习的主持者主要负责学习活动的组织、分工和监督等,让合作学习得以有序地开展;学习的实施者可以根据不同活动的需要设立不同的角色,如记录员、资料员、报告人、检查人、联络人、发言人等,各角色互教互学,形成相互依靠和合作的关系。当然,这种角色分工也不是长期固定的,组内成员要轮流担任,实现角色的互换,既便于同伴间的合作,又利于公平竞争,可以起到相互学习、讨论、切磋、交流的效果,增进生生互动的有效性,使每个成员都能在不同的位置上得到锻炼和提高。

> 文艺双馨队(第八小组)共有 6 名组员,即陆杨婷、陈敏、吴韦、齐开平、徐明、马标。经小组研究,齐开平同学担任学习的主持人,具体负责每次学习任务的分工、监督等,其他组员根据不同任务轮流担任记录员、资料员、报告人、联络人、发言人等,各自履行职责,活动有条不紊。这样做优等生能得到充分的施展,中等生能得到锻炼,学困生也可以得到启迪和帮助,使信息资源共有、成功喜悦共享。

4. 借助语文学习活动促进共同体形成

学习本质上是一种交互性的、社会性的活动,而不是一种个人主义性质的活动。在学习共同体中,对话、协作与交流受到空前的重视,成为一种常态的学习方式。没有活动,就不能算学习共同体。在实验班中,笔者注重开展语文学习活动来促进语文学习共同体的形成。

(1)轮流朗读。学习共同体内成员共同完成朗读任务,既可按角色分配朗读任务,又可按课文段落分配朗读任务。如在宋词教学中,我们安排学生小组内轮流朗读,全班同学在各自的组内都有朗读任务,朗读结束后,每位同学需自提不足,又得指出组内同学的错误。小组朗读使全班同学朗读参与率成倍地提高,同学们朗读能力在参与中又得到不断的锻炼。为了更好地调动学生朗诵的积极性,笔者在同学们充分准备的基础上,组织全班同学举行朗诵比赛,要求个人朗诵与小组成员集体朗诵结合,最终采用小组加分的方式奖励,充分调动了学生朗诵的积极性。

(2) 小组设计。学习共同体内成员共同设计的内容有:课文的板书、课后练习、语文知识小报、体现选学课文学习重点的思考题、课文中故事新结局等。例如,我们常在学期初安排一节课时间,让各小组发挥集体智慧,群策群力设计 1 ~ 2 个课外活动,如改错别字比赛、成语接龙、猜字谜、对对子、成语故事会、诗词擂台赛、公益广告设计赛、辩论会、名著赏析、名胜古迹介绍等。另外在一个学习任务结束后,请每个小组共同设计一份检测练习,必须突出重难点,最终打分计入小组成绩。

(3) 共同写作。学习共同体内成员共同起草倡议书、慰问信,合作编写相声、小品,一起创作校园剧,共同完成调查报告等,这样可培养小组成员的创造力和团队合作精神。

为了增强学生的责任意识的教育,笔者要求全班同学以学习共同体为单位,以给校长一封信的形式共同草拟文稿,要求阐明本团队的观点,并对全校同学提出倡议。

第一合作小组的题目是《让奉献之树常青》,他们在信中写道:

"奉献不是为了索取,奉献应是自觉自愿的。让我们新世纪的一代青年都投入到热爱奉献的革命洪流中,从现在做起,从自身做起,让奉献这棵常青树永远葱茏、繁茂。"

第二合作小组的题目是《勇担责任》,他们在信中写道:

"甚至从没想过身体发肤受之父母,母亲怀胎十月把我们生到这个世界上,父母含辛茹苦地把我们拉扯大,我们本就承担着孝敬父母的责任。"

"我们生而为人,承担的还不仅仅只有孝敬父母这个责任,只要我们生活在这个社会,就总有需要去承担更多的责任。"

"责任是一种意识,让我们从今天开始,对自己负责,对他人负责,对社会负责,真正成为一个负责任的人,不辜负您对我们的良苦用心。"

(4) 作文互批。学生完成作文后,首先进行自评,然后请学习小组内的同学利用课余时间进行小组评议,要求找出文中的错别字,并对文章作出恰当的评价。接着,老师对本次写作情况及互批情况做整体分析。教师评讲作文后,请其他小组的同学根据教师分析要求重新进行组间评价,然后要求写作者本人根据大家的评价及要求对自己的作文再次进行修改,最后交由教师评批。互批的过程实际上就是写作反思的过程、再创造的过程,这样做可提高整体写作水平。

如第一次进行作文自评、互评活动时,首先要给同学们明确自评、互评的目的和意义,然后对具体操作的流程进行认真详细的指导,要求按照修改稿的规范符号在作文中用红笔标出相关内容。表5-3是笔者在实验班专门设计的作文自评、互评记录表：

表 5-3　学生作文自评、互评记录表

作文题目			作者		总评得分	
			班级			
自评					自评分	
互评	互评人				批改时间	
	总评项	中心(是否鲜明、集中)			30分	
		选材(① 是否围绕中心。② 是否符合生活实际。③ 是否具有典型性。)			20分	
		结构(① 层次段落是否清晰。② 过渡是否自然。③ 开头和结尾是否照应。)			20分	
		表达方式(是否符合文章体裁的要求)			10分	
		语言			20分	
	扣分项	有无标题(标题是否新颖)			无标题扣3分	
		格式是否正确			每错1处扣1分	
		卷面是否整洁			5分	
		错别字有几个			每个扣1分	
		病句有几处			每句扣2分	
		标点符号有几处明显错误			每处扣1分	
	评语(优点、不足)				互评分	
师评					师评分	

（5）作业互查。学习共同体内成员互相检查的内容有：家庭作业的完成情况、课堂作业中错题的订正结果、词语的听写、重点片段默写情况。如每单元的古诗词背诵和默写，组内每位同学既是检查者，也是被检查者，学生学习的效率得到成倍的提高。每周老师对各个小组的作业完成及作业互查情况进行总结评估，评出优秀学习共同体。

（6）项目负责。为了培养共同体的合作能力，笔者还把与班级有关的各种任务作为项目交由相关学习共同体负责，如每期黑板报都交给一个学习共同体去完成，请小组主持人负责，根据主题任务进行分工，按规定完成黑板报，然后请评委根据完成情况和质量给该小组评分。

（7）合作学习。在课堂和课外,要求每个共同体就学习任务展开研究、讨论和交流。学习共同体内成员先独立思考,然后在小组内汇报学习所得,再经讨论达成共识后,推荐代表向全班汇报。教师在听取汇报的同时,对存在的问题及时加以解决。

（8）小组竞赛。在学习共同体间开展各种竞赛,促使小组成员的进一步合作。如比一比哪组同学在语文竞赛中获奖最多,赛一赛哪组同学自学汇报的正确率高,争一争哪组同学整体进步幅度大等。期末进行总评,为下学期各组成员的适当调整提供依据。

（三）教学效果评价

1. 取得了语文学习成绩的明显提高

（1）语文成绩

实验班和对照班 2010—2011 学年度几次重要考试的语文成绩对比结果显示,实验班和对照班成绩差值明显。分析结果如表 5-4 所示。

表 5-4　实验班与对照班语文成绩前后测均分表

班级	前测		后测	
	第一学期期中均分	第一学期期末均分	第二学期市三模均分	高考均分
实验班	94.1	105.5	98.1	87.9
对照班	92.0	102.5	95.0	84.3
差值	2.1	3.0	3.1	3.6

通过表 5-4 对实验班和对照班成绩历次考试差值的比较,我们不难发现:随着时间的后移,它们之间的差值逐渐增大,这说明实验班尽管进行学习共同体实验的时间不长,但效果明显优于对照班。

（2）实验班学生接纳度

学生的接纳度在实验后有了显著的提高,见表 5-5。

表 5-5　实验班学生接纳度变化

	平均数	标准差	标准误	T 值	显著性
前测	18.02	8.213	1.252	-2.819	$P=0.007<0.01$
后测	22.05	10.254	1.564		

（3）实验班语文学习情感态度

学生的语文学习情感态度实验后有了显著的变化，见表5-6。

表5-6 实验班学生语文学习情感态度的变化

	平均分	标准差	标准误	*T*值	显著性
前测	22.18	3.731	0.562	−4.589	$P<0.01$
后测	24.23	2.924	0.441		

通过上述结果分析可以看出，学习共同体运行可以明显地改善学生之间的同伴关系，使学生产生更加积极的情感态度，明显地提高了学生的学习成绩。

2．深化了学生的理解与认识

小组合作学习中，小组成员仁者见仁，智者见智，各抒己见，相互交流，集思广益，拓宽思路，从而深化了认识，顺利解决了问题，而问题的解决离不开每位成员的出谋划策，成功的体验进一步激发了学生学习的热情。

每年9月份是学校的校园文化建设月活动，其中包括行为文化、教室文化、宿舍文化3个部分。为了更好地调动大家的积极性，我要求以小组（学习共同体）为单位实施项目负责制，如教室文化角交由第一小组，黑板报布置交由第二小组，教室标语、班训征集交由第三小组等，真正做到"人人有事做，事事有人做"。通过一个月的努力，当大家看到本班在评比中获得"校园文化建设先进班级"时，每个成员都露出了满意的笑容，同时也进一步激发了学生学习的热情。

3．培养了学生自主学习的习惯

语文课堂教学中开展小组合作学习，学生想在小组内发表自己独特的见解、主张，想得到小组成员的认可和赞同，就会在学习过程中聚精会神，认真读书，深入思考，形成独立钻研、自主学习的习惯。同时，在学习过程中，同学之间交换意见，互相切磋，有助于养成自觉向人请教、主动寻求解决问题途径的习惯。

教师在学习共同体活动中适时教给学生合作技能，帮助学生制定共同体学习的规范，如学会自主学习、树立正确的沟通观念、相互尊重、共同协商、取长补短、共同进步等。通过一段时间的观察，我们发现班级学生独立钻研、自主学习的人变多了，课间同学们常相互交流、相互切磋，学习氛围浓郁了。

（四）反思与讨论

1．学生依然缺乏娴熟的合作技能

通过语文学习共同体的实践尝试，虽然同学们在共同学习过程中合作形式丰富了许多，呈现出多样性，但语文学习共同体成员在活动时依然缺乏娴熟的合作技能。一些小组成员对如何开展合作学习仍然感到困惑,不知所措,成员缺乏必要的合作、交流技能。尽管明确了组内分工,但在实际讨论过程中对于结论、问题要么缺少记录、比较、分析,要么胡乱写一下应付差事,造成讨论发表意见后草草了事,讨论很难深入。合作学习时,学习强者你一句我一句抢着说,合作学习成了少数尖子生进行表演的舞台,而一些学生采取旁观的态度,缺乏积极参与的热情,思维能力、表达能力以及质疑能力都不能得到应有的锻炼,合作能力自然得不到提高。因此,教师要结合具体事例和小组活动中出现的现象,培养学生合作沟通技能:

(1)学会倾听。如倾听时应该看着讲话人,可用点头、皱眉、简要记录要点等行动来表示正在倾听,也可用"嗯""对"等词语来应答讲话者等。

(2)学会表达。表达自己的观点,就是要敢"说"敢"写",要通过语言准确表达自己的想法,让别人能够理解。教师应更多地为学生提供"说"和"写"的机会,坚持实施课前5分钟演讲、每周随笔等。

(3)学会宽容,敢于质疑。学会宽容,善于肯定别人的优点,只有容忍差异、保持共识,才会拥有平等的对话平台。敢于质疑是一种良好的学习品质,也是合作中不可缺少的要素。质疑有利于探究发现,培养创造性思维能力。

合作沟通的基本技能还有怎样表达感激、怎样提建议、如何说服他人、对别人的建议如何应答、如何礼貌地表示不赞同等,这些都需要教师在实践中加以示范、引导。

2. 合作时间不够充分,讨论不够深入

在农村高中语文学习共同体的实践中,由于合作时间不够充分,受每堂课45分钟及教学进度的限制,许多小组合作活动还是局限于分角色朗诵、情境表演、小组讨论等形式,合作学习活动注重形式的居多,关注内容的偏少,注重结果的居多,关注过程的偏少。

因此,应留足时间,从课内延伸到课外,让学生在自主学习、深入思考的基础上合作讨论。同时,设计富有挑战性、针对性的学习任务与问题,激发学生的学习兴趣,迅速地把他们引入特定的学习情景之中。教师给学生安排任务时必须照顾内向或成绩相对落后的学生,多设计一些"跳一跳能够碰得到"的学习任务,做到合理分配,确保人人都有任务,人人都为完成任务而不断努力。教师可以把任务设计成若干种形式,或是同一任务确立不同的要求或难度,由学生自己决定参与哪些活动,应达到什么要求,这样可以确保每名学生都能顺利参与完成一个任务,让学生从任务完成中感受到强烈的成就感和自信心,享受到挑战过后的愉悦与幸福。

(执笔:扬州公道中学李兆兵)

二、历史学习共同体构建的行动研究

（一）研究方案

江苏省如东县马塘中学高一（2）班共 57 名学生，历史学习成绩差异较大：部分学生对历史有兴趣，但对记忆和材料分析不感兴趣；有些学生对历史没兴趣，但认真踏实，对历史课布置的任务能及时完成；还有部分学生基础差、不愿吃苦，缺乏持之以恒的毅力。因为人数多，上课提问人数有限，学生积极参与度不太高。

1. 研究目标

以组为单位，坚持"组内异质，组间同质"原则，构建动态的"求同存异"历史学习共同体，促进合作学习；通过学习共同体的运行，让学生在合作共进中掌握知识、深化理解，提高学生的学习兴趣和积极性，培养合作意识与创新精神；在实践基础上总结出一套行之有效的历史学习共同体构建和活动的实施策略。

2. 研究内容

（1）历史学习共同体的组建。在了解学生需求的基础上，针对试验班级学生学业成绩、学习习惯、学习方式等方面存在的差异，进行合理搭配，组成组内异质历史学习小组，合理安排座位。小组内 4 个成员，各有优势，互补促进（按成绩分成 A、B、C、D 4 级）。A、B 可以帮助 C、D，对于跳到上一级（D→C，C→B）的同学给予一定的奖励。小组运行一段时间以后，根据实际情况进行适时调整，使小组组员配合密切，组间保持均衡。

（2）历史学习共同体的运行。采取小组组内合作、组间竞争，班集体大组合作的方式，将课堂变为一个师生共同学习的共同体，实现小组合作，组间竞争，互帮互学，共同提高。

（3）历史学习共同体的评价。建立以过程为主、关注发展的评价体系，包括对学生新的知识和技能获得的评价，以及学生思维能力发展与情感、态度和价值观形成的评价。强调集体合作的力量，把小组总体成绩作为奖励或认可的依据。采用"基础分"和"提高分"的评价策略，基础分是学生以往成绩的平均分，提高分的计算方法是：提高分 =（检验分数 − 基础分）÷ 基础分 ×100。将加分所用表册贴在教室前面，上课合作小组完成任务情况由组长负责加分，由其他小组同学负责监督。每周统计一次，下周课上公布分数。对一周总分排名前三的小组成员在期末总评中加分或给予奖励。每个学生、每个小组都可以找竞争对手，超过对手的给予奖励。

3. 资料搜集方法

（1）课堂观察。借助日常观察与课堂观察,了解学生对学习内容的理解与合作情况,判断学生学习的效果。

（2）撰写日志。在行动研究每一阶段,及时记录行动研究的进展、成绩与问题,反思研究方案、小组学习、共同体运行中出现的问题,提出改进意见。

（3）学生作业。收集学生完成的书面作业,围绕主题整理出的提纲和资料,通过学生的作业,评估学习共同体学习进程。

（4）个别访谈。选定班中的典型学生,对他们进行个别访谈,及时了解学生对于构建课堂历史学习共同体的看法和建议,了解学生在共同体学习中的收获。

4. 效果检测与评价

教师评价和学生自我评价相结合,通过对班级学情的前后比对,评价学生成绩的变化,评价共同体建设的效果。

（二）方案实施

1. 历史学习共同体的初步构建

（1）确立分组标准

组内异质,组间同质。组内异质指小组成员按知识基础、学业成绩、个性特点、性别等因素进行合理搭配,组成异质学习团体。将全班学生按历史成绩分成4组,最好的 15 名、较好的 15 名、较差的 15 名、最差的 12 名;按个性分成两组:一组个性外向,一组个性内向,4 人一组,然后进行组合,形成学习小组,再依据其他条件进行微调,保证各组成绩均分相当。要求小组内成员团结友爱、坦诚相待、民主平等,通过组内学生的合作探究和互助活动,共同完成学习任务。组间同质指小组间情况相当,差异很小,便于公平竞争。

（2）安排学生座位

座位安排直接影响学生合作的程度、效果。按照学习成绩、情感态度安排学生座位,再按照同等类别同学的个子高矮进行微调。因为全班 57 人,把前后左右 4 人分成一个小组（有 3 名学生是一个人坐的,与前后的同学组成 5 人小组）,全班分成 4 个大排（组）,课桌上书本高度不超过 10 厘米,方便讨论合作。座位图如图 5-1 所示。

			于薛斌	杨文勇		陈顾翔			
吴　超	许春晖	黄丹丹	刘小茜	王蓉蓉	陈周逸	张应陈	陈　戎
张　俞	朱钰梅	钱俊伟	单炜炜	夏雯雯	朱锋燕	戴福鑫	顾　皓
康海鹏	钱　程	韩佳伟	曹家辉	高　艳	施佳男	陈　戎	许进进
张桢瑶	吴　艳	葛玉婷	周玉婷	李品钰	秦文杰	阚逸文	陶洪宇
陆俊杰	谢佳宇	张胜楠	曹逸清	曹娇娇	邢文婧	陈　乐	季秋红
陈靖宇	吴瑕玉	缪　金	吴迪健	许　薛	丛辛伊	葛陈艳	肖　颖
徐　炜			杨　刘	曹亚宇	郁平慧	缪子豪	季苏南

图 5-1　历史课程学习座位图

（3）合理分配角色

根据"人人有事做，事事有人做"原则，组长、展示员、记录员、核心发言员（汇报员）轮流做，每个人对小组都负有责任，定期交换角色。小组长是一个小组的灵魂人物，是核心，也是小组协调员，应挑选有全局意识、组织能力强、意志品质比较好、敢负责任、能与其他组协调的学生担任。记录员、展示员、点评员可以根据性格和特长来分。经过一段时间的磨合后，最好轮流担任，让每个成员都有机会从事各项工作。无论效果如何，只要其认真负责，都给予表扬、鼓励。

某组成员有 A、B、C、D。A 历史成绩最好，个性外向，乐于助人，是班级文娱委员，喜欢表现自己，最爱到前面展示。B、D 属于成绩中游的学生，B 性格活泼，D 安静、喜欢思考。C 成绩较差，却是最认真的一个，笔记记得特别好，个性安静，不喜欢问别人，学习方法有问题，但希望通过自己死读来解决问题。他们 4 个人商量后分工如下：A 担任组长、展示员；B 是联络员，负责在大家不能解决问题时去和其他小组讨论，寻找外援；D 是读题员，并分析题目，启发大家；C 负责记录并整理。这一组与其他组比起来特别协调，更难能可贵的是组长 A 不仅自己引导大家讨论任务，还把自己的思路、方法拿出来和大家分享，并主动调节组员的任务，B 特别好问，只要组里有不能解决的问题马上去请求组外协同作战或问老师。一学期过去后，这个组成为组均分最高的一个组，而且 C 和 D 开朗了许多，成绩也明显上升。

2. 历史学习共同体的运行

（1）布置学习任务，建立共同愿景

首先布置学习任务，明确学习目标。力求共同目标和个人目标相符合。同时，历史学习共同体要实现真正的互动合作，分工必须明确，否则，小组人员各自为战，就会一盘散沙。在小组内每个人都担任一种特定的角色，如组长、读题员、记录员、展示员、点评员等，分工明确，各负其责，让学生担任角色并相互依赖，让每个人都有事做。如在"马塘家乡史"研究性学习中，根据不同学生的个性和能力，将其分成了采访员、协调员、记录员、整理员、展示员等。各小组成员积极参与、团结合作，发扬团队精神，激发了活力，使合作学习落到了实处。合作精神、合作能力和社会交往能力在实践中获得提升。

（2）组内互动合作、互帮互助

① 创设合作情境。教师要创设学生乐于思考、积极投入的学习情境，刺激学生的兴趣，积极参与课堂交流。情境创设不仅是外部环境的创设，还包括根据课程内容，创设吸引学生注意力和提高学生兴趣的教学环境，在课堂教学过程中随时生成合作情境。如在讲授"物质生活与习俗的变迁"一课时，用设计课本剧的方法来体会近代生活的变迁。

第一幕剧情设计如下：1928 年 9 月，吴老太爷从乡下来到上海，参加孙子吴文杰的婚礼，南京路上到处是光怪陆离的灯光和高耸的摩天大厦，街上少女少妇们的打扮、举止让吴老太爷全身发抖。到了酒店，看到眼前的一切，吴老太爷不禁大叫一声，昏死过去。设计要求：设计婚礼场景及参加者的服饰。学生从衣食住行方面分析婚礼的情况和从变迁中分析吴老太爷昏死过去的原因。讨论完以后，学生自己设计新中国成立后、改革开放后吴家的变化，让大家进入生成的情境。

② 小组讨论交流。共同体内成员由组长分配任务，先由读题员开始读题，各成员共同分析题目中的信息并审题，然后在思考基础上言简意赅地发表个人看法，互相交流意见。在实践中笔者发现，由于学生之间交往能力、合作意识不同，小组合作常常出现下述问题：有的同学搞小集团、小心眼，故意孤立其他同学；有的同学特别有表现欲，希望成为小权威，随意打断别人的发言，处处表现特立独行；有的同学能同甘不能共苦，遇到竞赛失败就相互指责。因此，教师要注意对生生互动讨论提出要求，教给学生合作技能，帮助学生制定共同体学习规范。如：倾听时，眼睛专注地看着对方，不随意插话，不打断别人的发言；以诚待人，紧扣学习目标准确表述，不重复别人的观点；不随便打断别人，但在对方离题时把他拉过来；集中注意力，让他人感受到被尊重；鼓励与帮助不善于动脑、表达能力不佳的成员，善于等待；等等。

（3）提炼概括、展示交流

总结概括，形成结论，准备在全班展示、交流，由展示员在班里展示。

基本要求：课堂或课前小组合作时全体成员要积极投入，善于倾听别人的观点，不能浪费时间，不能把话题扯得过远；讨论后，要求记录员认真书写书面展示,清晰、规范,答题段落化、要点化;口头展示时展示员(发言人)声音洪亮,表达清晰、到位;讲述课本时会提问,板书知识结构,善于把握关键词。如必修二"世界经济的全球化趋势"一课中,各小组回答内容的互补性就非常明显:有的组认为经济全球化使我们穿上了耐克鞋,吃到了肯德基、雀巢咖啡,跨国企业安置了劳动力,给我们提供了学习先进技术的机会,促进了中国的经济发展,进一步完善了社会主义市场经济体制;有的同学认为经济全球化使我们成了资本主义国家剩余资本的市场,是不流血的鸦片战争,把污染企业转移到我们国家,导致我国有些民族企业破产;有的组认为利大于弊,有的组认为弊大于利。经过讨论和辩论,大家深切领会了全球化不可避免,关键是我们要强大起来以应对挑战。

(4) 评价与奖励

历史学习共同体评价要客观、公正,既不要夸张地一味表扬,也不能一味地否定,要真心赞美和提出意见,既能给别人信心,又能让其认识到不足。可采取组间轮流相互检测或小组竞赛、集体奖励等形式。

讲到必修二"罗斯福新政"一课时,笔者设计了下列竞赛题,各组抢答得分。

(1) 新政为何先从金融业开始? 起到了怎样的积极效果?

(2) 为什么要求各工业企业确定各工业企业的生产规模等? 为什么要规定工人的最低工资和最高工时?

(3) 为什么如此多的人失业生活无着,政府却引导农民大规模毁灭农产品? 你能从中得出什么结论?

(4) "以工代赈"大规模兴建工程会产生什么积极影响?

(5) 资本家不反对罗斯福新政吗? 罗斯福新政是否与社会主义制度相似?

(6) 罗斯福新政对解决当时美国的经济危机实际上发挥了什么积极作用? 罗斯福没有推行新政的话,美国会不会走上法西斯道路?

抢答结束后裁判组出示结果,选出最佳合作小组。

评价和奖励的依据:一是学业水平、成绩;二是合作交流的发言、表演(其中包含答题声音是否响亮、答题技巧是否规范)水平;三是组内成员成长情况,如性格内向的也乐于回答问题了、不愿动脑筋的爱动脑筋了等;四是合作意识与合作能力,如组内同学和睦情况、是否每人都有机会发表自己的观点、是否善于倾听他人观点。其中,学业水平、成绩只是一方面,合作能力的提高是评价合作学习的重要标准。

3. 历史学习共同体的调整

在构建共同体过程中有过阵痛,有时阶段测试成绩不升反降。笔者不断学习、不断反思、不断调整,终于取得了和谐的学习状态和较好的成绩。

(1)座位的调整

第一次调整。笔者按照"组间同质,组内异质"的方式构成,把各个标准定得很细。笔者按照对学生个性的了解和猜测安排了座位及小组成员,结果有两个组内部成员之间发生了严重矛盾,其他组也发生了一些笔者没有预料到的矛盾。所以趁"五一"放假,笔者让学生们反思合作学习中存在哪些问题,然后按照自己的意愿本着优差互补的原则自主安排小组成员(前后左右位置)。学生自主安排的座位如图5-2所示。

陈顾翔	张鹏程	杨文勇			
许春晖	朱锋燕	刘小茜	夏雯雯	张应陈	陈 戎	张 俞	吴 超
于薛斌	单炜炜	钱俊伟	戴福鑫	黄丹丹	吴 艳	王蓉蓉	陈周逸
张桢瑶	邢文婧	徐 炜	朱钰梅	李品钰	顾 皓	施佳男	
钱 程	谢佳宇	韩佳伟	曹家辉	高 艳	陈靖宇	陆俊杰	许进进
葛玉婷	吴瑕玉	肖 颖	葛陈艳	康海鹏	秦文杰	阚逸文	陶洪宇
季秋红	陈 乐	张胜楠	曹逸清	许 薛	曹娇娇	丛辛伊	周玉婷
杨 刘		缪 金	季苏南	曹亚宇	郁平慧	缪子豪	吴迪健

图5-2 历史课程学习座位调整图

第二次调整。重新民主构成共同体学习小组后,班级看起来比过去更和谐了,但在阶段测试中仍遭遇了"滑铁卢",而且合作小组内出现两对早恋的同学。笔者召开了班委会,分析原因,想对策。大家分析早恋主要是由于年龄小,想问题不全面、不深刻,希望老师对小组成员进行调整,全班同学还用集体签名的道歉信安慰老师,向老师保证在小组学习状态上进行调整。由此,笔者进行了第二次学习小组的调整(图略)。

(2)学习共同体评价机制的改变

以往每堂课结束时笔者会口头总结评比并表扬,但发现学生学习不太严肃、投入不够。于是笔者一改陈法,在课上宣布了一条新举措:上课积极主动回答老师问题的加5分,小组其他成员加3分,如果答错了加4分,学期末总评成绩期中期末成绩占60%,平时成绩占40%,严格按照小组学习的平时加分来计算。实施结果表明,同学们一下子变得很积极,内在积极性发挥出来了。

（3）评价者组成的变化

评价经历了值日班干—科代表—固定 5 人—诚信打分的变化。由于要判断同学是否积极主动举手回答，坐在后面的同学才有发言权，所以经过大家商定，确定后两排 15 人中责任心强、做事公正的 5 人为裁判组成员，这样，保证了公平公正地打分。一段时间以后，这 5 人有疲惫和错误情况出现，于是老师和学生一起想办法，调整为小组组长在下课后到前面墙上成绩单上打分，如果有不诚信的行为就会被倒扣分数。这样，小组的积极性更高了，主人翁意识更强了，班上学习、竞争气氛也更浓了。

（4）教师指导策略的调整

首先，教师从控制者转变为主导者，从不放心地提示转变为留足时间让学生思考、学生讲做、学生再纠正。其次，对合作完成问题的设计进行调整。从问题多没有精挑细选转变为挑选有价值的、关键的、重要的、有难度的问题，从老师自己设计问题转变为学生设计问题或提出疑问。再次，对需要讲的内容进行调整。最后，从讲得多转变为不讲，再转变为讲在关键处、易错处。

（三）效果与反思

1. 实施效果

（1）增强了团队意识与学习热情，历史课堂变得生动起来

构建历史学习共同体，开展合作学习，充分发挥了学生的主体作用，组内成员相互合作，小组之间合作、竞争，挖掘了个体学习潜能，大部分学生对历史学习更积极主动了，激发了学习热情。在合作中，学生的沟通力和包容心都得以增强，团队意识、合作能力不断提高。兵教兵使学生在共享中提高，班级历史成绩没有掉队的，学生学业成绩上升快。每个学生在愉快的合作学习中自主探究，知识和能力得以培养，素质得以提高。在教学中各种观点不断碰撞，生成智慧的火花，经常有一石激起千层浪的感觉，整个课堂因为一些见解变得生动了。如在必修二"罗斯福新政"一课上让学生扮演罗斯福智囊团的成员，把小组成员分成 4 个委员会分别就某一问题进行讨论，提出解决经济危机的办法。假如你是智囊团金融委员会成员，你将采取什么措施恢复银行的信誉，促进金融业的正常运行？为什么首先从整顿金融秩序开始？假如你是智囊团工业委员会成员，你将如何解决产品过剩，恢复工业生产？假如你是智囊团农业委员会成员，你将如何提高农产品价格，增加农民收入？假如你是智囊团社会福利和就业委员会成员，为了缓解社会矛盾，你将如何进行救济和解决就业问题？学生小组合作有分工可操作，不仅使学生在活动中了解了罗斯福新政的措施，而且创设了合作学习的良好氛围，使学生真正成为课堂学习的主体，历史课变得生动起来。

（2）深化了理解，提高了学习效率

在学习共同体中，因为共同学习者分析问题的视野、角度、价值观以及原有的知识基础不同，合作学习中会产生共鸣或争论，而在不断的思想碰撞中，彼此的视野更为开阔，对问题的理解更加到位。经过共同体合作学习的实践，笔者发现平时不敢发言的学生也敢于大胆发言了，总会想办法比别人做得好，学生对课本的理解、对历史问题的认识有时让人惊讶，汇报时那份初生牛犊不怕虎的表情、学着老师讲解时的那份耐心让笔者感叹，这样的学习方式确实如同解放了生产力，使他们的能力不断提高。例如，有个学生性格较为内向，数理化学得很好，但文科就是学不好。自从合作小组成立后，小组长每个知识点都和他一起学、记，他才知道原来历史学习和记忆的策略是这样的。他逐渐地掌握了学习方法，并且为了小组荣誉，他也努力学习、思考、讨论，结果期中考试历史取得了 90 分的好成绩，这是非常大的一个进步，是老师需要非常努力才能达到的一个结果，所以共同体合作学习对学生获得学习策略具有极大的作用。

（3）提高了学业成绩

实验班学业成绩相比对照班有明显提高。在期中考试时成绩相差不大，在期末考试成绩中，91% 取得 A，100% 取得 B，平均分 86.44（期末测试为全县统一测试、统一划比例。全县共 18 所学校，A 比率为 32.57%，B 比率为 87.40%，均分为 74.20），远远高于县平均成绩和生源好的县中、栟茶中学（县中即 01 校 A 率 49.41%，B 率 95.25%，均分 78.60；栟茶中学即 02 校 A 率 44.48%，B 率 96.77%，均分 77.72），在本校本年级中也取得全校第一，遥遥领先，为学校高一年级历史成绩名列全县第一作出了贡献。

表 5-7 是笔者所在县高一年级 2011 年 7 月期末考试（学业水平测试）统计表，其中 03 校为实验学校，03 校 102 班为实验班级。

表 5-7　03 校学业水平测试学科均分统计表（部分）

单位	人数	物理	化学	生物	政治	历史	地理
全县	55.15	50.59	61.48	69.19	77.72	74.20	79.09
03 校 101	59	50.85	68.97	78.00	86.03	85.24	82.49
03 校 102	57	61.04	68.98	81.51	82.44	86.44	83.02
03 校 103	50	43.48	60.88	66.28	72.76	82.46	78.68
03 校 104	48	48.83	68.10	70.54	73.35	80.02	79.10
03 校 105	49	41.63	58.57	67.71	67.78	78.12	77.02
03 校 106	54	47.52	66.33	69.15	70.96	78.96	79.04

单位	人数	物理	化学	生物	政治	历史	地理
03 校 107	49	43.18	58.29	70.53	69.88	78.43	77.59
03 校 108	50	43.68	57.92	72.44	74.20	78.48	76.56
03 校 109	50	51.18	58.56	73.52	74.96	79.80	79.58
03 校 110	47	50.68	64.30	75.85	72.98	78.28	78.04

（4）教师感受到教学的快乐与幸福

开展历史学习共同体活动的过程中，教师将理论知识运用到教学实践中，进行实践探索与问题解决，可以丰富自己的理论素养和实践经验，增加人格魅力，强化教学改革的信心。在教学改革取得初步成绩时，笔者获得了如东县十佳青年教师的称号，并在全县作巡回演讲。笔者认为：开放的课堂是知识的超市，创新的课堂是生命的狂欢，教师在课堂上聆听孩子们成长拔节的声音，启迪他们的智慧，感受他们青春的律动，成就了学生，也发展了自己，这就是教学的快乐。

2. 问题思考

（1）自主与合作如何协调？

构建历史学习共同体开展合作学习，一定要处理好自主学习与合作学习的关系，兵教兵固然好，但如果没有个人独立学习为基础，合作学习也仅仅是空架子。目前的中学历史课堂在处理两者关系中出现了两种极端：一种是貌合神离，应付老师讨论一下；另一种是合作无时不在，学生忽视自主学习，对小组合作过于依赖，总希望分享别人的成果，结果往往是个体成绩欠佳。

课堂上不管是自主学习还是合作学习、探究学习，一定要协调和谐，让学生变"被动学习"为"自主学习"，变"要我学"为"我要学"。正如有学者所指出的，自主学习就是建立在学生自我意识发展基础上的"能学"，建立在学生具有内在学习动机基础上的"想学"，建立在学生掌握了一定的学习策略基础上的"会学"，建立在学生意志努力基础上的"坚持学"。[①] 只有在自主学习基础上，合作学习才有成效。合作学习能起到 $1+1>2$ 的效果，故步自封会导致作茧自缚，合作才能双赢。培养合作学习能力很重要，但在共同体构建实践中，学生之间常缺乏合作意识和社交技能，特别是不善于倾听。这可能与一个家庭只有一个孩子致使学生自我意识过强有关，因此，要特别注意培养学生的合作意识。

（2）合作中学习能力强的学生与弱的学生能否共同成长？

共同体合作学习中，组内是异质构成，有强有弱，不可避免地会出现这样的

---

① 庞国维：《现代心理学的自主学习观》，《山东教育科研》，2000 年第 7－8 期。

情况:好学生掌握话语权,所谓"优生长唱",学习能力差的学生懒得动脑筋,特别是当合作完成任务时间较短时,能力强的学生往往起支配作用,沉默寡言的学生往往陷于自卑中。在实践中笔者发现,制约共同体学习效益的是由于组内互补,学困生成了"学懒生",直接获取学优生的解题思路和现成答案,所以教师要多关注学习有困难的学生。学困生或许在认知方面的能力不如学优生,但这些学生往往有出人意料的表现,他们脑子中条条框框少,常有创意。所以在合作学习中教师应从调动他们的积极性开始,一步一步指引他们走上学习的正轨。那么,学习能力强的学生帮助学习能力较差的学生是否会影响自身发展呢?事实上,在教其他学生时,学优生也加深了对问题的理解。但学优生在合作中帮助别人减少了自己对难题的思考时间,这也是很多学校和学科老师头疼的事情。笔者让学生在下午大课间开展问、帮活动,改变了过去学困生随意性的提问干扰学优生思考的问题。如何促进大班额学生之间的分享和合作,还有待进一步研究。

(3)怎样处理好历史学习共同体与其他学科学习共同体的关系?

在构建历史学习共同体的过程中,笔者发现在座位安排、共同体建设方面各学科之间有矛盾,既有交叉也有不同,如何协调好各学科学习共同体的关系是老师们很头疼的问题。不同的学科在知识结构、思维方式、学科思想方面存在差异,老师在授课方式、教学内容的处理、教学情境的创造、设问方式等方面均有不同,学生在各学科的学习基础、认知水平、思考速度上也有差异,因此各学科共同体的学习小组成员构成不完全一样,如何实现效益最大化是个问题。作为一个历史老师兼班主任,笔者为了实验和全班同学的共同利益,组成基本学习小组后,建议其他各科老师上课时微调位置,让学生如同球场上的自由人可以流动,这样就能最大限度实现共赢。但这需要班主任做好基本工作,保证基础位置相对稳定,各科老师在班主任安排位置时集体讨论,用集体智慧来解决不同学科学习共同体的矛盾问题。

(执笔:如东县马塘中学葛家梅)

三、英语学习共同体构建的行动研究

(一) 研究方案

1. 研究背景

阅读是英语教学的重要组成部分,《英语课程标准》规定初中毕业生应"能读懂供7—9年级学生阅读的简单读物和报刊、杂志,克服生词障碍,理解大意;能根据阅读目的,运用适当的阅读策略;除教材外,课外阅读量应累计达到15万词以上"。但是,目前初中生的英语课外阅读情况如何呢?笔者对江苏省淮安市淮海中学初二年级学生英语课外阅读的现状进行调查,发放问卷950份,回收有效问卷916份。调查显示:(1)课外阅读缺乏兴趣。58.51%的同学对学习英语不感兴趣,有62.3%的同学不喜欢英语课外阅读。(2)教师重视课外阅读不够。90.2%的同学需要英语老师重视英语课外阅读,而80.1%的同学反映英语老师从不要求他们进行英语课外阅读。(3)课外阅读资料单一。只有21%的同学平时喜欢读英语报刊,仅有5.3%的同学平时喜欢读英语杂志。可见,提高学生的英语阅读能力迫在眉睫。

本研究的对象是淮海中学初二年级的两个班的学生。两个班的学生人数分别为62人与64人。初二(10)班的平均分为65.8,初二(14)班平均分为65.1,平均成绩没有明显差异。试验以初二(10)班为对照班,初二(14)班为实验班,两个班均由笔者任教。

2. 研究目标

组织阅读共同体提高中学生的阅读兴趣,改变学生对待英语阅读的态度,培养学生的合作意识和合作技能,提高学生的英语阅读能力。

3. 研究内容

(1)构建课堂与课外阅读学习小组。其运行模式为:自主阅读—小组交流—组间互动—总结评价。即先在自主阅读的基础上进行小组交流,然后每组推选代表以口头形式向全班汇报,其他小组成员提问,汇报者回答(小组内成员补充)。汇报结束时,教师进行总结,课代表做好记录,以备评比使用。

(2)课内阅读共同体指导。组建课内阅读共同体,协调课内阅读与正常教学在时间与内容等方面的矛盾。探讨课内阅读共同体的内部组织和运作程序。

(3)课外阅读共同体指导。包括课外阅读材料的选定与阅读准备,对课外阅读共同体活动给予时间和组织保障,发挥教师对学生阅读的指导作用。

(4)阅读共同体效果研究。评估课外阅读共同体活动的效率与质量,包括能否提高中学生的阅读兴趣、改变阅读态度、解决阅读中的困难,能否培养学生的合作意识和合作技能、提高英语阅读成绩。

4. 资料搜集方法

利用课内与课外时间进行限时与不限时阅读,做好记录。利用相关表格收集资料。教师撰写研究日志;在共同体开展活动时进行摄影。要求学生对阅读活动进行记录:每次阅读的书名、阅读的时间、阅读的页数、阅读的感受、遇到的困难、讨论的内容、讨论的结果等。

5. 评价

合作阅读离不开评价这一环节,评价能激发小组成员的积极性,提高小组合作效率，进而促进写作质量的提高。评价包括合作过程中组员己评、组员之间互评、组与组之间互评以及教师对合作阅读质量的评价。评价以强化自我认识、建立自信、帮助学生体验进步与成功的喜悦为宗旨。具体评价见表 5-8、表 5-9 和表 5-10。

表 5-8　组内成员自评表

姓名_____时间_____合作活动_____

评价项目	参与度			分项得分
	总是	有时	很少	
1. 我很愿意与其他组员合作。				
2. 我能够自觉、按时地参与小组活动。				
3. 在合作中我明确自己的责任和承担的角色。				
4. 在合作中我积极主动地发言。				
5. 在小组讨论时，我注意倾听其他组员的意见。				
6. 在讨论过程中我能够给其他成员提供发表意见的机会。				
7. 在小组合作中我尊重其他组员所发表的不同意见。				
8. 在合作阅读学习中我乐意向其他成员提供帮助。				
9. 我所在的小组通过良好的合作按时完成了任务。				
总分				

说明："总是"计 3 分；"有时"计 2 分；"很少"计 1 分。

表 5-9　组内成员互评表

姓名_____时间_____合作活动_____

组内成员姓名	行为表现					总分
	参与意识	参与度	明确个人责任	倾听并尊重他人	向他人提供帮助	

说明："很好"计 5 分；"好"计 4 分；"一般"计 3 分；"较差"计 2 分；"很差"计 1 分。

表 5-10 组间互评表

姓名_____时间_____合作活动_____

第_____小组表现评价项目表		分项得分					
		5	4	3	2	1	0
报告人	对所读文章能给出合理的理解和评论						
	陈述内容是小组讨论后的意见,不是个人想法						
	陈述内容详细且通俗易懂、易于接受						
	能正确回答其他小组提出的问题						
小组成员	在小组合作时每个人都很积极主动						
	在报告人回答不出问题时能主动提供帮助						
	在汇报时其余成员积极配合,没有不良表现						
总分							

说明:"很好"计5分;"好"计4分;"一般"计3分;"较差"计2分;"很差"计1分。

(二) 方案实施

1. 合作阅读小组的组建

笔者将10班作为一般教学班,14班作为阅读共同体实验班。两个班级用同样的时间阅读,但采用不同的组织形式。10班只组织阅读,教师通过一般阅读指导和释疑,14班建立阅读学习共同体,首先建立6人固定阅读小组,然后建立班级阅读平台、班级阅读学习QQ群,相互交流。

遵循"组内异质,组间同质"的原则进行分组。组内异质有助于小组成员间的合作,组间同质则有利于小组之间的竞争。采用6个人构成的合作小组,在小组成员分配上力求学业成绩、性别、性格趋向等方面具有异质性。根据以上要素和上学期期末英语考试成绩,将实验班的64名学生分成6个6人阅读共同体与4个7人阅读共同体。同时,采取男女生搭配的原则,因为许多研究表明,不同性别的混合小组合作效果比相同性别的小组合作效果更为显著。这样,每个小组成员构成基本上是1名成绩好的学生、4名成绩中等的学生和1名成绩差的学生,其中有8个小组各含3名女生。确定小组后,对每个同学进行分工,以便合作阅读时责任明确,确保小组活动顺利有效地进行。每组推选1名组织能力较强的同学担任组长,统筹本小组活动并记录小组活动情况;1名记录员负责记录小组讨论内容,主要包括一些重要生词、句型等以及合作中遇到的一些比较棘手又难以解决的问题;1 名监督员负责保证每个小组成员都能够清楚说出小组得出的答案或结论;1 名总结人负责重述小组的主要结论和答案,即向全班同学宣读合作写作结果。最后填写小组概况表,如表 5-11 所示。

表 5-11　小组概况表

组员＼组别	1	2	3	4	5	6	7	8	9	10
×××										
×××										
×××										
小组总分										
小组均分										
小组奖励										

注:小组平均分 = 小组总分 ÷ 小组人数

2. 阅读资料的提供

由于本次阅读训练在初二年级段,时间比较充裕,学业负担还不是太重,而且年级课程表上有自习课的安排,于是笔者准备了共约 150 本各类英语阅读书籍,主要有:外语教学与研究出版社出版的书虫系列(共 60 本,中英文对照)、上海外语教育出版社出版的新课标百科丛书(共 40 本,英文读物)、商务印书馆出版的中学生英语文库(共 50 本)。

3. 阅读方法的训练

合作式阅读是指由小组成员共同阅读,在交流过程中各抒己见、畅所欲言,发表自己的想法和看法,互相帮助,取长补短,提高英语阅读水平。

在小组合作阅读前,教师向学生说明小组合作阅读原则:在讨论话题、交流信息时,小组成员不得大声喧哗影响其他成员或其他小组活动;每个学生都有责任保证自己所在小组的成员理解本次的阅读内容,只有所有小组成员都了解了所要阅读的内容才能算完成本小组的任务。整个小组成员之间的关系是荣辱与共、休戚相关的,所有组员都应该积极地参加到小组活动中来,每个人都要掌握合作阅读的学习内容。阅读方法的训练包括:

(1) 阅读形式的训练

① 快速阅读(skimming)。要求阅读速度要快,着重理解文章大意和中心内容,不要求理解全部语法现象。该形式适宜考试时使用。

② 平行阅读(parallel reading)。原著阅读和译著阅读一起进行,英汉互相

对照。看一段原著,再看一段译文,再看原著。该形式有利于提高翻译水平。

③ 报刊浏览(newspaper reading)。先看大标题,没兴趣放过不读,有兴趣的再详读文章。该形式最贴近时代、贴近潮流、贴近生活。

④ 网上阅读以及声、像、文齐全的电影、电视原创版的字幕阅读。学生根据自身条件自行选择以增加阅读兴趣,提高阅读效果。

（2）阅读方法的训练

① 笔记法:摘录生词、短语、美句、特殊语法和难句,分门别类归纳、积累并弄懂。有时可写下读后的心得体会,以加深理解。

② 卡片法:分类收集自己的读后所得,建立生词卡、惯用表达卡、名言习语卡、异域文化卡等读书卡片,定期不定期地通过回放加深印象,达到读有所得、得有所用的目的。

③ 讨论法:和同伴同读一本书,针对语法现象、内容理解以及共同感兴趣的问题展开讨论,以取得阅读的最佳效果。

（3）阅读习惯的培养

① 无声默读,加大接受量。遇有疑难生僻字,不可停留嘀咕、查翻字典,应置之一边,略作猜测,无碍即过。切莫把注意力过多地放在文字符号、句型句式上,只求得思想与作者意通神合,欣赏其巧妙之处,领悟其言外意趣。

② 扩大视幅,多点转移。即"一目十行",要求:把握整段意思,抓住关键词、关联语,迅速地从前一个句子扫视到后一个句子,防止回视。待全段理出中心句后,再进入下一段落。避免重复阅读,减少眼神停滞,在最短时间内捕捉最多的语言信息,使大脑灵敏起来。

（4）阅读策略的培养

① 指导学生依据阅读题的先后顺序,有目的地从头到尾地对文章进行有层次的阅读。让学生先看懂阅读题,再分析文章,选择材料答题,提高阅读速度。

② 指导学生归纳文章和段落主旨,主要看首段和末段,段落看首句和尾句,着眼于关键词和主题句。

③ 引导学生学会寻找文章叙述的时间、地点、人物、事件的经过等主要内容,并以不同记号标明,以便快速找到有关答案。

④ 引导学生充分注意文中所给的细节事实,仔细揣摩,并根据题目要求进行正确推理、判断,最后得出结论。

4. 课内阅读共同体的实施及其策略

（1）基本实施

课内阅读采用小组合作学习形式,每个单元的阅读内容都细心备课。以牛津教材 9A Students' troubles 为例。课内阅读教学环节如下:

课前布置预习。安排每个学生整理一下自己平时喜欢参与的课外活动。

新课导入。首先提出一个问题:What after – school activities can you think of? 让学生两人一组合作,展开 2~3 分钟的讨论并完成下述任务:

	I do	I don't do
After-school activities		

讨论之后,笔者综合各组的答案,引出结论:We often take part in after – school clubs. Because our parents tell us to do these. Such as English learning, math class, music class and so on. 然后提出:What's life for Cathy Taylor's three children? 进而引出新授课——Maybe you should learn to relax.

新授课。在引导他们快速浏览后得出答案:The life for them is very busy. 然后,让他们 4 人一组,分组合作阅读并完成以下几个问题:

Why are they very busy?

What activities do they have to do after school?

How do they feel? Do they like them?

What are doctors' and teachers' opinions?

Do you think it's good for the children? Why?

让学生仔细阅读,认真找出问题的答案,采用小组竞赛抢答形式,找出哪组同学回答最为准确、全面。

小组讨论。在全面了解本篇课文所述内容之后,笔者提出"Is the situation the same in China?" Let's discuss them. 从而让他们深入了解课文,并比较中外中学生的学习及课外生活的异同。

—Many children are under pressure.

—Parents these days push their children much harder than before.

—Competition between families starts at a young age.

—Children should have free time to relax.

在学生讨论结束后,不难得出:The situation is the same in China. So pressure is a serious problem in today's world.

小组调查:Do a survey to find out you and your friends under pressure. 发给每组一张表格:

Students' names	When do you feel under pressure?	What should you do to relax?
×××		
×××		
×××		
×××		

他们随意组合,仔细调查,并讨论解决问题的方法。由于涉及自己关心的话题,因而每个学生都表现出浓厚的兴趣。在讨论之后,每组选派一位 reporter 给全部同学汇报调查的结果。

家庭作业。以 Dr Alice Green 为名,write a letter to Cathy Taylor, give some advice about what she should do with her children,并让学生们跟自己的父母交流一下,也可以给自己的父母提一些合理的建议。第二天收集一些好的想法,以老师的名义给每位家长捎回一封信。

由于在本次阅读课中,笔者改变了传统的讲授型教学模式,注重生生之间、师生之间的组内互动,为学生的交流提供了足够的机会,合作学习中学生说目标语的机会是传统外语课堂的几倍,并引导学生自己发现问题、解决问题,取得了良好的效果。但是在教学活动中也出现了一些值得思考的问题,如组间不平衡、组内成员活动不够积极、合作学习欠持久性。在认真分析本节课不足之处后,笔者意识到合作学习需要教师精心组织,合理安排方能达到良好效果。笔者在上第二次课时作了一些改进。

(2) 改进

优秀学生带动(先进带后进)。之前在分组合作阅读并找出答案活动中,未能避免学生互动较少、气氛沉闷的问题。改进后,每组商定一名成绩好、组织能力强的同学为组长,负责组织每位组员依次朗读文章的每一段。这样,人人都开口说英语,并关注小组中的英语薄弱的同学,鼓励他们积极地从文章中找到答案,其他组员可以适时给予良好的评价,让英语薄弱的同学有学习的成就感。这样做有利于激发人人积极参与活动的热情,避免小组中自始至终是优等生唱"主角"的不足。

合理分工。在小组调查活动中,根据学生个体差异进行了更加合理的分工。如成绩好的同学,语言概括能力强,就让其负责汇报调查的结果;请中等成绩的同学当主持人,这样可以提高其口语表达的能力;安排另外一名中等成绩的同学做表格的记录者;请一名英语能力欠佳的同学做时间的控制者。这样分工明确后,大家各司其职,团结协作,并且开展组与组之间的平等竞争,就能使整个班级在分组后有步骤、有秩序地在规定时间内完成小组活动的任务。

教师参与。在小组讨论环节,笔者参与到一些小组的讨论中,给予相应的指导。一方面给予他们语言上的支持,另一方面也与学生们彼此交换对这些问题的看法。这样融入到小组的活动中,学生觉得更加亲切,与老师的交流更加自然。

经过以上改进后,课堂效果明显改善。从小组活动的安排到小组中每位学生的参与,尤其是中等及中等以下成绩的学生更加积极努力,因而能有效地完成具体的活动任务,达到教学目的。

5. 课外阅读共同体的实施

(1)提供阅读材料。笔者将购买的书籍全部放在讲台上,然后把学生分为独立阅读组和共同体阅读组,让学生自己选择书籍进行阅读。共同体阅读组的同学可以讨论或共同分析,时间为40分钟。结束后,每人或每组要写一份阅读报告和心得体会。

(2)指导阅读程序。课外共同体阅读活动分为3步:一是个体先阅读,二是小组讨论合作阅读,三是班级汇总大比拼。首先由学生作为个体阅读者进行独立的阅读,然后小组交流(最好是家庭住址靠近的同学一起交流),最后到班级后总结并组织阅读心得或体悟的经验交流。

(3)明确阅读要求。3步程序都包涵不同的要求与目标。在个人阅读阶段要求记录阅读的书名、页数、时间,并记下阅读的感受,包括阅读中的需求。在第二步合作阅读阶段,要求学生做到自律和提高阅读共同体的阅读效率,主要是相互信任、相互督促。在第三步交流感受阶段,要求学生能独立真实地表达出自己对于阅读材料的理解与感悟,并勇于在同学面前表达和分享。表5-12、表5-13、表5-14是几份课外阅读的记录单。

表5-12　学生课外阅读记录(1)

King Arthur (阅读书籍名)	独立阅读	合作阅读
你的阅读困难	人名和地名不好懂,10分钟读3页左右	有时由于讨论多了反而不能安静地思考
你的阅读感受	带英语单词的漫画书好玩,没见过!	讨论花费了一些时间,但阅读速度快了而且大家很开心
阅读的大概词数	1100词	1300词
你在阅读中的需求	老师给我们翻译	想多看一些差不多的漫画书

表5-13 学生课外阅读记录（2）

Aladdin and the Enchanted Lamp（阅读书籍名）	独立阅读	合作阅读
你的阅读困难	好多的单词不懂,句子也不懂	有些句式很奇怪(学生未学到的语法)
你的阅读感受	阿拉丁的故事有趣,但阅读有点困难	还是在讨论和辩论中速度快
阅读的大概词数	12000 词（4 次阅读）	15000 词（4 次阅读）
你在阅读中的需求	老师能给我讲解相关的文化	想知道更多阿拉伯文化知识

表5-14 学生课外阅读记录（3）

Alice's adventures in wonderland（阅读书籍名）	独立阅读	合作阅读
你的阅读困难	生词较多	猜测词义有困难
你的阅读感受	对英语童话不再惧怕、不再陌生	童话故事比课文更有趣
阅读的大概词数	16000 词（5 次阅读）	19000 词（5 次阅读）
你在阅读中的需求	阅读困难时需要老师的帮助	有特别难的句子需要解释

6. 英语阅读共同体指导策略

（1）精选阅读材料,激发阅读兴趣,在共同体中"乐读"

阅读首先是为了得到乐趣,获得信息。学生只有在阅读过程中体验到愉快的情绪,认识到阅读并非空洞乏味的活动,而是一种能带来快乐的活动,才会真正做到"乐读","为读所乐"。兴趣就是动力,在培养学生阅读能力的过程中,教师应选择一些趣味性强、符合学生年龄特征和日常生活的英文读物,由浅入深,由易到难,循序渐进,逐渐让学生在阅读中体验到愉快的情绪。这样,学生就能积极、主动地投入到阅读活动中。

笔者根据初二学生的兴趣、爱好和知识期望,选择了一套"书虫"的课外阅读书籍,要求学生每周阅读两篇文章,每周末欣赏一篇中英文双语的"心灵鸡汤"类美文,每篇的阅读量和难度略高于中考试题。全书语言材料丰富,从有趣短文、科普常识、文化大观,到广告、信件、趣图、妙语等各种语言类型都有,涉及题材广泛且妙趣横生,贴近学生感兴趣的话题又可拓展学生视野,学生在容易理解也急于获取更多感兴趣的信息的情况下,慢慢地对阅读产生兴趣并自觉坚持下来。

除了指定阅读材料,笔者还鼓励学生在假期寻找自己比较感兴趣的文章来交流阅读,并在放假后进行班级阅读交流,讨论自己的阅读进程和阅读心得。不少学生假期坚持阅读了自己感兴趣的国外杂志如 *Time*(《时代》周刊)、NBA 球星和球队介绍杂志、*Crazy English*(《疯狂英语》)等,并进行了细致的记录和归纳。阅读心得讨论在同学中起到了交流及感染作用,不但培养了学生主动阅读的兴趣与习惯,而且在无形中促使他们更积极主动地进行英语课外阅读。

除了书面课外阅读,笔者还鼓励学生多看英文电影,尤其是购买国外电影 DVD,可以转换中英文字幕,便于学生自主学习。美国大选结果出来之后,笔者给学生播放奥巴马的总统竞选获胜演讲视频(附中英文字幕的版本),并向学生提供中英文原稿。对一些水平比较高的学生,笔者还给他们播放了奥巴马 4 年前在民主党全国电视大会上激动人心的经典演讲《无畏的希望》(The Audacity of Hope)。后来好几个学生在自己的值日生报告中慷慨激昂地模仿奥巴马进行了不同段落的长篇演讲,获得同学们雷鸣般的掌声,既增强了个人的信心,也鼓舞了其他同学学习英文的热情。

(2) 介绍中西文化背景,拓宽知识视野,消除课外阅读障碍

教师应该学贯中西,知识丰富。在阅读教学中,教师应不断介绍英语国家的风土人情、社交礼仪、生活习俗、道德规范、传统节日、幽默、禁忌等文化背景,并与中国文化进行比较,帮助学生准确把握文章大意,减少其阅读时的理解障碍,提高学生的阅读兴趣。与此同时,阅读教学也不能忽视对学生人生观的引导,对于一些优秀的个人品格如自信、目标明确、积极向上、坚忍不拔和进取精神等,教师应注意对学生进行正面引导。有一次,在一篇阅读材料中涉及一个选词填空的答案,谈到一个中学生在母亲身患重病后心里充满恐惧和担忧而不愿意去上学,母亲对他说他应该去上学、她可以自己照顾好自己。很多学生很不理解为什么母亲是“轻轻地”(lightly)说,而不可以是“粗暴地”(rudely)说,他们说如果是自己的母亲就会愤怒地咆哮,直到孩子肯去上学。笔者就跟学生解释:中国父母爱孩子一般爱在心里,表达方式常常很严厉,而西方父母则把对孩子的爱充分表达出来,给他们尽可能多的拥抱,这样的文化差异决定了文章中的母亲是不会咆哮的。学生在学习英文的同时也增进了对西方文化的了解,也正是由于有了对社会现象和西方文化背景知识的了解,学生才能更准确地理解文章内涵,从而可能持久地坚持课外阅读。

(3) 提高课堂阅读教学水准,着眼阅读技巧和策略,培养学生良好阅读习惯

英国教育家洛克认为,“习惯的力量比理智更加永恒,更加简便”。如果学生有良好的学习习惯,就能促进其智力发展,提高成绩,反之,就会成为智力发展的障碍。因此,在教学实践中,教师要认真领悟并贯彻教材意图,将各种学习策略(skimming, scanning, summarizing, using the context 等)贯穿于课堂阅读活动

中,注重培养学生良好的阅读习惯并使学生将这种良好的习惯运用到课外阅读学习之中。在学生自主阅读课外素材时,笔者要求和鼓励他们对文章进行大意分析、找出主要观点或者自己给出标题等。

（4）加强课外阅读活动阶段性检查与指导,确保阅读效果

仅仅强调自主阅读的重要性而把所有"权利"都交给学生是远远不够的。不少中小学生缺乏自制力,放任必然导致相当大一部分学生阅读成效丧失,教师不能因是课外活动就撒手不管,放任自流。笔者对"周计划"阅读进行了周内不定期的随时检查,对每个学生的阅读进展（页数）、笔记质量的等级和字面评价（生词查阅、短语回顾、阅读策略的使用等）进行了登记并在班上公开,也让一部分做得好的学生在全班交流个人的阅读心得,相互促进,形成班级课外阅读档案。这样,很快调动了几乎所有学生的积极性,保证了课外阅读的质量和有效进行。对于一些存在理解障碍的篇章,笔者也专门抽课堂时间进行讲解。此外,教师在平时考试中突袭式地抽出某篇文章进行测试,也可以提高学生对课外阅读的投入程度和学习效果。

（三）效果评价

1. 英语成绩明显提高

（1）实验前测与后测成绩对比

学期结束时,笔者对实验班与对照班的同学进行了一次阅读测试,测验实验班同学的阅读水平与阅读成绩与对照班有无明显变化,检测合作阅读能否提高学生的英语阅读水平。表5-15是两个班实验前测与后测阅读成绩比较情况（满分均为30分）。

表 5-15　实验前测与后测阅读成绩比较

班级	学生数	阅读平均分（前测）	阅读平均分（后测）
对照班（初二（10）班）	62	25.35	26.54
实验班（初二（14）班）	64	25.31	27.83

实验班与对照班的阅读成绩在前测时平均分相差0.04分,差别不大。后测结果显示实验班与对照班学生的英语阅读成绩平均分相差1.29分,其中实验班的平均分增加了2.52分,而对照班的平均分只增加了1.19分,实验班的平均分比对照班的多增加了1.33分。由此可见,合作阅读对提高学生英语阅读成绩有一定成效。

（2）全区统一成绩与前测成绩对比

2011年2月中旬,淮安市淮阴区教研室为了了解全区初二学生这一学期的

学习情况进行了全区统一测试。本次试卷满分 100 分,阅读满分为 25 分。表 5-16、表5-17 是实验班与对照班前测成绩与一统成绩比较情况。

表 5-16　前测与一统均分比较

班级	学生数	一统均分	前测均分	增加值
对照班(初二(10)班)	62	16.22	15.35	0.87
实验班(初二(14)班)	64	18.10	15.31	2.78

表 5-17　前测与一统及格率与优秀率比较

班级	学生数	前测及格率	一统及格率	前测优秀率	一统优秀率
对照班(初二(10)班)	62	68.33%	76.67%	11.67%	15.00%
实验班(初二(14)班)	64	66.67%	88.33%	10.00%	18.33%

表 5-16 的数据表明,实验班的阅读平均分的增加值明显高于对照班的阅读平均分增加值。表5-17 的数据显示,不管是在及格率还是优秀率方面实验班都明显高于对照班。实验班中阅读水平一般或是后进生进步较大,英语阅读成绩显著提高,从而及格率大大提高。实验班的优秀率比对照班高出 3.33%,表明合作阅读对中等生或是优等生来说在提高他们的成绩方面同样有效(阅读得分高于或等于 20 的为优秀,高于或等于 15 分的为及格)。

2. 阅读态度改善,自信心增强

阅读训练结束后对实验班的同学进行了一次问卷调查,回收有效问卷 60份。结果显示:学习共同体策略运用于初中英语阅读教学后约82%(63.33% +18.33%)的同学认为学习共同体在不同程度上增强了自己用英语阅读的信心,约85%(71.67% +13.33%)的同学表示"不再像以前那样讨厌阅读了,基本能够按要求完成阅读作业"。这说明合作阅读使学生增强了用英语阅读的信心,端正了阅读态度。同时,81.7% 的同学意识到,英语阅读不是简单的汉语翻译,而是用英语思维。87%的同学认为自己在共同体中尽到了责任,讨论中有自己的一份功劳,合作阅读不仅帮助了别人,同时自己的阅读水平也得到了较大的提高,增强了学习英语的自信心。

(四) 问题与对策

1. 课内阅读存在的问题

(1) 组与组之间不平衡,组内成员活动不平衡

活动过程中,有的组内各成员争相发言,积极踊跃;有的组沉闷,成员彼此偶尔交谈,活动效果差。可以说,英语成绩较差的同学组合在一起时,往往缺乏自

信,缺乏积极性,组内缺少活跃的核心人物。有些学生在活动过程中一直处于不合作、不主动的旁观状态,在其中"滥竽充数""坐享其成",也有的学生只是浮在表面,实际上没有发挥应有的作用。

对策:在小组组合时,教师应考虑到学生的个体差异和学生成绩,要尽量关注到组与组之间的平衡,组内优等生、差生的合理搭配;应创造出一种愉快的合作环境,设计一些竞赛法;应明确组内各成员的任务与责任,让每个学生有事可做,并知道如何做。

（2）合作意识不强

由于差异的存在,组内成员讨论时常因观点不一致而发生争执,个性较强的组员甚至到交流结束时也不愿意接受别人的观点,这种"不服输"的现象时有发生。尖子生不愿与后进生交流,拒绝帮助别人,后进生因害怕别人异样的眼神也不愿开口。一些性格比较内向的同学不愿与他人多交流,而"乐于助人"的同学往往乐意包揽大部分活动,时间长了很容易导致一些同学特别是学困生养成只等着搭乘便车的坏习惯。

（3）合作学习欠持久性

刚开始小组活动时学生感觉很新鲜,合作津津有味,但不久就容易"开小差",思想松懈,甚至整体松懈以至"跑题"。

对策:要为小组合作学习的交流活动制定规则。应在主持人的协调下,每位学生都有组织地发表意见,在整个交流过程中,每位学生都应认真倾听同组成员的意见。在听取别人发言时,要精力集中,肯听、会听、听出重点,这样可以自始至终保持应有的注意力。再者,小组学习要避免走过场、搞形式,应该依据不同的阅读内容,设计不同的活动形式,力求活动有新意。

2. 阅读课外存在的问题

（1）阅读时间不能保证

根据新课程标准的要求,初一学生每天课外至少要阅读 100～150 词,初二学生每天课外至少要阅读 250～350 词,初三学生每天课外至少要阅读 400～500词。然而,由于平时作业多,学生忙于完成教师布置的作业,根本没时间进行课外阅读。即使部分学生阅读了,也不容易长时间坚持。

建议:学生本来课外时间就较少,自控力不是太强的中学生又大多不能够充分利用课外时间来阅读。因此,笔者认为应该课外阅读课内读。

（2）英语国家文化背景知识贫乏

学生自身知识面狭隘,缺乏英语国家文化背景知识。由于面对升学压力和来自社会、家庭的较高的学业期望,不少学生学习负担繁重,几乎没有时间与渠道了解和吸取功课以外的信息,除了书本知识和校园生活,对周遭事物极少关心,知识面比较狭窄;而英语阅读文章大多涉及社会生活的方方面面,不少学生因为对国外生活或历史知识缺乏了解而对阅读有畏难感。此外,英语课外读物不够丰富,适合初中生阅读的材料不多。虽然目前已经有部分分级读物或简写本读物,但总体来说,适合初中生阅读的英语读物还是凤毛麟角。

建议:语言是文化的载体,是文化的表现形式,学习一门外语的过程,也是了解和掌握该语言国家文化背景知识的过程。课外阅读材料涉及知识面广、体裁多样,不少同学对英语国家的文化背景知识知之甚少,对英语表达方式常常感到困惑,难免形成阅读障碍,因此应该适当普及英语国家文化背景知识。

(3)语言基础薄弱,阅读方法与习惯不佳

初中生的词汇量小,阅读新单词多的文章时,不会通过构词、猜测、联想等方法很好地处理。同时还缺乏对语篇的领悟及重要段落的把握能力,往往是只见树木不见森林,影响了对文章信息的获取和理解程度。在阅读过程中,学生存在着慢读、指读、声读、心译、过分复视、逐词阅读、滥用词典等不良阅读习惯,降低了阅读速度,破坏了思维的连贯性,影响了阅读理解。

建议:在日常的教学过程中教师要加强语言基础知识的教学,有意识地指导学生掌握正确阅读方法,培养良好的阅读习惯。

(执笔:淮安市淮海中学卢伟)

四、数学学习共同体构建的行动研究

扬州市邗江区公道中学高一某班共有学生57名,其中有男生37人,女生20人。在该班,16人左右数学成绩优秀,学习兴趣浓,基础扎实,学习能力强;15人左右成绩较好,学习兴趣一般,基础较扎实,学习能力有待提高;15人左右基本上是数学学习兴趣低,基础不太牢;10人左右成绩较差,来源于学校计划外招生,这部分学生数学学习兴趣低,基础不牢。调查显示,80.1%的学生在课堂上没有什么合作讨论。学生之间的数学交流和讨论很少,基本上没有什么合作。

(一)研究方案

1. 研究目标

组建高中数学学习共同体,提高全班学生学习的兴趣和学业成绩;探索大班额数学学习共同体模式,供其他数学教师借鉴、参考。

2. 研究内容及方式

(1)教学内容。苏教版高中数学必修二第一章"立体几何初步",教学时间共18课时,具体安排略。

（2）研究内容

学生分组。充分了解学生,尽量让有共同数学学习愿景的学生组合在一起,并有意识地培养合作的习惯。

数学共同体活动小组的建立。利用数学教学内容,进行问题情境的创设,让学习者与学习者、学习者与助学者、助学者与助学者之间通过对话、沟通和交流学习,通过赞扬或批评强化动机,通过互相支持和帮助来认识与解决数学问题,达到数学学习共同进步的目的,引导学生由"合作小组"逐步过渡到"学习共同体"。

共同体活动向课外延伸。把"共同体"由可控的课堂逐渐延伸到课外,组内成员共同参与,拥有共同的愿景,追求共同进步。

3. 资料搜集方法

课堂观察。通过课堂观察了解学生的学习行为、学习兴趣、合作互动情况以及对教师授课的反应等。

撰写日志。记录行动研究的过程、问题和反思,积累教学课例和教学反思。

学生作业。收集学生的课内和课外作业,分析存在的问题,为行动研究改进提供依据。

个别访谈。访谈学生,了解共同体的合作情况、学生的学习兴趣、学生对合作的感受、学生的问题与建议、学生对教师授课的反应。

4. 效果检测与评价方式

采用多种手段,对学生的知识掌握、技能形成、合作态度情感养成情况进行观察、测验与分析,评价学习效果,为进一步的行动研究提供依据。

（二）方案实施

1. 构建数学学习共同体的准备

在构建学习共同体之前,笔者致力于培养学生3种技能。第一种技能是组成小组的技能,包括向他人打招呼问候、自我介绍和介绍他人等。第二种技能是小组活动的基本技能,包括注意听他人讲话、不随便打断别人的发言、努力掌握别人发言的要点、表达感谢和对感谢的应答、对别人的发言作评价、鼓励他人参与和对鼓励参与的应答、学会组织和主持小组学习,能根据他人的观点做总结性发言等。第三种技能是交流思想的技能,包括提建议和对建议的应答、询问原因和提供原因、有礼貌地表示不赞同和对不赞同的应答、说服他人等。如:"我认为某同学回答得很好","我觉得某同学的意见是对的,但我还有补充","我认为某同学的意见是错的,我来帮助他","请问某同学"。

2. 构建数学学习共同体

根据学习内容和阶段学习的需要,综合考虑学生的学习水平、智能特点、操作能力,对班级学生进行合理分组,组建学习小组。

(1) 组建学习小组

以"互利"为目标的人员配置。根据学生的动手能力和知识技能的不同,对他们进行异质分组。通过与各个任课老师交流讨论学生的情况,根据学习能力和自我管理能力的不同,可把学生分为4种学习类型,详见表5-18。

表5-18　学生的4种学习类型

	学习能力强	学习能力弱
自我管理能力强	A	B
自我管理能力弱	C	D

笔者把不同学习类型的4种学生搭配在一起组成学习共同体。除了考虑学习能力和自我管理能力的互补性,还综合学生学科学业成就以及研究性学习专长两方面的情况加以统筹安排,每组由A、B、C、D 4种类型的学生组成。这样,大部分学生都能从同伴身上获得有益的启示。其中,D无疑是最受益的,B和C可以相互启发。即使是A型,也可以在启发同伴的同时增强自己的逻辑思维能力和语言表达能力。

以"亲密"为旨趣安排人员。学习共同体成员在学习生活中进行经常的、广泛的、长期而频繁的互动,在情感上相互依赖、相互支持,这是学习共同体与教师在课堂上临时组织的学习小组的一大区别,所以运用了空间和情感上的就近原则。"空间上的就近"指尽量在座位相近的学生中选择学习上互补的学习共同体,以便于共同体成员在课堂上、课间、课后进行经常性的接触和交流。"情感上的就近"是指尽量保留学生自发形成的结伴学习的小群体。

(2) 人员安排

以"互利"为目标,以"亲密"为旨趣,依据上述两种理想,开学初根据调查结果和性别简单分组,进行角色分配,使各小组"组内异质,组间同质"。将班级分为13个4人小组,1个5人小组,前后一组,这样就保证了每个小组成员的稳定。每组设1名组长,由学生自愿担任。每位毛遂自荐的组长首先向全班同学打招呼问候,进行自我介绍(包括姓名、对数学学习的兴趣等),为班内的学生做了简单的交流示范,同时,教师及时肯定,引导学生迈入合作的大门。由于学生在学习、生活中合作、交流的经验很少,因此,应先培训组长,明确职责,教给组长一些合作、交流的技巧,再由组长推选阅读者1人,负责大声地朗读每个问题并帮助小组发现问题的重要信息;校正者1人,负责帮助小组确定解决问题的步骤,确保每步都要写到每个组员的作业纸上,并校正组员的个人答案,帮助裁定小组的集体作法并协调争议;监控者1人,由组长担任,负责组员保持合作,遵守参与规则,发现需要帮助的组员,并解决组内提供帮助的人选,时刻提醒组员的参与;书写者1人,负责将小组答案写到小组答案纸上,解释小组答案并加以核对,如需要的话,对小组答案进行修改。学习中各岗位均实行轮岗制,让每一个学生都有锻炼的机会。

在构建"学习共同体"的过程中,教师根据已掌握的学生实际情况,对小组进行适当调整,使分组更合理。

(3) 共同体学习活动的内容的选择

在高中数学学习中进行共同体学习,其内容的选择是比较重要的,它直接关系到共同体学习的成败。一般来说,共同体学习的内容要有一定的难度与深度,有一定的综合性,适宜于学生的讨论、交流与概括,以免学生为讨论而讨论、为合作而合作。在实践中,适用于高中共同体学习活动的主要内容有:

主题探究类。主题探究是提高学生创新能力的重要手段。在高中数学学习活动中,可以围绕一个问题设计学习、解决方案,为此进行材料的搜集、共同体合作小组的讨论与交流。教师从课堂学习的需要出发,创设典型情境,引发学生学习数学的兴趣,激发学生的好奇心、发现欲,产生认知冲突,从而解决数学问题,如线面平行的定理探究、面面垂直的性质等问题。共同体学习小组成员相互交流,寻找到最佳的解决方案,并到班上交流。

联系实际类。数学与生活实际联系密切,因此,组织学生围绕实际社会问题进行共同体学习活动是非常必要的。课前组织学生广泛收集资料,课上共同学习,加以整合,课后继续组织共同体合作。在数学教材中有很多内容可以与研究性学习相结合,如数列中的分期付款问题、平面向量与物理知识的结合问题。

一题多解类。在数学计算上,一些学生一遇问题就停止不前。因此,培养学生的发散思维,从不同角度、不同侧面进行分析是非常必要的。共同体学习活动既可以在课堂上活跃气氛,激发兴趣,又可以增强学生的自信心,集思广益。

3. 安排共同体活动

(1) 制定并遵守学习共同体学习的规则

每次合作前,笔者都对学生强调合作学习的规则:① 只与同组成员交谈,只谈关于练习或讨论的问题,用"轻微"的内部语调。② 周到、耐心、温和地对待同组成员,不排除争论。③ 做一个好的参与者,有责任心。④ 向他人求助或为他人提供帮助,确保本组所有成员都弄懂。⑤ 鼓励组员参与讨论并成为好的倾听者。在共同体活动中,阅读者、监控者、校正者、书写者担任各自的角色。在课堂合作中,实行角色轮换。

（2）把握进行合作学习的时机

开展学习共同体活动,不能单凭教师的意愿,想什么时候合作就什么时候合作。教师应从教学的具体内容出发,从学生的学习实际出发,把握合作学习的最佳时机:① 当学生在自主学习的基础上产生合作愿景的时候。② 当一定数量的学生在学习上遇到疑难问题,在新旧知识衔接时进行迁移,而通过个人努力无法解决的时候。③ 当需要把学生的自主学习引向深入的时候。④ 当学生的思路不开阔,需要相互启发的时候。⑤ 当学生的意见出现较大分歧,需要共同探讨、在解答开放性题目的时候。⑥ 当学习任务较复杂,需要分工协作的时候。①

4. 共同体学习的活动过程

共同体学习活动中要求教师精心设计问题。根据学习共同体的建设与高中数学学科特点,考虑到学生的生理与心理特征,试验班数学学习共同体活动包括以下几个环节:创设情境、独立探索、小组探讨、组际交流、练习应用、总结归纳、评估总结。

（1）创设情境

创设积极思维的问题情境是共同体活动展开的前提。教师根据学科特点、学生的认知水平、教师自身优势以及可利用的教学条件,紧密联系教学实际,深入钻研教材,从教材中发掘出有一定思考价值的知识内容,将其设计转化为问题情境,以触发学生思维的兴奋点,启动学生思维的激活点,进而引发探求的欲望和动机。情境的创设方法为:① 教师设计问题和引发思维过程,让学生实现和展开思维活动。通过亲自参与和经历数学思维活动的全过程,使学生逐渐体会数学思维的特点,了解数学思维的策略、方式和方法。② 教师提出一些自相矛盾的问题,让学生通过辨析和思考解决问题。③ 教师创设一些与学生已有知识互相逆反或将学生已有知识置于一个完全陌生情境中的问题,使学生在惊奇中迫切地进入积极思维状态。④ 提出一些模棱两可、似是而非的问题,让学生为了明辨是非而积极思维。

（2）独立探索

没有独立思考做准备,学习共同体合作学习的成效将受到影响,导致共同体学习活动时优等生包打天下,中等生、差生无从插手,成为陪客。因此,在学习共同体学习讨论进行之前,学生个体要通过阅读、操作、实验、观察、分析、比较、抽象等方式,利用各种信息,探索新知,初步理解本课的基本内容,知道哪里不太明白,哪里要进一步理解和深究。同时,培养独立思考、自主学习的能力和习惯。

---

① 左吕伦:《促进学生有效地合作学习》,《中国教育学刊》,2003 年第 6 期。

（3）小组探讨

教师根据学生发现的问题，提出疑难，筛选出其中最有价值的问题或疑难，指导学生分小组展开讨论探索，得出初步结论。或者分小组轮流独立探索所得到的信息、发现、成果、做法、疑难，互相启发、互相补充、互相修正，使结论更完善，整理本小组结论，准备到大组或全班交流展示。

（4）组际交流

每个学习小组汇报交流合作成果，筛选出最有价值的问题深入探究，加以辨析，充分讨论，通过互相补充、修改，促使各种观点深入、全面，归纳概括出更合理的理论或得出解决问题的最佳策略。

（5）练习应用

在学习共同体学习活动的课堂上，通过学生独立自主地练习基本训练题，再分小组互评互议，发现问题，及时讨论解决，达到进一步巩固的目的。为了培养学生多方位思考问题和解决问题的能力，培养实践能力与创新精神，教师还要针对刚学习的新知识设计延伸性的题目，让小组在课内或课外合作完成。

（6）总结归纳

总结本课的主要内容，回忆学习过程、学习方法。同时，根据本课内容的需要，进一步引导、启发和运用已有的知识和方法思考新问题，或者依据下节课的教材内容的需要，创设富于情趣的问题，再次刺激思维，激发起学习的新欲望。

（7）评估总结

遵循组内贡献机会均等和组际公平竞争的原则，采取小组进步综合评价法进行评价。即根据各个学习小组的进步人数和综合进步程度来确定小组奖励，进步人数较多或综合进步程度较大的小组为获胜组。进步与否的标准一是看学生的测试分数是否超过上一次测试的分数以及超过的程度，二是看学生的测试成绩的排名较上次测试是否有进步以及进步的程度。笔者把小组合作中的成果具体量化，进行评比，给予公布。每月让同学无记名投票选出最佳组长、最佳组员，带动全班同学向好组长、好组员看齐，通过对比找出自己的不足，完善学习共同体合作，形成有效的合作。

5．案例分析

学习共同体中教师要精心设计问题。教师设计的问题要有利于促进学生动脑，主动探究数学知识，有利于集体研究，促进学习共同体成员合作。不提出过于简单、不假思索就能解决的问题。问题过于简单，学生张口就会，看起来气氛活跃，久而久之，学生容易形成思维惰性，不利于创新意识的培养。下面以直线与平面的位置关系（2课时）为例具体分析。

首先笔者把这次课分成几次共同体学习活动，为每次共同体学习活动设计了一个共同体学习的指导提纲。在这个合作指导提纲中，笔者根据实际情况把每一次共同体学习过程划分为情境创设（任务）、独立观察、小组合作、组际交流、拓展完善等部分，然后指导各个小组根据合作提纲的具体要求开展共同体学习活动。在学习活动中，由于每一个小组受到时间、能力等因素的限制，它们一般只能完成3个问题中的一个或两个，因此教师在各个小组完成一个或两个问题后，要及时指导各个小组的同学汇报成果。通过汇报成果，再引导各个小组的同学相互交流，并达成共识，最后归纳总结。这样通过各个小组的分工协作，学生会在很短的时间内了解和掌握相关知识。实践显示，用这种方法花去的时间比教师单独指导学生去探索少得多，且效果更好。

活动一：

［创设情境］共同体学习的提纲

回忆直线与平面的位置关系有几种情况，并完成下表（提示观察正方体）：

位置关系		
图形语言		
符号语言		
公共点的个数		

［独立观察与思考］学生针对教师布置的问题，联系相关知识，独立思考，以得出结论。

［小组合作学习］按照共同体学习的规则，阅读者使小组成员明确老师提出的问题，监控者保证各成员积极参加共同体学习活动，校正者根据阅读者的问题顺序组织共同体学习活动，就个人思考结果进行交流、讨论，得出答案，书写者将小组答案记录下来，准备组织交流。

［组织交流］教师组织各小组将答案进行对照，得出较为全面的答案。

［投影］直线与平面的位置关系有几种情况。

这是本次课的共同体成员第一次开展共同体学习活动。数学是与生活实际密切联系的，从正方体这一实际模型出发，观察研究，通过各小组学生先独立学习（先独立填写表格）、合作研究（小组成员共同讨论归纳正确结论），最后教师给出适当的评价以促进共同体的合作。

活动二：

［创设情境］共同体学习的提纲

（1）门扇的对边是平行的，当门扇绕着一边转动时，观察门扇转动的一边与门框所在平面的位置关系如何。

（2）若将一本书平放在桌面上，翻动书的封面，观察封面边缘所在直线与桌面所在的平面具有怎样的位置关系。

（3）观察直角梯形的一条底边与另一条底边所在的平面具有怎样的位置关系，观察直角梯形的一条腰与另一条腰所在的平面具有怎样的位置关系。

（4）若将放在桌面上的笔拿离桌面，怎么移动才能使笔与桌面平行？

请从上述观察实验中发现它们有什么共同点。你能猜想并归纳出直线与平面平行的判定方法吗？

判定定理内容		
图形语言		
符号语言		
简单概括		

［独立观察与思考］学生针对教师布置的问题，可以动手实验（2）和（4），联系相关知识，独立思考，以得出结论。

［小组合作学习］用准确的数学语言来表达定理的内容，书写者将小组答案记录下来，准备组织交流。

［组织交流］教师组织各小组将结果进行对照，得出准确的定理内容。

［投影］判定定理的内容、图形、符号，简单概括。

这是本次课的共同体成员第二次开展共同体学习活动，是对线面平行这一主题进行探究，通过创设实际生活中的典型情境，引发学生学习数学的兴趣，激发学生的好奇心、发现欲，产生认知冲突。各小组学生先独立研究，然后合作（小组成员共同讨论填写表格），最后由一个代表在全班交流。给学生提供动手操作的机会，引导学生进行归纳、概括，最后教师适当点评。

活动三：

［创设情境］共同体学习的提纲

判断下列命题是否正确，若正确，请简述理由，若不正确，请给出反例。

（1）若直线 l 平行于平面 α 内的一条直线 m，则 $l \parallel \alpha$；

（2）若直线 l 在平面 α 外,且平行于直线 m,则 $l /\!/ \alpha$;

（3）若直线 l 在平面 α 外,直线 m 在平面 α 内,则 $l /\!/ \alpha$;

（4）若直线 l 在平面 α 外, l 平行于平面 α 内的一条直线 m,则 $l /\!/ \alpha$。

通过上面的 4 个问题,你能得到什么结论?

[独立观察与思考] 根据提示独立思考。

[小组合作学习] 各个小组讨论,合作,交流,举例。

[组织交流] 教师组织各小组说出自己的说法,得出较为全面的答案以及反例。

[投影] 反例的图形。

这是本次课的共同体成员第三次开展共同体学习活动。数学学习的过程是一个复杂的过程,定理的理解需要对定理的内涵和外延都理解。通过各合作小组讨论,最后由一个代表在全班交流,从而对直线与平面平行的判定定理深化理解,并通过对定理的思辨,发动学生通过合作探究,举出反例,明确定理条件。

活动四:

[创设情境] 共同体学习的提纲

练习:如图,长方体 $ABCD—A_1B_1C_1D_1$ 中,

（1）与 AB 平行的平面是＿＿＿＿＿＿,

（2）与 AA_1 平行的平面是＿＿＿＿＿＿,

（3）与 AD 平行的平面是＿＿＿＿＿＿,

（4）与 AD_1 平行的平面是＿＿＿＿＿＿。

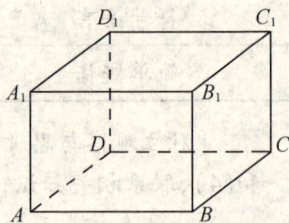

例题:求证空间四边形相邻两边中点的连线平行于经过另外两边所在的平面。

[独立观察与思考] 学生针对教师布置的问题,联系相关知识,独立思考,得出结论。

[小组合作学习] 通过比较自己和小组其他成员的答案,得出最佳答案,准备组际交流。

[组织交流] 教师组织各小组将答案进行对照,得出较为全面的答案。

[投影] 练习的答案,例题的几种证明方法。

这是本次课的共同体成员第四次开展共同体学习活动。练习的目的在于:深入理解新知识,巩固和强化学习成果,增强合作成功体验。数学教学中注意培养学生的发散思维,从多角度、多方面看问题,抓住问题实质从不同角度、不同侧面进行分析是非常必要的,例题的讲解要鼓励学生一题多解。通过各小组学生

先独立观察研究,然后合作研究,小组内完成练习,例题则先小组内独立完成,再讨论证明方法,接着由一人在全班交流,最后由 3 个小组的代表板演,可以直线与平面平行的判定定理进一步深化理解,板演起到示范作用。

通过以上 4 次共同体学习活动,学生掌握了线面平行定理的内容以及线面平行的证明方法,用反例加强对定理内容的理解,体会到通过学习共同体合作能更多地交流思想,更好地得出结论,加深了参加共同体合作的热情。

活动五:

［课堂小结］

(1) 这节课你学到了哪些知识? (2) 你能说说如何发现和归纳出直线与平面平行的判定定理吗?

［评估总结］评选最佳学习小组,评选各组最佳组员,给予奖励。

这是本次课的共同体成员第五次开展共同体学习活动,也是本节课的重要组成部分,是对这节课的总结,既有对课堂所学知识的总结,也有对共同体学习过程的总结。对学习共同体小组的合作程度、学生的思维积极程度加以评价,对有效合作、成功合作的小组进行表扬和奖励,对积极主动地与同伴合作的小组成员进行表扬。带动全班同学向优秀小组看齐,通过对比找出自己的不足,完善学习共同体合作,形成有效的合作。

(三) 效果评价与问题反思

对比实验研究发现,共同体学习活动在培养学生的学习兴趣、能力、态度和方法等方面具有独特成效。

1. 学习共同体学习活动效果评价

(1) 学科成绩明显提高

通过一个学期的学习共同体的实施,学生数学成绩进步明显,前测成绩与后测成绩比较如表 5-19 所示。

表5-19　数学前测成绩与后测成绩比较

小组序号	1	2	3	4	5	6	7
前测成绩	65.3	63.3	66.7	57.4	60.2	63.4	65.4
后测成绩	70.2	64.3	72.3	60.1	60.4	64.7	59.5
小组序号	8	9	10	11	12	13	14
前测成绩	65.8	58.6	61.3	64.7	64.3	63.8	60.6
后测成绩	61.2	59.9	60.8	69.8	64.2	64.7	65.7

从成绩分布图可以看出,14个小组仅第7、8组成绩有所下降,第10、12组相差不大,其他小组都有不同程度的提高,特别是第1、3、4、7、11、14这6个小组有了十分明显的提高。可见学习共同体学习活动能够有效提高学业成绩。

(2) 参与意识与合作热情明显增强

在数学教学中,学习共同体活动能激励学生发挥出自己的最高水平。在传统学习中,那些努力完成学习任务的学生被看做老师的得意门生,其他学生容易信心不足。而相比之下,在共同体学习活动中,同学们朝着一个共同目标一起学习,学习活动被赋予了积极意义。由于强调每个成员都积极地参与到学习活动中来,学习任务大家分担,更易于解决问题。而且大家在互相学习中能够不断学习别人的优点,反省自己的缺点,扬长避短,发挥潜能,提高了学习热情和活动效率。

(3) 学习共同体学习活动发挥了学生的主动性

学习共同体学习活动能发挥学生的主动性,整合资源,发挥每个学生的优势,突破教材的重难点,减轻老师的课堂负担。在课堂教学中我们往往在知识的重难点处采取学习共同体学习的方式。这种方式有助于学生对重难点的理解,使学生的思维发生碰撞。老师不要小看学生,有时合作的优势远远超出我们的想象,在共同体小组的学生当中有时会迸发出我们意想不到的智慧火花。

2. 学习共同体活动实施存在的不足

(1) 个别学生参与程度较低

由于学生从小接受的是以班级授课制为主的教育,老师上课时为节省时间,完成任务,往往提问举手且成绩较好的学生,导致个别学生的学习信心与兴趣越来越弱,学习成绩越来越差。在共同体学习活动实践中,虽然分组了,但个别学生仍然持事不关己的漠然态度,只是旁听或机械地抄写、记录。这使得共同体学习活动的成果在其身上的作用较小。如何在竞争取向的教育文化背景下,使共同学习成为每个学生的自觉需要,成为一种常态化的活动,尚有待进一步研究。

(2) 教师的合作技能有待提高

受个人成长经历的影响与传统教学模式的约束,在职培训也很少涉及与学习共同体有关的内容。因此,笔者进行共同体活动教学尝试时感到有些力不从心。有时在小组合作时充当了不恰当的角色,过早介入学生的活动,将学生的活动和结果往事先设计好了的教学框架里赶。共同体活动注重小组合作成员间意见的交流,鼓励学生求异思维、创造性思维的发展,而笔者有时习惯于最后以自认为唯一正确的答案来评定小组所得出来的各种结论,这对学习共同体学习活动产生了阻碍。

（3）合作出现断节

虽然在课堂上认真组织了学习共同体学习活动,但是课后的贯彻出现了中断现象。原因之一是学生课业负担太重,特别是高一学生,有9门功课,虽然能看到合作的好处,但是没有充足时间来进行课后的共同体活动。原因之二是大多数家长更重视的是如何提高学生的学业成绩,对学生课后从事调查持轻视与否定态度,不利于课外学习共同体活动的实施。

（执笔:扬州公道中学唐骏）

五、物理学习共同体构建的行动研究

（一）研究方案

笔者所在学校地处革命老区,学生来自山区。笔者所教年级为初三,所带班级共有48人。他们大部分是独生子女,自我意识比较强,合作意识薄弱,同时,接触的外界世界不够丰富,了解的高科技知识与城里的学生相比少很多,知识面很窄。但对知识有一种渴求,对于物理学科的学习有一定的好奇心。

1. 研究目的

改变以往封闭被动的学习方式,让学生在共同体中学会学习,提高学习的自主性、合作性,促进学生充分、和谐地发展;变革教学模式,探索初中物理学习共同体,形成初中物理学习共同体建设与指导策略,为新课程改革提供参考。

2. 研究内容

（1）物理学科构建学习共同体的阶段。形成小组合作学习操作方案和规则,让学生最大限度地互相帮助,培养能力。

（2）物理学习共同体的教学指导方式与策略。教师发挥最大限度的指导作用,使学习共同体能有序有效地运行。

（3）学习共同体合作方式。让学生逐步学会小组合作学习的方法,具备小组合作学习的技能。

物理学习共同体1:实验学习共同体

物理教学中有很多实验,实验对学生的动手能力、观察能力、表达能力等都有很高的要求,形成学习共同体是提高学习效果的最佳途径。通过与各个任课老师交流讨论学生的情况,根据动手能力和知识技能的不同,把学生分为4种类型,每组由A、B、C、D 4种类型(A:动手能力强,知识技能强;B:动手能力弱,知识技能强;C:动手能力强,知识技能弱;D:动手能力弱,知识技能弱)的学生组成。把这4种类型的学生搭配在一起组成学习共同体。将班级学生按4人一组分成12组。

小组学习目标:通过对实验的具体操作,共同学习,掌握具体的理论知识,提高自身的学习动手能力。对实验中出现的现象能像专家、高手那样去思考和解释。

小组学习过程:学习准备—实验操作—展示交流—总结评价。

3. 资料搜集方法

教师撰写研究日志,记录共同体的学习情况,以便对各小组的学习情况作出评价。观察每个共同体及其成员的表现,及时做好记录。

4. 学习评价

试行4周后,设计调查问卷,提出"学习共同体学习中,印象最深的一次经历是什么""合作学习中,自己最大的收获是什么"等问题,调查学生在学习方法、学习态度、个人能力、与人合作意识等方面的提高情况。

物理学习共同体2:复习学习共同体——合作建构学科知识树或学科概念图(略)

(二) 方案实施

1. 学习共同体的建立

(1) 学习小组的构建

调整行动方案,根据学习内容、学习需要和学生间的个体差异(性别、学习程度、性格特征)将学生分为8个小组,6人一组,每个小组内的成员由学习能力上、中、下3种层次的学生组成,体现"组间同质,组内异质,优势互补,互动均衡"的原则,利于组内能力互补,也利于开展分享学习活动。

随后,小组自己确认选派首任组长,同时分设组织员、检查员等。组长要掌握小组学习的进程,安排发言顺序;组织员要记录小组学习的过程和结果;检查员要检查小组成员的学习情况,确认每位成员都能完成学习任务。以后每月小组成员轮流担任,充分调动每个组员的积极性,以实现小组角色的互赖,增进生生互动的有效性。

(2) 合作制度的建设

制度建设是学习共同体成员合作学习的根本。为此,笔者与同学们一起制定了一份行为准则,提出学习共同体有效学习的要求,并将该准则贴在墙上,让同学们都能看到、执行。

◆ 别人发言时我认真听。

◆ 支持每一个人参与教学活动。

◆ 愿为别人提供帮助。

◆ 如果需要,我会寻求他人的帮助。

◆ 对别人的观点不吹毛求疵。

◆ 始终牢记我们有共同的目标。

◆ 尊重每一个人,不论他的学习成绩是否优异,也不论他是否是我的学习共同体同伴。

◆ 积极参加学习。

◆ 说话轻声细语。

◆ 轮流发言,遵守秩序。

◆ 当你不理解时,立刻请其他的成员清晰地解释他们的观点。

◆ 鼓励你的同伴继续努力向前、扩展他们的观点,超越已有的成就和期待。

◆ 批判时对事不对人。

◆ 不管你赞同与否,让别人不受影响地阐述完毕。

(3) 合作技能的培训

为了保证课堂合作学习的实施,促进学习共同体的形成,教会学生掌握必备的人际交往与合作技能是前提条件。笔者通过下述途径进行合作技能培训。

第一步,确保学生明白合作技能的重要性。让学生选出他们认为必要的技能,从中选取一些并予以解释,同时就学生不具备的技能进行角色扮演。

第二步,确保每个学生都理解每项技能并了解如何运用这些技能以及什么时候运用技能。写出一项技能(贡献自己的主意),然后问学生该怎样做和怎样说。当学生给出自己的答案后,列图供学生对照。

举　　止	言　　语
接着往下说 伴有手势动作 轮流说 一人说,其他人听	我的看法是…… 我建议…… 我们可以…… 我建议我们…… 这就是我为什么这样做的原因 如果我们……会更好的

第三步,提供练习机会,鼓励学生掌握技能。安排一些要完成具体任务的活动角色,使学生在某些技能方面得到锻炼,同时观察每个小组的学生运用技能的次数和效果,并做好相应的记录。定期对该技能进行提示、指导。

第四步,确保每一个学生:(1) 在使用技能时接受到反馈;(2) 反思下一步如何更有效地运用技能。向全班、小组、个人提供详细信息,让学生对信息资料进行分析和反思,使每个学生都获得肯定性的反馈,建立起改进的目标。

第五步,确保每个学生时常进行技能训练,直到能运用自如。任何一种技能都要经过反复练习并成为学生行为体系中的组成部分,学生才能自动地、习惯地予以运用。

2. 物理学习共同体的运行

物理新课程标准明确提出"从生活走向物理,从物理走向社会"的基本理念,要求物理课程贴近学生生活,激发并保持学生的学习兴趣,并将物理规律应用于生产生活实际。不少学生不能用所学物理知识去解释日常生活中的现象,这是因为理论与实践相脱节。因此,教师应重视培养学生学用结合的能力,让学生把物理学活学透,明白物理学习的意义,激发强烈的学习兴趣。如讲到"杠杆的平衡条件"时,有一个学习共同体制作了一把杆秤,他们还给其他同学演示并分析"小小秤砣压千斤"的道理。

一些小实验、小制作和小发明对于学生来说富有创意,吸引力强,比较亲切,简单明了,突出事物的本质。丰富多彩的课余活动生动有趣,能拓宽学生的知识面,发展他们的创造力,挖掘学生的潜能,能促进学生"玩"进物理世界,更"玩"出学习方法和学习兴趣,让他们领略成功的欣喜,感觉路就在脚下。下面以第三组"火箭升空模拟实验"为例进行说明。

共同体名称:"飞扬学习共同体",具体分工如表5-20所示。

表5-20 共同体成员及分工

成员姓名	在共同体中的职责	个人特长
张亚丽	指导老师(合作氛围的创设者,合作学习的指导者)	关心教育,有自己的见解,连续8年承担初三物理教学任务
蒋 松	组长(组织协调本组成员学习)	正气,口齿清楚,有一定组织能力
钱 巍	资料收集员	思路清晰,善于总结,学习成绩好,交际能力强
郑 凯	记录员	书写工整,做事一丝不苟,学习能力一般
沈嘉力	制造者	动手能力强,有上进心,喜欢电脑
朱家圆	材料准备员	逻辑思维强,反应灵敏,信息广
史文雪	中心发言人	热情大方,语言表达能力强,学习能力强

(1)实验准备阶段(9.10—9.20)

学校在10月底11月初有科技节活动,为期一周。飞扬共同体成员对火箭很感兴趣,个个想在科技周里模拟火箭发射情形。教师在调查研究基础上,征求学习共同体成员的意见,向学习共同体提出任务,每个小组认真准备,共同研究。他们通过上网、到图书馆查阅资料,收集有关资料,了解火箭的历史演进和火箭的飞行原理,分别制作了一份任务表。在任务表中明确实验内容、实验材料,学生根据任务表翻阅资料,准备实验所需材料,交流认识,明确实验中的注意事项,完成了设计图工作,并初步确定实验步骤。教师及时给予指导。

有关资料:中学物理教学参考、物理教学、物理趣味小实验等。

实验所需材料:4~5 个可乐瓶(要求大小一样)、硬纸板、美工刀、剪刀、切割垫、直尺、铅笔、胶带、铁架台、打气筒、气门芯、喷嘴、"戒指"(五金店有卖)、橡皮管、软木塞、装饰纸、细线 250cm、粗线 100cm、铁丝、充气阀、老虎钳等。

蒋松负责协调安排。钱巍、史文雪、沈嘉力、郑凯负责查阅资料、收集信息,同时郑凯做好记录。实验所需的材料由每个成员去寻找,材料找好后交到朱家圆那儿,其他同学找不到的材料由朱家圆去找。

(2) 制作阶段(9.20—10.25)

材料准备好后,各个共同体分头制作火箭,调试发射的高度。围绕实验中的一些疑点、难点,小组成员相互讨论、研究,并做好实验记录。

飞扬学习共同体在材料准备齐全后,进行了分工制作。蒋松负责做火箭头,钱巍负责制作火箭体,沈嘉力负责喷嘴的制作,史文雪做尾翼,朱家圆负责发射架的制作,郑凯负责制作过程中数据的记录、经验的总结、思维火花及调试过程中改进意见的记录。指导教师解疑答难,或师生一起就实验制作中的疑惑、困难进行交流、讨论、探究。

制作过程(如图 5-3 所示):

火箭头的制作:如图中(A)所示将硬纸板做一与可乐瓶上部形状相同的圆锥并剪好,卷粘成锥行即形成"箭头",再套粘在如图中(B)所示的瓶底上。

火箭体的制作:由 3 个可乐瓶组成,一个作为动力舱:这个可乐瓶不能漏气。一个作为发射舱:截取一个可乐瓶的中间部分,高 12cm,套入动力舱(可乐瓶的口部),用胶带粘牢。剩下的一个作为储备舱:再截取一个可乐瓶的中间部分,高 12cm,套入动力舱(可乐瓶的尾部),用胶带粘牢。再用装饰纸给它美化一下,画上我们喜欢的图案。

喷嘴的制作:取一个 4 号的软木塞,用开洞工具在木塞的底部正中开一个比气门芯套筒稍小一点的平直洞,然后用小刀横切去细端约 0.6cm;从软木塞的细端往上把气门芯装好,套上一个面积较大的"戒指",拧上螺丝,稍微紧一些就可以。最后将木塞用磨刀石磨成圆柱体,以刚好能够完全进入可乐瓶口或稍紧一点为标准,装上气门芯即可使用。如图中(C)所示。

尾翼的制作:用较厚的有一定硬度的 16K 大小的卡纸纵向对折,

在上面画出 7cm×8cm 的长方形,沿线剪下,再在靠近折缝的那边剪去一个角;然后在折口处向外反折出 1 cm,作为尾翼与火箭体粘接的地方。再做同样大小的 3 片,共 4 片。把这 4 片尾翼均匀地用双面胶固定在发射舱尾部。

发射架的制作:用铁丝做成如图中(D)所示高约 0.5cm 的圆形三脚架,圆形直径约 8cm,这样就做成了"发射架"。发射架不能过大也不能过小,把火箭放进后,要能刚刚好支持住。

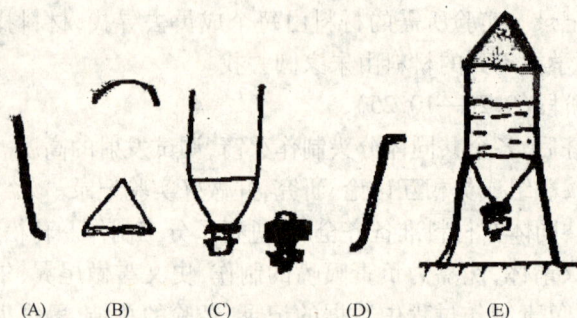

(A)　　　(B)　　　(C)　　　(D)　　　(E)

图 5-3　火箭制作过程示意图

在火箭的各个部分做好后,由沈嘉力负责把各部分组装起来。利用一个周末,全体共同体成员调试火箭的发射:往瓶中注入三分之一的水,把打气筒的出气口与气门芯相连,把火箭放正,打入少量的气体,检验是否漏气。如果漏气,就要检查气门芯、软木塞等可能漏气的地方。将火箭放在发射架上,矫正后套上火箭头,用打气筒连续打气 30 次左右,至软木塞自动脱落,火箭凭强大的反冲力迅速上冲。但我们在调试时,刚开始并不能每次都升空,通过不断的总结、改进、探究,终于能让火箭升空了。

(3) 展示交流阶段(10.26—11.1)

各个学习共同体将实验中调查到的现象、得出的实验结论、制作的成果模型等,分别展现给大家,师生一起总结归纳,得出正确的规律、结论。

火箭升空现场发射比赛(以小组为单位):

1. 在瓶中灌适量的水,将充气阀底座紧紧地塞在瓶口上,放在"发射架"上,如图 5-3 中(E)所示。

2. 用打气筒向瓶内充气,直到塞子自动脱落为止。

3. 现象:塞子自动脱落后,水就会迅速地向下喷出,同时"火箭"像离弦之箭,直冲云霄,火箭升空高达几米。

发射后共同体内部思考并交流:火箭为什么会升空? 各部分装置有什么作用? 上升的高度与哪些因素有关? 为什么刚开始时火箭不能升空? 怎样使火箭升得更高? 如何控制火箭前进的方向?

教师感悟:

当时的发射现场可真"乱",学生的情绪高涨,使得我都有点无法"控制"局面。我认为成功之处是进行了发射比赛,如果没有比赛,学生只是做了一个玩具,是一个工匠,而进行发射比赛,利用了学生的好胜心理,激发了学生的创造欲望,让学生成为发明家。围绕"怎样使火箭升得更高"的问题,将许多学过的知识展现了出来,如如何减小摩擦阻力等,同时又产生了一些新的探究问题,如瓶子重好还是轻好、瓶子里的水装多少最好、怎样改进装置、火箭发射后该如何回收等等,忙得学生做了一遍又一遍,很是高兴!

（教师研究日志）

(4) 总结评价阶段(11.2—11.7)

待各组展现结束后,让学生做一些与本节知识有关的题目,以检查学生的学习效果。让学生以合作的形式完成。让共同体成员相互交流本次实验中自己的学习收获(包括知识、技能、语言表达、逻辑思维等),再让学生说出。

发射比赛后,我们就火箭评出"射得最远火箭""射得最高火箭""最美火箭"。对每个共同体,我们评出"最积极共同体""最合作的共同体""最创新的共同体"。飞扬共同体被评为"最创新的共同体",制作的火箭也被评为"射得最高火箭"。

在共同体成员交流学习收获时,第三组郑凯说:"虽然我在这次制作中,只是负责记录数据的,但从他们身上我学到了很多,如数据的严密性、科学的严谨性、团队的合作性。"朱家圆说:"当我们进入了'火箭'的调试阶段时,我们遇到很大的困难。一段时间下来,我们采用了多种方法,进行了多次实验,但结果都不尽如人意。有一段时间,特别是月考的那段时间,我们组都想放弃了,在多次小组例会上,指导老师都耐心地引导我们,并列举了许多科学家在艰苦的条件下坚持不懈地进行科学研究的故事,给予我们很大的鼓舞,帮助我们重新树立信心。在后来火箭升空时,我们都激动得哭了,这是我们经历了种种挫折和失败之后获得成功的开心的泪水。以后在学习、生活、工作中我会克服困难、迎接挑战的。"史文雪说:"我们还学到许多课堂上学不到的东西,我们分析问题、解决问题的能力得到了锻炼,动手能力也得到了培养。最重要的是我们克服困难的决心和意志得到了磨练。"蒋松补充说:

"这里面学问可多啦，像什么超出课本的平抛运动、计算风阻、控制变量法、动量守恒定律、反冲运动、火箭发射原理……这些都需要用心去琢磨。"

（教师研究日志）

用竞赛的方式训练学生在游戏中学习，让学生在竞赛中学习，在学习中竞赛。这样，不仅可增加学习的兴趣，更可借游戏锻炼学生，并培养学生的团队协作精神。在整个制作和比赛的过程中，有老师的全程参与，这不仅仅是为了知识和能力上的传授，更重要的是通过共同的参与来增加师生之间的感情，改善师生关系。的确，通过这一次科技周活动，笔者发现学生们学习物理的热情高涨，也比以前更勤学好问了。

（5）拓展延伸阶段

第二课堂活动不受教学大纲和教学计划的限制，比课堂教学有更大的伸缩性和灵活性。通过办物理手抄报、组织科技知识竞赛、举办物理知识猜谜会、开展发明小制作活动、举行科技讲座等，能加强学生对课堂所学知识的理解与掌握，发展他们在知识领域的兴趣，提高他们观察、分析问题的能力及实际操作能力，培养良好的思维品质以及刻苦钻研的精神。

（三）效果与反思

1. 效果评价

（1）学生积极参与，学习热情高涨

与以往课堂实验常常是一两个学生做，其他学生坐着看，很大部分学生参与不够的情况不同，共同体中的所有成员都积极地投入到共同学习中。在实验时，根据个人情况有的同学记录，有的同学测量，有的同学读数，每个人都有事做。共同体成员不仅认真倾听他人的观点并提供反馈、做出回应，而且特别乐于发表自己对所学内容的独特理解以及解决问题的独特思路或方案。更难能可贵的是，他们还根据学习活动的实际进展灵活调整预先的安排，自主计划和组织共同体的学习活动。比如：有些共同体在复习"电学"这一部分时，主动增加了总结反思和延伸拓展的环节。即各个成员汇报、交流完自己的解题思路和答案之后，再一起分析这类题目的共同特征，找出解决这类题目的关键，并尝试寻找其他的解决途径。进行研究后，有不少学生来问问题。优生思考的角度更广，深度更深。学困生也主动问问题。总之，在学习共同体中，无论是学习个体还是学习群体，都表现出更强的自主学习意识和自主学习能力。

（2）师生关系更加和谐，学生的合作意识增强

共同体活动改善了师生之间、生生之间的关系，形成学生与学生之间以及学

生与教师之间团结合作、相互支持的人际关系。师生之间也由以往的教—受关系转变为合作关系。学生之间的关系不再是单纯的竞争关系，而变成在合作中竞争，有合作有竞争，学会了合作，合作意识与合作能力进一步增强。

（3）学生学习成绩明显提高

进行了为期一个学期的行动研究与学习共同体建设，学生学业成绩有所提高。考试成绩汇总情况如表 5-21 所示。

表 5-21　实验班和对照班各次物理考试成绩统计表

	班级	平均成绩	标准差	优秀人数
月考1	实验班	73.85	17.57	14
	对照班	75.60	17.58	15
期中	实验班	82.10	16.38	22
	对照班	71.00	14.69	23
月考2	实验班	77.36	16.10	15
	对照班	70.10	15.74	16
期末	实验班	78.65	17.37	19
	对照班	74.20	18.24	14
模1	实验班	77.58	11.83	10
	对照班	70.88	16.14	8
模2	实验班	85.08	13.73	27
	对照班	80.18	14.50	18

表 5-21 显示，实验班平均成绩明显高于对照班。标准差能反映一个数据集的离散程度。标准差越高，表示数据越离散。后 3 次测试显示，对照班的标准差高于实验班。这表明，对照班学生分数值和其平均数之间的差异较大，而实验班标准差较低，学生之间的差距缩小，开始呈现共同发展的特征。

在实验初期，实验班与对照班相比，学生第一次月考物理平均成绩略有下降，标准差几乎是一样的。这是由于实验初期教师和学生都不能很快适应新的模式，教师精力也有限，没能辅导好学习共同体成员之间的相互合作，学生还不能在学习共同体中高效地学习。在实验中期（从期中考试到期末），实验班物理平均成绩有较明显的提高，且标准差总体趋势是略有减少，对照班的标准差总体趋势是略有增大，两个班的优秀人数也从原先的差不多变为期末的相差 5 个。也就是说，实验班学生的成绩比较集中，对照班的成绩差距较大，而且实验班的优秀率比对照班的高很多。这是由于经过一段时间的实践与师生之间的磨合,学习共同体已经能正常运作,开始发挥功效,学生的学习效率提高了,学困生也有了很大的进步。在实验后期(复习阶段),两个班的标准差均有所降低,但实验班的降低幅度比对照班大,显示出共同体学习的成效。

总之,学习共同体中的共同学习培养了学生合作交流的能力,开拓了学生自由学习的空间,使学生在交流的过程中产生新的认识,用集体的力量完成学习任务,有效地提高了各类学生的学习效率和质量,促使全体学生都能在原有的基础上有所发展。

2. 问题反思

(1) 运用范围问题

学习共同体的运用范围究竟有多大? 能否普遍运用? 行动研究表明,该学习形式并非适合所有的教学内容,不是所有的物理教学内容都需要采用学习共同体的形式来学习。一些浅显问题的答案、典型的问题解决思路,可以由教师直接讲解。一些开放性内容的学习和小实验,可以采用学习共同体的方式来完成。在实际教学中,只有将共同体的学习活动和教师的直接教学有机地结合起来,才能收到最佳的教学效果。

(2) 教师指导问题

共同体学习特别是其中的实验探究很耗时间,实验课时不够。要解决课时有限问题的一个重要方面是教师在课前设计好共同体合作探究的要点、课堂上做好引导,让学生有目标地进行合作探究。实验共同体在合作探究时目标要明确,内容要适当,要让学生知道干什么、注意什么、通过合作达到什么目的,所以探究的问题要难易适中。太简单的问题缺少探究的价值,太难的问题超出学生的能力范围。为了避免课堂表面的"假热闹",应在共同体内建立一套合作常规,即合理分工,明确责任。在具体的实践中,教师要根据不同的教学内容设立不同的角色,并要求小组成员既要积极承担个人责任,又要相互支持、密切配合,发挥团体精神。如果目标不明确,分工不落实,必将导致共同学习费时、费力,难以达成学习目标,降低共同学习的实效性。在课外活动中,老师和学生要经常保持联络,当学生遇到问题而共同体成员又无法解决时,教师要提供指导和帮助。

(3) 共同体评价问题

改变以考试为主的评价方式,实施多元评价,把个人评价和集体评价、知识评价和能力评价有机结合起来。对共同体学习活动进行评价时应遵循下列原则:一是重视学生的亲身参与探究实践活动,获得感悟和体验而不是被动地接受别人的经验。二是重视全员参与而不是只关注少数尖子生,发挥"评价促进发展"的功能,使评价成为学生学会反思、发现自我、欣赏别人的过程。三是重视个人评价和集体评价相结合。将每个人的成绩分为两个独立的部分,即将个人和其在小组的努力综合起来。评价时要更注重对学习过程中学生的合作态度、合作方法、参与程度的评价,对表现突出的共同体和个人要及时地给予充分的肯定和激励。

(执笔:常州溧阳市周城中学张亚丽)

六、化学学习共同体构建的行动研究

(一) 研究方案

1. 研究背景

试验对象为扬州市邗江区公道中学高二(5)班,学生 56 名,其中男生 42 人,女生 13 人,学生的化学基础参差不齐。调查显示:34% 左右的女同学从来没有向男同学请教过问题,她们害怕被他人拒绝,而大约只有 9.6% 左右的男同学出现这样的问题。67.3% 的学生认为同学之间很少在课外有真正意义上的合作学习。高二(6)班为对照班。两个班学生的状况差不多,高二(6)班整体基础稍好。

2. 研究目标

培养合作学习的习惯,让学生在课前预习、课堂学习、课后巩固的过程中都有意识地形成合作学习意识,逐渐养成合作学习习惯。改进化学学习方式,充分利用学生分组、作业评价、课堂合作、课外学习等方式有效指导学生的学习。让他们在一定群体中共同学习,反思自己的学习方法、方式,从而真正学会学习。通过相互帮助,大面积提高学生的学业成绩,追求共同进步,共同分享学习成功的快乐。

3. 研究内容

(1) 建立化学作业评价小组。组织学生学习"共同体"的理论,引导学生由"合作学习"逐步过渡到"学习共同体"。

(2) 逐步建立化学课堂学习共同体。利用可控的课堂逐步培育出化学学习共同体,结合正在学习的化学内容进行问题情境创设,让学生通过沟通交流、互相帮助来认识与解决化学问题,达到化学学习的共同进步。

(3) 建立化学课外学习小组。把"化学共同体"由课堂逐渐延伸到课外,将研究者主导的"课堂学习小组"逐渐转变为真正的"化学学习共同体"。组内成员共同参与,拥有共同的愿景,追求共同进步。

(4) 同步建设教师学习共同体。班主任积极协调科任教师(包括化学实验员),形成教师共同体,积极改进教师们的教学方式,不断形成教育合力,提高学生的学习成绩。

(二) 方案实施

1. 学生合作学习小组的确定与运行

(1) 分组操作

研究者根据本班现状及前期调查,结合学生最近 3 次考试的化学成绩,从化学学习的角度,将学生分为 4 层,即 A 层、B 层、C 层、D 层等,同时考虑身高因素,在班级中 1、2 排学生之间,3、4 排学生之间,5、6 排学生之间,7 排的所有学生之间进行适当的组合;每组 4 人,建立异质的合作学习小组。即在固定的教学班内把学生按能力水平分为优、良、中、差 4 类,全班分为 14 个"异质合作学习"小组,尽量使每个小组之间的 A、B、C、D 层学生均衡配置,以便小组内合作。

(2) 确定合作学习小组成员

① 以"互利"为目标的人员配置。研究者将不同性格、不同兴趣、不同学习成绩和学习态度的学生组成一个小组。首先和各任课老师交流讨论学生的情况,然后根据学生知识技能、学习能力和学习态度的不同,把学生分为 4 种类型。把这 4 种不同类型的学生搭配在一起组成合作学习小组。14 个小组均由 A、B、C、D 4 种不同类型的学生组成。其中一组如表 5-22 所示。

表5-22 以"互利"为目标的学习小组

学生	性别	身高/m	学习兴趣	学习态度	学习能力	学习成绩
A	男	1.71	浓厚	认真	强	优秀
B	男	1.72	较浓厚	较认真	较强	良好
C	男	1.69	一般	一般	一般	一般
D	女	1.63	较差	较认真	较差	较差

② 以"亲密"为宗旨的人员安排。学习共同体成员在学习生活中进行广泛、长期而频繁的互动,在情感上相互依赖、相互支持。在学习小组初组建时考虑学习互动的空间和情感上的亲密,以最终形成真正亲密的学习共同体。尽量让座位相近、来回同路或家在一个社区或邻近社区的学生组成合作学习小组,以便于其成员进行经常性的接触和交流。尽量保留学生自发形成的学习小组,同时征询学生期望在一起学习的人选,并考虑学习同伴的亲疏关系。班级中存在 4 个这样的小组。其中一组如表 5-23 所示。

表5-23 以"亲密"为宗旨的学习小组

学生	性别	身高/m	学习兴趣	学习态度	学习能力	学习成绩
1	女	1.61	浓厚	认真	强	优秀
2	男	1.73	较浓厚	较认真	较强	良好
3	男	1.70	较浓厚	一般	一般	良好
4	女	1.64	一般	较认真	一般	一般

（3）制订小组目标

依据最近发展区理论,引导学生制订小组共同奋斗目标,以凝聚学生的参与意识、共同进步意识,以达到提高学习效率的目的。同学们在共同参与、共同协商的基础之上求同存异,确定切实可行的共同目标,让每一个学生的成绩都能够在原有的基础上得到最大限度的提高,共同分享学习中的快乐。

（4）确定小组名称及口号

经研究者协调并确认,本班学生分为14个4人小组,然后组织进行小组命名并确定其行动口号。经组内同伴协商讨论,最终确认本班一共产生了"给力组""学习四人帮""突破2012""筑梦2012""A计划""共进会"等14个小组。各小组的行动口号有"努力奋斗、共同进步""相亲如兄弟、勤奋如蚂蚁""精诚团结、太阳无敌""共同学习、共同进步、共同成功""放飞理想、成就辉煌""同一个共体、同一个梦想"等。在此过程中,学生对各自团队的归属感、荣誉感逐渐生成,初步体会到沟通与分享学习的乐趣。

（5）明确组内成员的分工

在此基础上各小组民主选出组长一名,负责组内分工和协调督促学习进度等。目的是让组内人人有事做、事事有人做,充分发挥每个学生的优势,也让组内成员之间取长补短。组长刚开始由学习基础较好、乐于助人、有一定的合作意识、口头表达及组织能力较强的学生担任,通过一段时间的培养和学习后,轮流让每个组员做组长,以展示每一个学生的组织、领导能力,让每一个学生体验一下成功的喜悦。

2. 化学作业评价小组的建立

（1）组织实施作业评价

在合作学习的过程中总有学生几乎不发言,但发现学生交流作业的热情明显高于讨论问题的热情。讨论问题时,不发言的学生由于理解能力或性格等方面原因,难以发言或不想发言,有的等待坐享其成;而作业都涉及"自身利益",错了就要改,而且谁都希望自己是对的。故研究者将作业评价作为培养学生合作意识的突破口。根据化学学科作业的特点、学校对作业评价的要求及本班学生作业的具体情况，研究者制订了"高中化学作业评价表及相关操作说明"，然后组织学生进行学习。

作业评价的实施：第一步，学习小组依据高中化学作业评价表的操作说明，组织小组内的每个成员都参与讨论，在此基础之上形成组内统一的评分标准。第二步，学习小组内每个成员首先依据高中化学作业评价表进行自评，找出自己作业的优缺点并形成相应纸质评价书；接着组内每两人之间进行互评，如 A 与 B 互评并形成相应纸质评价书。评价时不仅要找出对方的缺点，更要帮助对方总结他的优点有哪些、对方的作业完成状况对自己有何启示，同时 C 与 D 也一样进行互评；然后组内成员共同对 A、B、C、D 的自评、互评的结果进行初步认定，并形成相应的评价意见。第三步，研究者对学生自评、互评、共评进行审核并给予一定的建议。

（2）制定小组合作规则

学生对作业评价的实施热情较高，经过两次组织评价以后，初见成效。有87.5%的学生作业评价的自评能够获得研究者认可；有超过90%的学生作业评价的互评、共评能够获得研究者认可。当然在合作学习过程中也出现了不少的问题。为了能够提高合作的效果，研究者组织研讨并提出了 3 个问题：组建"学习共同体"以来你最大的收获有哪些？在"学习共同体"内你想获得的收获有哪些？在"学习共同体"中你面临的最大挑战是什么？在课上同学们参与的热情高涨，对这 3 个问题进行了认真、充分的研讨，他们都对"学习共同体"的发展充满了期待。

各"学习共同体"组长围绕共同的学习目标，将本组对这"三个问题"的讨论情况进行归纳小结，最终形成了"公道中学高二(5)班学习共同体"章程，研究者再将此发到每一位共同体成员手中。同学们在学习过程中，依据此章程进行，开始逐步能够做到组内成员之间相互提醒、组间相互监督，化学学习共同体的构建也就启动了。共同体章程具体内容如下：

公道中学高二(5)班学习共同体章程

问题：独立思考、合作探究、追根究底；人格：人人平等、和谐共处、真诚相待
学习：互相学习、共同参与、取长补短；纪律：互相提醒、助人为荣、干扰为耻
生活：互相关心、体现善意、收获乐趣；思想：精诚团结、共同进步、收获成果
目的：学会交流、学会合作、学会分享；培养：激发兴趣、增强自信、提升能力

3. 化学课堂学习共同体的建立

（1）确定学习内容

本行动研究正值学生学习"化学反应原理"的专题二"化学反应速率"与"化

学平衡"和专题三"溶液中的离子反应"。专题二、专题三部分内容是对反应原理内容知识的进一步深化。其中专题二化学反应速率与化学平衡、专题三溶液中的离子反应是中学化学重要的理论部分,该部分内容在初中化学、高中必修模块和选修模块中均有安排,既有学习的阶段性,又有必修、选修的层次性,在具体内容上前后还有交叉和重叠,学生概念的形成和发展呈现一种螺旋式上升的形态。这两个专题内容既是对高中化学必修一相关内容的提升和拓展,又是选修"化学反应原理"的重要基础。以前教学时,师生普遍感到难度较大,难以取得理想的学习效果。

(2) 创设合作学习情境

① 创设引导学生参与的生活情境

生活是学生学习化学知识的重要来源,也是学生学习化学知识的最大应用场所。研究者在课堂教学时应该充分利用生活中生动具体的实例或者问题来呈现学习情景。具体来说包括日常生活中与所学内容有关的物品、现象、经验及事件等,与化学有关的社会热点问题、工农业生产问题及能够体现化学与社会、经验、人类文明发展有关的事实、材料等。此外还有化学发展的史实、发明发现。如:

　　案例1:专题二第一单元"影响化学反应速率的因素"的问题。同样的食物为什么在夏天容易腐烂变质,而在冬天却慢得多? 同样的铜片与硝酸反应时,为什么稀硝酸反应慢而浓硝酸却快得多? 为什么在低海拔的扬州煮熟鸡蛋所需时间不长,而在高海拔的青藏高原却慢得多? 实验室用氯酸钾制取氧气时加了二氧化锰,反应为什么就快得多?

　　案例2:专题三第二单元"盐类的水解"的课堂导入:同学们都知道纯碱碳酸钠属于盐类物质,但研究者们为什么却称之为"碱"? 在过去人们常用碱水洗油腻的物品,这是什么原因呢? 你能否设计一定的实验来证明其去污原理? 碱水加热以后去污的效果会更好,这又是什么原因呢? 同样你能否设计一定的实验来证明其原理?

上述案例的教学程序是:首先要求学生自主思考,然后小组合作探究进行实验或者讨论,形成组内共识,再进行组间交流,最后研究者点拨评价,得出结论。

② 创设引发学生认知冲突的情境

任何新知识的意义习得都必须在学习主体积极思维的参与下,经历认知结构的调整、重新组合。因此,在化学教学过程中应充分利用教学内容设置认知冲突,要善于利用学生的认知矛盾,在学生的化学知识的疑惑处、求知兴奋处、意见分歧处、思维创新处,合理而适时地创设情境以激发学生学习化学的求知欲,提高学生的参与度。

案例：酸与碱混合溶液的 pH 值计算。100mL 0.6mol·L^{-1} 盐酸加到等体积 0.4mol·L^{-1} NaOH 溶液中，忽略混合后溶液体积的变化，所得溶液中的 pH 值是多少？

解：

$$c(H^+) = \frac{100mL \times 0.6mol \cdot L^{-1} - 100mL \times 0.4mol \cdot L^{-1}}{100mL + 100mL}$$

$$= 0.1mol \cdot L^{-1}$$

$$pH = -\lg\{c(H^+)\} = -\lg 0.1 = 1$$

引导学生进行解题思路的归纳：依据化学反应方程式进行计算发现反应中酸过量，先求混合液剩余 H^+ 的浓度，再利用该温度下的 K_w 值求出混合液的 pH。引导学生自己来认识认知冲突的情境：依据化学反应方程式进行计算发现反应中碱过量，那么计算的过程又该如何呢？观察学生的解题过程，发现至少有两种解题的思路：其一，先求混合液中剩余 OH^- 的浓度，然后利用 K_w 值求出 H^+ 的浓度，再求混合液的 pH。其二，直接求混合液中剩余 H^+ 的浓度，然后再求混合液的 pH。这两种解题的思路、过程、结果明显不一样，激起学生认知冲突，更要让学生充分讨论，分析对错原因，得出解题思路、方法。

上述案例的教学程序为：首先要求学生独立自主解题，在此基础上交流、讨论，得出一般解题思路；然后据此思路要求学生再自主解决巩固题，或要求学生自己设置巩固题，通过交流得出不同解法，并提出自己存在的问题；最后师生共同参与评价，得出结论。

③ 小组合作，探索发现

充分利用化学演示实验、分组实验及课后实验等，创设化学学习的情境，引导学生自主思考，再通过合作学习，获得化学的高效课堂。在学习过程中，研究者更要给学生提供交流合作的平台，让师生间、生生间的情感交流、信息交流有效进行，让每一位学生不断反思自己的学习过程，并对其他同学的思路加以分析，作出合理判断，强化学生的主体意识，提高学习的参与度，激发求知欲。

（4）课堂训练由"封闭模仿"变为"开放合作解决问题"

① 设计一题多解，发展求异思维

求异思维是创造性思维的核心，它要求学生凭借自己已有的知识、能力，对同一个问题从不同方面和角度去思考，创造性地提出解决问题的途径。因此研究者结合化学教材内容要求学生设计一题多解的问题。例如在学习"弱电解质醋酸的电离平衡"时，要求学生能够设计若干种化学实验以证明弱电解质醋酸的电离平衡移动的过程。首先请学生自己独立思考如何设计实验证明弱电解质醋酸的电离平衡移动，然后在此基础上小组合作讨论设计实验的科学性、可行性。各小组认真研讨后确定了12种解法(参见第六章第二部分)。

②　设计开放题,发展创造性思维

创造性思维的培养,需要充分的想象空间。及时、适度引入开放性化学习题,给学生创设一个更广阔思维空间,可以激发学生的创新意识。该种习题的形式有:从若干条件中选择条件以求问题的解决,即条件开放;选择问题以对应条件,即解决问题开放;条件与问题均开放;不求解题方法唯一,力求多种解法,即解题策略开放;题目结论不唯一,无固定答案,即结论开放;等等。采取多种方式,以遵循学生的创造性思维发展由易到难、由模仿到独立的规律。如在学习"化学平衡的移动"时采用了这样一道开放题:

恒温下,$AX(g) \Longrightarrow BY(g) + CZ(g)$反应达到平衡,把容器体积压缩到原来的$\frac{1}{2}$,且达到新平衡时,X的物质的量浓度从$0.1mol/L$增大到$0.19mol/L$,下列判断正确的是(　　　)。

A. $a > b + c$　　　B. $a < b + c$　　　C. $a = b + c$　　　D. $a = b = c$

研究者示范:本题其他条件不变,将"0.19mol/L"改为"0.21mol/L",则下列判断正确的是?

学生设计题目如下:

(1) 其他条件不变,将"X的物质的量浓度"改为"Y的物质的量浓度",则下列判断正确的是?

(2) 其他条件不变,将"X的物质的量浓度"改为"Z的物质的量浓度",则下列判断正确的是?

(3) 其他条件不变,将"$BY(g)$"改为"$BY(s)$",则下列判断正确的是?

(4) 其他条件不变,将"$CZ(g)$"改为"$CZ(s)$",则下列判断正确的是?

(5) 其他条件不变,将容器压强增大到原来的2倍,则下列判断正确的是?

(6) 其他条件不变,将"X的物质的量浓度"改为"Y的物质的量浓度",将"0.19mol/L"改为"0.21mol/L",则下列判断正确的是?

(7) 其他条件不变,将"X的物质的量浓度"改为"Z的物质的量浓度",将"0.19mol/L"改为"0.21mol/L",则下列判断正确的是?

4. 化学课外学习小组的建立

(1) 课外合作学习小组的形式

课外合作学习小组的形式主要有讨论式、交流式、帮助式等,其功能各不相同。

讨论式合作一般是针对个人难以独立解决的问题,几个人在一起讨论解决问题的课外合作学习形式。这种形式可以应用于思维训练题,比如书本及参考资料的思考题或是教师为培养学生发散性思维而专门设置的一些题目。它的价值是通过学生之间的讨论,最大限度给学生以过程的体验,加深其对解题思路的认识。

交流式合作一般是学生先独立地把某些问题解决了,但是自己难以肯定其结论是否正确,于是找人交流,以便对自己的结论进行验证的课外合作学习形式。这种形式更多地应用于作业的交流之中。它的价值是通过学生的交流,可以最大限度地解决学生的错误问题。

帮助式合作是由异质学习小组内成员之间以好帮差的形式进行的合作学习。它可以最大限度地发挥优等生的作用,实现对学困生的个别辅导,以整体提高学生的课外学习效率。同时针对一些难度较大而组内无法解决的问题,引导组与组之间相互帮助,可以最大限度地发挥合作学习的作用。

(2)课外学习小组的预备

前面的学生分组、课堂作业评价小组的建立及课堂学习共同体的建立,对整个班级的学习氛围产生了积极影响,但教师主导痕迹过于明显。随着学习共同体构建的不断深入,研究者发现学生合作意识明显增强,重新进行分组的时机已经成熟。此时遵循自由组合的原则,把有着共同愿景的学生分到一起。每个小组一般有4~6人,他们有明确的分工和学习目标,他们采用"交流式合作""讨论式合作""帮助式合作"等形式,由小组内同学共同制订小组化学学习目标。

自由组合化学学习共同体,比如相邻座位的、同宿舍的、来回同路的、同类型班级的、同社区的学生,因为他们有着某种相近性,故他们一旦有适当机会就会自觉进行交流、共同学习。共同体成员逐渐把那些"原生态"又模糊的合作意识进一步明确化,他们逐渐开始拥有共享的学习技艺库,共同学习开始内化为学生的一种自觉行动,共同体成员共同分享学习成功的快乐,共同体具有越来越强的凝聚力和生命力。

(3)课外学习小组的实施

加强课外学习小组的目的性、计划性。课外学习小组按一定的目的,围绕所学科目的重难点来组织,每个小组成员固定,由组长负责统领,每个成员各司其职。学习小组成立后,全体成员通过共同协商,订出活动计划,对活动的时间、地点、内容都应有个大致的安排,并制订一个活动日程表。

保证检查监督的规范性。科代表、科任老师、班主任及家长等都可以参与课外学习小组的督促检查。每个学习小组进行定期小结,及时记录、研讨、纠正、巩固出现的问题,在检查人的有效监控下不偏离学习的主题。同时在研究者的指导下,适时改进小组活动形式和内容。

力求活动的形式多样性。研究者引导学生开展多种课外化学学习活动,充分利用学校、家庭、社区等现有的资源及设施,同时在化学实验员的配合下,争取让实验室成为学生化学活动的重要场所。目的在于让学生通过各种形式的活动,获得成功的体验,拓展化学知识,学会在实践中应用化学知识。

5. 教师学习共同体的同步建设

组建教师学习共同体,以加强研究者之间的协作、交流,分享彼此的智慧,共同成长。教师的共同学习形式有结伴合作、教学问题研讨、骨干引领、撰写教学反思、教学行动研究等。在学校行政的推动下,定期组织开展"沙龙论坛""开放交流"等活动,交流与反思教育教学过程中出现的问题,共同研讨寻求解决问题的最佳途径,不断提升教师的专业素养和化学教学质量,以便能够有效地指导、培育学生学习共同体。在课后教师学习共同体交流共同体内学生的情况,特别是对重点对象的关注要长期坚持,从而有效地形成班级教育的合力,促进学生学习共同体的成长。

(三)效果评价与问题反思

1. 学习共同体建设的进展与成就

(1)学生成绩进步明显

研究者主要以高二(6)班为参照对象。该班有学生 59 名,其中男生 36 人,女生 23 人。高二年级(共 12 个班)第二学期期中考试、学分认定测试成绩如表5-24、表 5-25 所示。

表5-24　高二年级第二学期期中考试成绩表(部分)

班级	语文	数学	英语	总分	物理	化学	生物
高二(1)	91.44	114.08	91.25	296.77	96.91		65.59
高二(2)	91.55	111.17	87.40	290.12	95.78		64.80
高二(3)	94.49	107.78	90.09	292.36			
高二(4)	88.08	93.40	84.03	265.51			
高二(5)	89.00	112.76	85.83	287.59	97.64	69.44	
高二(6)	88.97	114.27	84.74	287.98	94.73	67.19	
……							
平均成绩	86.11	92.21	78.88	257.20	89.75	68.31	

本次考试为区三星级高中四校联考,试卷由区教研室统一提供,网上阅卷依

据统一的标准。由表 5-24 可知，对照班级(6)班与(5)班的化学成绩差距不大，这与"化学反应原理"内容的难度较大，对学生学习能力、学习方法要求较高相关，而且学习共同体正在组建之中，暂时还不太成熟，所体现的效果不够明显。

表 5-25　高二年级第二学期学分认定考试成绩表

班级	语文	数学	英语	总分	政治	历史	地理	物理	化学	生物
高二(1)	102.74	107.23	75.00	284.97				68.45		
高二(2)	104.40	103.92	67.66	275.98				64.29		
高二(3)	106.11	91.67	72.09	269.87						
高二(4)	96.78	77.48	67.59	241.84						
高二(5)	100.20	103.93	68.49	272.62				69.69	63.04	
高二(6)	98.71	101.51	68.29	268.51				66.05	53.48	

本次考试为学校学分认定考试，试卷由学校化学教研组长提供，阅卷时依据统一的标准，研究者共同参与阅卷。对照期中考试，从表 5-25 可以看出，(5)班与(6)班相比数学、物理的优势基本不变，但是化学却形成了巨大的优势，这让本班师生及学校有关领导都感到特别欣慰。学校分管教学的校长特别要求学校年级组、备课组进行研讨总结经验以取得更大进步，为学校教学改革注入科研新活力。

（2）学习氛围更加浓厚

"学习团队"经常在学习过程中进行沟通、交流，分享各种学习资源，共同完成一定的学习任务，同学之间关系更加和谐了。在男生居多的(6)班，学生之间矛盾大为减少，连女生之间常出现的小矛盾也少了。课间同学之间追逐打闹的少了，聚在一起讨论问题的明显增多。在学生宿舍内、在走读生来回同行的路上、在放假时学生的家中，同学之间相互探讨学习问题的明显增多，整个班级共同追求学习进步的氛围更加浓厚了。

（3）合作共赢的意识明显增强

在学习共同体内学生一边当"学生"，一边当"先生"，优秀学生把学到的知识及时传给周围的同伴，无疑对后进生的促进作用最为明显，如班上蒋通宇、张国明就是典型的例子。他们化学成绩优秀，正常能够达到 A 等，在共同体内，他们始终在帮助别人而自己的成绩也同样有所进步。这是由于优秀生自己在帮助他人的过程中发现并思考新的问题，使自己的水平得以提升。中等生的成绩获得较大程度的提高，学习主动性增强了，学习自信心增强了。后进生在共同体内也逐渐让自己的闪光点得以展现，他们能够向别人学习的时机增多了，学习的信心有了明显增强。全班学生的学习状态都有了改进,化学低分正在逐渐减少。经过一段时间学习共同体的实践,同学之间合作共赢的意识增强了,他们在学习上相互帮助、合作交流、共同解决问题的现象越来越常态化。

　　一个化学 D 等生的发现,引起的组内合作、组间的竞争。如稀醋酸中加入冰醋酸的电离平衡移动的方向的讨论。学习参考资料显示:《教材解析·化学反应原理》的拓展点三"弱电解质的电离平衡移动",当外界条件改变时,电离平衡会被破坏,平衡发生移动。以 0.1mol/L 的 CH_3COOH 为例,($CH_3COOH \rightleftharpoons CH_3COO^- + H^+$),当条件改变时,其平衡移动的方向、Ka、$n(H^+)$、dldu 电离度、导电性的变化如表 5-26 所示(在稀溶液中 $\Delta H < 0$)。

表5-26　化学变化表

条件变化	加水	加冰 CH_3COOH	加热	加 CH_3COONa	加 NaOH
平衡移动方向	右移	右移	右移	左移	右移
电离平衡常数	不变	不变	增大	不变	不变
H^+ 的数目	增大	增大	增大	减小	减小
H^+ 的浓度	减小	增大	增大	减小	减小
导电性	减小	增大	增大	增大	增大
电离度	增大	不变	增大	不变	增大
水的离子积	不变	不变	增大	不变	不变

　　上课时该 D 等生对此问题产生了疑惑,他课后通过参考资料进一步理解"外界条件对弱电解质的电离平衡移动的影响"时,惊讶地发现"稀醋酸中加入冰醋酸,电离平衡会右移"与上课时老师讲得不一样。他觉得不能理解并把问题告诉了共同体小组内同学,开始时同学们还不以为然,但是组内同学争论了许久也没有达成共识。

　　该小组内的争论引起了其他小组同学极大的兴趣,一下子更多小组展开了讨论,最终形成了两种意见。一种意见认为:稀醋酸中加入冰醋酸,醋酸的浓度增加了,相当于对醋酸进行浓缩,其电离度一定变小,故电离平衡会左移。另一种意见认为:稀醋酸中加入冰醋酸,醋酸的浓度增加了,相当于增加了反应物的浓度,依据勒夏特列原理,电离平衡会右移。那一天化学课刚下,同学们把该问题提交给研究者,研究者感到十分的欣慰,立即夸奖了大家,肯定了大家解决问题的做法,同时告诉大家:这个问题老师肯定没有讲错,正确的解释——电离平衡会左移，但是正确的解题过程还需研究者们在共同体内来合作解决，现在需要的是共同体内的每一位共同体成员共同参与、共同努力。由此班上掀起了一股在课外进行共同体学习的热潮。

（行动研究日志）

2. 存在的问题

（1）合作学习导致个别学生成绩下降的问题

在共同体的活动中遇到一些学生不愿意合作学习，研究者该怎么办？也有同学遇到了问题，以前还能够独立思考一段时间，现在可以理所当然地直接"请教""共同体"同学了，看上去好像问题都解决了，然而成绩却下降了。在实践中，也有化学学习共同体的合作貌似解决了问题，但实际上出现了共同错误，研究者们该怎么办？

（2）小组合作存在的问题

在学习过程中，C 等生及 D 等生缺乏独立思考的习惯，浅尝辄止。还有不少学生合作探究的意识不强，喜欢单打独斗解决问题。有的学生缺乏追根究底的决心，或不明确问题所在，学习陷入茫然。

（3）合作学习时学生的个性差异问题

在合作学习的过程中，有些学生自以为知识都掌握了，当组内其他成员向他请教时显得不够配合，导致一些组内成员间难以进行有效合作。也有一些学生特别是女生、学困生平常不太愿意提出自己的问题，害怕受到他人的嘲讽。

（4）学生参与合作学习时的意愿问题

有一些学生还显得较为保守，不太愿意帮助组内学习上的"弱者"。一些学困生合作时始终积极性、参与度不高，学习基础较差，学习信心有待增强。

（5）小组讨论时学生的配合、互助问题

有些学生与组内同学之间若即若离，没有真正融入到小组中，有的学生不能与组内同学和睦相处，更谈不上互相配合、互相帮助了。

在后续研究中，研究者为避免重复的化学"陷阱"影响，指导学习共同体合作创办了"化学错题周报"。让他们自发组成"化学学习团队"，专门搜集本化学学习共同体一周内易错化学题，并将其汇总给研究者，然后由研究者指导整理并归纳"高频"错题，再发给每个学生进行测试，测试以后共同体内成员合作探索错题解决的思路，共同发现错误的原因并探讨如何避免重复的错误。最后，学生们在下周的晚自修时，各共同体推举代表上台专门答疑解难，把他们的方法、思路等公之于众，由研究者和各共同体对其表现进行评价并记录。这样有效挖掘了学生潜力，有力地加强了组间竞争，更好地促进了每一个共同体的进步。

（执笔：扬州公道中学盛传云）

附:基于学习风格的学习共同体行动研究示意图(如图5-4 所示)

本行动研究以引导不同学习风格的高中生发挥各自的优势,组建一个高效、优质的学习共同体为出发点,以帮助学生在学习共同体构建过程中获得多方面的发展、提高自我满意度为目标。

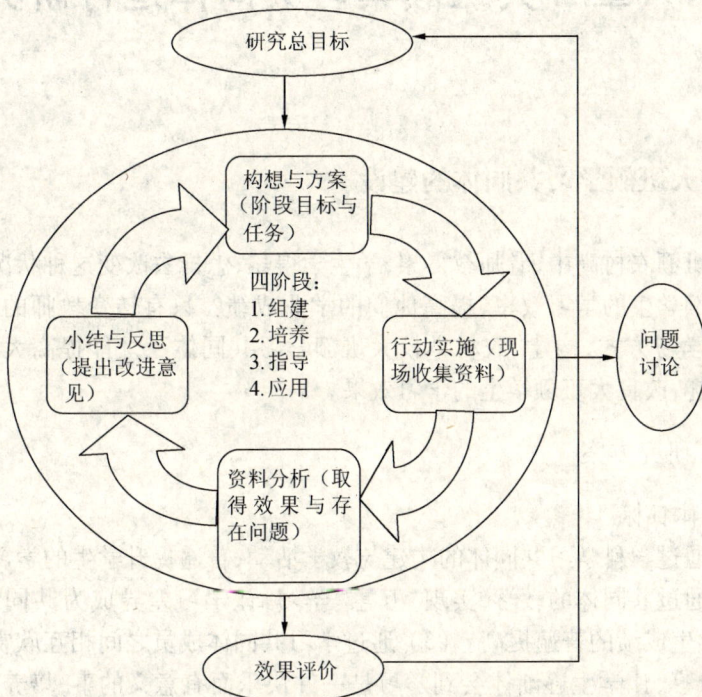

图5-4　学习共同体行动研究示意图

(扬州大学仇丽君,行动研究报告)

第六章　大班额学习共同体运行研究

一、学校大班额学习共同体的建设

在大班额农村高中,老师教得累,学生学得累,怎样去改变这种状况,怎样去提高大班额学生的学习效率,提高他们的学业成绩? 只有转变教师的教学方式和学生的学习方式,构建"农村学校大班额学习共同体",才能提高大班额学生的学习兴趣,改良大班额学生的学习效果。

(一) 研究方案

1. 总体目标

(1) 通过学科学习共同体的构建与教学活动,普遍提升学生的学习兴趣、信心。(2) 通过共同体的教学,实现"互惠"学习,让学习差异成为共同学习的资源,促进学生成绩的普遍提高。(3) 通过学习共同体成员之间相互欣赏、共同学习、共同分享,让学生逐渐体会到学习是一件快乐而有意义的事,培养积极的学习热情和良好的学习习惯。

2. 研究对象

以扬州邗江区公道中学全体班级作为研究对象,研究重点为高中一、二年级学生。其中,高中一年级班级 12 个,学生数为 586 人;高中二年级班级 12 个,学生数为 650 人。

第一阶段(高一第一学期):行动研究的初级阶段。本阶段研究着重点在于分组与合作。收集国内外学习共同体研究成果。设计问卷,对本校高中部分学生的学习现状进行调查、统计。对其中部分学生、老师进行访谈,了解农村大班额教学的现状、问题与困难。

具体措施:第一步,学校教科处组织教师进行"学习共同体"的理论学习,特别是加强对班主任共同体意识、能力等的培养,搭建教师交流合作的平台,如互助团、共进社、书友会等,形成一定的规章考核制度。让同一备课组、同一班级乃至同一年级教师有机结合在一起,通过半学期的努力培育出教师学习共同体。

第二步,在期中考试后,班主任广泛宣传发动,利用班会课、晨会课等继续学习有关学习共同体的材料,明确指导学生学习"学习共同体"的理念及要求,其他教师全力配合学习共同体的培育要求。教师在充分了解学生学情的基础上,尽量让有共同愿景的学生组合在一起,让学生通过课前预习、作业评价、课堂合作、课后互助等学习形式向学习共同体的方向发展,利用半学期的时间逐渐培养学生合作学习的意识、习惯,不断引导学生由"合作学习"逐步过渡到"学习共同体",逐渐养成良好的合作品质和习惯。让学生认识到此学习共同体是学习者知识生成、传播、理解和确认的共同体。

第二阶段(高一第二学期):行动研究的中级阶段。本阶段研究着重点在于课堂教学,这是共同体建设的关键时期。此阶段教师以学习共同体的有关理论等为指导,以促进学生的发展为根本原则,努力提高学生的学科学习成绩,促进和谐的生生、师生关系等的形成,打破教师原有的课堂教学模式,改进学生的学习方式。教师结合每节课的学习内容及相关的生活情境,充分利用有关实验、活动、作业评价等,构建学生学习共同体。

具体措施:建立学科课堂学习小组。教师利用所学内容,进行问题情境的创设,让学习者与学习者、学习者与助学者、助学者与助学者之间通过对话、沟通和交流学习,通过赞扬或批评强化动机,通过互相支持和帮助认识并解决学习中的问题,利用可控的课堂逐步培育学习共同体,达到共同进步。此时正是教师共同体发挥作用的关键阶段,年级组协调同一备课组的科任教师,班主任协调全班的科任教师(包括实验员)的学习共同体。通过一个学期的培养,积极改进教学方式,不断形成教育合力,把提高学习成绩、促进师生和生生和谐关系作为共同目标,让学生认识到此学习共同体是学习者的共同体,在共同体内形成学习者互相关心、彼此信任、相互学习的亲密关系。

第三阶段(高二阶段):行动研究的高级阶段。本阶段研究着重点在于总结、完善课堂共同体建设及其指导的经验与策略,并建立学生课后学习小组。在前期学习共同体的构建过程中,已经有不少学生成为学习共同体的受益者,他们在同一班级群体内的学习目标越来越趋向一致,形成了较为稳定的共同学习愿景。此时应根据学情重新分组,引导学生在课后自觉组合成为学习共同体。

主要措施:除了课堂学习小组外,还建立课外学习小组。在此阶段,教师把"共同体"由可控的课堂逐渐延伸到课外的学习过程中,同时将教师主导的"学习小组"逐渐转变为真正意义上的"学习共同体",其组内成员共同参与、拥有共同的愿景、追求共同进步。让学生认识到学习共同体是文化的共同体。作为文化的共同体预示着共同体中的成员有共同的信仰和愿景,这种共同的信仰和愿景使共同体具有很强的凝聚力和生命力。同时每一步需要研究者及时记录,采取多种灵活的评价方式,不断反思、不断改进,完成共同目标。

3. 研究团队及分工(名单)

为了学习共同体构建的研究能够深入地开展,学校非常重视此项教科研活动的实施,为此专门成立有关学习共同体的研究团队,将学校共同体的研究任务层层落实,从学校到年级组,再到教研组(备课组)和班级,最后落实到教师个人。合理分工,适时监控,形成了学校共同体研究的四层科研网络。

(二)方案实施

1. 教师共同体的建设

(1)学科组教师共同体的建设

学科组教师在课例开发上提供支持。学习共同体实验的实施,光靠一个人单打独斗是不行的,这需要集体的智慧,需要学科组同仁的大力支持,遇到问题大家讨论解决方案。实施听课、评课制度,点评课例,提出该课例存在的问题以及改进的意见,开发适合大班额的共同体课例。

完善集体备课制度,实现教学资源和研究成果的"互惠"。大班额学习共同体的学科教学不同于传统学科教学,在教学预设、作业处理等方面都有不同要求。学科组每周安排两次以上集体备课时间,做到定时间、定地点、定内容、定主持人。围绕学习共同体课堂教学有效性总目标开展研究活动。如教学预设要考虑到教学方法的变革,特别是要把"差异"当成资源,讲究组织学生讨论的方式,实现不同学生之间学习的"互惠"。在作业安排方面,从形式到内容进行尝试研究,考虑到学生之间的合作。

(2)班级任课教师共同体的建设

同一班级任课教师提供其他支持。学习共同体的构建需要对学生的位置进行适当调整,进行合适分组,需要班主任协助调整学生位置,让学生位置适应共同体学习活动的开展,也需要其他任课教师支持,共同探讨大班额课堂教学与管理,促进学习共同体的构建。

开展不同学科教师之间的合作。同一个班级不同学科教师不仅在学生座位调整等形式方面相互沟通,而且在教学目标、教学方式等方面共同努力。为了促进学生健康全面发展,不同学科教师之间应互相了解,经常性地研究交流,开展相互听课、评课活动,形成教师共同体,共同推进大班额教学与研究。

2. 学习共同体的组建

(1)以"互利"为目标组建学习小组

以"互利"为目标配置人员,是一种理想的学习共同体,追求成员共同学习、互相学习、互利共赢。首先,按照学习能力、学习策略、学习方式和优势智能,对学生进行异质分组,将不同学习类型的学生搭配在一起,组成异质学习共同体。这样,大部分学生都能从同伴身上获得必要的帮助和有益启示。除了上述互补性分组,我们综合考虑学生学科学业成就以及学习专长,进行统筹安排,使小组之间相对平衡,做到每个成员能利用、发挥自己的优势,同时弥补自己的劣势,既能有所贡献,又能有所收益,以开发大班额学生的差异资源,促进大班额学生的共同进步。

（2）以"亲密"为旨趣组建学习小组

"学习共同体"建设还可考虑学生之间的亲密关系,按照地缘就近、关系亲密、情感接近为标准进行组建。以"亲密"为旨趣组建的学习共同体与通常课堂上的临时学习小组的区别在于,共同体成员在学习生活中进行经常性的、频繁的交往互动,在情感上相互依赖、相互支持。考虑学生互动的空间和情感因素,有助于形成真正"亲密"的学生共同体。为此,我们运用了空间和情感上的就近原则。"空间就近"指将学习上能互补的学生（如优等生与后进生、性格内向生与外向生）的座位安排靠近在一起,组成学习共同体,以便他们在课堂和课间进行经常性接触和广泛交流。"情感就近"指尽量保留学生自发形成的结伴学习的小群体,将愿意一起学习的学生放在同一个小组,大部分课外学习共同体的组建均按照"情感就近"的原则进行组建。

3. 班级学生座位排布和教室场景布置

如何考虑大班额教学特点,合理安排座位,最大可能发挥大班额学生的主动性,是我们需要重点解决的问题。有研究者在传统的4人一组的基础上进行适当改良,提出"改良的秧田型"座位[1],以加强大班额小组合作和交流（见表6-1）。

表6-1　"改良的秧田型"座位

名　称	说　明	优　点	缺　点
"3＋3＋3式"	三大组,每组三人一排	各组人数均匀平等,有利于小组竞争,相对"4×2式",前后排共有6人参与协作和讨论,便于组织合作学习。	每组最里边学生出入不便;位置过于集中,对于学习纪律较差的班级可能需要时间磨合;对教室空间要求比较大。
"3＋3＋2式"	三大组,两组三人一排,一组两人一排	相对"3＋3＋3式"而言,这种方式适合教室比较狭小的情况,编排灵活;同时可体现这一特殊组的"优越性",比如把这一组定位为"榜样组"等形式。	三组中,有一组人数过少,不利于公平竞争和开展研究性活动;不美观,特别是位置轮换的时候容易出现教室内位置重心不协调等情况。

① 曾茂春,等:《初探新课标理念下的班级座位编排》,《内江师范学院学报》,2008年第S1期。

续表

名　称	说　明	优　点	缺　点
"1+3+2+2式"	四大组,其中两组两人一排,一组三人一排,一组一人一排	这是对"4×2式"的变式,其用意不言而喻,其实,很多分离出来的一人一排的一组,很可能是一些调皮的学生或者喜欢独立学习的学生,这种方式迎合了他们的心理特征,满足了他们的位置欲望,一定程度上提高了他们的学习积极性。	不利于小组间的合作和竞争,特别是一人一排的这一组,在空间上孤立了他们,当然在学习和交流上也限制了他们,因此一般情况下不采用这种方式;不美观,教室内的位置安排不对称,给人一种较乱的印象;位置轮换不方便。
"1+1+3+3式"	四大组,其中两组一人一排,另两组三人一排	这种方式较新颖,既考虑了美观性和可置换性,也兼顾了合作学习和独立自主学习,具有一定的公平性,班级内学习氛围比较稳定,有利于团结,因为一人一排的不仅仅是一组,而是两组,充分考虑了大局和整体。特别适用于高三阶段。	一人一排的位置无论是教师故意安排的,还是学生自愿的,总是让人感觉这些学生很孤僻,容易让其他人形成误解。这种方式在一定程度上不利于学生人格的健康树立,不利于这些学生的充分交流和合作。

通过以上利弊分析,不难发现,"3+3+3式"和"1+1+3+3式"能兼顾合作学习和教室美观的特点,有助于学生的主动性学习,同时,也有助于个别后进生的学习,亦能发挥一些优秀学生的能力,带动整个班级的和谐运转。在大班额学习共同体座位的安排上,我们根据不同班级的实际情况,采用了不同的组合方式。

4.学习共同体的形成过程

(1)建立师生共同的愿景

共同愿景就是共同体为组织和个人确立的立足当前、指向未来的发展愿望和景象,包括组织的存在价值、使命和目标,组织发展规划以及实现目标的手段。共同愿景能把每个成员的心都凝聚在一起,激发人对工作目标和生命意义的追求,其最后的动力基础是使命驱动。使命就如自然生长的"野草",一旦拥有了使命感,就具有了无限发展的生机,也可能形成"百花园"。

共同愿景的建立过程。首先,从高一上学期开始全面了解学生和教师的需求,在需求导向的基础上,着眼于学生的长远发展,对学生个人、小组、班级、年级、学校的未来发展进行系统规划。其次,班主任对学生的个人愿景进行整合和提升,同样学校对教师个人的愿景也进行整合和提升。师生的共同愿景源于个人愿景,又高于个人愿景,它超越了个人利益,又包容了个人利益。最后,全员参与共同愿景的制定,让每个成员成为共同体的主人,在追求学习效益及建立和谐关系的过程中产生日益强大的文化、精神力量。共同愿景举例如下:

学校共同愿景:"实施公道的教育,追求教育的公道"。公道教育就是平等的教育,不分城乡和阶层等级,不管天赋和成绩基础的高低,关注每一个学生,促进学生全面和谐发展,为学生的终生幸福奠基。教育的根本目的在于敬畏和尊重生命,实现生命的健康成长以及和谐幸福。实现学生的生存、发展和精神生活的丰富和谐是教育的根本任务。

班级共同愿景:凡入此室即为知己。全班师生团结友爱,互帮互助。问题共同研究,成果共同分享。班级常规礼仪全校领先,各科学习成绩进步程度力求年级上游,进入先进集体行列。班级口号:"努力上进,快乐成长"。

小组共同愿景:"亲密如同兄弟姐妹,不让一人掉队"。

(2)构建师生、生生交流的平台

学习共同体的核心和标志是有必要的信息交流以及每个共同体成员对其有归属感和认同感,彼此相互尊重。交往互动是共同体维持和发展的"纽带"。因此,教师首先应该精心进行问题话题的选择,能让共同体内成员平等地参与、轻松地交流。从学生分组开始,教师关注学生平等交流,让共同体内成员能够依据规则,进行分工协作、竞争合作以获得认知、情感和能力的发展。在交流互动的过程中,共同目标让他们聚集在一起,共同问题使成员之间保持着一种默契,平等交流使成员的信息获得了放大,这就是学习共同体的"倍乘"作用。教师积极创造共同体成员间相互交流学习、合作共事的机会,学校行政强化和推动共同体的发展。像交会式学习、交互式工作就是一种"小而美"的平台和机会,学习报告会、读书交流会、共同参与的项目(如教师编书、学生编题、作业评价)等成为很好的交流平台。

(3)重建新型的人际关系

学习共同体建设需要新型的工作关系即民主、平等、对话、合作的关系。陶行知先生说过:"想有好学的学生,须有好学的先生。唯有学而不厌的先生,才能教出学而不厌的学生。"教师不是高高在上发号施令的人,而是学习共同体中"平等的成员",最多是"平等中的首席",是学习共同体的"召集人"。除了权威性影响,教师还要靠自己的思想、言行等非权威因素去感染、教育每一个成员,并建立共同体成员之间的伙伴、协作关系。在共同体中,不同成员具有不同的地位、承担不同的角色、发挥不同的作用,彼此之间通过实践、交互、协商、合作等活动,在共同探讨和解决问题的过程中相互影响,相互促进。学习共同体的建设过程,成为新型的师师、生生、师生关系的构建过程。

（4）形成合作学习文化

学习共同体本身就是一种学习文化,共同体中的成员都拥有共同的信仰和愿景及共享的技艺库。学习共同体文化的形成绝不是一朝一夕就可以完成的,需要学校及教师长时间精心的培育。首先,在学校层面提倡快乐学习和快乐生活的文化,利用多种途径教育共同体内成员懂得感恩、学会包容、实现人生的快乐。其次,提倡学习力文化,让学生充分明白学习能力比学历更重要,学习力比能力更重要。再次,提倡创造的文化,彼得·圣吉就说过,学习型组织用两个词概括就是"创造"和"持续创造"。最后,教师提倡多样性学习,引导学生向身边的同学学习、向实践学习、向群众学习,还可通过网络等新兴媒介进行学习。总之,形成了"人人能学、事事可学、处处皆学"的学习氛围。

5. 学习共同体支持系统的建立

（1）学术性支持

教师在学习共同体中是"平等中的首席"。教师可以为学生的学习活动提供反馈和引导,促进他们的交流和反思活动。教师需要从"知识的提供者"变为"学习的促进者",通过与学习者展开深入的对话,激发学习者原有的知识经验,促进其对新、旧知识的反思,促进知识在新情境中的迁移。在对话中,教师可能会向学习者提出启发性的问题,也可能帮助他们形成假设,或形成自己的判断和观点。教师不再完全是教学的发起者和控制者,而在更大程度上作为学习者的伙伴而参与到沟通活动中。在这种沟通中,学习者是知识的建构者,他们在进行主动的探索和讨论活动。在学习过程中学习者可以围绕当前学习的主题进行讨论交流,各自形成自己的判断,表达自己对问题的理解以及解决问题的不同思路,分享彼此的想法,相互解疑、争辩和评价,相互合作解决各种问题。大班额的学生差异能提供更多、更好的学习资源,学生之间相互支持、相互帮助,共同提高学业成绩。每个学习者都与其他学习者分享自己的见解,同时又接受其他人的影响,丰富、扩充了自己的知识,提高了自己在学习和解决问题活动中的自我效能感。

学习共同体借助网络等媒介可以把学习从课内延伸到课外。在网络环境下,大班额可以实现"个别化"的学习交流,有更强的针对性。通过网络,教师和学生展示各种不同的观点和解决问题的思想。教师也可以为学生提供与当前内容有关的最新信息资源,引导学生展开对此问题的进一步探索。这将会使学生超越教室的界限,超越所接触的现成信息,进一步与真实世界的问题情境联系起来,提高知识的灵活性。在课后,可以利用网络促进学习,基于网络的沟通交流可以促进知识的获得和应用,提高学习者学习和反思的深度,提高他们的学习求知欲以及自觉参与学习活动的意识。

（2）人际性支持

在大班额情况下，由于教室空间等客观因素的不利影响，教师很难实施个别化教学，对学生的关照也不可能像小班额那样周到，师生之间、生生之间的人际关系往往显得松散。因此，大班额人际性支持非常重要。教师要引导学生形成新的学习文化，从人际交往中得到鼓励和支持。教师以身示范，平等对待每个学生，学会发现每个学生的优点，并予以表扬鼓励。不以传统的单纯的考试成绩评价学生，让学生知道，每个人都是独特的，学习成长也是互惠互利的，并不存在单向的谁帮谁，都是在自主学习基础上相互促进，每个人都是有价值的。承认差异，尊重不同，共同提高。学习者经常交流各自的经验感受，相互提建议，通过这种人际沟通，学习者体验到彼此的接纳和支持，增加了克服困难、投入学习的动力。

（3）学校政策支持

学习共同体的构建过程是一个复杂、长期的过程，需要学校在政策上的支持。① 改变原有的多层级管理模式，实行"扁平化"的年级管理，便于简化管理程序，为实施学习共同体实验提供组织支持。② 建立课题实验领导小组和工作小组。③ 学校为共同体的构建提供一些研究经费。④ 学校鼓励相关教师阅读共同体的相关书籍，提供与共同体相关的知识培训，请专家教授做关于共同体的讲座，保证学习共同体构建活动的顺利开展。如公道中学曾邀请了扬州市邗江区人大副主任徐金才（教育部校长培训中心专家）、区教育局局长杨荣为学校教师举办讲座，受到热烈欢迎。教师发展共同体研修班培训活动为期三天，全体参加人员对发展共同体建设的意义、目标、作用、措施等有了较为清晰的认识，对学生学习共同体的建设起到了极大的支撑作用。

6. 学习共同体建设管理的策略

（1）学习共同体建设与学案导学结合的策略

学习共同体的构建并不只是简单分组讨论，学习共同体的建立、形成需要教师的引导。明确学习的内容、目标，前置讨论问题，提高课堂讨论交流的效率。通过学案的形式，明确学生共同学习的目标，提出需要共同讨论的问题，有的放矢，互相帮助，彼此促进。

① 明确学习目标，做好合作准备

明确学习目标是实现自主合作学习的前提。在构建学习共同体的过程中，首先要确立的就是某个阶段共同的学习愿景，这又离不开每一节课的学习目标。教学目标开始阶段主要由教师设计，在学习共同体相对成熟的阶段，也可以尝试和学生一起制订学习目标。学案把学习目标设计成具体的学习方案，给学生明确的思维准备和学习导向，促使了学生最大限度地参与学习的全过程。

② 注意学法指导,预留学情反馈

学案是为学生自主学习提供的指导方案,是教师进行学情反馈的桥梁,其实质是为学生提供学法指导和自学资源。其功能是:呈现教学意图,引导学生探究,暴露疑难问题,提供主导的切入点,确保针对性(学生的需要),实现实效性,为师生课堂"互动—探究"提供扎实基础。学法指导是大班额学习共同体尤其要重视的部分,由于学生人数多、差异大,学科教师很难在课堂上指导到位,通过学案可以最大限度照顾到每个学生,让他们有法可循、有据可依。学案的设计增强了互动性,预留学情反馈环节,让学生质疑、问难,为课堂合作提供了话题、主题。

③ 重视学习生成,给足讨论时间

问题产生后,安排一定的时间让学生探究和讨论。一方面,学生自学过程中会遇到许多新问题,提出各种不同的思考。另一方面,教师可在这一过程中引导学生进行探究:掌握某一知识的新技巧;探究知识间的联系,设计问题并解答;用所学知识解决实际问题;发现教材、辅导资料、试卷甚至教师教学中存在的问题并提出质疑;提出推理或假设,引发辩论;提出相关研究性学习课题,并设计初步研究方案。学生常把自己发现或设想的新问题记录在"学案"上面,课上或课后提出,师生在教学中交流、讨论。学习小组的合作探究,使学生们逐渐形成了自己的方法和习惯,真正地学会学习,学会互惠,共同成长。

④ 设计针对训练,及时强化巩固

大班额教学的困境之一就是缺乏针对性,设计具有针对性的训练对于提高学习共同体的效益有着重要意义。我们为学习共同体的课堂设计了下述类型的训练:一是课堂上即时针对性的讨论练习,这是课堂上使用最多的训练,能够引发学生思考,促进讨论;二是课后巩固性的练习,这是向课外延展的学习;三是综合强化性训练,帮助学生构建知识系统,形成学习能力;四是分层挑战性练习,满足不同学力学生发展的需要。

(2) 学习共同体建设与不同课型结合的策略

① 新授课与学习共同体建设的结合。"先学后教,精讲多练"开始成为众多课堂的理想追求。教师要为学生提供预习提纲,要给学生留有自觉预习的时间,并及时了解学生的预习情况。要保证足够的时间,让学生进行针对性练习。除了基本讲解,教师要经常组织学生对预习中的疑难问题、易混淆的问题、学习生成的问题进行讨论,适当点拨。

② 讲评课与学习共同体建设的结合。讲评课重点不在课,而在评。讲评要求:典型性和一般性相结合,要针对学生作业或答卷中出现的共性问题和典型性问题,精心设计点评内容,从而统帅和带活知识的理解掌握;知识和能力相结合,

重点在方法、思路、技巧等方面考虑；课内和课外相结合，通过有目的、有针对性的指导，有意识地把课内讲评的内容延伸到课外，使学生通过小组合作探究的方式，进一步拓宽学习渠道、丰富学习信息，提高自主学习、独立学习、创新学习的能力。

③ 复习课与学习共同体建设的结合。复习课有两种必须克服的倾向：一种是教师放弃了主动组织指导的责任，用做题或完成作业代替教师主导下的复习；一种是教师一言堂，进行水过地皮湿式的过场式复习。复习课更要强调其针对性，要设疑激趣，创设情境，引导学生自主学习、主动学习。同时，还应发挥课外共同体的作用，鼓励学生围绕复习中出现的共同性问题，进行合作讨论，共同解决。

（3）学习共同体建设与完善常规管理制度结合的策略

学习共同体建设与学校原有管理体系有一定的冲突，同时，学校工作千头万绪，特别是在我国农村教育背景下，大班额学校条件差，事务多，学校常规管理常常顾首不顾尾，有较大的随意性。再加上我国教育行政管理头绪纷繁，行政干预学校工作的现象比较突出。上述问题的存在，使得农村大班额学校的常规管理不能适应以"学习"文化为核心的学习共同体学校的要求，需要完善、改进现有的常规管理体系，删繁就简，确立以"学习"为核心的常规管理体系。只有完善、改进原有的常规管理制度，学习共同体的建设才能顺利推进。

① 建立教学时间弹性制度。常规课每节 40 或 45 分钟，不能适应大班额学习共同体的需要。因此，我们根据不同共同体活动需要的时间划分教学时段，在不打破常规教学时间管理的前提下，实行弹性教学时间制度。在编排课表时，学习共同体实验班级适当采取两节课连排的方式，便于教学时开展充足的讨论。

② 建立网络教学制度。网络学习共同体是学习共同体的重要组成部分，也是学习共同体活动的重要支持与依托，而网络教学与辅导不同于一般的教学，其时间、地点不是固定的，为了避免学校网络教学平台流于形式，需要相应的制度保障。对网络教学的任务、内容、方式、评价及其责任作出明确的规定。学校完善网站建设，提供互动平台；学校还专门建设了学习共同体专用的 QQ 群，更加方便提问和讨论。

③ 建立教学研究制度。为了学习共同体的有效实施，需要建立与之相适应的教学研究制度。针对大班额教学实际，主要应做好以下几点：其一，实行年级负责制，发挥年级教师共同体的作用。实行年级组办公，减少部门管理，简化各项常规检查工作。让年级而非学科教师共同观摩同事公开课，展开研讨。其二，完善学科教研制度，发挥学科教师共同体作用。围绕大班额学习共同体建设的问题，定期开展教学研讨，学科组针对学科教学特点与共同体建设问题，把教学

设计、课例研究作为教学研究的核心工作,提升课堂教学质量。其三,完善班主任负责制,发挥班级任课教师共同体作用。以班主任为纽带,加强各学科教师的协作,强化班级学习共同体建设。其四,确立研究项目,围绕共同体建设的相关问题,开展课题研究,在不同学科,对不同层次、不同类型、不同学科学习共同体建设中的问题进行行动研究。

(三) 学习共同体建设效果的评价

1. 主要效果

（1）学生的变化

通过学习共同体建设,学生发生了十分明显的变化。班级的学风、班风与开展实验前相比有了明显改进。学生之间的关系较之前更加亲密,班级凝聚力增强,学生之间互帮互助蔚然成风。学生也变得更加喜欢问问题和讨论。一些原来成绩不理想的学生自信心增强。如姚天宇原来的化学成绩一向不好,在模拟考试中一般只能达到 C 等,所以对化学总是不感兴趣。开展学习共同体实验后,姚天宇学习兴趣明显增强,也能主动提问和做作业了,在高考中化学成绩达到了 B^+。

（2）教师的变化

开展学习共同体实验后,教师的态度和行为也发生了较大变化。首先表现在教育理念的更新上。教师们普遍认识到学生是学习主体,学生的学习不是被动的接受。其次表现在教学行为的变化上。教师们主动改变教学行为。原来教师是以讲授为主要教学方式,课堂上主要是教师讲,学生听。现在不少教师都把更多的学习时间留给了学生。一堂课讲授的时间一般不超过 20 分钟。再次表现在合作得到加强上。不仅同一学科教师之间开展"互惠"的教研,同一班级不同学科教师之间的交流也明显增多。教师们经常一起讨论学生的情况,共同研讨学生学习的问题。最后表现在教师的研究能力得到提高上。参加实验的教师开展实验以来每年都能在省级刊物上发表一至两篇论文。沈文涛老师在全国教学大赛中荣获一等奖。李兆兵、赵良平、吴爱华等老师也在扬州市赛课活动中获得一等奖。

2. 问题讨论

首先,物质条件方面的问题。学习共同体建设本来就是针对农村学校大班额教学困难而展开的教学实验。学生"差异"也是教学资源,班额大、学生数量多会给教师教学带来困难,教师很难在课堂上照顾到每个学生的基础和发展可能,在作业批改等方面也会带来很大压力。通过学习共同体的建设,每个学生既是学生,也是老师,可以实现"互惠"学习,学生学习主动性得到提高。从我们的初步实验过程和结果来看,确实从很大程度上达到了这个目的。但由于教室空间的限制,我们在分组编排学生位置时遇到了很大麻烦,学生座位空间太窄,调整位置比较困难。学习共同体的建设要取得更加理想的效果,改善办学条件还是非常必要的重要支撑。

其次,管理体制方面的问题。当前的行政管理体制与上级部门不切实际的各种检查评比等,会对实验班的工作开展造成干扰。由于本研究需要学校层面的系统支持,需要有比较广泛的参与度,教师理念的更新、实践操作的培训都存在一定的难度,理论上、技术上的支撑都有待加强。

再次,教师素质整体提高方面的问题。正如其他的教育改革一样,教师的素质往往对实验的成败起到关键作用。在理念方面,虽然绝大部分教师能够承认学生主体学习的重要性,但在操作层面,不少教师还不能摆脱原有的模式,即使在讲课时间上有所减少,也还显得比较机械。学习共同体的实施主要依赖于教师的引导。然而,长期以来,学生和教师都习惯了原来的授课方式。有些教师总是对学生学习不放心,总担心讲得不到位,不能真正放手;另一种情况恰恰相反,有部分教师以为学习共同体的建设就是完全的"放手",在小组编排和方法指导引领等方面做得不到位,学生在一起讨论问题也不能切中肯綮。一些流于形式的讨论并没有起到实质性作用,并没有真正组建起合格的学习共同体。在学习共同体建设中,"学习"文化的建立、合作精神的形成、"互惠"模式的打造都需要高素质、高水平教帅的引领和指导。提高教师素质成为学习共同体建设面临的紧迫问题,值得关注。

（执笔:扬州公道中学沈文涛）

二、网络学习共同体平台的构建

（一）网络学习共同体概观

1. 网络学习共同体的定义

"网络学习共同体"是指基于网络环境、由学习者与助学者等共同构成的学习共同体。学习者和助学者在时空上分离,学习活动在网络学习环境中开展,师生之间、生生之间通过各种交互技术进行同步或异步的沟通,分享各种学习资源,交流彼此的思想观念和情感体验,共同完成学习任务。

网络跨越时空,为人们创造了一个更为自由的、开放的、生态式的学习环境,基于网络的学习共同体是在这种环境下由各种不同类型的学习者及其助学者共同构成的一个交互的、协作的学习团体。其成员以网络为通信工具,经常在学习过程中进行沟通、交流，以获取知识、共同完成学习任务，相互影响、相互促进。[①]

2．网络学习共同体的分类

根据共同体的建立动机和存在时间，可将网络共同体划分为4类（如表6-2所示）。

表6-2　网络学习共同体类型

划分标准	分　类	
形成动机	以兴趣为核心的学习共同体（非教学性）	以任务为核心的学习共同体（教学性）
存在时间	短期学习共同体	长期学习共同体

以兴趣为核心的学习共同体（非教学性）根据兴趣组建，如"CSDN 社区中心"（http://community.csdn.net）就是一个计算机程序设计爱好者形成的以兴趣为核心的学习共同体；以任务为核心的学习共同体（教学性）即在网络课程中为完成任务而形成的协作学习小组，如华东师范大学网络学院平台之上的全国中小学教师教育技术能力培训网络共同体。短期学习共同体是一群人为了解决某个问题而临时聚集在一起，等任务完成以后又散去，如华东师范大学网络学院的全国中小学教师教育技术能力培训的学习社区，在学习任务结束后就不再存在；长期学习共同体是一个长期存在的共同体，如"CSDN 社区中心"、塞迪网络学习社区（http://www.ccidedu.com/col/58ll/58ll.html）。

3．网络学习共同体的功能

（1）能满足学习者的自尊和归属需要。在网络学习共同体中，学习者感到自己和其他学习者同属于一个团体，遵守共同的规则，开展共同的学习活动，具有一致的价值取向和偏好。学习者对共同体的归属感、认同感有利于增强学习者对共同体的参与程度，维持他们持续、努力的学习活动。

（2）能提高学习者的参与意识，增强学习者的团队精神。一个和谐融洽的小组或团队，能使小组成员之间保持积极的合作关系，使成员从团队中汲取学习的动力，共同实现整体的学习目标。基于网络的协作学习有助于增强学习者的参与意识，培养学习者的团队精神。

（3）能为协作学习的实现提供良好的协作环境，培养学习者的协作技巧和人际交往能力。网络教育环境中的电子白板、虚拟教室、虚拟研究机构以及视频会议等技术和方法，能为协作学习者创设一个广阔的协作学习环境。学习者依据团队的整体目标和自己的个性，可以选择竞争、辩论、合作、问题解决、伙伴、设计和角色扮演等协作学习形式，利用文本、图形、图像、声音、动画、视频等数字化

---

① 张建伟：《论基于网络的学习共同体》，惟存教育，2000 年 5 月 21 日。

学习资源。在基于网络的协作学习过程中,学习者之间既分工又合作,这样能训练学习者的协作技巧,增强其包容差异的能力。

(4) 能促使学习者与辅导者、同伴之间进行交流和合作,共同建构知识,分享知识。在沟通交流中,学习者可以看到不同的信息,看到理解问题的不同角度,重新组织自己的思路。[1]

(二)基于网络学习共同体平台的教学辅导操作流程

教学前,教师先向学习者介绍网络学习共同平台(见图6-1),发放学习辅导资料,指导学习者合理使用相关策略,让学习者意识到网络学习的重要性。然后根据流程图进行学习策略的选择与使用。

网络学习共同体平台的教学辅导操作流程如下:

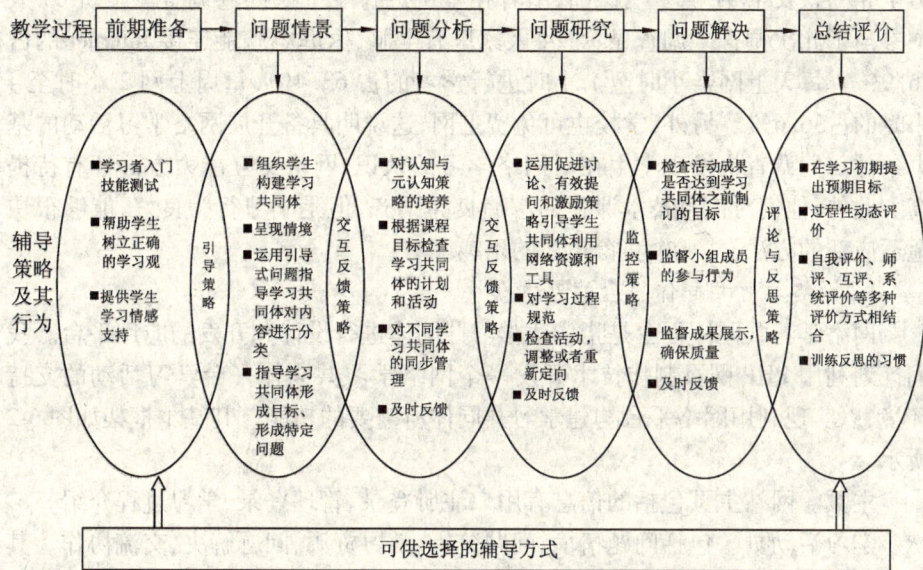

图6-1 基于网络学习共同体平台的教学辅导操作流程

首先,教师需要对网络学习者进行测验,以确定学习者是否具备学习的先决条件。如果不具备开展学习的先决条件,则应辅导学习者补充相关知识。学习初期,教师对学生进行分组,当学习者能熟练地使用该平台时,可以由学习者自己构建学习共同体,在学习共同体内与学习伙伴共同制订目标,形成共同愿景。学习小组在教师的指点下明确学习任务,确定最终需要解决的问题。在问题分

---

[1] 励颖:《面向中学的网络学习共同体平台的设计与实践》,华东师范大学硕士学位论文,2007年。

析阶段,教师需要帮助学习者及其团队培养有效的认知与元认知策略,指导学习小组制订合理的探究计划,并及时反馈信息。在问题探究阶段,教师应运用促进讨论、有效提问和激励策略来引导学习者有效地使用平台和利用网络资源,同时对学习活动进行规范。在问题解决阶段,教师需要检查各共同体学习活动成果是否达到预期的学习目标,指导学生展示学习成果。在评价与反思阶段,教师需要采用合理的评价方式,帮助学习者培养反思习惯。基于网络学习共同体平台教学辅导评价,可以从辅导态度、辅导策略、辅导过程、辅导绩效等几个方面进行评估。

(三) 行动研究方案(以"网络技术应用"课程为例)

本研究对象为扬州市邗江区公道中学高二(1)班。全班共 65 名学生,其中男生 34 名,女生 31 名。授课前,笔者在全班进行了一次问卷调查。全班 65 人均参与了此次调查。调查显示,24 人家里有电脑,家庭电脑能连接 Internet 的占 36.9%。每天上网半小时至 1 小时进行学习的占 63.4%,每周上网 2 小时至 4 小时的占36.6%。另外,学校也可免费上网,这说明具备开展网络学习活动的基本条件。但调查也发现学生在对网络学习的认识、网络交互能力方面还有待提高。此外,他们对信息技术课程的掌握良莠不齐,但是学习行为良好,能够很快地适应新的方法,并从中获得学习的乐趣。

1. 网络学习共同体平台的基本模块

网络学习共同体平台是指构建学习共同体进行设计和开发的应用平台。我们计划利用 PHP 网页制作技术开发一个网络学习共同体平台学习活动的支持环境,以实现利用网络平台构建学习共同体所需的功能。其基本框架如图 6-2 所示。

主页。网站主页包括的信息有用户注册登录、管理登录、学习过程介绍。

学习活动页。包括问题情境、问题分析、学习资源、问题解决、交流协作。其功能是让读者明确主题,选择有兴趣的活动进行研究。学生点击相关活动的链接,就可以进入问题情境,开展学习。

2. 教学策略

基于网络环境下的教学辅导策略包括:引导策略、交互策略、监控策略、评价与反思策略以及反馈策略。辅导教师在教学目标的指导下设计基于问题的教学活动,对学习小组予以指导;通过网络教学平台、BBS 论坛、e-mail 通信等形式与学习者进行交流,必要时还可以进行面对面的交流,从而引导学习者进行学习。

3. 研究计划及时间安排

本次行动研究为期一个学期,研究计划如表 6-3 所示。

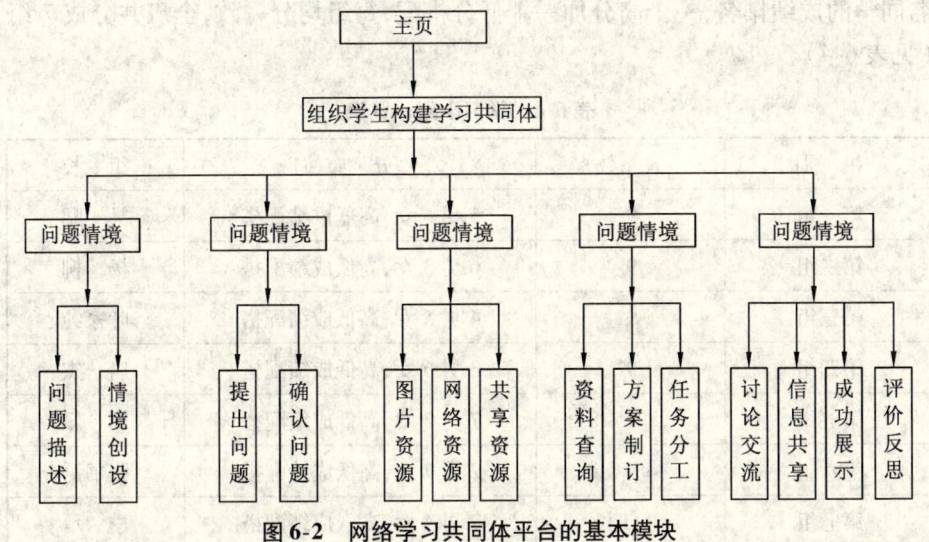

图 6-2　网络学习共同体平台的基本模块

表 6-3　研究计划安排

步骤	起止时间	研究目标	主要任务
总体计划的制订	2011.1—2011.3	基于网络平台构建学习共同体的教学模式,提出网络平台学习共同体的教学辅导策略,分析教学现状,制订行动方案。	网络学习共同体支持平台的构建;主题设计(问题设计);学习组织形式的设计;教学辅导策略的设计;学习评价设计。
第一轮行动研究	2011.3—2011.4	实施利用网络平台学习共同体教学方案。发现网络平台构建学习共同体教学辅导策略的不足,并将其作为下一轮研究的目标。	创设网络情境;构建学习共同体;营造良好的交互氛围;给予学习者学习情感的支持;设计具体的指导活动。
第二轮行动研究	2011.5—2011.6	对使用平台构建学习共同体教学辅导策略应用进行修改和补充,深化研究。	培养学习者的学习策略;有效促进网络交互;优化评价策略。

（四）行动研究实施

1. 网络学习共同体的构建

按"异质同组,异组同质"的原则组成学习小组,将不同程度的学习者合理搭配。每个学习小组组长 1 人(以后轮流做组长),其职责是对小组成员进行明确的分工、协调小组活动、协助教师进行评价。课前对学习共同体的组长进行一定的培训,帮助他们掌握小组成员分工协调、协助评价的方法。依据实验班 65

名同学的成绩排名,一个高分加一个低分搭配,每组均分一致,全班共分成7组(见表6-4)。

表6-4　学习小组一览表

组　别	人　数	分　布	组　长
第一组	9	5男4女,高低成绩配搭	吴　鹏
第二组	9	6男3女,高低成绩配搭	杨　柳
第三组	9	4男5女,高低成绩配搭	叶家纯
第四组	9	3男6女,高低成绩配搭	唐　杰
第五组	9	7男2女,高低成绩配搭	周　佩
第六组	9	2男7女,高低成绩配搭	张书语
第七组	11	7男4女,高低成绩配搭	季　承

2. 创设问题情境及其辅导策略

教师通过文字、图片、搜索引擎、视频短片等方式呈现情境,并提出引导性问题,如在进行活动主题为"因特网信息资源检索"的教学时提出下述问题:

目前因特网的搜索引擎有哪些类型?

目前有特色的信息检索工具有哪些?

其他信息检索工具又有哪些?

你觉得这些检索工具应当如何优化组合才能取得最好最快的搜索

效果?

通过这些问题提高学习者发现问题的能力,培养学习者的发散思维。当然,也可由各学习共同体提出问题,再讨论确定。

3. 问题分析及其辅导策略

学习者先提出问题,教师帮助学习者完成对问题的合理设计(以劣构问题为主,以良构问题为辅),然后分析问题。或先让学习者在网络平台的讨论区发表自己提出的问题,然后共同体内的成员就这些问题进行交流、讨论,筛选出合理的问题,确认要解决的问题。

在共同体进行学习的过程中,需要每个学生都承担具体的任务,并对自己的任务负责,通过合作最终完成共同的目标。为了改变小组活动无序的状态,教师不仅要重视对课程任务的布置,还要重视对小组问题确定过程的指导,避免小组讨论成为一些优秀学生的表演或学生相互推诿,让学生能积极参与问题确定和分析的活动。

4. 提供学习资源及其策略

针对问题,教师提供网站资源。在指导学习小组的过程中,教师利用网络平台及时上传学习资源,督促学习者下载学习。教师鼓励学习者将自己搜集的有价值的资料上传到学习平台,形成资源共享。对于上传有价值资料的学习者,教师在评价时给予一定程度的加分。

网络平台为学生营造了一个探索发现的学习环境,提供了丰富的学习资源,学习小组以"任务驱动"和"问题解决"作为活动主线,在教师的激发引导下主动寻求学习伙伴,进行协作、探究。在网络教学平台的支持下开展教学活动,学生通过网络平台与老师和同学快速交流,把握学习要点,及时获得信息反馈,掌握正确的学习方法。

5. 问题解决及其策略

教师指导学习小组制订解决问题的具体方案,方案内容包括探究目标、内容、方法等。

学习共同体完成问题探究计划表后提交到网络平台中各小组的讨论区,由辅导教师与各小组共同探讨计划的合理性与可行性。表 6-5 是一个学习小组的问题探究计划表。

表 6-5　某学习小组的问题探究计划表

问题探究计划	探究目的	理解理论知识,熟练掌握操作技能
	探究内容	因特网搜索引擎有哪些类型及如何使用
	探究过程	借助网络收集资料,平台整合交流分享
	时间安排	45 分钟
成员分工	全　组	讨论学习中必须解决的若干问题
	潘伟杰	按小组确定获取资料的来源,并通过各种技术手段获取资料,然后对收集到的资料、数据进行有效的整理,供小组成员共享
	陈宇航	
	吴　鹏	
成员分工	唐　尼	讨论并制定自己小组的研究主题及解决课程框架问题的策略与方法,共同讨论设计问题调查表,注意问卷的科学性和可操作性
	许　茹	
	殷　铭	
	严　谨	
	杨礼有	选择一种或者多种方式呈现结果
	袁　媛	代表小组在课堂上向全班同学汇报

开展的活动	确定问题	10 分钟
	获取信息	25 分钟
	问题讨论	15 分钟
	问题解决	5 分钟
获取资料的途径	借助于网络教学平台及互联网	
成果展示	文字性叙述	

6. 交流协作及其策略

（1）交流讨论

设计两课时的实时交流环节,由辅导教师为学习者解答疑难问题。教师引导学习者思考问题,通过与学习伙伴交流讨论解决问题。在分组合作的过程中,先进行组内合作讨论,再进行组间合作交流（或放到活动展示阶段）。进行组内讨论时,一般各组先由一人汇报其对所学内容的理解,其他成员补充,同时把个人在自学中遇到的问题提供给全体组员讨论,并把达成的共识以及组内不能解决的问题归纳整理出来,准备组间交流。教师先在一位同学的帖子下面发动大家进行讨论,引起大家的关注。同时,还专门发一个引导性的话题并设置优先级,以促进大家的讨论。教师监控学习小组的交流过程,对优秀的帖子进行表扬和肯定,鼓励学习者深入讨论,制止无关话题,引导他们回到活动主题上来。其教学策略为:

适时反馈。教师适时赞扬某一有趣的或有见解的观点,以肯定学习者对讨论的贡献,鼓励学习者积极发言,或建议学习者选择另一种思路,或引发一个新的论题来促进小组学习,或委婉地否定某个学习者的观点,引发新的讨论。

话题引导。当学习者提出与活动无关的话题时,尽量引导他们回到活动的主题内容上来。或提示他们私人的话题可以下课之后交流,先完成网络活动的任务。

促进有效提问。为了促进学生有效提问,可设置提问时间警示功能,超过警戒时间的问题直接提交教师,由指导教师在平台上解答学习者的问题,以保证学习者的问题能够得到尽快解决,节省学习时间。

鼓励优秀帖子。对于论坛中有价值的帖子,教师应将其置顶,设置成优秀帖子供大家参考,并在评价中对该帖子的作者给予一定的加分奖励,以此鼓励有质量的思考。

非言语交流。在交流中,教师通过非言语的符号语言（如一个笑脸或一个疑惑的表情)来表达教师的情绪和信息,使学习者在网络中感受到情感的交流。同学之间也可使用相关符号交流。

(2) 学习过程的监控

加强各学习共同体组长的监控功能,同时尽量完善网络平台的功能,希望网络平台自动实时记录学习者的学习过程,比如何时进行了网络搜索、浏览了哪些网站、与哪些学习者进行了交流等,并实时提醒教师进行强化监控。

教师限定集体在线讨论的时间以及提交作品和评价的时间,在线讨论之前,每个共同体自定步调。教师随时关注每个共同体的进展,对于学习步调过慢或过于懒散的共同体,教师会通过各种途径督促他们重视活动、加快速度。对于出现问题的共同体,教师与该共同体成员共同商讨,若发现问题,对探究计划进行修改,或者重新制订探究计划。

(3) 活动成果展示

课堂汇报:进行组间交流时,一般先由一个组首先发言,汇报该组对所学知识的理解程度,其他各小组作出评价和补充,再由各组提出本组的疑难问题,组与组之间进行讨论解答,最后全班对本课学习内容进行归纳。

运用网络平台中交流协作部分的成功展示模块,将学生的学习成果加以展示,并由每个学习共同体派一名代表汇报小组活动的感受,包括该共同体在活动中的表现情况、小组活动开展过程中出现的问题以及改进方法等。教师负责记录共同体发言信息,整理之后放到学习平台上,为下一次活动的开展提供参考。

> 在老师的帮助下,我们组共计9名成员构成了一个学习共同体,我们有着共同的愿望,而且我们组的每个成员都在为之努力着。在活动的过程中,我们也遇到了很多的问题,比如问题的定位、问题的分析、资料的查找、合作交流、讨论等。根据学习目标提炼问题是我们面临的最大难题,于是,我们9人分别从自身出发提出了若干个所谓的问题,并通过讨论确定了最终需要解决的问题,然后通过网络教学平台提供的资料以及查找的资料来解决问题。(第六组组长张书语介绍的活动过程)

7. 活动评价及其辅导策略

为了鼓励学生之间的协作,评价比重设置为:教师评价占30%,学习者自我评价占30%,小组成员评价占40%。期望促进协作互进氛围的形成。评价内容主要包括学习者对资料的搜集与处理能力、小组的协作能力和作品质量三个方面,目的在于强化学习者的网络协作学习技能。评价关注学习者搜集资料的方法和使用的工具,鼓励资料处理和资源共享,重视分工协作。

学习者自评。即共同体成员对自己在共同体活动中的表现进行评价。表6-6是一个学生的自我评价。

表6-6　学习者自评表

评价项目		得分值					
		5	4	3	2	1	0
确定主题、搜集资料的能力	使用了多种搜索工具搜集资料	√					
	所搜集资料的形式多样,数量多	√					
	资料内容丰富,与主题关系紧密		√				
小组协作能力	我很愿意与其他组员进行合作			√			
	我能够自觉、按时地参与小组合作活动		√				
	合作过程中我积极主动地发言		√				
	小组讨论时我注意倾听并尊重他人的发言		√				
	合作过程中我主动为其他组员提供帮助		√				
	我们小组的分工明确、合作有效	√					
作品质量	能够清晰地表达出主题思想,具有创造性		√				
	内容的语法、拼写准确无误		√				
	有完整的、规范的引用记录	√					

学习者自述:在这几次的学习过程中,我与小组的其他学习伙伴首先根据指导老师提供的课题确定了主题,并进行前期的资料搜集。在这一过程中,我使用了多种搜索工具搜集资料,比如百度、Google、知网数据库等。我和同伴们都收集了大量的、多种形式的关于这个主题的资料,有文字形式的、图片形式的,也有视频和动画形式的,内容十分丰富。我们把它们放在网络平台的学习共同体资源共享里,然后再与小组的其他同学进行交流讨论,删除没有用的和重复的资料并进行分类。在小组合作中我积极发言,积极讨论,虚心倾听,并主动为组内的其他同学提供帮助。在小组组长的协调下我们分工明确,合作有效,加强了小组的荣誉感。在交流讨论中,我们也积极地进行记录、反思,并将交流讨论中的好方案应用到自己的作品创作中。

组员互评。组内不同成员之间相互评价,评价打分结束后计算每个成员的平均分。下面是一位学生对该组其他成员的评价。表6-7为组员互评表。

表 6-7 组员互评表(以第一组为例)

组员姓名	具体表现					
	合作态度	参与程度	明确个人任务与角色	发言情况	向他人提供帮助	总分
吴 鹏	4	5	5	5	4	23
吴 迪	3	4	4	4	2	17
陈奕潼	5	3	4	3	1	16
张 欢	2	3	4	5	3	17
范 璐	3	5	5	4	2	19
陈慧玲	4	4	5	3	1	18
苏志文	5	3	3	2	3	16
潘辰璐	2	5	2	5	4	18

(五)教学效果与反思讨论

1. 教学效果

(1)学习者学习兴趣明显提高,学习态度明显改善

行动研究结束后,笔者对 65 位学生进行了问卷调查。调查显示,37% 的学习者认为学习兴趣逐渐或明显增加。对于"自己最大的进步",42% 的学习者认为是自己的问题解决能力得以提高,29% 的学习者认为是自己的协作交流能力大幅提高。对于"是否自己主动构建",63% 的学习者认为自己是主动构建的,但也有 28% 的学习者认为自己是被动构建的。可以说实验达到了预期的目标。

(2)学习者的信息素养、合作能力得以提高

调查显示,学习者在对资源进行搜集、鉴别和整理方面的技巧与能力都有较大提高,多数学习者查找资源的积极性有了较大的提高,能够利用尽可能多的工具来查找资源,78.46% 的学习者能主动对资源进行鉴别,并对资源进行整理筛选。学生信息素养调查情况如表 6-8 所示。

学习者在小组内参与交流的主动性增强了,与同学交流的能力有了较大提高,74.85% 的学习者能够自觉参与小组讨论,78.47% 的学习者发言积极并能将自己的观点阐述清晰,72.31% 的学习者能够积极主动地向其他成员提供帮助。小组合作方面的自我评价如表 6-9 所示。

表6-8 学生信息素养调查情况

		从不/%	偶尔/%	经常/%	总是/%
积极查找 相关学习资源	第一轮活动	30.77	24.62	30.77	13.85
	第二轮活动	4.62	21.54	63.08	10.77
利用尽可能多的 工具来查找资源	第一轮活动	27.69	26.15	33.85	12.31
	第二轮活动	0.00	21.54	63.08	15.38
对资源进行 鉴别和整理	第一轮活动	16.92	32.31	43.08	7.69
	第二轮活动	0.00	21.54	58.46	20.00

表6-9 学生在小组合作方面的自我评价

		从不/%	偶尔/%	经常/%	总是/%
能够自觉、按时 地参与小组讨论	第一轮活动	23.08	33.85	29.23	13.85
	第二轮活动	3.08	23.08	49.23	24.62
发言积极,并能 提出自己的观点	第一轮活动	20.00	26.15	44.62	9.23
	第二轮活动	0.00	21.54	53.85	24.62
能够倾听并响 应他人的发言	第一轮活动	24.62	26.15	36.92	12.31
	第二轮活动	4.62	21.54	47.69	26.15

2. 问题讨论

(1) 共同体构建的问题

分组时笔者只是参考学习者的性别和学习者平时的成绩,没有对每个学习者的情况作出全面把握,没能协调各个学习共同体中各类能力的均衡。有的学习者没有主动参与到构建学习共同体的过程中来,只是机械地听从教师的安排,学生的主体作用发挥不够。今后应在了解分析学生的基础上给学生一定的选择机会。

(2) 学生参与的问题

在学习过程中,学习者习惯按照教师的引导性问题去搜集资料,没有养成发现问题的习惯,没有达到自主发现问题并解决问题的要求。

学习者趋向于寻找现成答案,对搜索到的知识不能进行有效的筛选和整合。在搜索的过程中,笔者曾经发现一个小组9个学习者在通过搜索引擎来寻找答案时居然找的是同一个页面同一个答案。问题解决方案亦缺乏个性。

部分学习者不能全程参与共同体的活动,仅仅完成分配的任务,其他事情由小组长代做。其原因可能是:高中学习者的学习负担过重,课余时间较少,认识不到位,积极性不高。此外,在实践中出现了个别学生复制跟帖和灌水帖现象,今后应利用技术屏蔽这些没有用的帖子。

(3)教师指导的问题

由于网络交互的异步性,有时辅导教师会漏掉对部分学习者所提供的资料的分析和评价,这部分学习者上传资源的积极性可能因此受到影响。在进行学习共同体构建时我们不能分太多的小组,6个左右比较适宜。此外,由于各学习小组存在差异,各个学习共同体解决问题的步调不一致,因此,在构建学习共同体的时候应该尽量平衡各个学习共同体的差异。

辅导教师对学习过程的组织以及对学习者的监控、反馈还需要加强。由于班额过于庞大,构建的学习共同体也就较多,教师对这些学习共同体学习过程的组织和监控不够,要给予学习者及时反馈存在困难。

(4)评价的问题

在评价中出现两个极端:一些学习者在学习中表现很好,学习很积极,但自我评价比较谦虚,给自己的评价较低;一些学习者性格比较活泼,人缘较好,但学习不认真,偷懒,而教师在评价时却给了其较高分数。今后应该将评价标准从知识转向学习能力、学习兴趣等因素。对于那些很难用数字精准评价的内容,应多用自然语言加以描述,如学习能力很强、学习兴趣浓厚、学习动机差、不能很好地与他人协作等。这些评价是明白的、具体的、较客观的。

（执笔:扬州公道中学赵艮平）

大班额教学方式变革研究

第七章　大班额自主学习

一、自主学习概观与教学策略

（一）自主学习概观

1. 自主学习的定义

国外关于自主学习的术语很多，如自我调节学习、主动学习、自我监控学习、自我指导、自我管理学习、自律学习等。国内对于自主学习的阐述也多种多样，有自主学习、自主性学习、自主式学习，大多强调学习的主体性，但对于什么是自主学习，仍没有形成统一的看法。目前对其概念的理解主要有 3 种不同的观点：

有学者从狭义和广义的角度对自主学习给予了界定，如韩清林认为狭义的自主学习是指学生在教师的科学指导下，通过能动的创造性的学习活动，实现自主性发展。而广义的自主学习是指人们通过多种手段和途径，进行有目的有选择的学习活动，从而实现自主性发展。

庞维国教授认为，如果学生在学习活动之前自己能够确定学习目标，制订学习计划，做好具体的学习准备，在学习活动中能够对学习进展、学习方法作出自我监控、自我反馈和自我调节，在学习活动后能够对学习结果进行自我检查、自我总结、自我评价和自我补救，那么学习就是自主的。

余文森教授认为：自主学习是一种主动学习、独立学习、元认知监控的学习。

我们认为，自主学习是学习者自我导向和监控的学习。在自主学习中，学习者处于主体地位，学习者对自己的学习负责，明确学习目标，制订符合自己实际情况的学习计划，并时时监控和评价自己的学习过程。具体地说，学习者能够独立地制订自己的学习目标、确定学习内容、选择学习方法，并能自我监控学习过程以及评价学习结果。

同时，自主学习有别于自学。自主学习不是完全脱离教师指导的学习者自己学习，在培养学生自主学习能力的过程中不能忽视教师的点拨、指导、示范和引领作用。自主学习是学生在教师的引导下，自己选择学习方法、途径，进行独立的、能动的、有效的学习。在这种学习活动中,学生可以更加主动地获取各种知识,训练各种学习技能,提高自己的学习能力。

2. 自主学习的特征

(1) 目的性

目的性是学习主体的意识控制,是对自己的学习要求、目标、行为、意义的一种充分认识。它规范、约束自己的学习行为,促使自己不断进取、持之以恒。学习主体只有自觉意识到自己学习的目标、意义,才能使自己的学习处于主动和积极的状态;而只有主动积极的学习,才能充分激发自己的学习潜能和聪明才智,确保目标得以实现。

(2) 主动性

主动性是指对学习自觉、积极、主动的态度。主动性是针对学生的自主学习动机而言的,它尤其强调学习者由内部或自我激发学习动机,受设置目标、自我效能、兴趣等因素的影响。自主学习建立在人的主动性上,它以尊重、信任、发挥人的主观能动性为前提。它区别于他主学习,是学生积极、主动、自觉地从事和管理自己的学习活动,而不是在外界各种压力下被动地从事学习活动,是在人的内在需求驱动下进行的。自主学习的主动性并不是先天形成的,需要对学习主体进行培养与训练。

(3) 独立性

自主学习的实质就是独立学习,独立性是自主学习的灵魂。每个学习主体都是具有相对独立性的人,学习是学习主体"自己的"事、"自己的"行为,是任何人不能代替、不可代替的。每个学习主体都具有自我独立的心理认知系统,学习是其对外界刺激信息独立分析、思考的结果,具有自己的独特方式和特殊意义。学习主体在自主学习中运用认知策略和元认知进行自我监控、自我反馈、自我调节时,其独立性得以展现。独立性相对于依赖性而言,他主学习把学习建立在人的依赖性基础上,而自主学习是把学习建立在人的独立性基础上,可以说,学生的学习是从依赖走向独立的过程。

3. 自主学习的意义

(1) 自主学习是适应终身学习的客观需要

终身教育是现代教育的重要标志,终身学习是接受21世纪挑战的必备钥匙之一。在新世纪的学习化社会中,唯有具备终身学习能力和自主发展能力的人才能适应社会并创造未来。学校已经不再是一个为学生一生准备一切的地方,知识和技术需时时追加和更新,学习将伴随人的一生。因此,学校教育不仅要让学生"学会",而且要让学生"会学"。在当今知识大爆炸的时代,任何教育都不可能将所有人类知识传授给学习者,教育的任务开始由获得知识转向培养能力,培养学生的学习能力是学习的本质。要想有终身学习的能力,就必须学会自主学习。

(2)自主学习是个人终身生存与发展的必然要求

自主学习是个体走出学校后采取的主要学习方式,没有自主学习能力,个体的终身发展会受到极大的限制。自主学习能力是社会发展的需要,是适应职业转换和知识更新的要求,一个人仅仅靠在学校学的知识已远远不够,每个人都必须终身学习。终身学习能力成为一个人必须具备的基本素质。在未来发展中,我们的学生是否具有竞争力,是否具有巨大潜力,是否具有在信息时代轻车熟路地驾驭知识的本领,从根本上讲,都取决于学生是否具有终身学习的能力,正如联合国教科文组织国际教育发展委员会编著、教育科学出版社出版的《学会生存》一书中所讲的:"未来的文盲不是不识字的人,而是没有学会怎样学习的人。"而终身学习一般不在学校里进行,也没有教师陪伴在身边,全靠一个人的自主学习能力。可见,自主学习能力已成为21世纪人类生存的基本能力。

(二)自主学习的教学策略

1. 增强学生的自我效能感

(1)寻找契机,对症下药,激发学生的内在学习动机。学习主体必须具有建立在自我意识发展基础上的"能学"的自信,确立学习目标。目标意识是对学习目标及其意义的认识,教师要想方设法激发学生的目标意识,让学生认识到某一学习阶段所要完成的学习目标,使学生在学习中感到"有奔头",确立起"值得学"的思想。兴趣是最好的老师,学生对某一门功课的兴趣越浓,学习的主动性、自觉性就越强。激发学生的学习兴趣,使学生"想学",往往会收到事半功倍的成效。教师可以运用多种教学方法在多个教学时间段激发学生的学习动机。教师可以通过讲故事、做趣味实验、运用电教媒体、举实例等方法来引入课堂,在教学过程中激发学生的学习动机,在课结束前通过巧设疑、精应用、置趣味作业来提升学生的学习兴趣。

(2)积极评价,赏识激励,激发学生外在的学习动机。"积极评价"是指以激发和调动学生的学习积极性为目标而对学习活动所作出的评价。教师要善于发现学生的闪光点,以正向评价、表扬等方法激发学生的积极性,使学生主动参与学习,培养自主精神。教师可以在课堂上充分运用评价语言、体态语言,激发学生的自信心,点燃学生敢于参与、主动参与的火花。教师在运用评价的时候要注意以下3点:一是评价要具有选择性。对学习态度端正的要给予表扬,对学习成绩有提高的要给予鼓励,对思维有障碍的要给予启发,对语言表达不完善的要加以修改,对有创造性见解的要加以推广。二是评价要具有感染力。评价语言要丰富,要适当运用体态语言,用语贴切,语出含情,让学生从中受到陶冶与感染。三是评价要具有启发性。在表扬中要蕴含鞭策,如:"你的朗读很有感情,如果声音再响亮一点会更好。"而对学习能力较弱或学习自觉性差的学生,在鞭策中要带有鼓励性,如:"你今天已经主动回答了老师的两次提问,真不容易,老师相信你下一次说话时声音一定会更响亮。"

2. 指导学生掌握自主学习方法

(1) 教给学生科学的认知策略。自主学习对教师在学习上的指导提出了更高的要求,教师的指导是否科学,直接影响到学生的学习质量。教师若想学生的自主学习有效果,就要教给学生充足的认知策略。根据认知活动的过程,认知策略主要分为复述策略、精加工策略、编码与组织策略、注意策略。作为引导者的教师,要教给学生这些策略,使学生获得认知策略的相关知识,并能熟练地运用认知策略进行自主性学习。认知策略的教学要循序渐进:① 使学生掌握大量的认知策略知识。② 使学生掌握在何时、何地、为什么使用各种认知策略的条件性知识。③ 激发学生运用策略的动机,训练学生对认知策略的实际运用。

(2) 促进学生的元认知发展。元认知是关于认知过程的知识、信念及对这些过程的监视和控制。元认知与自主学习关系密切,是自主学习的必要条件。元认知主要包括:① 训练学习的计划过程,即指导学生在学习活动之前,能够自己确定学习目标、制订学习计划、选择学习方法,做好学习的准备,自主预习。② 训练学习的自我监控和调节过程,即教会学生在学习活动中对自己的学习过程、学习态度、学习行为进行自我观察、自我审视、自我调节。③ 训练学习的自我评价过程,即培养学生在学习活动之后对自己的学习结果进行自我检查、自我总结、自我评价、自我补救和自我强化。教师在教学中要适当训练学生的元认知能力,为自主学习打下基础。

案例:学会预习方法,付诸学习实践

读。先粗读一遍,领会教材大意,然后细读。一般来说,数学课本主要包括概念、公式、结论、定理、性质等,这些是细读精读部分。比如"直线与平面平行"读完之后,学生会提问:这节内容主要讲了什么?直线与平面的关系有哪些?怎么判断?哪些是要掌握的重点?

划。预习时手上拿支笔,遇到问题,用不同符号划出来。例如:重点旁打上"☆",疑难旁打上"?",定理结论下划出"_____",或用不同颜色的笔标注。但是切忌符号太多,结果一头雾水。

预习时常常会有自己的一些想法,可以在适当的地方写出来。例如,在必修一"对数的运算性质"中,第一个公式 $log_a(M \cdot N) = log_aM + log_aN$,书上是例举的特殊数字来说明公式的正确。笔者先设想:这样的数据较多而繁杂,学生往往不看,即使看了也几乎不会有什么印象。于是,笔者安排学生预习时每人任意列出一些特殊数字,再运用计算器演算一下。有一名同学很有心，不仅例举了特殊数字，还在预习时写下了这样的问题：怎么用理论来证明呢？

写。主要包含几个方面：将每一章节的大致框架或知识结构整理出来，或把知识点写出来，利于今后的学习、反思、复习。例如"立体几何"这一章，一位学生的整理如下（部分）：

线线问题

1. 位置关系（定义）

相交：有且只有一个公共点

平行：在同一平面内，没有公共点

异面：不同在任何一个平面内，没有公共点

2. 公理及推论【要记忆】

3. 考点——异面直线所成角①→直角→公垂线（垂直相交）→异面直线距离

方法：选点（常选：端点、中点）

平移（空间直线平面化）

总之，预习有法可循。教师既要指导学生掌握预习方法，让学生参与到平时的学习中来，也要注意预习内容的难度和深度，既要让学生得到训练，又不能带给学生挫败感。教师要激励学生接受和养成预习习惯，尝试没学过的习题，提高学习能力，培养问题意识、探究意识和解决问题的能力。

（高邮市第一中学严保静，行动研究报告）

3. 指导学生自主解决问题

自主学习不是学生对学习内容的简单复制，而是学生根据自身学习需要，完成知识的再创造，在整个学习过程中进行创造性的学习和创造性地解决问题。学会思考是学会学习的重要标志。为此，教师在教学中要着力训练学生的思维，帮助、引导学生学会思考。

（1）激活学生思维。教师要通过"激疑""质疑"和"解疑"，让学生在独立探索及与同学的共同探索中发展思维。为此，教师要注重问题情境的创设，为学生的自主学习和独立探索营造良好的氛围。比如，可采用实验法、提问法、实物展示法、多媒体演示法等创设问题情境，有效地启发、引导学生开展自主学习和自主探究，从而激活学生的创造性思维。

（2）展示思维过程。学生是在思维活动过程中学会思维的。由于教材内容蕴含作者的思维方法和思维活动，且思维活动本身又有一个发生发展的过程，因而教学中要适时地向学生展示思维的过程，把凝结在知识背后的思维方法及思维发生发展的过程展现出来,着力引导学生参与到这些思维活动之中,让两者有机地融合在一起,以使学生既能更好地理解、掌握、应用知识,又能促进思维的发展和自主学习能力的提高。

(3)训练思维策略。在学生自主学习的过程中,教师必须教给学生思维的方法和技巧,加强思维策略的训练,以提高学生思维的有效程度。比如,引导学生进行科学猜想、自我质疑、自主探究、实验探索、合作尝试、变式训练等,着力训练学生的发散思维、逆向思维、创造性思维,使之逐步掌握各种思维策略,培养良好的思维品质,提高思维能力。

(4)创设情境,让学生基于问题进行自主学习。自主学习是一种基于问题的学习,有感染力的真实情境或真实问题的创设,能确定整个教学内容和自我探索等教学进程。面对事件或问题情境,学生可以运用协作、交流的方法,去体验、去感受,完成对新知识的意义建构,而不是仅仅聆听教师关于这类知识的介绍和讲解,所以要促进学生的自主发展,就必须尽最大可能创设让学生参与到自主学习中来的情境与氛围。教师可创设一些直观情境、问题情境、身体语言情境和交流情境,让学生在不同情境中展开自主学习。

此外,指导学生制订自主学习计划。在指导学生自主学习的过程中,教师要帮助学生制订个人学习计划以及自我检测、自我调控的计划。教师可以自行制订一个自主学习的方案,并让学生参考。在学生了解自主学习方案的指定内容后,可以要求学生自己制订,教师就方案适时给予指导。

案例:创设情境,培养学生自主学习意识

针对高邮市城北中学八(3)班学生的具体情况,我们充分利用黑板报、主题班会课、家长会等途径,营造自主学习氛围,培养学生的自主意识。

办黑板报加强宣传。开学初,为了营造自主学习的氛围,我们组织学生出了3期有关自主学习的黑板报,系统介绍了什么是自主学习、如何开展自主学习、自主学习有什么作用,等等。图7-1为八(3)班学生出的第三期以自主学习为主题的黑板报。

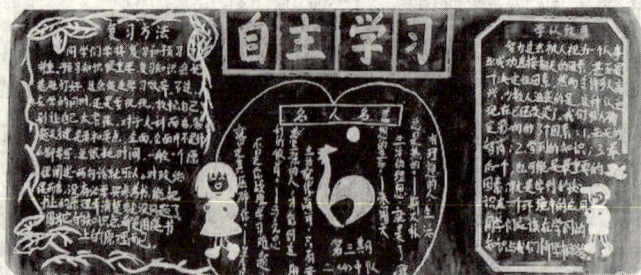

图7-1 以自主学习为主题的黑板报

举办主题班会,加强宣传。我们开展了"促进学生自主学习"的主题班会,对全班学生进行思想总动员(主题班会教案略),为分层指导学生自主学习奠定了基础。

召开家长会。召开家长会,向家长解释、说明自主学习的意义与要求,争取家长的支持与配合,为自主学习创设了良好的外部环境。

上述活动,为整个班级营造出自主学习的浓厚氛围,推动了自主学习活动的展开。

(高邮市城北中学张俊,行动研究报告)

(执笔:南通如皋高等师范学校张瑜)

二、大班额外语自主学习的行动研究

实验班级为扬州高邮市第一中学高一(1)班和高一(2)班两个强化班,(1)班60人,(2)班61人,多为16～17岁的青少年,成绩均等,两个班均属于大班额教学。学生的基础相较于普通班较好,但还是习惯于被动地接受教师传授知识点,学习自主性意识不够,英语自主学习能力普遍较低。具体表现在:学习动机较弱;学习计划性不够强,短期学习目标不够明确;学习策略单一;自我评价力度不强;课外资源利用不足。

(一)研究方案

1. 研究目标

教学目标:向学生传授自主学习的方法,提高学生英语学习兴趣,使学生主动参与各项英语活动,提高学习效率和成绩,向有限的英语学习时间要效率,独立完成更多的英语学习任务。

研究目标:总结自主学习的有效策略,探索可供他人借鉴的教学方法。

2. 研究内容

(1)增强教学趣味性和选择性,融合课堂内外的内容,充分激发学生的学习热情

学生自主选择课外阅读材料,课内开展 daily-show 活动,让学生采用复述的方式全面提高阅读和口语能力。选择学生感兴趣的话题,采用多种方式写作,进行互相评改,摘录好的句型和表达方式,让学生分享记忆,充分提高全体学生的写作能力。指导学生课外阅读和学习,如:推荐名著的简易读本,如 *Pride and Prejudice*, *the Time Machine* 等。要求学生每日阅读4～5页,一周写一篇短文,介

绍所阅读名著的情节,以复述的方式做读书笔记,并加以评论。优秀的读书笔记将被收集至班级档案。

(2)加强学法指导,训练学生的学习技能

指导学生制订具体的学习计划。让学生先制订好自己的具体行动计划,将英语的学习计划细化到听、说、读、写四大方面,并根据自己的不同学情以一周为时间单位不断进行计划的实施和调整。安排学生对计划进行讨论。在班级中挑出学习计划周密和实施到位的个案进行表扬与奖励。

引导学生学会预习。在学习新单元前,先将教师的进度安排告诉学生,在计划实施的初期,在课堂的最后留下 10 分钟左右的时间,带领学生自主预习。在学生的预习过程中,教师观察学生的预习内容和预习效果,要求学生根据自己不同的情况调整预习方法和策略。在预习后,通过一定的习题和课堂展示来体现学生的预习成果,学生之间相互补充预习内容。课前独立看书、听录音磁带、独立思考等都是非常好的预习方法。

指导学生提高课堂学习效率。引导学生参与课堂活动,精简课堂用语,增加学生的独立阅读、观察、辩论和自主写作的时间,分别为 15 分钟讲解、15 分钟的学生自主—合作学习(自主学习为主)、15 分钟的课堂展示,充分调动学生的学习积极性。

通过信息反馈,提高自主学习能力。要求学生课后对学习内容进行进一步概括和总结,增加记忆效果,巩固所学要点。指导学生通过回想、联系和整理的方式加深认识和加强记忆。在第二天的课上进行提问,检验复习的效果。增加反馈单,学生可以反馈自己的复习情况,并向老师提出在复习中所遇到的没有解决的问题。在收回反馈单后,挑选比较有代表性的题目或难题重新整合,并加以课堂处理。

利用多媒体技术创设教学情景。将以前那种强记单词和做习题的策略改为用多媒体课件展示介绍每单元的话题,培养学生的学习兴趣,加强他们对语言的应用输出,使英语课堂更丰富。另外,增加对英语国家历史的介绍,尤其增加英语解说的视频文件的播放。

3. 资料搜集方法

课堂观察。笔者带着明确的目的,凭借自身的感官及有关的辅助工具,有目的性地对课堂的诸多方面进行观察并记录,直接从课堂情境中收集第一手资料。

学生作业。搜集学生的作业,建立学生作业档案库,将能反映学生学习问题和进步的作业加以收纳整理,尤其是能直接反映研究成果的数据和学生的反思。

个别访谈。和学生交谈,了解学生的学习状况和出现的问题,得到研究成果的反馈。根据预设的访问提纲,对学生进行引导式提问,得到研究对象的第一手资料。

4. 效果检测与评价

通过学生的平时作业、期末考试、课堂观察、个别访谈、问卷调查等方式,了解学生的学习进展、效果与问题,对行动研究进行效果评价与反思。

（二）方案实施

1. 强化英语学习动机,激发自主学习愿望

（1）榜样示范,激励学生自主学习

班杜拉1967年创立示范法(Modeling)。榜样示范的特点在于:通过榜样的言行和思想活动及其成长过程,把高深的理论内涵具体化、人格化,使学生从这些富有形象性、感染性和可信性的榜样中受到深刻的教育,激发学生的内在动机。如:

行动计划实施一:在两班播放杨澜20分钟英文演讲视频,让学生观后即用50字内的英文短句概括观后感受。

学生一（英语成绩优等）:Yang Lan is so amazing a lady that I admire her so much, and I would like to spare no effort to make myself be a successful woman speaking fluent English in the future. (杨澜是个如此优秀的女士,我非常崇拜她,我以后要好好努力,成为像她一样英语流利的出众的人。)

学生二（英语成绩中等）:I never thought English can be such a useful and charming language which can attract all the people around the world, I think it's time that I should pay more attention to it. (我从未想过英语会是这样一种有用和有魅力的语言,可以吸引世界所有的人群,我认为我该更加重视它了。)

学生三（英语成绩后进）:English is so hard, though I hate it so much, since it can be used to communicate well with the people all around the world, I have to work hard on it. (英语太难了,尽管我很讨厌它,但因为它能很好地用于世界交流,我会努力的。)

大部分学生都被杨澜的精彩演讲吸引了,看完后掩饰不住对她的崇拜,甚至有同学当即指出,杨澜的魅力就在于她美丽的亚洲面孔和流利的英语。作为延伸,笔者立即提问:"是美丽亚洲面孔重要还是流利的英语更重要? 中国美丽的人很多,为什么没有吸引世界的魅力呢?"很多学生陷入了沉思,更多的学生写下了如上的观后感。这是一次非常有效的英语学习动机激发活动。

行动计划实施二:寻找身边的英语能手。（2）班沈涵仪同学自进入高一以来,英语提高非常快,英语成绩常常位于全年级第一,在英语口语竞赛中也获得过很好的名次。在笔者的帮助下,沈涵仪用心写了一份经验分享:Step by Step。

笔者利用半节英语课的时间让她和同学们做了英文交流会，在报告过后留出 10 分钟时间答同学问。以下为课堂答问实录：

同学一：I found English really hard, what do you think?（我觉得英语很难，你的看法呢？）

沈涵仪：I think so, but I think water wears stones, if you put your heart into it, you will surely make progress.（我也觉得很难，但是水能穿石，如果你真心投入，你一定会有进步。）

同学二：What do you think is most needed in English learning?（你认为在英语学习中，最需要的是什么？）

沈涵仪：A clear goal, perseverance and diligence.（一个明确的目标、坚持和勤奋。）

同学三：What is your biggest problem in your learning?（你在学习过程中碰到的最大的问题是什么？）

沈涵仪：English learning might sometimes be boring, I have to make myself concentrate on what we should learn.（英语学习有时可能会非常的枯燥，我必须让自己全神贯注于学习中。）

……

这次活动举办得非常成功，促进了学生与学生之间的经验分享交流，同时也帮笔者发掘出导致学生缺乏学习动机的另一方面，即学习内容的枯燥和无味。

（2）给学习内容注入趣味性

增加学习的趣味性，让学习不是死记硬背，而是一个"积极地从所发生的事件中寻求（甚至强加）意义的创造性过程"。① 给学习注入趣味性能有效地帮助学生增加对学习的兴趣，激发学生自主学习的热情，进而提高自主学习意识。

行动计划实施：每天英语课始给学生 5 分钟时间脱稿表演 daily show，帮助学生尽快进入英语学习环境。可以是个人表演，也可以是合作表演，表演内容不限，诗歌、小品、演讲、故事或是笑话等。这个活动既拓展了学生的知识面，又培养了学生自主选择的能力。

个案记录：男生李同学，性格内向，学习被动，成绩中等。但是李同学的英语口语语音特别好。在第一次的 daily show 中，由于过于紧张，他没有能发挥出色，但笔者在评点中仍对他进行了表扬，肯定了他的优点，并让他继续参加随后的 daily show。出乎笔者的意料，他在第二次的 daily show 中选择了英文歌曲 Half a World Away，发音准确，声音动

---

① Candy P. *Self-direction for Lifelong Learning*. Jossey-Bass, 1991.

人,令全班同学为之倾倒。在同学们的积极推荐下,李同学参加了学校和韩国学生的联谊汇演,表现相当出色。之后,在和他的交流中,他表现出对笔者的深深感谢、对英语特别浓厚的兴趣以及学好英语的决心。在后来的课堂内外都能看到他自信的眼神和自主学习英语的身影。在随后的测试中,他在每次考试中都有明显的进步。

2. 确定适宜的学习目标

为了提高学生的英语自主学习能力,笔者借鉴日本学者稻川三郎的标准,要求学生在制订学习目标时遵循如下标准:(1) 可以达到的(Achievable):目标必须要和自己的实力相符;(2) 可相信的(Believable):相信自己能够达到所确定的目标;(3) 可想象的(Conceivable):目标可以明确表述并可测量;(4) 可向往的(Desirable):确定的目标是自己想达到的,也是别人希望你达到的。根据班级的实际情况,笔者采用了多种方式来帮助学生明确自己的学习目标,进而调整自己的自主学习过程。

对于学习能力后进的学生,只要求他们掌握最基本的语法、目标词汇和句型等。但是对于学习能力较强的学生,除了要求他们达到课本中提到的要求以外,还要求他们能够根据自己的不同能力,制订自己的学习目标,补充课外的英语知识,并做好各种记录。除了长期英语学习目标以外,还要求学生能制订短期的学习目标。笔者所在学校在为学生成绩保密的前提下,每学期设置4场自我评测。要求学生对每次自我评测作出细化的目标分数指数,细化到每一项的分数,适时自我调控。在布置学习任务时,笔者根据维果斯基的最近发展区理论为学生制订了"跳一跳,够得到"的学习任务,并对应学生学习任务的完成做到及时反馈,给予适当的表扬和鼓励,尤其重视后进生的目标达成。

3. 加强学法指导,优化自主学习策略

英语学习策略包括认知策略、调控策略、交际策略和资源策略,高中学生应该积极利用多种渠道使用英语,在真实交际中培养交际策略,掌握资源策略,学会独立地获取信息和资料,并能加以整理、分析、归纳和总结,形成终身的自主学习能力。

(1) 细化学习计划

研究表明,我国中小学生的英语学习的计划性不够,即使有计划也很难保证实施。根据这一现象,笔者通过问卷调查和访谈等方式,了解学生的需求以及学习方面的困难,在此基础上要求学生自己制订切实可行的学习计划,包括在听、说、读、写以及英语学习各方面的细化计划安排。在学生完成计划后,对行之有效的计划进行全班推广,最后引导学生改进学习计划。

行动计划实施:要求学生在小卡片上写上自己细化的英语学习目标,贴在桌角,在完成后,每月作调整,层层递进,能够不断往更好的方向发展,进而自主地控制自己的学习目标发展方向。

个案记录:班级一位英语成绩中等生的学习目标更替。

---

* target language and useful vocabulary(课标词汇的掌握)
* comprehensive reading (2 passages a day)(每天两篇阅读理解)
* concept English(1 passage a day)(新概念英语,一天一篇)
* reading English for 30 minutes per day(每天阅读英语 30 分钟)
* an English writing two weeks(两周一篇英语作文)

2012/1/15

两个月后,在英语成绩得到显著提高后,该同学对自己的学习目标作了重新调整。

---

* target language, useful vocabulary and some useful sentences(课标单词词汇和有用的句型)
* comprehensive reading (3 passages a day)(每天三篇阅读理解)
* concept English(1 passage a day, manage it by reciting)(一天一篇新概念短文,以背诵的方式掌握)
* reading English for 30 minutes per day(每天阅读 30 分钟)
* an English writing per week(每周一篇作文)

2012/3/14

至 6 月份,该同学的学习目标变化很大。

---

* target language and useful vocabulary plus extensive ones(课标词汇短语和延伸词汇句型)
* comprehensive reading (4 passages a day)(每天 4 篇阅读理解)
* concept English and English novel (1 passage/1page a day, manage it by reciting)(新概念英语和英语小说每天一篇/一页,背诵记忆)
* reading English for 30 minutes per day(每天读英语 30 分钟)
* an English writing and an English review per week(每星期一篇英文作文和一篇读后感)

2012/6/15

随着计划的不断变化,该同学的英语学习成绩到目前为止一直在不断进步。他自己也惊讶于合理计划的安排对英语水平的促进能力。他表示将会在今后的英语学习中,不断调整细化学习目标和计划,提高英语自主学习能力。

（2）优化课前、课中、课后的学习策略

① 引导学生学会预习

预习在整个知识的掌握过程中发挥着不可低估的作用。自主预习活动能够更好地帮助学生提高课堂学习效率和自主学习能力。预习在学习过程中的主要任务为:巩固旧的学习知识,初步感知新教材,找出新教材的疑难点,为新知识的摄入做好充分的准备。课前的预习能有效地激发学生的求知欲望,发现问题并引发质疑,引起思考,使学生上课变被动为主动。

在预习环节,笔者安排下述教学步骤以培养学生预习习惯:总结普遍有效的预习方法—推广有效预习模式至全班(形成共性下的学生自主预习个性)—检验预习效果—夯实预习习惯。

行动研究实施一(总结预习方法):在教授新内容以前,笔者安排利用课堂上后 10 分钟时间带领学生一起预习。一开始让学生自行预习,预习的内容由学生自定。笔者监控学生的预习内容,帮助学生解答在预习中所遇到的问题,当大部分同学都能完成预习时,请英语成绩处于不同层次的学生展示自己的预习成果,体现预习所达到的不同学习效果,并让学生自己补充自我预习内容。经过一个单元的集体预习,笔者和同学们一起总结了预习的要求,提出了英语的预习四步法:input—reflect—output—enhance（通过读、听等方式对即将学习的内容进行输入—思考—通过笔记、标注等方式进行输出—强记夯实预习的内容）。预习方式的创新使得预习更具操作性,值得推广。以下是学生对预习题型的创新:

Learned(已知)	Learning(正知)	To learn(想知)

通过对所学信息的梳理,学生课堂学习目的非常明确,划分重难点,加强学习内容学习的自主性。

行动计划实施二(推广预习模式):结合学校的四单导学案的模式,笔者精心设置出听、说、读、写的多种预习题型,并推广至全班。根据学生的预习习惯让学生课前独立自主地完成。

行动计划实施三(检验预习效果):笔者非常关注对学生预习效果的评测。

评测分课前检测和课堂检测。课前检测主要是检查学生导学案的完成情况,完成情况分为优、良、差三等级,各自对应课堂分数1、0.5、0分。课堂检测中,凡是能积极主动地回答预习检测问题的学生,也给予1分奖励。累积分值附在学生期末的成绩报告册上,供家长参考。对表现好的学生进行班内表扬,对表现较差者进行谈话训导。

行动计划实施四(夯实预习习惯):习惯的养成非一日之功,笔者要求学生提前一天完成精心设置的四单导学案的预习部分,检查后才发给学生。课堂提问不断夯实,帮助学生了解预习的重要性。

② 引导学生提高课堂效率

提高课堂教学效率,必须在学生身上下工夫。为此,教师必须减少讲课的时间,增加学生独立阅读、观察、辩论和写作的课时,充分体现教师指导下的自主学习。增加活动课,拓宽学生的知识面,改变学生从单一的角度思考的思维定式,形成多维、立体的思维方式。

结合本校实际,笔者将科学、合理的四单导学案与日常的教学融合起来,有效地提高了日常的教学效率,为学生的自主学习创造了一片美好的天地。四单导学主要建立在学生自主学习、合作学习的基础之上,将课堂分层为四大单:Preview 预习单、Activities 活动单、Consolidation 巩固单和 Feedback 反馈单。四大单彼此独立又相互联系,每一单又都鼓励学生自主学习,促进学生分工合作,并将课堂的效率提高到最大化。图7-2 为一节高效课堂展示的成果。

图7-2 英语学习成果展示

行动计划实施:本节课为模块二第二单元的 Making a Travel Leaflet 部分,要求学生利用课堂的时间,使用课前准备的资料,根据课文指导,在 45 分钟内自主制作出旅游宣传单。学生的自主性占有课堂的大部分时间。笔者将课堂划分为 3 个部分:15 分钟的讲解时间,用于对课文的疏通;20 分钟的制作时间;10 分钟的学生展示讲解时间。这样,学生的真正自主时间有 30 分钟。令人欣喜的是,在学生的自主学习支配下,教学成果喜人。

③ 引导学生的课后学习活动

高效的英语课堂是学生自主学习能力的展示之地,而课外则是真正能体现学生自主学习之处。让学生课后对学习内容进一步进行概括和归纳总结,尝试归纳所学的知识要点和难点,加强综合对比,以深化认识,增强记忆效果;同时寻找和弥补知识的缺漏,及时复习巩固所学要点。复习的内容包括听、说、读、写、译。方法为操练、组合、运用。复习的步骤分为回想、联系、整理,以加深认识和加强记忆。教师布置适当适中的练习题,提高学生综合、实际运用语言知识的能力。同时,教师可以指导学生用英语写日记、改写课文或是例题写作,以提高英语语言技能。

行动计划实施一:充分利用反馈单(Feedback),要求学生每日写下对课堂的反思,尤其是对不理解的问题的记录。反馈单对英语学习具有很好的巩固作用,也有利于教师掌握学生的学习弱点和不足,有的放矢,有目的地解决。

Feedback

Write down the questions that you feel difficult to understand.

_____

_____

_____

行动计划实施二:让学生自主选择,自主阅读。向学生推荐一两本名著,比如模块四第三单元的 Project 中提到的科幻小说 *Journey to the Centre of the Earth*, *the Time Machine*,以及简易小说 *Jane*, *Pride and Prejudice* 等。同时鼓励学生阅读自己感兴趣的书,借此方式将阅读和写作结合起来。

阅读是写作的基础,一定量的阅读对学生的写作表达有极大的帮助。指导学生采用阅读仿写法、阅读续写法、阅读改写法、阅读缩写法等方式写内容梗概,达到锻炼写作能力的目的。在日常的课后写作中,阅读的缩写和读后感的撰写更适用于学生。例如:在学生阅读了模块二第二单元的课文 *Boy missing*, *police puzzled* 之后,笔者指导学生围绕"What do you think really happened to Justin Foster?"发挥各自的想象力和创造力来续写这个故事。又如:Reading: *Getting along with Others* 是以信件的格式书写的,因为话题很好,笔者让学生仿造格式,写出自己在生活及与人交往的过程中所遇到的问题。学生的作文水平得到非常好的提高,也确实提高了学生的自主英语应用实践能力。

同时,也可以将阅读和口头表达相结合,让学生自选自己喜欢的文章或段落,引导学生进行欣赏性阅读,并在课堂上朗诵或是讲解。培养学生的阅读兴趣、语言知识,提高其口语水平。在这个过程中,学生的读、写、说能有机地结合起来,体会驾驭语言的乐趣。

(3) 丰富现代英语学习资源

① 引导学生学会利用网络

学生的知识不再仅仅来源于课堂、教师及书本,而是与世界信息库连接起来。通过互联网,学生坐在家中即可在浩瀚的网上图书馆漫游,欣赏世界各地的旖旎风光,探索世界的奥秘,可以随时了解世界政治、经济、科技、文化和体育等各个方面的最新消息。在英语自主学习中,帮助学生利用网络资源的教学步骤通常是:教师设置情景,引出需要探究的问题或专题;组织学生分析讨论需要探究的问题;运用局域网、互联网或其他各种渠道收集、分析和评价所获得的英语信息;个人或小组根据需要探究的问题重新利用和组织英语信息资料;运用多媒体技术,用英语以口语或书面的方式展示个人或小组的探究成果;学生进行自我评价或在教师的指导下进行信息交流和质疑,并开展评价活动。

网络环境中的课堂教学更多的是学生互动、自主学习的过程,课堂上教师要学会控制自己的言语。教师对教学的指导作用主要体现在对学习任务的设计、对资源的选取、对自主学习的引导和对学生具体的帮助等方面。由于学生自主学习的方向、进度、难度各具差异,教师不便于采取统一要求,反复打断他们的学习过程。

② 引导学生充分利用学校的图书馆资源

学校的图书馆内藏书很多,但学生对书籍的真正利用并未达到预期的效果。因此,笔者要求学生每星期能自主地到校图书馆查找并借阅自己感兴趣的英文书籍,比如《英美文化简史》、*Cultural Conflicts*、《新概念英语》等,自主阅读,并写出读书笔记,以丰富课外学习内容。又如:高中牛津英语的书本中每单元都有对单元 topic 的介绍,但只有几张图片和几个问题,简单的问题和图片并不能完全激发学生对话题的兴趣,更不能有效地引导学生参与课堂。笔者通常会要求学生预先通过各种途径去查找和搜集相关资料,为课堂学习做好准备。如:在模块二第三单元的 Amazing people 的第一版块的教学前,笔者让学生去搜集一些对人类发展作出杰出贡献的伟人的介绍和相关事迹,并思考从他们身上我们可以学到哪些东西。再如,在学习模块四第一单元的 Advertising 的第一版块时,笔者让学生课前通过多种渠道(如上网、看电视、阅读报纸杂志等)了解与广告有关的资料信息,收集一些经典的英语广告(文字广告或图像广告),选出自己最喜爱的一则广告并说明理由。学生对此类活动非常感兴趣,他们出色的表现完全出人意料。在 Advertising 这课的最后,笔者设置了一张图片,让学生为其设计广告语,学生的表现很出彩。

同学一:Hungry? Mind or body? Come to *M* home.

同学二:It's time to enjoy *M* self.

除了信息量巨大的电脑,学生现在可以接触的媒体随处可见:好的英文报刊,学生感兴趣的英文歌曲、电影等。

4. 引导学生自我监控和评价,提高英语自主学习能力

(1) 帮助学生调整学习的心理状态

教师作为学生学习心理的协调者,鼓励学生大胆地说英语,用英语正确地表达自己的思想,真正做到学以致用。在学生回答问题后,增加一些表扬鼓励性的肢体动作和话语,采用会心的微笑、眼神的交流以及适当的拍拍肩或摸摸头等方式,帮助学生放松,使其更有信心发表自己的见解。课堂用语比如:"Well done" " You've done a good job""Excellent"等。在学生的答案出错的时候,说"Thank you all the same""Would you like to have another try?""Not bad, I'm sure you will do it better next time"等。同时,对学生的学习结果及时地反馈,给予学生适宜的鼓励和表扬,如在批改学生作业时不仅为学生评分,还为学生写一些中肯的学习建议和鼓励性的评语。作业纸上的交流能够提高学生的作业兴趣,帮助学生调整好学习态度和学习心理状态,增强学生的自我效能感。

(2) 建立合理的评价体系

英语自主学习评价应使学生在英语学习过程中不断体验进步与成功,认识自我,建立自信,调整学习策略,促进学生自主学习能力的发展。评价所遵循的原则有:体现学生的主体地位;建立多元化的评价标准;注重形成性评价对学生自主发展的作用。总之,评价要有利于学生自我意识的发展、自我反思和自我促进能力的提高。

在英语自主学习中,教师应该坚持因材施教,以形成性评价为主、终结性评价为辅,及时肯定学生在英语学习过程中的每个进步。作为评估者和观察者,英语教师应该在课堂交际活动中留心学生的表现并记录在案,作为对学生平时成绩的考核并及时给出反馈信息。同时,注意培养学生自我检测、自我评价的能力,对自身学习过程中的情感、态度、策略等方面做好适时评价,使学生从被动的被评价者转为评价的主体者和参与者。

个案记录:女生李同学,英语成绩在进校后每次考试都排在年级前五名,总成绩稳定在前三名。但是在高一上学期的期末考试中,她的英语成绩一落千丈,加上其他科目的发挥失常,总排名在年级50名以外。这件事情对她的打击特别大,她上课精神状态萎靡不振。了解到事实真相后,我在上课的时候特意多提问她,对她的回答给予很高的评价。将她的作文纸当做范文贴在墙上供学生观摩,对她的每个小小的进步都进行肯定,并在第二学期期中考试后,给她的母亲所在单位寄去了喜报。此后,李同学不仅主动地学习英语,在学习上和生活上碰到困难时就和我商量解决,信心逐渐恢复。在课堂上不但恢复了以前活跃的样子,还经常帮助同学解答英语问题,成绩得到有效的提高,对知识的掌握比以前还扎实。

(三) 实施效果与反思讨论

1. 实施效果

(1) 明确了学习目标

在为期6个月的实验中,笔者不断地帮助学生调整自己的英语学习目标,确立总目标,细化阶段性目标。学生做得很好,他们甚至将细化后的学习目标贴在桌角或放在自己的笔袋中,随时提醒自己目标是否完成。在做自主学习总结的时候,学生们也能及时对自己的目标是否达成作出评价,对自己的阶段性学习作出很好的评价。后测问卷调查发现,学生在英语学习目标的设立和完成上的进步明显。选择"明确"的学生从6.6%增长到25.6%,选择"比较明确"的学生从14.9%增长到57.0%,表现出学生对自己学习目标设立和完成的认可。

(2) 提高了学习积极性

行动研究后的明显变化就是学生学习英语的积极性有了很大的提高。课堂中学生不再是被动地听课记笔记,更多的时候是和笔者就英语知识不断交流。学生对于英语知识的探讨和扩展已经超出了笔者的预期,这同时也促进了笔者更深层次地备课,以便更好地扮演"仲裁者"的角色。课前、课中、课后的学生学习策略的调整,使得学生英语"听、说、读、写"能力都得到了有效提高,学习成绩的进步和英语学习知识面的拓展极大地拓宽了学生的英语学习视野,使得学生对英语的兴趣和学好英语的信心都产生了积极的变化,具体表现在学生学习英语积极性的提高上。

后测问卷调查的数据变化,显示出学生在学习的动机与态度上有明显的好转,多数学生表示对英语的学习兴趣有明显的提高,选择对英语很有兴趣的学生从原来的 4.9% 增长到 29.8% ,较有兴趣的从 24.8% 增长到 53.7% ;对自己的英语学习能力很有信心的从原先的 20.7% 增长到 54.5% 。

（3）增强了学习监控能力

学生对学习过程的监控较之行动研究前有很大增强。从几个学习情况不稳定的学生的作业、课堂表现的跟踪记录来看,学生的学习状态相对比较稳定,考试分数也得到了提高。从学生的错题集来看,学生对英语学习中所出现的问题能够很好地纠正和改善,对问题的探究也很有深度,在自主解决问题的前提下,采用合作方式共享学习资源、共同探究,能及时解决很多难题。同时,学生能够积极主动地协调自己学习的时间和进度,以前课前作业预习和课后任务完成"脏、差、乱"的现象得到了有效根治。但是,笔者发现教师还是需要对学生的作业提出规范性要求,这样才能更好地帮助学生从预习和复习中获取更大的进步。

学生的第二次问卷调查的结果也同样显示了学生在自我监控能力方面的提高。学生自我监控能力测验如表 7-1 所示。

表7-1 学生自我监控能力测验

类　别	总人数	经常/%	偶尔/%	极少/%	从不/%
我_____能控制学习时间和进度。	121	9.0	19.8	53.7	17.4
	121	33.1	54.5	10.7	1.7
我_____及时纠正自己所犯的错误。	121	8.2	17.4	56.2	18.2
	121	35.5	52.9	10.7	0.8

（4）丰富了学习资源,提高了学习成绩

引导学生自主搜寻更多的英语学习资源,拓宽了学生的学习视野,提高了其阅读能力和英语语言的理解能力。学生对英语学习资源的兴趣能够影响到学生在英语课堂中的表现,使他们的学习更具自主性。后测问卷调查显示,阅读英语课外书籍的学生从原来的 21.5% 增加到 55.4% 。在和学生的访谈中,笔者也发现,学生对英语课外书籍和电影等资料的喜爱可以有效地促进学生英语学习能力的提高。

研究结果显示,实验班学生的平均成绩、优秀率、及格率都有所提高,说明在自主学习环境下,学生能逐渐运用一定的自主学习策略,提高英语学习成绩。相较而言,对照班的平均分和优秀率虽然也有所提高,但是幅度不是很大,学生的及格率不升反降。实验班和对照班两次成绩对比情况如表 7-2 所示。

表 7-2　实验班和对照班两次成绩对比情况

班级		实验班		对照班	
		优秀率/%	及格率/%	优秀率/%	及格率/%
实验前		61.78	85.45	61.85	85.61
实验后		71.11	89.34	58.38	87.22
变化幅度	升	9.33	3.89		1.61
	降			3.47	

注：两次测试卷的总分、题型、分值分布模式均相同，难度系数也无明显差异，分别为 0.60 和 0.63。

2. 反思与讨论

（1）学生的自我评价和调节能力不足

在行动研究过程中，笔者发现，在日常教学过程中，学生更趋向于对教师和同学作出评价，对自己的评价很不到位。具体体现在：对自己的学习情况和心理状况了解甚少，课上喜欢对他人的学习成果展示进行评价，对自己的学习成果避而不谈。调节能力不强，每当考试学习状态不理想时，就很不愿意与老师交流、发现问题，从而影响试后课堂表现和学习动机。对日常的学习活动自我监控力度不强，总有部分学生不自觉地在自主学习过程中开小差或是闲谈。

针对以上问题，我们应在教学过程中建立多元化评价体系，引导学生自我调节，注重形成性评价对学生发展的作用。同时对学生学习的评价也要关注学生对语言知识和语言技能的掌握，重视学生综合语言运用能力的发展。最后，还要重视学生在学习过程中的情感态度和参与表现。这里的参与不仅仅指行为的参与，还包括情感参与和思维参与，要重视学生在学习过程中的态度和价值观的形成。

（2）学生的自主学习观念有待加强

虽然笔者有意识地强调并开展了一系列帮助学生了解和应用自主学习策略的活动，但学生的自主学习的观念并没有真正形成。一部分学生不完全了解自主学习是怎样的一种学习策略，觉得"自主学习"与他们无关，更不了解自主学习策略对学习的促进作用。这对英语自主学习策略的推广和应用有着消极的影响。

要让学生树立自主学习观念非一日之功，树立了自主学习观念也不必然就能提高自主学习能力。教师需要将每日、每项的教学任务细化，并将自主学习的活动穿插进教学任务的完成过程中，有意识地进行引导，这样学生才能朝着预定的方向发展。这成为教学中最困难的部分。针对这些问题，教师在教学活动中，应进一步强化自主学习意识,帮助学生充分认识到英语自主学习对学习的促进作用,以真正实现学生自主学习策略的普及。

(3)教师角色有待转变

在行动研究的过程中,笔者发现,不仅学生的学习状况有很多的不足,教者角色也有待转变。由于传统教学观念的根深蒂固,笔者虽进行了很多次的有效改革,但是距离真正发挥学生的学习主动性还存在一定的差距:在教学的过程中常常做不到循循善诱、引发学生自主思考,而是急于求成地将答案公布给学生,这不利于学生自主学习能力的提高。在自主的英语课堂教学环境中,教师的角色是促进者、协调者、组织者、评估者、资源库。教师要客观地认识自身不同的角色,帮助学生发展:确定学习目标、选定学习内容和进度、选择学习方法和技巧、监控学习过程和评估学习效果。[①] 在教学中,教师应加快自身角色的改变和定位,扮演好应有的多面角色,最终实现学生自主学习能力的提高。

(执笔:高邮市第一中学陈悦)

三、大班额物理自主学习的行动研究

(一)研究方案

实验对象为扬州市邗江区公道中学高一(1)班学生。该班多数学生物理课前预习目的不够明确,预习时随便翻翻看看,起不到预习的作用。尽管有时教师也布置了预习作业,但课堂检查、反馈不够及时。学生自主学习意识与能力有待提高。

1.研究目标

(1)提高学生学习高中物理的兴趣,激发学生主动学习的热情。(2)提高学生自主学习的意识,使其掌握一些自主学习方法,培养学生的自主学习能力。

2.研究内容

(1)引导学生主动预习,培养学生主动学习的习惯。通过优化课后作业,压缩一定量的复习性作业,保证学生有足够的预习时间;在布置学生预习作业的过程中,加强对学生预习方法的指导,让学生知道预习的重点。加强对学生预习情况的督查,培养学生良好的预习习惯。

(2)激发学生学习物理的兴趣,调动学生的学习动机。多数学生对实验抱有浓厚的兴趣,希望自己去探索物理世界的奥秘,因此教师要为学生创造更多动

---

① 华维芬:《试论外语教师在自主学习模式中的地位》,《外语研究》,2001 年第 3 期。

手实践的机会,如让学生使用实验室配备的器材,也可自备自制教具,或利用日常生活中的现有物品进行实验。将课堂演示实验的机会让给学生,尽可能让学生自己操作、独立完成。建立物理实验角,培养学生的动手能力。

（3）创新课堂教学方式,训练学生自主学习的意识和能力。开展物理教学创新,通过营造民主和谐的自主学习氛围,培养学生的自主学习意识和能力。教案设计体现学生主动学习能力的培养,如鼓励学生主动参与、进行创新学习活动,教给学生学习策略等。

3. 资料搜集方法

课堂观察:观察课堂练习过程中学生自主学习的方式;观察学生自主学习中学优生和学困生的差别。

撰写日志:撰写日志记录学生每天自主预习情况、课堂自主学习情况、自主学习中存在的问题以及对问题的思考。

个别访谈:在学优生、中等生、学困生中抽取部分学生做访谈,了解他们在自主学习中的感受和想法。

4. 效果评价

观察学生课堂自主学习的表现,搜集行动研究前后的学生作业,然后比较分析,评价自主学习效果,分析存在的问题。

（二）方案实施

（1）先学后教,分担学生学习压力

① 适当减少物理课后作业,保证学生有预习时间。高中物理学习对学生提出了较高的要求,特别是在理解能力、推理能力、分析和综合能力、应用数学知识解决问题的能力、实验与探究能力方面。在作业设计时,首先对题目按照以上5种能力进行分类,分析和综合能力以及实验与探究能力属于要求较高的能力,在作业中严格控制题量（一般不超过两题）,同时将这些题目变为选做题,照顾到学困生。严格控制作业时间,中等生的课后作业时间一般控制在20分钟左右,这样让学生可以有大约15分钟的预习时间。

② 编制预习学案,对学生的预习加以指导。为养成学生课前预习习惯,提高学生课堂效率,笔者编制了预习学案。预习学案主要由3部分组成:学习目标、课本导读、预习检测和问题反馈。在学习目标部分,将本课的教学要求进行分解,找出通过学生预习能够达到的要求,并把它作为学生的预习目标。在课本导读部分,重点是要找出本节课的主线索,然后通过问题设计,引导学生通读课本,初步建立起本节课的知识结构。如在"天体的运动"这节课中,可以以物理学史作为主线索,设计4个问题（见案例）。通过问题引领,指导学生阅读课本,

引导学生有效地思考。

③加强对学生预习情况的督促与检查。预习学案在授课前一天以作业形式发放给学生,课前收回,及时反馈。通过检查预习,促进学生的二次学习,使学生学会合作学习,提高预习效果。同时,通过检查预习,不断激发学生预习的积极性。在检查预习的过程中,对预习效果好的学生予以表扬,使他们获得成就感,发挥示范作用。对于预习效果不好的学生进行督促、指导。通过检查预习,教师能了解、掌握学生的预习情况,为二次备课、改进课堂教学提供依据。

案例:高中物理"天体的运动"预习指导(片段)

预习目标:

(1) 了解地心说和日心说的基本内容。

(2) 了解开普勒行星运动定律。

(3) 了解开普勒行星运动定律的发现过程,体会科学探索过程的曲折与艰辛。

课本导读(问题思考):

有关地心说和日心说之争的4个问题:(1)"地心说"的代表人物是谁? 其主要观点是什么? 地心说的依据有哪些? (2)"日心说"的代表人物是谁? 其主要观点是什么? 日心说的依据有哪些? (3)为什么地心说一度长时间占据着统治地位? (4)"地心说"遭遇了哪些尴尬? "日心说"的成功之处是什么?

习题检测(带"＊"的内容供物理基础较好的学生参考)

(1) 下列说法正确的是(　　　)

A. 地球是宇宙的中心,太阳、月亮及其他行星都绕地球运动

B. 太阳是静止不动的,地球和其他行星都绕太阳运动

C. 地球是绕太阳运动的一颗行星

D. 日心说和地心说都是错误的

(2) 日心说被人们所接受的原因是(　　　)

A. 太阳总是从东面升起,从西面落下

B. 地球是围绕太阳运转的

C. 以地球为中心来研究天体的运动有很多问题无法解决

D. 以太阳为中心,许多问题都可以解决,行星运动的描述也变得简单了

(3) 关于太阳系中行星的运动,以下说法正确的是(　　　)

A. 行星轨道的半长轴越长,自转周期越大

B. 行星轨道的半长轴越长,公转周期越大

C. 水星的半长轴最短,公转周期最长;

D. 冥王星离太阳"最远",绕太阳运动的公转周期最长

(4) *关于公式 $\dfrac{R^3}{T^2}=k$,以下说法正确的是(　　　)

A. 公式只适用于围绕太阳运行的行星

B. 公式只适用于太阳系中的行星或卫星

C. 公式适用于宇宙中所有围绕星球运行的行星或卫星

D. 一般计算中,可以把行星或卫星的轨道看成圆,R 是这个圆的半径

(5) 银河系中有两颗行星绕某恒星运行,从天文望远镜中观察到它们的运转周期之比为 27:1,则它们的轨道半径之比为(　　　)

A. 3:1　　　　　　B. 9:1　　　　　　C. 27:1　　　　　　D. 1:9

(6) *若近似地认为月球绕地球公转的轨道与地球绕太阳公转的轨道在同一平面内,且均为正圆,又知这两种转动同向,月相变化的周期为 29.5 天。求:月球绕地球转一周所用的时间 T。

鉴于在学生预习中,有部分问题教师无法预计,所以,在最后笔者设计了一个自我剖析部分,让学生对自己的预习情况进行反思,并将自己在预习过程中还没有解决的问题写下来,以备上课时有针对性地解决。

(2) 建立物理实验角,培养学生探究能力

① 布置自主学习任务,提供实验条件

在学习第二章"匀速圆周运动"时,笔者把这一章的实验所需器材进行整理,让学生自己寻找器材,学生找不到的由学校实验室提供。要求学生上课前把本章所需实验器材准备好。

为了加强实验过程管理,采用一至四组学生轮流管理的方式。要求学生对所有实验器材贴上标签进行编号,并建立了实验记录册,要求学生在做完每个实验后填写,主要记录实验内容、学生姓名、实验时间,实验效果、器材使用情况等。

② 让学生独立完成实验任务

学生在领到任务后认真准备,积极性很高。第一组的学生用家里废旧洗衣机的进水软管作为实验软管;第二组的学生用磁性吸盘代替试验中的磁铁,但由于磁性不强,后由教师的条形磁铁代替;第三组的学生把毽子改造成实验装置;第四组学生的准备最简单,把一个矿泉水瓶的底部戳一个孔即可。第一天布置任务,第二天下午大部分学生开始做实验,学生的积极性确实被调动起来。

附:水流平抛运动

在实施过程中,第四组王健同学最为突出。水流的平抛运动在课本上原来只是个定性了解平抛运动的演示实验,而他却能对装置进行改进,并定量地研究平抛运动。其实验步骤如下:

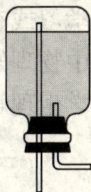

(1) 用医院打针吊瓶装红色水,用圆珠笔芯管水平安装做喷头,这样就可以得到较为稳定的水流形成的抛物线。

(2) 在竖直背景板上建立坐标系,画出坐标格的横线。

(3) 使水向水平方向射出形成抛物线,根据水流的抛物线画出竖线,让抛物线过$(1,1)$、$(2,4)$、$(3,9)$等坐标点。

(4) 根据坐标点定量研究平抛运动的水平和竖直方向上的分运动。

上述实验较为准确地得出了平抛运动在水平方向做匀速直线运动、在竖直方向做自由落体运动的结论。学生通过亲手实验以及对实验的改进,体会到了物理实验的特点和乐趣,不仅对平抛运动的特点有了较为深刻的体会,更体会到了创新的乐趣。

(3) 精心组织自主学习活动,突出教师的主导地位

① 发挥教师在学生自主活动中的引导作用

自主学习不等于放任自流。教师在备课时应仔细思考:哪些内容学生自己能够解决、哪些内容需要教师点拨、哪些内容需要教师重点讲解。在学生自学的过程中,教师的引导作用不能忽视。教师应该权衡自己在培养学生自主学习过程中所扮演的角色,一方面不能大包大揽,将所有知识灌输给学生,但另一方面也不能完全依靠学生独自摸索,导致知识理解的偏差。所以在培养学生主动学习习惯时,教师要精心组织,善于引导。

② 正确安排自主学习内容,全程监控自主活动

教师引导自主学习主要表现在安排自主学习内容、指导学习方法、适当监控学生自主学习过程几方面。如在"库仑定律"教学中,对于点电荷的概念,完全可以让学生自学。在学生自学的过程中提醒学生运用对比法,即把点电荷和以前学习的质点进行对比,让学生自己思考点电荷和质点有哪些异同。学生只要能正确回答这两个问题也就掌握了点电荷的概念。通过对比,学生自学起来轻松,理解也深刻。对于库仑扭秤实验,学生看课本图1-2-2时,由于装置较复杂,可能抓不住重点,这时笔者特别设置了3个问题,引领学生自学。

(1) 装置中要研究的库仑力在哪里?

(2) 库仑力的大小经过哪些环节最终反映到秤头刻度上?

(3) 库仑力这样一个微小量经过了哪些放大后才被我们观察到?

最后引导学生把这个实验装置同卡文迪许扭秤进行对比,让学生找出共同

之处,体会小量放大的思想。高中物理有很强的学术性和应用性,学生通过自主学习或者课前预习难以掌握所有知识(如"牛顿第二定律"),因此教师应针对高中物理知识点的不同属性,安排重点讲授内容与自主学习内容,点拨指导,帮助学生理解掌握,同时,在自主学习的基础上安排一定的合作讨论。

(三) 实施效果与问题反思

1. 实施效果

(1) 学生明确了学习目的,提高了学习的主动性

通过预习学案中问题设计,学生的学习目的更明确,基本上能在预习学案的引导下认真阅读课本,抓住课本要点,对于相关问题积极思考,对于较为复杂的问题也开始尝试自主解决。如在预习检测中可以看出,1—3 题的正确率都达到了90%以上,这说明大多数学生都能在预习学案的引领下阅读课本并抓住要领。

在课堂学习中,不仅班上的学优生,就连学困生也能积极踊跃地回答老师提出的问题并参与到讨论中来,发表自己的意见与观点。通过课前预习,学生明确了知识点的承接脉络,强化了对物理知识体系的整体认知,学习效果明显。

(2) 学生激发了学习兴趣,增强了学习信心

物理实验角调动了各层次学生的学习积极性。学优生主动参与、独立完成物理实验,学差生也能主动参与物理角实验活动。笔者观察发现,半数以上的同学能独立完成较简单或中等程度的物理实验,得出实验结果,而那些本身程序复杂、实验难度大的物理实验也有17%的同学取得预期结果。动手能力的培养强化了理论和实践的联系,激发了学生对物理的学习兴趣。

(3) 学生掌握了学习方法,提高了物理学习的成绩

通过有效的学法指导,学生觉得自己在课堂上能够独立解决的问题变多了,学生自学的信心也越来越足了。有的学生反映,在老师的指导下,他们自主学到的东西更不容易遗忘。

笔者课堂观察发现,班上的学优生基本上可以在课前通过预习掌握课堂教学的大部分内容,并通过教师点拨,实现自身对物理知识更深层次的探究。而中等生通过课前预习,实现了对课堂知识一般内容的理解,学差生也能跟上老师的讲解思路。

2. 问题反思

(1) 如何把握自主学习要求的层次性,在注重基础的同时,鼓励学生的创新思维?

把握预习要求的层次性,在注重基础的同时,鼓励学生创新思维。如在习题

检测中,大多数学生在做第 4 题和第 6 题时存在困难,这主要由于学生预习的深度不够,同时开普勒第三定律确实也是本节课的难点,对学生的能力要求较高。在以后的预习要求中教师要尽可能体现基础,这样能更好地保护学生预习的积极性。但是,体现基础并不意味着放弃挑战,对于学有余力的学生,应在预习中突出求异创新能力的培养。那么,如何保证大多数学生的预习效果? 分层预习指导似乎能在一定程度上解决这个问题,但是对于农村大班额教学中如何具体实施,还有待深入研究。

(2) 如何通过建立物理实验角,把学生自主学习与探究引向深入?

物理实验角在建立初期确实极大地调动了学生学习物理的兴趣,但是一段时间过后问题就逐渐暴露出来:一方面学生做实验的热情不如刚开始时高了;另一方面实验带来的刺激也往往流于表面,学生缺乏更深刻的思考。如何把学生引向对物理本质和规律的思考,让他们从内心深处对学习物理产生兴趣,确是个较为复杂的问题。

(执笔:扬州公道中学张广潮)

第八章　大班额合作学习

一、合作学习概观与教学策略

（一）合作学习的定义与构成要素

1. 什么是合作学习

合作学习是一个具有复合性、多层面的概念。目前人们对合作学习的定义不尽一致。

约翰·霍普金斯大学的斯莱文教授认为：合作学习是指使学生在小组中从事学习活动，并依据他们整个小组的成绩获得奖励或认可的课堂教学技术。

约翰逊和霍勒别克将合作学习定义为"一种以小组为形式，旨在促进学生合作，从而达到最佳学习效果的教学方法"。[①]

以色列特拉维夫大学的沙伦教授认为：合作学习是组织和促进课堂教学的一系列方法的总称。学生之间在学习过程中的合作则是所有这些方法的基本特征。在课堂上，同伴之间的合作是组织学生在小组活动中实现的，小组通常由3至5人组成。小组充当社会组织单位，学生们在这里通过同伴间的相互作用和交流展开学习，同样也通过个人研究进行学习。[②]

嘎斯基对合作学习的看法是：从本质上讲，合作学习是一种教学形式，它要求学生在一些由2至6人组成的异质的合作小组中一起从事学习活动，共同完成教师分配的学习任务，在每个小组中，学生们通常从事于各种需要合作和互动的学习活动。[③]

加拿大的文泽认为：合作学习是由教师将学生随机地或有计划地分配到异质团队或小组中，完成所布置的任务的一种教学方法。

---

① ［美］George M. Jacobs,［美］Michael A. Powder：《合作学习的教师指南》，杨宁、卢杨译，中国轻工业出版社，2005年。
② 王坦：《合作学习——原理与策略》，学苑出版社，2001年。
③ ［以］S·沙伦：《合作学习论》，王坦等译，教育科学出版社，1994年。

戴维森认为合作学习的定义应包括以下 7 个要点:小组共同完成、讨论、解决(如果可能)难题;小组成员面对面的交流;在每组中的合作互助气氛;个人责任感;混合编组;直接教授合作技巧;有组织地相互依赖。

高艳认为:简单地说,合作学习是以小组为基本的组织形式,小组成员互相帮助,共同达成学习目标的活动。[①]

盛群力认为:所谓的合作学习,指的是在传统课堂教学中,将 6 名学生按性别、能力、个性特点、家庭社会背景等混合编组,形成一个异质的学习团体。[②]

杨伊生认为:所谓合作学习,指的是一种互动性学习方法,即以小组为学习单位,小组中的每个成员对总的学习任务的某些方面负责,最终使本组的每个成员顺利完成学习任务。[③]

王坦认为,所谓合作学习应涉及 5 个层面:合作学习是以小组为主体进行的一种教学活动;合作学习是一种同伴之间的合作互动活动;合作学习是以各小组在达成目标过程中的总成绩为奖励依据的;合作学习是以教师分配学习任务和控制教学进程的;合作学习是一种目标导向的活动,是为达成一定的教学目标而展开的。由此,他认为合作学习是以小组为基本的组织形式,系统利用教学中动态因素之间的互动,促进学生相互学习,以团体成绩为评价标准,共同达成教学目标的活动。[④]

综上,合作学习是指促进学生在异质小组中彼此互助,共同完成学习任务,并以小组总体表现为奖励依据的教学理论与策略体系。我们认为,合作学习是以异质学习小组为基本形式,通过教学主体之间的互动,以团体成绩为评价标准,共同达成教学目标的学习方式。

2. 合作学习的构成要素

国外学者分析了合作学习的构成要素,如:斯莱文的三因素理论(小组目标、个体责任、成功的均等机会)、库埃豪的四因素理论(小组的形成与管理、任务设计、社会因素、探索性谈话)和美国明尼苏达大学约翰逊兄弟的五因素理论。这些理论对合作学习关注的侧重点不同。其中,约翰逊兄弟的合作学习要素理论影响最大。他们认为合作学习有 5 个基本要素:(1) 积极的相互依赖。合作学习要求学生为了完成特定的任务或工作分配而互相依赖。学生有指定的角色,成员之间共享材料,相互依存。(2) 面对面的促进性互动。小组成员之间交流思想、探讨问题,达成共识。教师通过适当的指导,帮助小组成员良性互动。

---

① 高艳:《合作学习的分类、类型与课堂应用研究初探》,《教育评论》,2001 年第 2 期。
② 盛群力:《小组互助合作学习革新述评》(上),《外国教育资料》,1992 年第 2 期。
③ 杨伊生:《合作学习与儿童类比推理能力的发展》,《前沿》,1997 年第 10 期。
④ 王坦:《合作学习:一种值得借鉴的教学理论》,《普教研究》,1994 年第 1 期。

面对面的互动为学生提供一个结构化的和谐环境,他们相互帮助、鼓励和支持,追求一个共同的目标。(3)个人和集体问责。每个人在整个集体的成功中都起着至关重要的作用,每个成员应明确提高整体绩效的方法。通过激励、奖励和反馈,学生之间彼此负责,友好相处,有所准备地参加集体活动,成功完成给定的任务。(4)人际关系和社交技能。积极的人际交往能力是成功的必要条件。学生通过指定角色,学习掌握一些社交技巧、合作技巧,有助于小组完成合作任务。(5)小组自我评价。小组自我评价在合作学习中起着非常关键的作用。学生个人和集体积极地自我评价、自我反思,促进合作进展顺利,更好地完成合作任务。

(二) 合作学习的一般流程

1. 课堂分组

合作学习的开始基于合作学习小组的建立,一个优质的合作小组应该考虑到以下几个问题。

(1) 选择同质分组还是异质分组

同质分组由具有相同的能力、兴趣、学习风格、种族、语言能力、个性特点的学生组建而成。然而在合作学习的实践中,我们更倾向于采用异质分组,即在学生之间实现不同的能力、兴趣、学习风格、种族、个性或其他差异的合理搭配。斯莱文强调,异质分组能促进有意义的对话与互动,为低成就学生提供好的学习榜样,也有助于改善学生之间的关系。①

当然,强调合作学习的异质性,并不意味着完全排斥同质分组的方法。有时候,让具有类似能力或特征的学生在一起进行合作学习,反而比采用异质小组的形式更有效。这就要求我们根据活动目的和活动内容的实际需要酌情考虑。

每个小组都是异质的,全班各小组间则是同质的,即组间同质、组内异质。组内异质为小组成员内部互相帮助提供了可能,而组间同质又为全班各小组间的公平竞争打下基础。②

(2) 小组的规模多大为宜

约翰逊兄弟认为,合作小组的大小与构成具有较强的可塑性,没有固定模式,可以依据任务的性质、完成任务的条件、组员合作技能状况等而有所不同。因此,在确定小组规模时,应综合考虑学生的能力、年龄、合作技能,教学的目标、内容与任务,以及班级的规模等因素。

---

① [美]乔治·雅各布斯:《共同学习的原理与技巧》,林立、马容译,中央民族大学出版社,1998 年,第 12 页。

② 余慧娟,赖配根:《开展合作学习的有效策略》,《人民教育》,2002 年第 10 期。

那么,多大的小组规模才能实现真正意义上的合作? 美国学者罗杰斯对小组的规模与组员参与小组活动的程度的研究告诉我们:当小组规模为 3～6 人时,每个人都能说话;当高于这个值时,不说话的人数逐渐增加,而积极说话的人数则逐渐递减;当达到 30 人以上时则几乎没有人说话。[①] 可见,在合作学习小组的规模上,应该少为优,通常 3～6 人最为合适。小组规模越小,每个成员充分参与小组活动的机会也就越多,相对的,需要运用小组合作的技能也就越少,这对于任务比较简单、合作技能较差的小学低年级学生来说更为适用。

(3) 如何分组

分组时应主要考虑以下因素[②]:① 学生的成就。保证同一个合作小组内学习成绩好、中、差学生的搭配。研究表明,好学生和差学生都能够从合作学习中受益。② 学生的能力。有的学生善于分析问题,有的善于捕捉信息,有的思维比较深刻,有的善于组织活动,将这些具有不同能力优势的学生组合在一起,不仅能够提高小组活动的效率,更有助于每个组员的全面发展。③ 学生的性别。男女学生混合编组可以丰富小组认识问题、分析问题、解决问题的视角,而多视角的产生则可以优化学生的思维。④ 学生的家庭背景。在现实生活中,组员必须学会与各种人一起工作,如果组员在小组活动中能够与来自不同背景的其他组员合作,将有助于他们应对类似的现实生活。

(4) 小组的维持时间多长

由于组内成员是异质的,如果小组成员不能和谐相处,或是学习小组形成了小团体,影响班集体学生之间的团结,则应当及时调整学习小组,瓦解小团体,促进团结互助。但是,开始第一、二周不要让学生换组,强调以小组合作行为及其个人努力去代替个人竞争;若小组实在无法运作,可在第三、四周后决定换组。

2. 确立合作目标与任务

(1) 谁来确立合作目标与任务

合作目标,即合作学习要达到的预期结果。合作学习要求在课堂教学中将教师的主动教授转变为学生的主动学习。为此,教师要与学生共同制订学习目标,这是合作学习课堂教学设计的第一步。不仅如此,教师还要在教学开始之前,将合作目标展示或告知学生,让学生明确合作学习的目标与任务,这样才能使学生的合作学习活动具有方向感、责任感,小组成员也只有在致力于实现共同关注的目标时,才会主动而真诚地奉献和投入,产生创造性。

[①]　陈向明:《小组合作学习的组织建设》,《教育科学研究》,2003 年第 4 期。
[②]　曾琦:《合作学习的基本要素》,《学科教育》,2000 年第 6 期。

（2）如何制订合作目标与任务

实施合作学习应该至少有三个层次的目标。首先是基础目标,这是班级中所有学生均要达到的目标,是教学大纲、教材要求的体现,是课堂教学的最低要求;其次是合作目标,即小组目标,合作目标是小组成员共有的目标,它为小组聚焦,提供能量,创造出众人一体的感觉;最后是发展目标,这是对每个独立的学习个体而言的目标,是建立在每个学生不同的学习能力和发展水平之上的,在各自"最近发展区"内的目标。

（3）如何确立合作任务

合作任务的选择是通向合作目标的路径。合作的任务不仅要适合学生的合作学习,更要有利于成员产生合作行为。每个合作学习小组应当有明确的小组任务,合作学习小组内部应当根据小组任务进行适当的分工,让每个小组成员有明确的个人任务。只有让每个小组成员明确小组任务,他们在合作学习时才会有集体责任感,有合作意识,才会积极地互动、互助;只有让每个小组成员明确个人任务,他们在合作学习时才会有个人责任感,才会充分发挥自己的主观能动性。

合作学习的任务也要适合学生合作学习,且具有一定的难度和梯度,更要具有合作学习的价值,即必须通过合作小组的相互配合、相互帮助、相互讨论、相互交流才能够完成或更好地完成,而不是一般学生通过自主学习就能完成的。如果学习的任务太简单,或者学习的任务更适合学生自主学习,就完全没有合作学习的必要。

3. 选择合作学习的具体方式

在众多的合作学习方式中,"成绩分阵法""游戏竞赛法""共同学习法""小组调查法"是影响最为广泛的合作学习方式。

（1）学生小组成绩分工法（Student Teams-Achievement Divisions,简称STAD）。这是在课堂上最常用的合作学习形式之一。首先,教师向整个班级提出问题。然后由4至5个学生组成学习小组,进行合作学习。最后,所有学生就所学内容参加个人测验,此时,不允许他们互相帮助。学生的测验得分用来与他们自己以往测验的平均分相比,根据他们达到或超过自己先前成绩的程度来计分（也叫提高分计分制）。小组的得分基于个人在问答比赛中与过去表现相比得分提高的部分,然后将小组成员的个人分数相加构成小组分数,达到一定标准的小组可以获得认可或得到奖励。

（2）游戏竞赛法（Teams-Games-Tournaments,简称TGT）。它采用了和STAD相同的结构,不同的是它以每周一次的竞赛代替测验。在竞赛中,学生们同来自其他小组的成员进行竞争,以便为他们自己的小组赢得分数。学生们在6人组成的"竞赛桌"旁进行竞赛,竞争对手是过去的学业成绩方面有相似记录的同学。教师依据每次竞赛中学生的成绩每周对学生竞赛桌的安排进行一次调整,使之趋于公平。每个竞赛桌的优胜者都为其所在小组赢得相同分数。这就意味着学习速度慢的学生(同其他学习速度慢的学生进行竞争)和学习速度快的学生(同其他学习速度快的学生进行竞争)都有均等的成功机会,成绩优异小组可予以奖励。

（3）共同学习法（Learning Together,简称 LT）。共学模式是由明尼苏达大学约翰逊兄弟等人研究开发的一种合作学习方法。它要求学生 4～5 人在异质小组中学习指定的作业单。小组共交一份作业单,依据小组的成绩给予表扬和奖励。

（4）小组调查法（Group Investigation,简称 GI）。使用该模式时,教师让学生自主选择 2～6 个人组成一个小组。然后学生从不同的子课题内自由选择单元开始学习,并拥有一定的学习自主权。这种方法能够创造足够的机会来提高学生学习的自主性和责任心,增加学生合作学习的机会。

（三）合作学习的教学策略

1. 选择有意义的合作主题

合作主题本身必须具有合作的价值和意义。如果合作主题本身不具有合作价值和意义,那么这样的合作主题就是无效的主题,合作学习活动也必然没有价值和意义,是无效的合作。有效的合作主题应该具备以下特征:

（1）有恰当的合作学习内容

合作学习的内容应该具有合作学习的价值,且具有一定的难度和梯度,是一般学生通过自主学习无法完成或无法较好地完成,但是通过合作学习小组的相互配合、相互帮助、相互讨论、相互交流能够完成或更好地完成的学习内容。[①]在我们目前的课堂教学内容中,教学内容大都根据逻辑演绎形成教材体系,这种教材更适宜传统教学的讲授模式,需要教师对教学内容进行筛选、重组,把它重新设计成一个开放性、探索性且具有层次感和可操作性的问题,使教学内容的呈现方式体现知识产生和发现的过程,激发学生合作探讨的心理需要。

（2）有教学的重点、难点

教学重点是教学任务当中比较重要的知识点,教学难点则是学生不容易理解、掌握的知识点。在课堂教学中,只有教学的重点和难点得到了落实,教学目标才有可能实现。在进行重难点内容的教学时,如果采用合作学习策略,可以使

---

① 左昌伦:《促进学生有效地合作学习》,《中国教育学刊》,2003 年第 6 期。

学生主动参与到学习活动之中,对问题进行主动的探究,并通过合作找到解决问题的关键,使学生对知识点的理解更加深刻、掌握更牢固。

(3)能激发学生内在的学习需要

对学习内在的渴望是学生有效学习的动力。只有产生了内在的学习需要,学生才能够主动地参与到学习活动中来。因此,一个有效的合作主题,应该能够引起学生的学习兴趣,有效激发学生内在的学习需要,吸引学生主动参与到合作学习活动中来,并能够在合作中积极思考、深入探究。

2. 选择适当的合作时机

并非所有的内容都可以进行合作,也并非任何时候都适合合作学习。一定要根据学生现有的认知水平、教材内容等情况,选择有利的时机让学生进行合作学习,这样才能够保证合作学习的有效实施。

(1)当学生遇到有一定难度的学习任务,思维受阻时,往往会产生较为强烈的合作愿望,比如学习新知识,遇到重点、难点时,此时可以抓住这一时机,对学生进行分组,让组内学生一起讨论探究,相互启发,加深理解。

(2)当学习任务比较复杂,学生无法独立完成(比如进行一项社会调查)时,教师可以对学生进行分组,并示范合作技巧,使得学生通过组内协作,解决问题,完成任务。

(3)当学生意见产生分歧时,教师可以分别让持有相同意见的学生组成合作小组,在课堂上展开辩论,此时小组目标与个人目标相重合,为了取胜,组内成员将积极进行分工协作,从不同的途径去搜集材料,证明自己小组的观点。

3. 加强学生合作意识和技能的培养

合作学习中人与人之间的关系是合作学习赖以存在的根本,约翰逊兄弟和卡甘在论及合作学习的基本要素时,都把积极互赖视为首要条件。[①] 离开了学生之间的合作,小组也就不成其为小组,更谈不上进行合作学习了。合作意识和合作技能的培养策略有:

(1)激发学生的合作需要,培养学生的合作意识

合作初期,小组刚刚形成,教师必须让学生认识到一个人的成功必须以他人的成功为依据,一个人不可能离开其他组员的帮助或协作而自己取得成功,正如约翰逊等人所说:"积极互赖存在于当学生认识到他们是以这样一种方式与小组组员联系在一起的时候,即除非他们的组员获得成功,否则他们自己就不能获得成功(反之亦然),他们必须将自己的努力同其他组员的努力协调起来以完成

---

① 马兰,盛群力:《究竟是什么促成了合作——合作学习基本要素之比较》,《教育发展研究》,2008年第18期。

某个任务。"①为此,教学中教师必须向学生布置明确的学习任务,激发学生的合作需要,让学生真正感受到"荣辱与共,休戚相关","我为人人,人人为我",使协作共赢成为学生学习的目标。

（2）训练学生的合作技能和技巧

约翰逊兄弟提出合作技能的训练有5个步骤②:第一步,确保学生明白合作技能的重要性;第二步,确保每个学生都理解每项技能、如何运用这些技能以及什么时候运用;第三步,提供练习机会,鼓励学生掌握技能;第四步,确保每一个学生在他（她）使用技能时接受到反馈,反思下一次如何更有效地运用技能;第五步,确保每个学生时常进行技能练习,直至能自如地运用。

教师可以根据不同文化背景、不同年龄的学生面对不同难易程度的合作内容的原则,选择需要掌握的合作学习技能,由易到难,循序渐进,小步骤地进行详细讲解,必要时通过示范等方式让学生习得合作技能和技巧,然后让学生适当反复练习2~3次,加深印象。③

（3）注意加强对学习小组组长的培养

小组长在学习小组中的角色往往是领导者,承担着引导小组的活动、确保合作学习的任务能够按时完成的重要责任。然而,小组长容易用自己的观点代替他人的观点,抹杀其他组员的学习成果,产生"小权威"现象,因此,要加强对学习小组组长的培养:一方面告知他们哪些行为是正确的、该做的,哪些是不被期待、不该做的,对做得好的小组长进行表扬,通过树立榜样,帮助"小权威"纠正自己不恰当的做法;另一方面也要充分发挥小组长的潜能,及时对各组进行调整,不断优化各组组成,进行"冷热协调"。

4. 教师要做学生合作学习的促进者

在合作学习中,教师的角色应由原来的仲裁者、裁判者转变为引导者、促进者,并参与到学生的学习中去,与学生平等地交流沟通,对学生的合作活动进行适当监督与适时介入。

（1）营造和谐平等的合作氛围

和谐平等的合作氛围对合作学习的小组形成及良好运转起着重大的影响。合作学习应是一种相互接纳、相互理解、相互促进的民主平等的和谐关系。很难想象,在一个充满着嘲讽、互不信任的团队中,学生之间能形成一种真诚的合作关系。教师可以从以下几个方面营造和谐平等的合作氛围:

---

① 王坦:《合作学习的理念与实施》,中国人事出版社,2002年,第17页。

② David W. Johnson, et. al. *The Nuts and Bolts of Cooperative Learning*. Interaction Book Company, 1994.

③ [美]乔治·雅各布斯:《共同学习的原理与技巧》,林立、马容译,中央民族大学出版社,1998年,第89页。

① 制定小组规则,营造公平参与的环境。合作学习小组若要顺利进行,必须制定相应的规则约束和矫正小组成员的行为,特别是学生合作技能水平较低时,更需要小组规则的规范。否则,合作学习就会流于形式。教师与学生一起讨论小组中什么行为是可为的、被期许的,什么行为是不可为的、被排斥的,通过讨论制定小组成员共同遵守的行为规范,规范和协调小组成员的行为,使每一位学生都感觉自己能够参与合作,且自己的努力都能得到认可,都有同样的机会为小组作出贡献。

② 打造开放式的学习群体空间,构建和谐的空间环境。将课桌椅的排列从传统的"秧田式"的空间结构,改为"T"型 ①②③/④⑤、①②③/④⑤/⑥⑦ 或"马蹄"型 ①②/③④|⑥⑤、"田字格"型等不同排列。① 这种开放式的学习群体空间将从视觉和心理上缩短学生的空间距离和心理距离,更加利于学生的交流和互动、冲突的解决与共识的达成。

③ 建立共同的小组身份,发展和谐的小组文化。要积极引导小组成员建立共同的身份,比如鼓励每个小组为自己选择一个小组名称、誓言或标记,以此激发小组成员对其所在小组的归属感,增强小组的凝聚力,使学生感到和同伴在一起很舒适,愿意和同伴分享观点、请教问题,从而形成一种积极、和谐、活跃的气氛。

(2) 参与合作过程,为学生的合作学习提供指导和帮助

学生的合作学习往往离不开教师的指导和帮助,特别是低年级的学生,他们的自我监控水平和合作技能水平还较低,如果没有教师适当的指导和帮助,其合作学习很可能会放任自流,成为无效劳动。从合作目标的确立、合作任务的制订再到有效的评价,都需要教师的积极参与和帮助。教师应做好以下几方面工作:

① 消除误解,及时纠偏。合作学习小组在展开讨论时,对于学习内容,有些学生在理解上可能有误区,也有一些学生在思维打开后,可能会偏离讨论的主题,这时教师应该及时进行引导、纠正,将学生的关注点重新拉回到讨论的主题上来,防止学生在合作学习时步入误区。

② 调节小组学习的进度,防止冷场。合作学习小组在成立初期,小组成员之间配合度和合作技能不成熟,讨论问题时会出现冷场的局面,此时教师应当主动介入,了解情况,分析原因,或鼓励学生大胆表达,或指导合作技巧等。

③ 主动关注消极的学生,防止学生的过度依赖。小组的异质性往往会产生消极的、不积极参与合作的学生。穆里安认为合作学习的过程中会有 6 种消极

---

① 裴娣娜:《合作学习的教学策略——发展性教学实验室研究报告之二》,《学科教育》,2000 年第 2 期。

的学生：沮丧的学生、未被承认的学生、灰心的学生、缺乏动机的学生、厌烦乏味的学生、炫耀聪明的学生。[①] 对这样的学生，教师应加强关注和指导，或者及时重新调整分组，或者引导他们发挥自己的主观能动性，积极创造条件，鼓励他们重塑信心，或者为他们提供情感支持，使他们积极参与到小组合作中去。

5. 对合作学习进行有效的评价

合理有效的评价制度是合作学习开展的保证，也是合作学习开展的激励机制。评价是否公正、合理和有效，直接决定了合作学习开展的程度。

（1）建立科学有效的合作学习评价标准

合作学习学生评价标准是对学生进行评价的出发点和落脚点。合作学习评价标准既要关注对学生、教师和学校的统一要求，又要关注学生个体的差异性，应该通过建立有一定弹性的评价标准，为学生的个性发展提供空间。既要关注小组间的竞争性评价，又要关注小组内部成员间的合作性评价，并将合作性评价作为基本的评价理念，始终贯穿于小组活动中。[②] 合作学习的评价标准应坚持以下标准：

① 评价目标的发展性。合作学习追求的是小组成员的共同进步，尊重学习个体间的差异，允许不同学生有不同的发展方向和发展速度，"不求人人成功，但求人人进步"是合作学习评价的终极目标，所有的评价要素及其标准的选择都应该围绕是否有利于学生的"学"，是否有利于学生的成长，为此，评价的内容应包含合作学习的基本要素：主动的相互依赖、面对面的互动、个人责任、社交协作技能、小组自评。

② 评价主体的多元性。由于教师拥有丰富的教学知识和评价经验，同时也了解学生的情况和学习的任务，应该在整个评价标准制定的过程中拥有很大的发言权，起着主导作用。而学生作为被评价者，家长作为学生生活的参与者，理应共同协商讨论，使评价标准的制定过程成为促进学生反思、加强评价与教学的结合的过程，逐步成为学生自我认识、自我评价、自我激励和自我调整等能力不断提升的过程。[③]

③ 评价内容的多元性。从合作学习的准备到实施，从合作学习的完成情况到合作技能的运用，都应该是合作学习评价的内容。合作学习评价的内容必须是多元化的，评价不仅要关注知识与技能，更要关注过程与方法、情感态度与价值观，即着眼于学生的全面健康的发展。

① ［美］古德·布罗菲：《透视课堂》，陶志琼、王凤、邓晓芳等译，中国轻工业出版社，2002 年，第 396 页。
② 靳玉乐：《合作学习》，四川教育出版社，2005 年，第 270 页。
③ 同②。

（2）多种评价方式互相结合

合作学习的评价内容的多元化决定了评价方式的多元化。为此,必须将多种评价方式相结合,比如将形成性评价与终结性评价相结合,量化评价与质性评价相结合,学生自评、小组评价和教师评价相结合等。具体来说,可以分层次进行:① 学生的自我评价。提供学生一个自我审视、自我评价的机会,如个人有什么收获、经验或教训等,帮助学生不断地完善自我。② 小组成员的相互评价。在对学生群体共同完成任务情况进行评价时,要充分考虑到每个人所承担任务和作用的不同,注重评价的公平性、客观性。个人从组员相互的评价中发现自己的长处或不足,用以调整自己的学习策略。③ 小组与小组的相互评价,促进组内的合作与组际的合作与竞争。④ 教师对小组或个人的评价。教师的评价要更多地建立在学生自评和小组互评的基础上,经常反馈正向的信息,有针对性地给予学生具体指导,使评价真正成为一种教育手段,进一步促进学生的全面发展。

案例:让学生当"考官"出题

学习的终极目的不是为了知识,而是为了应用所掌握的知识解决问题。在学生的心灵深处都有一种根深蒂固的需要,那就是希望感觉到自己是一个发现者、研究者、探索者。在应用知识解决问题的过程中,学生的智力活动始终处在积极状态中,为传授和巩固知识奠定基础。

例如,在完成高中化学专题三第一单元"化石燃料与有机化合物"的教学之后,我打算出一份测验题来摸摸底,了解学生的知识掌握情况。本来想自己出一份自测题,后来转念一想,何不让学生自己出题,这样既可以培养学生的认知能力,又可以检测学生掌握知识的情况,一举两得。考虑到全班一共有52人,4人一组,共分13个组,每组限出2~3道题目,要求这些题目要考查知识点的有关内容,并提供相应的评分标准。

任务提前一周布置,学生热情高涨。化学课代表兴奋地对我说:"老师,我们从没想过自己可以出题目,感觉自己也当了一回小老师,很过瘾的。"还有的学生信誓旦旦地表示,一定会出高质量的题目,比其他的小组都好。看着他们信心满怀的样子,我心里暗自高兴,但同时又有些担心:第一次尝试这种做法,不知道效果会怎么样。

（溧阳市埭头中学时友菊,行动研究报告）

（执笔:扬州大学滕静）

二、大班额语文合作学习的行动研究

实验班级为扬州中学高二(8)班,全班共 50 人,属于大班额。课堂观察与调查发现,学生的语文学习存在以下问题:语文学习兴趣不浓,大多偏科严重,学习动机不强,语文课堂死气沉沉,学生更愿意一味接受教师讲解,极少有学生向教师请教问题。调查显示:全班只有 20% 的学生在课外会阅读一点读物;语文学习习惯不好,课上很少主动做笔记,长期坚持课前预习、课后复习的学生很少。

(一) 研究方案

1. 研究目标

以阅读学习为突破口,实施合作学习,激发本班学生对语文学习的兴趣,活跃语文课堂气氛,改善语文学习的习惯。构建大班额语文合作学习模式,供其他语文教师借鉴参考。

2. 研究内容

(1) 课前——做好学习准备

课前准备主要包括:确定恰当的教学目标,布置明确的学习任务;让学生熟悉学习流程与方法,明确学习要求;学生独立完成预习文本、搜索资料、提出疑问;教师对学生的问题进行梳理、归纳、整合。

(2) 课中——分合结合

① 合作完成语言基础知识的学习。新授课中易出错、需整理的字词音意知识的学习任务,由学生共同承担,教师从旁监督。采取多种形式:呈现自己整理的作业;轮流讲解;板书字音、字形;部分同学上黑板做题,其他同学批改。

② 学生分别复述、展示课前搜索的作家生平、历史背景、文体知识等常识性知识,同学之间互相补充,教师最后总结。

③ 相互答疑。首先,教师呈现学生自己提出的疑问,学生之间相互释疑,教师及时评价;仍有解决不了的,教师先加以引导,再由学生思考,解决问题。其次,教师设置一些具有一定难度的、符合学生最近发展区的问题,鼓励学生进行充分的阅读、思考,有所领悟后,分享各自的理解,师生共同交流。

(3) 课后——合作深化

① 对于课文背诵、知识辨析的作业,按座位、学情等将学生分成学习小组。小组成员互相检查背书、默写完成情况,互相批改作业,共同总结,警示全班。各小组内部选出负责人,组织、监督和汇报共同学习的情况。

② 对于理解型知识,要求学生课堂做好笔记、读书批注,课后完成一定作

业,诸如随笔感悟、文学创作乃至小论文,提升学习内涵。每隔一个学习版块,开展一次小组或全班交流。

3. 资料搜集方法

(1) 作业反馈。通过搜集学生课前预习作业和课后巩固拓展性作业,随时掌握学生的学习效果。

(2) 课堂观察。及时观察学生课堂反应,了解学生在小组合作时的表现,合理调整成员的组合。

(3) 师生交流。与学生交流、访谈,反思小组合作学习的得失。

(4) 测验检查。在阶段学习后,定期组织随堂测验,检查学生对已学内容的掌握情况,搜集研究资料。

4. 效果评价

(1) 学生评价:制作评分表,包括阅读材料的选择、探讨问题的设置、小组成员的构成、教师的引导等各项内容,让每个学生打分后,收回总结。

(2) 教师评价:邀请组内教师随堂听课,记录各教学环节学生上课反应,评价教学效果。

(二) 方案实施

1. 诗歌(韵文)合作学习及其指导

根据诗歌韵文重节奏韵律、意象情感的特点,教学中需要引导学生多读多思,化抽象为具象,把握诗歌内容和情感。诗歌学习分为:

(1) 课前——自主整理、熟读与质疑

合作学习的顺利开展建立在课前师生大量准备的基础上,所谓“功夫在诗外”就是这个道理。教师对学习材料高瞻远瞩的统筹安排,学生对学习内容的先期熟悉和思考,直接影响合作学习的质量。

首先,自主整理。根据诗歌篇幅短小的特点,教师从时代、派别、作者等维度出发对教材中零散的材料进行二次梳理,向学生解释,要求学生熟悉诗歌的文体特点、时代发展、代表流派,确定作品的年代、风格、背景等大致风貌,掌握学习流程。

其次,预习熟读。让学生搜集诗歌的作者生平、年代背景、字音字形、专有名词的含义等资料,课前多读,甚至达到熟记成诵的程度。

再次,质疑问难。为了提高学生学习兴趣,鼓励学生在预习过程中质疑并在作业本上呈现,教师对学生提出的一些新颖、有价值的问题进行梳理、归纳,以便在课堂上共同解决,提高合作学习效率。

(2) 课中——读、想、感的自主与合作

合作学习展开的过程离不开“自主”与“合作”两个阶段。“自主”是指学生在一定条件下,充分发挥自己学习的主体作用,在整个学习过程对学习的各方面,包括学习情绪、学习策略、学习方法与技术等作出主动的调节与控制。"合作"是为共同完成教与学的任务,在教师之间、师生之间、学生之间形成相互影响、相互促进的人际关系。

自主阶段。阅读合作学习能成功进行的基础是提供足够的时间空间让学生自主地消化阅读材料。首先,课堂开始时,在全班呈现预习阶段提出的主要疑问,让学生的问题互为补充,整理出那些还需要进一步思考的问题;然后,提供单位时间给学生自己读书,这次阅读的要求不同于预习阶段,而是要带着问题、带着思考去深入阅读,并将自己的感悟整理成书面材料。

合作阶段。第一步,学生交流,趁热打铁地就自己阅读的成果在小组轮流发言交流,小组内由专人负责记录,汇总后小组成员共同归纳提要,形成精华的答案。若遇到小组内无人能解决的难题,暂不强求小组成员形成答案,而是给出思维步骤或思考方向。第二步,教师启发,在小组交流时教师可任意挑选小组旁听,予以指导;在多数小组遇到普遍问题导致合作学习难以进行时,教师在全班进行适当点拨;各小组在全班汇报合作成果时,教师适时给予点评或纠正;拓展学生思维时,教师要从诗人的其他作品、同时代其他诗人的作品、同派别的作品、不同时代互为影响的作品等纵向、横向的角度去启发学生的思考。第三步,对话深入,在倾听组员发言或教师启发后,每个学生留出几分钟时间认真阅读、思考,随后继续在小组内或全班交流,与同学和教师探讨,使阅读的思考更加深入。

实施时,课堂的处理灵活多变,以小组为单位、采用计分制进行对抗赛是比较常见的形式,具体做法如:生生、师生开展朗诵比赛,按理解程度、情感投入等项目计分;学生讲解诗歌的技法、描述诗歌的画面、归纳诗歌情感,教师从旁引导;用抢答、表演的方式检测学生学习成果……

课堂实录片段:

采用竞赛性活动拓展"孔、孟"相关知识学习:

(1) 你说我听:各小组派代表讲与孔、孟有关的材料,大家倾听;

(2) 快速抢答:教师问与孔、孟相关的问题,学生自由回答,按组计分;

(3) 亲密搭档:屏幕上给出与孔、孟相关的名句和成语,各组派出两名组员,一名组员描述,一名组员背对屏幕说出答案,按组计分;

(4) 活学活用:各小组根据自己的学习成果,用写对联、拟广告、讲故事等形式向大家推广孔孟文化,各组根据创意相互打分。

(3) 课后——多形式巩固拓展

巩固与拓展是对已学知识的强化与创新,利用多种形式的小组合作,既能提高学生"温故"的兴趣,也能提供更多资源帮助学生"知新"。

巩固。背诵、复习课上所学诗歌,养成良好的学习习惯。在小组中,单篇诗歌学完后,采用组员轮流背诵的形式进行比赛,按照背诵正确率、流利程度等相互打分评价;多篇诗歌学习后,采用组员相互按题目抽背或按主题抽背等形式进行比赛,巩固所学知识。

拓展。学生课后搜罗风格类似的或相关的诗歌、文章并阅读,在小组学习中推荐与品评,或者就所学诗歌进行扩写、改写、再创作的练习,甚至就某一话题进行文学争鸣,在班级或年级开发校园杂志专栏,以方便交流学习。

【示例】《锦瑟》

课前:

明确学习目标:有感情地朗读并背诵全诗;理解李商隐诗歌意象的多重含义,并能提出自己的见解。

学生朗读诗歌并搜索、整理相关知识:李商隐的生平;元好问、王渔洋、梁启超、张中行、何焯等人对《锦瑟》的点评。

学生质疑,教师归纳问题:① 诗的题目是无题而随意截取还是别有深意? ② 首尾两联意图明确,有抒情,有议论,但为何"思华年"?"追忆"什么? 又"惘然"什么? ③ 中间两联用的典故、选的意象是想营造怎样的意境?

课中:

导入。选取学生搜集的评论作为导入,点出《锦瑟》的神秘性,引出学生解谜的好奇心和兴趣。

研究情语,推测主旨(照应问题②)。学生可以大胆揣测,充分想象。诗歌可能与锦瑟有关,与弹奏锦瑟之人有关,可能是假托锦瑟感慨自己坎坷的际遇,等等。小组讨论,推出最精彩的答案,向全班展示。

通力合作,品味意象(照应问题③)。诗歌意象与画面较多,可以合力完成。学生展开形象思维,将宏大的背景与细腻的特景结合,再训练口头表达,将画面描摹出来,从而把握诗歌情感。同样先在小组内交流,拼合组员中各自的亮点形成大家的智慧结晶,推选一位组员向全班展示。

小结全诗,个性点评(照应问题①)。结合李商隐的身世全面理解诗歌,申发自己的见解。首先由学生独立思考,进而在小组内汇报,再在全班发言。课后可继续形成文字稿。

朗读、背诵比赛。在以上环节的基础上,分小组进行比赛。分普通话、理解力、情感色彩、动作设计几个方面打分,内容为《锦瑟》、李商隐系列诗、讲读结合等,采用独诵、组合朗诵、小组朗诵等多种形式进行比赛。

课后:

改写。将诗歌改写成300字左右情景交融的散文,以小组为单位在全班进行朗读,并相互评价改写成果。

拓展阅读。阅读李商隐的其他作品,摘抄、点评自己喜欢的诗句,并把它们背诵下来。大量搜罗李商隐生平事略、后人对李商隐诗歌的解读,阅读后选定话题(如"我看李商隐无题诗中的意象选择")进行个人探究并形成文字,粘贴在班级的板报上或踊跃向学校的《新苗》投稿,交流分享。

2. 散文合作学习及其指导

除了诗歌韵文,戏剧、散文、小说等可归入"散文"(广义),由于散文与诗歌的不同特点,散文语言的平易性和文体、形式、内容的自由多样性,其学习方式与要求也不同。散文学习一般流程如下:

(1)课前——自主预习与质疑

课前自主预习是课堂合作学习的基础,学生只有对学习材料的基本内容以及主要知识点了然于心,才能有效地与教师、同学进行深入的探讨。学生课前对学习材料提出自己的疑问,才能产生解决问题的浓厚兴趣,提高学习动力,同时,学生的疑问是课堂可利用的有价值的资源,是合作学习的关键所在。

首先,教师引导,让学生清楚辨认散文的文体、时代、主题,然后自读预习,搜集作者生平、年代背景、字音字形等资料。其次,培养学生良好的预习习惯,先归纳每个自然段的意思、划分文章的段落,再总结全文的主旨思想,最后体会作者情感等,反复操练,掌握学习流程。再次,学生质疑,教师按一定层次、梯度对问题予以归纳。

(2)课中——自我展示与思考

自我展示是学生把自己研习的成果向小组进行呈现,是在合作学习中对自我价值的证明。同时,自我展示构成合作学习成员的共用资源,是教师进行课堂引导与拓展的契机,是合作学习走向深入的助推器。

学生呈现自己的预习成果或心得,学生之间互为补充;梳理文章的整体思路,学生展示后相互纠正,教师点评指导;学生自主挑选文章片段,就语言、技法或情感等角度谈谈自己的认识;教师指导学生多角度阅读:转化阅读视角去阅读,比如阅读《最后一片常春藤叶》后可让学生分别从医生、好友、老画家的角度再讲述这个故事;转化文体特征去阅读,比如《过秦论》可从论文、韵文、历史等不同角度去阅读;转化事态发展可能性去阅读,比如《鸿门宴》中假如项羽听了范增的话、假如项庄杀了刘备,事态怎样转变。

【示例】①《左忠毅公逸事》第二段教学片断

师:读这一段大家都被左公的忠毅所感动。他的忠毅具体表现在什么地方? 写法上有哪些值得学习的?

3位同学分角色朗读左公、史公、旁述部分,其他同学边做圈点边思考。(各小组踊跃推介朗读者,小组内组员提出朗读意见,如左公部分一定要读出坚定忠毅,史公部分一定要传递出感动敬佩之意。)

3位同学精彩朗读后,大家深有感触,组员之间先行交流,思考成熟后,推代表发言。

生1:左公的忠毅体现在伤势描写上,"面额焦烂不可辨,左膝以下筋骨尽脱矣",可见他与阉党斗争宁死不屈,高风亮节令人敬佩。

生2:最令我震撼的是他那种特殊的处理方式。为了尽快地让史可法离开险境,他以极其悖理违心、近乎残忍的方式怒斥、扑杀、驱赶爱徒。看似不近人情,其实是大爱大智。

生3:文中有一处描写令人读来伤心。左公本是"目不可开",闻爱徒之声,"乃奋臂以指拨眦,竟然目光如炬"。可见当时他是多么高兴,又多么焦急。在那一刹那,他以非凡的毅力,忍受巨大的伤痛,使出最后一点气力,吓退爱徒,让他火速离去。

生4:我很欣赏作为见证者的史可法"常流涕述其事"所作的形象之比——"吾师肺肝,皆铁石所铸造也"。这一侧笔将左公难以尽述的忠毅高度凸显出来,胜过千言。

(3) 课后——相互竞赛与争鸣

心理学研究表明,在竞争环境中,学生成就动机最强烈,更能激发学生的学习动机,释放个人潜力。竞赛与争鸣可以促进学生对成就的追求,既激发个人在竞争中取胜,强化学习内容,又带动小组成员的深度合作,并在合作中提升班级的整体水平。

组织学生就课上所学知识进行复习和训练。背诵文章中有价值的语段,学习小组成员就这些语段交流阅读感受。随后,在教师的引导下,阅读作者的其他作品,拓展学习内容。组织学生就与课文相关的话题进行仿写、改写或再创作,展示汇报或投稿校刊。如:学习庄子《逍遥游》一课时,因为老庄思想较为深奥,通过一篇课文的学习就要让学生深入理解显然存在很大障碍,限于教学时间,教师仅仅串讲字词、揭示主题。为了深入理解课文,鼓励学生课后阅读、研究。一

---

① "语文活动式教学"实验课题组:《语文活动式教学课例研究》,语文出版社,2010年,第103页。

个星期以后,在每周一次的语文演讲活动中,一位平时语文学习非常刻苦的男同学就课堂所学《逍遥游》以及课本给出的一些注释提出质疑,并作出有理有据的改正。他读了老子的《道德经》、庄子的"内八篇"等篇目,在深入思考的基础上,首先为全班同学串讲了道家的发展轨迹和代表观点,接着有条不紊地对书下注释中"至人"一词的理解提出自己不同的看法。整个演讲过程持续了近一节课,引发了大家的浓厚兴趣和不少提问。下课铃响了,大家还不愿意离开教室。在其乐融融的课堂中,每个人都有自己的收获。

【示例】《逍遥游》教材注释指瑕(片段)

个人认为课本上"至人无己"与"圣人无功"的翻译有两处不妥。

第一,课本将"至人"译作"真实自然的人"不妥。

"真实自然的人"是道家人一直崇尚的人格,指的就是行为能合乎自然法则的人,即能够顺应"道"的人。而庄子首创的概念——"至人",事实上就是能够"齐生死,一物我"的人,"齐生死,一物我"是《庄子》内篇第二篇《齐物论》中提出的境界,而达到这一境界也需要用"道"的观点看事物。将"至人"译作"真实自然的人"忠于了道家思想,所以这样翻译无可厚非,但我所谓的不妥之处是指"至人"二字无翻译的必要。

首先,对于"神人"与"圣人",书中并未进行翻译,保留了原文,为统一形式,"至人"理应不译。

其次,将"至人"译作"真实自然的人"会限制学生对"至人"含义的理解。"至人"从字面看可被理解为"至高无上的人",根据上下文又可理解为"无所待的人"等,学生可以在不同的认识下对"至人"的含义作出不同诠释。这种情况下,"至人"的含义方显丰富,学生对原文本的认识才更为真实。

第二,课本将"圣人无名"解释作"圣人不求声名。指圣人以万物为一,不加分别,去除了对于名实的偏见"似乎有误。前半句"圣人不求声名"符合上下文;但个人认为后半句"指圣人以万物为一,不加分别,去除了对于名实的偏见"犯了学术上的错误。至人、神人、圣人按其达到的境界的高低来看,圣人最低,仅止于"无名",即不求声名的层次;神人居中,不但不求名,连建功立业的偏见也没有,如文中的宋荣子,能审定自我与外物的区分,不为外物所动,这叫"无功";至人达到的境界最高,能够"无己"。那么何为"无己"呢? 单从字面看,"无己"可译作"没有自己",即"取消自我"之意;综合庄子的整套思想体系,不难看出此处的"无己"事实上就是指《齐物论》中"齐生死,一物我"的境界。

课上精彩发言后，该同学将发言内容整理成小论文并发表出来，掀起了班上同学对《逍遥游》的阅读研讨高潮。同学纷纷找来老庄的书籍进行阅读，时常交流讨论，形成了浓郁的"庄子"阅读氛围。较之以往传统的文言文教学模式而言，合作学习让学生在愉快的竞争氛围中扩大了阅读量，深化了理解力。

（三）实施效果与反思讨论

1. 实施效果

（1）阅读兴趣大大提升

通过课前自主预习的反馈，教师适当重组教材中课文顺序或补充拓展阅读材料，阅读变活了，教材变厚了，受到了学生欢迎。课堂合作学习与问题研讨，较以往教师预设的课堂更具针对性，学生更能接受。在课后合作学习的深化中，学生带着问题巩固学习成果，锻炼了自学能力，读书更主动、更积极。合作学习使学生在语文课堂中变得爱说、敢说，对语文阅读的兴趣大有提高，语文课堂的氛围也越来越轻松自由。语文学习兴趣调查如表8-1 所示。

表8-1　语文学习兴趣调查

人数(50)	感兴趣	一般	没兴趣
实施前人数	12	28	10
实施后人数	30	18	2

（2）学生语文素养全面形成

语文学习从个人预习到小组汇报到课后巩固，都需要学生养成良好的学习习惯。合作学习发挥了学生的自主性，带动了学生搜索资料、合作交往、理解表达等各方面能力的培养。全班学生的语文平均成绩也有所提高，年级名次较上学期上升了4 位。学生的阅读量也大有提升，原来大部分学生几乎除了语文课本不再阅读其他书籍，而现在平均每人每周有2 个小时的阅读时间（见表8-2）。

表8-2　语文阅读调查

类　别	人数	实施前人数	实施后人数
能主动预习、复习	50	26	44
能自己找材料扩充阅读	50	12	46
能动笔写下疑问和总结成果	50	6	37

（3）语文学习资源得到扩展

合作学习的开展需要学生大量的日常准备，在这个过程中，平常的阅读、交谈、听闻都会融入语文素材中,将语文课化于日常生活中。另外,课外语文研习课也扩大了语文课堂,拓展了语文学习资源。

2. 问题反思

(1) 合作学习的安排问题

合作课堂的实施重在激发学生的学习兴趣,让学生共同解决学习疑问,活跃课堂。但另一方面,过多地采用小组合作学习会造成教学时间紧张,学生七嘴八舌却难以切中要害,需要吃力引导。而且,记忆性知识的教学采用小组合作学习,实效性并不大。所以,合作学习的设置要精心安排,不求数量但求质量,将力量用在刀刃上,用在一些值得探讨的内容之上,充分发挥学生学习的主动性与合作精神。

(2) 合作学习中学生调控的问题

有时合作学习看上去热闹非常,气氛活泼,但讨论时有的学生趁机讲题外话,分散大家的注意力。另外,合作学习中有的组员消极怠工,等着分享组长或其他同学的成果。可见,合作学习其实很难保证每一个学生的参与和发挥。在今后的合作学习中应做一些改变,比如各小组成员角色定期轮换,教师随机参与到某小组学习之中,发挥监督与指导作用。

(执笔:扬州中学江虹)

三、大班额英语合作学习的行动研究

实验班级为泰东实验学校七(1)班,该班不少学生不能按时完成作业,不按时完成家庭作业的现象尤为突出,几乎每天都有近四分之一的学生家庭作业做不全,甚至不做。课堂气氛较差,教学效率较低,仅有 12.50% 的学生上课有举手发言的习惯,58.65% 的学生课上经常开小差。班级学生整体成绩较差,第一学期期中考试班级平均分仅 96.65 分(满分 150 分),其中及格率 65.61%,优秀率仅 6.25%。调查还显示,72.50% 的学生喜欢小组合作学习,为实施小组合作行动研究提供了基础。

(一) 研究方案

1. 研究目标

通过实施小组合作学习,改善本班学生的学习习惯,努力提高本班学生对英语学习的兴趣,提高班级英语整体成绩。

2. 研究内容

采用异质分组。结合学生学习成绩好、中、差的搭配,考虑他们的性格、情感特征进行分组,小组之间保持均衡。

制定组长以及每个成员的职责以及相应的小组合作规则。在活动中每人都有相对侧重的一项职责,担任一个具体的合作角色,如小组讨论的组织人、记录员、资料员、首席发言人、第二发言人等。一段时间后互换角色,使每个成员都能从不同的位置上得到锻炼和提高,实现小组角色的相互依赖,增进学生互动的有效性。

建立合理可行且易操作的评价体系。对小组合作学习进行有效评价,达到以评促学的目的。通过合作学习的学生自评、学生互评和教师评价,让学生在竞争中学会学习,提高学生对英语学习的兴趣,最终提高班级英语整体成绩。

3. 资料搜集方法

通过课堂观察、研究日志、访谈座谈、问卷调查等途径收集研究资料。

4. 效果评价

制定小组合作学习评价标准(按中考要求 20 分为满分,如表 8-3 所示),根据评分标准,对学生的小组合作学习进行评价。

表 8-3　英语书面表达评分标准

一档	17～20 分	包含了所有项目,能按要求适当发挥,内容具体、丰富。应用了较丰富的语言结构和词汇,用词准确、句子通顺、行文连贯、表达清楚,没有或几乎没有语言错误,具备较强的语言运用能力,完全达到了预期的写作目的。
二档	13～16 分	包含了所有项目,有一定的发挥,但内容欠丰富。应用的语言结构和词汇能满足任务要求,句子较通顺,表达较清楚,有少量语言错误,达到了预期的写作目的。
三档	9～12 分	漏掉一个项目或只是简单说明要点,内容不够丰富、具体,单词较少,语言表达过于简单,句子不通顺,行文不够连贯,有部分语言错误。
四档	5～8 分	漏掉两个项目或所写内容明显偏离要点,内容过少。语言不规范,句子无条理,行文不连贯,语言错误较多。
五档	0～4 分	未完成所规定的任务或所写内容与要求无关,内容杂乱,不知所云。语言很不通顺,用词很不准确,错误过多,几乎难以读懂。

(二) 方案实施

1. 英语合作小组的创建

(1) 合作小组的分组依据

采用"组间同质,组内异质"方法,打破不同类型学生之间的障碍,依据学生的学习成绩、能力、性别等对学生进行分组,小组间相对同质。组内异质为小组成员内部互相帮助提供可能,而组间同质又为全班各小组间的公平竞争打下了基础。

（2）小组成员的构成

本班现有学生 48 人,其中男生 27 人,女生 21 人。根据性别、学习成绩、能力等方面的差异进行分组,每组兼顾到高、中上、中、低能力混合组合,体现"组间同质,组内不同质"原则。把全班学生分为 12 组,每组 4 人,其中每组 1 号为优等生,2 号为成绩中上等生,3 号为中等生,4 号为学困生。并制定了组长以及每个成员的职责。前 8 组如表 8-4 所示(★为每一小组的组长):

表 8-4　学生座位安排（部分）

G1	1. 燕紫琳★	G3	1. 钱晨亮★	G5	1. 郝婷婷★	G7	1. 顾逸飞★
	2. 蒋　艳		2. 陆雅文		2. 王诗雨		2. 夏建辉
	3. 陈良伟		3. 许文宣		3. 于嘉诚		3. 窦小玉
	4. 苏晨宇		4. 王小虎		4. 李思涵		4. 周杭杭
G2	1. 王羽晨★	G4	1. 燕志伟★	G6	1. 储珺玉★	G8	1. 秦宇清★
	2. 王新宇		2. 葛雨萍		2. 滕国亮		2. 谢庆丽莎
	3. 杨　晨		3. 燕子航		3. 孙海飞		3. 潘静雯
	4. 孟佳浩		4. 葛雨晨		4. 杨瑞祥		4. 缪佳禹

（3）小组成员的分工

为了让小组内每个成员都有事可做,充分发挥每一位小组成员的内在潜能,增强小组合作学习的实效性,笔者对各小组成员都进行了明确的分工。具体如下:

每组 1 号为组长,负责每天的默写(包括:确定默写内容、提前通知组员第二天的默写范围及时间)、作业收发工作,组长再指定本组组员为自己默写。另外组长负责监督、检查并统筹本小组的英语学习。

每组 2 号为错题组长,负责整理每天作业中本小组出现的普遍错误,并加以摘抄。

每组 3 号为背书组长,负责督促完成本小组成员每一单元的背诵任务,背书时要求不包庇,不蒙混过关,一定要严格要求,教师会抽查。另外,组长及背书组长应起带头作用,率先完成规定的背书任务。

每组 4 号为默写批改组长,负责每天的默写批改,并督促订正。

2. 英语小组合作的运行

(1) 座次的组合

① 座次临近组合

座次临近组合即按照教学班的正常座位排列,通常是前后左右4位。这种组合操作简便,无须将学生分出层次或重新调整座位。在课堂上,这种"组内异质,组间同质"临近组合的合作学习有别于以往传统教学上随机、分散的分组讨论。临近组合的合作学习是在共同学习目标下进行的有一定聚合力的学习活动。临近组合小组学习活动可由教师根据教学内容安排在教学的不同阶段进行。前排的学生只要转过身就能进行,而不需要再次调整座位。例如:在课中笔者也把小组合作学习活动融入课堂教学设计中。《牛津初中英语》题材新颖多样,贴近生活,为学生开展小组合作学习提供了不少好的素材。笔者有意识地围绕教材创设小组交流的情境,努力引导学生主动地、创造性地开展语言交际活动。

活动课例:笔者2012年3月上的区级教学示范课。课题:《牛津初中英语》7A Unit 6 Fashion show (Reading)

笔者在分析完这篇课文以后,采取了临近组合小组合作活动的形式。要求班上前后左右的同学4人一组进行活动。小组内进行讨论,对刚才学完的课文(Fashion show)进行拓展,并进行表演。其中1个学生(优等生)负责用英语解说,其他3人充当模特,并上来走秀。

T: OK, It's time for you to enjoy your fashion show. Each group has 4 students. One student explains, while the other three students are acting.

S1: Hello, everyone. I am Yan Ziling from Group One. Welcome to our fashion show. We are having the show because we want to raise money for the Project Hope.

Today we are going to show you some clothes from the students in our group.

Look, here comes Chen Liangwei. His trousers are black and his shirt is white. His tie is red. He looks very cool.

Next is Jiang Yan. She looks cool, too. She is wearing a yellow cotton blouse and a pair of blue jeans. Young people all like to wear jeans.

The last one is Su Chenyu. He looks smart and modern. His sports clothes are blue and yellow. He is also wearing a pair of colourful trainers. I think they are very comfortable and they are young people's favourite.

That's all for today's fashion show. Thank you!

　　在活动过程中,教师始终观察着各小组的进展,随时启发生生之间的互动,适时地为学生的言语活动提供语言和句式等方面的指导和帮助。座次临近组合在课堂教学中使用极其方便,节约了时间,提高了课堂的效率。学生的合作非常成功,课堂气氛空前活跃,并成为本节课的亮点,深受听课老师的好评。

② 以任务为中心的小组组合

　　以任务为中心的小组组合是让学生按个人兴趣、围绕一项具体的学习任务自由组合成学习小组,人数为 2～6 人。这种同质组合缩小了组员间的个性差异,有利于高效率地完成共同的学习任务。

　　牛津英语教材为广大教师和学生提供了极其丰富的题材,能引起学生的兴趣,激发他们的思维,同时要求教师设法把课程内容和学生课内外生活结合起来设计多样性的任务。任务型教学活动是小组合作学习得以开展的重要途径,它让学生在任务的完成过程中获得新知,完成任务的过程就是交流、合作、互助的过程。任务主要通过 role play,pair work 和 group work 来完成。如《牛津初中英语》Main task(写作课)。本课要求学生写一篇关于自然灾害的书面表达。写作前学生们讨论并提出了很多话题,有 earthquake(地震)、flood(洪水)、snowstorm(暴风雪)、big fire(火灾)等。笔者在写作教学过程中按各自不同的话题任务把学生分为 4～6 人为一组的"任务型"合作小组。现以其中的一组为例说明。

　　顾逸飞、燕志伟、燕紫琳、许文宣、蒋艳5人的小组组合的写作话题是snowstorm。组内任务分配如下:燕志伟、许文宣负责完成作文内容的 4个 W 要点(when, where, what, who);燕紫琳负责句子的准确性,修改文章中的语法错误;蒋艳负责连贯性,用适当的词衔接好各个要点的句子;顾逸飞负责文章的丰富性和把关,并对句子进行优化,最终连句成文。

A snowstorm hit Taizhou

A snowstorm hit Taizhou last Friday. It got worse in the afternoon.

I was doing my homework in the classroom when Mr Wang came in and told us to go home early. Li Lei asked me to go home together. I shared an umbrella with him while we were walking to the bus stop. The weather was really terrible, and the snow continued to fall around us.

Suddenly, a strong wind came from behind. We lost our umbrella in the wind and I nearly fell over. We had to walk slowly in the storm. At last, we got on the bus and got home.

What a terrible snowstorm! I heard the noise of traffic in the morning. I looked out of the window after I heard the noise and saw that people were working hard to move away the snow.

这样,小组的每个成员的任务都落实到位。在合作中,基础较好的燕志伟带着基础较差的许文宣完成基本的 4 个 W 任务,最终初步完成写作素材的积累;基础中等的燕紫琳和蒋艳任务要求稍高一些;优等生顾逸飞更是起到从整体把关的作用,从而保证了文章语言的准确性和优美度。

(2) 小组合作学习的运行

① 课前的小组合作

课前的小组合作学习主要是对课文的预习,如翻阅工具书、查阅新资料、提出疑难点等。"课前预备活动"为学习小组提供了展示集体智慧的平台,笔者要求合作小组围绕感兴趣的话题如校园活动、兴趣爱好、体育赛事、新闻报道、名人典故、环境保护和资源利用等搜集资料,然后进行集体加工,再推出小组代表进行演讲、报告或表演等各种形式交流。

教学案例:在教《牛津初中英语》Teenage problems 前,笔者先让学生调查其他人是如何度过业余时间的。教师布置任务,学生分组设计调查表。学生以 6~8 人为一组,设计调查表,如表8-5 所示。

表8-5 **What's your favourite past time?**

	Watching TV	Reading	Playing pingpong	Collecting stamps	Internet surfing	Swimming	…
Student1							
Student2							
Student3							
Student4							
Student5							
Student6							
Student7							
…							

学生之间对话如下:

S1:What's your favourite past time?

S2:I often watch TV. What's your favourite past time?

S3:I usually surf the internet. What about you?

S4:I like playing pingpong, so I often play pingpong with my friends.

What's your favourite past time?

S5: I always read some books.

……

要求各小组在组内用英语进行调查并统计调查结果。老师在黑板上设计一个大的调查表,通过问答形式汇总各小组调查的结果。然后要求学生4人一组对黑板上的调查结果进行口头讨论,进而引入本课学习的主要话题——Teenage problems。

在课前小组活动中,教师是参与者、帮助者,而学生是活动的主体。学生的任务也是开放的。学生以小组为单位进行调查和统计,在较为真实的语境中锻炼口头、笔头交流能力。它有利于培养学生的合作精神,促进对课文的深化理解。

② 课中的小组合作

在课中,教师把小组合作学习活动融入了课堂教学设计中。《牛津初中英语》题材新颖多样,贴近生活,为学生开展小组合作学习提供了上佳素材。笔者有意识地围绕教材创设小组交流的情境,努力引导学生主动地、创造性地开展言语交际活动。

笔者在教授《牛津初中英语》Fashion show Reading 部分时,采取了小组活动"Five-minute Activity"①的方法,让学生表演。

活动准备:

1. 课前复习 reading 部分。

2. 课前分组,每4人一组(以任务为中心分组)。3人走秀,1人介绍。教师先示范,然后进行活动。

活动过程:

T: We've learnt "Fashion show", now our class is also holding a fashion show to raise money to Project Hope. Would you like to play fashion show?

S: Yes, of course.

T: OK, I'll divide you into several groups, each group has 4 students. While one is introducing, the other students is giving the fashion show with the music. And here is a structure on the blackboard, which can help you.

Hello, everyone. I am … from …

Welcome to …

---

① "Five-minute Activity"即笔者参与的江苏省教研室第八期教研课题"英语课堂教学'Five-minute Activities'研究"。该课题已于 2012 年 6 月结题。

We are having the show because …

Today we are going to show you some clothes for students.

Look, …

Next is …

The last one is …

That's all for today's …

T: Ok, I'll do it first.

(Teacher does first, then the students do after him. After several groups, students should grasp this text well.)

在学生的小组合作中,教师始终观察着各小组的进展,随时启发生生之间的互动,适时为学生的言语活动提供语言和句式等方面的指导和帮助,并组织小组竞赛,以增强小组成员间的合作意识和竞争能力。本次小组合作不仅巩固了所学知识,还培养了学生的合作意识,加强了学生对知识的灵活运用及口语表达。学生燕志伟在日记中写道:"课堂上很精彩,课堂气氛活跃,没想到在临下课前还掀起了高潮。重点内容早已牢记在心……"但究竟用哪种小组组合方式,"座次临近组合"还是"任务为中心的小组组合",需要视课堂具体情况而定。

③ 课后的小组合作

教师要设计别具一格的课后小组合作学习活动,鼓励学生分工合作,并及时根据反馈指导各小组有效开展合作学习。以下教授是《牛津初中英语》Wild animals 时的课外拓展。

操作过程:

(1) 4 位学生为一组,从因特网、报纸杂志、广播电视等媒体收集关于动物的中英文俗语和典故、人与动物和谐相处的故事。如:由学生讲述寓言故事"The dog and the fox",然后通过回答检查学生理解程度,最后由学生归纳"Everything is difficult before it is done"。又如:一位学生讲述"A Seeing-eye Dog",让大家感受动物与人的关系源远流长。

(2) 先组内交流推出优胜者,然后班内比赛。

(3) 组内讨论对于饲养宠物的意见,并将讨论结果记录在所提供的表格中。

Advantages	Disadvantages
a.	a.
b.	b.
c.	c.
d.	d.

（4）全班分成赞同组和反对组，就各自观点展开辩论。

（5）每位学生写一篇有关动物的文章，然后组内相互批改，接着交给老师。

Name	Favorite Pet	Reasons
Jack	Dog	It keep our house safe and I can play with it. …
Jerry	Parrot	It is so cute and likes to copy my words. …
Ann	Goldfish	They look like a nice painting and help my eyes relax after reading. …

　　每组同学的作文写完后，组内进行集体讨论，并对照评分标准进行打分。笔者以第二组的情况为例。第二组王羽晨同学的习作如下：

Lovely pets

　　Dogs, cats, rabbits, parrots and goldfish are our friends. And we can feed them. They can be our pets. And they are very lovely.

　　A dog is a true friend. If you look after him a long time, he don't leave you. He doesn't care about（添 if）you are poor. The dog can help you watch the house. If you are not happy, they can make you get（去掉）happy. And they don't need too many（应改为 much）expensive food, just some water, some rice and a（去掉）meat. They are lovely, they can take a walk in the park with you.

　　A cat is littler（改为 smaller）than a dog. And she is very quiet. She is very pretty. She often sleeps on someone's lap, in the shoe and the box. Their fur is nice and they have big green eyes, they are pretty. They don't need too much food, just some milk and rice, because they can catch mice at night. Their vice are（改为 is）nice, too. So I like lovely cats.

　　Parrots can make people happy. They can copy your words, sometimes their words are very funny. And they sing beautifully.

　　Goldfish are very beautiful. They are different colours. If you do the work（改为 work for）a long time and very tired, you can watch them swimming around the tank. It looks like a nice picture.

　　The pets are lovely, they can be our friends. Do you like

them? I think you want to have a pet, too.

　　大家看了这篇作文之后一致认为是一档的作文(17～20分)。接下来开始纠错。组内其他3个同学帮她找了7处问题,并作了修改(详见文中批注)。最后确定这篇作文的分数为17分。以同样的方法也得出了组内其他人的分数,分别是15分、13分和12分。

通过小组合作,学生探讨了人们对动物的认识、看法及关爱程度,同时训练了英语表达和思维能力,培养了合作探究的精神。学生在批改组内其他人作文的同时,取长补短,也在不知不觉中提高了自己的英语水平。

3. 英语小组合作的评价

评价实行积分制,设计了"七年级小组合作学习评价表"。每天放学前公布每一组的得分,每周五公布一个星期的累积得分,并评选出周冠军;每一个月再公布一次总分,评出月冠军,并进行奖励。如:期中考试后(11月12日)按积分计算,第二组综合得分最高,奖励他们进行"泰州一日游"。其他组学生十分羡慕,纷纷投入更多的热情。

(1) 课堂评价

课堂上各小组要按教师要求认真讨论,并有所展示。课上回答问题时每组成员的号数即代表本人的分数,回答一个问题可得到相应的分数。但每组不得固定一个组员答题,当一名组员答完后,必须等到其他组员都答过一遍后方可继续答题,小组合作可小组整体得分。若问题较难,可视课堂情况,由教师稍作调整。讨论问题时说与本课无关的话题或私下说笑、玩耍、发呆的要扣分。

　　案例:在教阅读课文 Best friends 时,先让各小组预习讨论,找出文中的重点词、句,并介绍其用法。3分钟后抢答。结果第五组抢到了先发言的机会,1号郝婷婷解释了 as... as 用法,2号王诗雨又补充了 be willing to do sth. 的用法。第五组得分:3分(1＋2＝3)。接下来的第六组3号孙海飞解释了一个 help sb. with sth. 的用法,而4号杨瑞祥说了一个 share 的用法,但第六组得分为7分(3＋4＝7)。

同样每人只答对了一个问题,为什么第六组比第五组高了4分?因为第五组的问题是1号和2号学生回答的,他们是属于基础较好的学生;而第六组是3号和4号学生解答的,他们属于学困生。这样对于基础差的学生起到了激励的作用,使他们在学习上不至于丧失信心。这样的评价更有利于学困生树立信心、迎头赶上,最终能减少班级两极分化的现象。

(2) 课外评价

为了逐步培养学生的良好学习习惯,作为对课堂评价的补充,还要进行必要的课外评价。课外评价主要从背诵、默写、作业、预习、考试等几个方面进行。

① 预习:布置的预习任务能按时按质完成,并在课堂上很好地展示的,每组加 10 分;没预习的,每组扣 2 分。

② 背诵:每个星期按时(周五放学前)完成背书任务的每组加 10 分,提前完成的再加 3 分;如不按时完成,每课扣 1 分/人。

③ 默写:定期或不定期检查默写,经由教师根据默写内容质量、默写完成情况评定,每天放学前按时完成的每组加 10 分,否则每组扣 2 分,不按时订正或订正不全的扣 1 分/人;默写不过关的扣 1 分/人。每组第四个同学达优秀的加 1 分;成员全优秀的,小组再加 3 分。

④ 作业:每天按时上交且齐全的每组加 10 分,不全的扣 1 分/人;不做作业的扣 3 分/人;抄袭作业的扣 3 分/人;没带作业的扣 2 分/人。书写特差的扣 1 分/人。课堂笔记和错题集每周一上交一次,完成较好且全面的每组分别加 10 分;没有笔记本和错题集的扣 1 分/人;不按时完成的扣 1 分/人。

⑤ 考试:以第一学期期中成绩为基准,对每小组进行捆绑考核。平均分进步最大的每组加 3 分,第二名加 2 分,第三名加 1 分;退步最大的扣 2 分,退步第二的扣 1 分。其中进步 10 分以上的加 2 分/人,进步 5 分以上的加 1 分/人。考试作弊扣诚信分 3 分/人。

4. 英语小组合作的优化调整

(1) 实施后暴露的问题和困惑

随着时间的推移,小组合作学习也出现了一些弊端,开始有默写不过关、做作业不认真等情况,且有扩大的趋势。如何处理这些问题,不让学生退去热情呢? 为此,笔者召集了班级各组的组长(8 名同学)进行座谈,进行了反思。

① 课堂评价不合理

以上问题的确客观存在。其中最难把握的就是"课堂表现"这一块。在课堂上小组如何积分? 是教师打分还是学生打分? 如果教师在课堂上打分,势必会影响课堂的效率和连贯性。在这一阶段,课堂上基本上是教师亲自打分,每问一个问题,学生回答正确了加 1 ~ 2 分,结果教师很辛苦,学生也由于回答几率不等而不满意。更严重的是,完成不了课时内容,严重影响教学进度。但如果让学生打分,势必会影响学生的听课效果,更不可行。还有学生反映,"部分小组为了不失分出现组长包庇组员现象;组内某人回答问题有误时,组内其他人会斥责他并容易与之发生口角"。

② 评价内容过多,可操作性不强

小组合作学习评价表内容过多、复杂且部分内容不易操作,有预习情况、课堂表现、作业、默写、背书、课堂笔记、错题集、考试等指标。实施半个学期以来,通过每天的积分来看,有的指标不是每天都有的,如课堂笔记和错题集每两周才收一次,考试更是少之又少,而且每天计算积分让笔者感到非常累。

③ 小组之间逐显不均衡

半个学期下来,部分学生的水平也发生了新的变化。而 8 个小组的成员水平也已出现不均衡现象。如第一、第三小组与其他小组的差距越来越大,而且部分小组里的最后一名学生(学困生)有时无法完成任务……

一切表明,小组到了不得不重新调整、优化的时候了。

(2)小组合作第二阶段的调整

① 合作小组成员的部分调整

针对小组之间出现的不均衡现象,笔者着手调整了小组成员,并重新进行了分组。具体如表8-6所示(★仍为每一小组的组长)。

表8-6 学生分组调整

Group1	★1. 燕紫琳	2. 蒋 艳	3. 窦小玉	4. 苏晨宇
Group2	★1. 王羽晨	2. 燕子航	3. 缪佳禹	4. 孟佳浩
Group3	★1. 钱晨亮	2. 王新宇	3. 孙海飞	4. 王小虎
Group4	★1. 燕志伟	2. 葛雨萍	3. 潘静文	4. 葛雨成
Group5	★1. 郝婷婷	2. 谢庆丽莎	3. 于嘉诚	4. 李思涵
Group6	★1. 储珺玉	2. 滕国亮	3. 许文宣	4. 杨瑞祥

② 评价标准的优化

由于开始的小组合作学习评价表内容过多、复杂且部分内容操作性不强,笔者对小组合作学习评价表也做了相应的调整,对评价标准也做了相应的优化。新的评价旨在使学生在团队中完成学习任务,进行互助学习,提高学生的自学能力和合作探究能力,让学生明白团结才能进步、合作才能提高。

(1)课堂操作

① 当堂达标积分制。每次新课快要结束时,教师会对学生进行当堂检测,达标题分值为20分,每发必做,每做必阅。主要由教师阅,部分可以由小组长阅,把分数登录在小组长桌子上的表格中,每节课必登或每考必登,见表8-7。

表 8-7　小组课堂积分表

姓名	达标 1	达标 2	达标 3	发言 1	发言 2	发言 3	总分

② 回答问题积分制。把学生按照小组内的学号进行排列,1 号答对一题加 1 分,2 号答对一题加 2 分,3 号答对一题加 3 分,4 号答对一题加 4 分,并把分数加入组长桌子上的表格中。

③ 抢答问题积分制。为了激发学生的积极性,营造良好的、浓厚的学习氛围,偶尔施行抢答。答对的按照该同学对应的档次加相应的分数,并且把分数记入组长的表格中。

(2) 评价办法

① 小组施行周评,周末小组长对一周登记入册的分数进行汇总,填入表中报给老师(见表 8-8)。

② 在小组活动中,没有个人的成功,只有小组共同目标的达成。所以在评价小组活动时,评价的对象是小组而非个人。要重视对小组的评价,除对小组学习结果进行恰如其分的评价外,更要注重对学习过程中学生的合作态度、合作方法、参与程度的评价,要更多地去关注学生的倾听、交流、协作情况,这样才能建立学生的小组集体感,有利于小组活动的开展。教师根据小组成绩对学生进行奖励。

表 8-8　英语小组评价(第＿周)(部分)

小组项目	第一组	第二组	第三组	第四组	第五组	第六组
均分						
加分						
总均						
备注						

③ 对于进步大的学生在班级中予以表扬,并且给予其本人及组长奖励。

第二阶段的研究主要是从第二学期开始进行的,实施下来感觉比第一阶段更合理些,课上明显感觉比以前紧凑多了。最主要的是每天都有当堂训练,所学知识能做到天天清、周周清。教学更实在了,学生反馈也不错。

（三）效果与反思

1. 英语小组合作学习的效果

（1）学生养成了课前预习、课后复习的好习惯

事实证明，先预习再学习，先复习再练习，非常有助于提高学习效率。然而实验之初，班上80%以上的学生没有课前预习、课后复习的习惯。自从实施英语小组合作学习以来，笔者逐步教给学生正确的学习策略。现在大多数学生在课前已经能借助工具书预习课文了，能初步了解学习内容，找出新课重点难点以及自己的疑点，在合作小组内开展讨论，互帮互学，为听课扫清了部分障碍。课后能做到先复习后作业，而且小组成员之间互相督促检查是否复习或复习的方法是否得当并作记录。在课堂上，教师时时检查学生的预习、复习情况，进行适当的奖惩并进一步指导他们掌握有效的学习方法，激发了学生的自信心和成就感，课前预习、课后复习蔚然成风。

（2）学生养成了认真完成作业的习惯

实施英语小组合作学习以来，学生在作业方面进步很大。教师再也不用为作业问题操心了。每天在各组组长的督促下，作业都能按时上交，很少出现不做或者做不全的现象。笔者在教学日志中曾这样写道：

今天是进行小组合作学习的第一天。早上批改作业时发现今天作业破天荒地全，看来各个组长是认真负责的，并有了初步成效。（2011年10月12日）

今天我试着把昨天的家庭作业在组内批改，完了我发现孩子们的积极性可高了，他们批改得非常认真。据课代表反馈给我的信息，全班作业又一次破天荒的全了。我的弟子小张老师也与我同时进行了小组合作实验，他也明显感到学生们默写、做作业比以前进步多了，与一周前比简直是天壤之别。（2011年10月25日）

（3）班级学生整体成绩有了显著的提高

实施小组合作学习以来，笔者所教的七（1）班英语成绩整体有了显著提高。表8-9、表8-10是两学期的期中、期末成绩统计。

表8-9　泰东实验学校2011—2012年度第一学期七年级英语期中、期末成绩统计

班级	班级平均分		班级及格率/%		班级优秀率/%	
	期中	期末	期中	期末	期中	期末
七（1）	96.65	101.63	65.63	68.75	6.25	12.50
七（2）	93.91	101.12	63.64	69.70	3.03	15.15

续表

班级	班级平均分		班级及格率/%		班级优秀率/%	
	期中	期末	期中	期末	期中	期末
七(3)	85.00	91.22	62.50	59.38	3.13	12.50
七(4)	72.91	79.29	28.13	38.71	3.13	12.90

表 8-10　泰东实验学校 2011—2012 年度第二学期七年级英语期中、期末成绩统计

班级	班级平均分		班级及格率/%		班级优秀率/%	
	期中	期末	期中	期末	期中	期末
七(1)	99.06	99.72	62.50	65.63	9.38	12.50
七(2)	99.08	93.73	72.73	60.61	3.03	3.03
七(3)	87.05	84.90	48.39	51.61	0.00	3.23
七(4)	74.77	69.27	30.00	30.00	3.33	3.33

根据上面的表格,从纵向比较,七(1)班均分从刚入学时的 86.47 上升到第二学期末的 99.72;根据 4 次较正式考试(每学期的期中和期末),均分为 96.65,101.63,99.06,99.72,总体呈上升趋势,而且及格率、优秀率均有所上升。笔者记得,在实验的当天全班英语默写只有 2 个人不及格(平时每次都有 5~6 人),而且有几个平时基础不好的学生都默到了八九十分。特别是平时老不过关的小虎竟默了 90 分,小杭、小涵也能及格了。第二天下午的默写情况比前一天还好。其中小祥终于第一次过关了;小昊由 30 分进步到了 70 分;小虎又一次默了 90 分;小杭又默到了 80 分……特别是小虎课上非常积极,与开学时相比简直像换了一个人。据后来学生座谈时反映,班上对英语学科感兴趣的学生由实验前的 70% 上升到现在的 90%。

从横向进行比较,笔者所执教的七(1)班比其他未进行小组合作的 3 个班级(其中七(2)班仅实施了第一学期)的均分、及格率、优秀率都高出不少。由此可见,实施小组合作学习以来,学生的成绩是在进步的。教师则对自己的教学有了更为合理的认识。

（4）教师完成了角色的转变

小组合作学习转变了教师的教学角色和教学理念。教师不再是语言的输出者,而是语言的指导者。教师从主宰课堂的绝对权威变成组织和参与学生探讨知识的一员;同时他们又是学生学习的指导者,随时为学生提供咨询与帮助。教师与学生的关系是一种交际、合作、互动的关系。教师是小组合作学习的组织者、引导者和参与者。

2. 问题反思与改进设想

(1) 主要问题

① 学生的主动合作意识不强,合作参与不足

小组活动时,由于学生的参与度不均衡,造成了"优秀学生讲,学困生听"的局面,表面上热闹、活泼、民主的合作学习气氛中实则隐含着种种问题。能力强的学生参与机会明显较多,在小组活动中起着支配的作用,而能力较弱的学生则显得消极被动,不去积极参与、体验获得知识的过程,只等坐享别人的劳动成果。在学生座谈会中也有学生指出:"老师每布置一个任务,本组其他成员都依赖组长来完成,他们不动脑筋,而且有时还不听从组长的管理……"

② 小组合作学习使用过多,影响了教学进度

在小组合作实施过程中,有一段时间教师几乎每天上课都进行小组合作。不论什么内容的课,动不动就让学生小组讨论,分散了学生的注意力,出现用时过多现象,一堂课下来,原计划的内容无法完成,久而久之不能按时完成规定的教学任务,影响了教学进度。

(2) 解决策略

① 组内合理分工,明确合作方法

合作小组经过精心分组以后,还要确定小组成员之间的角色分配,让优秀生带差生,给所有的学生都创造平等参与的机会,这样才能让学生之间真正合作。小组交流的内容一般涵盖两个方面:一方面表述自己的见解看法;另一方面倾听他人的意见。掌握了合作的方法,明确了合作的内容,在小组内的合作学习才能取得成效,才能培养学生间的合作意识。

② 研备合作、参与合作,加强教师的指导作用

教师在备课时也应该备合作的内容、合作的形式、合作的契机,预料合作中出现的问题等。另外教师的角色不要只局限于活动的组织者,应把自己当成某一小组的成员参与讨论,指导学生如何发表自我见解,或者以自己的发言暗示诱导学生如何发言,教给学生如何说出自己的观点,和学生一起讨论,逐步培养学生发言的兴趣和习惯,这样才能充分发挥教师的指导作用,提高合作学习的有效性。

③ 宁少毋滥,选择时机,充分发挥学生的主动性

小组合作学习不是课堂上热热闹闹,课堂时间是有限的,因此教师教学要精心安排,把握小组学习的时机,适时进行合作学习指导,达到让学生"既竭我才,欲罢不能"的地步。大多数学生踊跃发言,孩子们想把自己的想法和感觉说出来,这时正是小组讨论的良机,只有经过独立思考、产生交流的需要时,展开合作学习才是有价值的、有成效的。

(执笔:泰州泰东实验学校缪德龙)

附:大班额历史对话教学行动研究示意图(图 8-1)

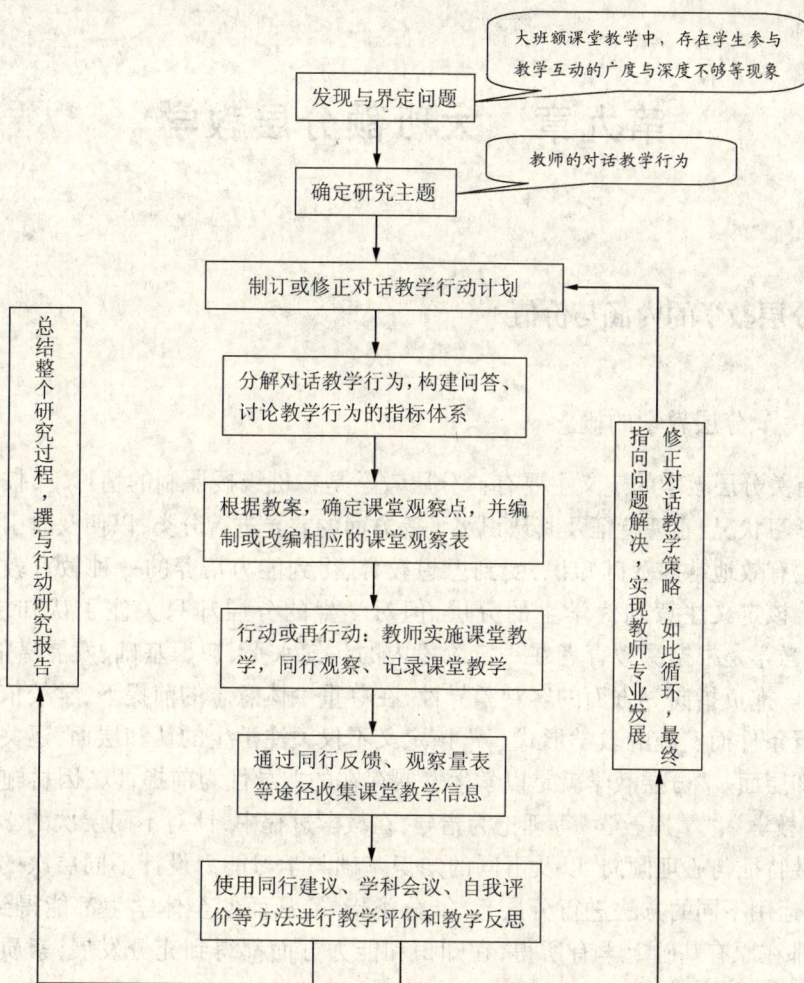

发现与界定问题

> 大班额课堂教学中,存在学生参与教学互动的广度与深度不够等现象

确定研究主题

> 教师的对话教学行为

制订或修正对话教学行动计划

分解对话教学行为,构建问答、讨论教学行为的指标体系

根据教案,确定课堂观察点,并编制或改编相应的课堂观察表

行动或再行动:教师实施课堂教学,同行观察、记录课堂教学

通过同行反馈、观察量表等途径收集课堂教学信息

使用同行建议、学科会议、自我评价等方法进行教学评价和教学反思

总结整个研究过程,撰写行动研究报告

修正对话教学策略,如此循环,最终指向问题解决,实现教师专业发展

图 8-1 历史对话教学行动研究示意图

(南通中学史桂荣,行动研究报告)

第九章　大班额分层教学

一、分层教学的内涵与价值

（一）分层教学的概念

有关分层教学的定义主要有："分层教学是在班级授课制的情形下,按照学生的学习状况、心理特征及其认识水平等方面的差异进行分类,以便及时引导各类学生有效地掌握基础知识、受到思想教育、得到能力培养的一种教育教学方法。"①该定义注意到对学生的分层,但对学生的分层却只关注了认知层面。"分层教学是根据受教育者在一定阶段内的认知水平、知识基础、发展潜能、兴趣爱好、抱负指向等方面的客观差异性,在尊重主体意志的前提下,学校依据资源配置条件而实施的教学形式。"②该定义不仅关注学生的认知层面,还关注了非认知层面。"分层教学就是以学生发展存在的差异性为前提,以'因材施教'、'分组教学'、'掌握教学'等理论为指导,在教学过程中,针对不同层次的学生不同个性特征与心理倾向,以及不同的知识基础与学习能力设计不同层次的教学目标,运用不同的方法进行分层教学,分类指导,从而使全体学生都能得到'关注',都在原有基础上学有所得,在知识和能力方面都得到充分发展,素质得到全面提高。"③

不难看出,人们对分层教学界定存在差异,尽管侧重点有所不同,但也具有一些共性:分层教学基于对学生个性差异的认知,分层教学强调对不同层次的学生区别对待,分层教学旨在促进每个学生的最佳发展。

我们认为,分层教学是指在班级授课制的背景下,在充分了解学生智力因素与非智力因素差异的基础上进行分层,在教学过程中针对不同层次学生进行分

---

① 曹庆文:《试谈历史课的层次教学》,《中学历史教学》,1998 年第 3 期。
② 许广洲:《分层教学——实施因材施教的有效形式》,《徐州教育学院学报》,1999 年第 3 期。
③ 肖连奇:《分层教学的实施策略》,《上海教育科研》,2010 年第 1 期。

层施教、分层辅导、分层作业、分层评价,旨在促进班内所有学生(包括后进生)都在原有基础上得到最大的发展。在分层教学中,了解差异是前提,分层是关键,学生的发展是目标。

(二)分层教学的内容要素

1. 学生分层

根据学生成绩、课堂表现、学习兴趣以及学习态度等标准,将大班额学生分为不同的层次,一般可分为 A、B、C 3 层。A 层:有较好的学习基础,不满足于课堂学习,有强烈的深层学习的欲望,学习态度端正。B 层:学习基础、知识掌握程度中等,学习态度端正,在听说读写等方面具备一定的潜质。C 层:基础知识掌握较差,学习态度差,在学习习惯和方法上存在薄弱环节,接受能力欠佳。

2. 座位分层

在学生分层的基础上,可将 A、B、C 3 层学生分到不同小组。A 层学生在第一组,B 层学生在二、三组(考虑到中层学生比例较大),C 层学生在第四组(当然,也可实施隐性分层,即没有座位变化,只有教师知道学生被分层对待,但学生浑然不觉)。

案例:班级语文学科的学生分层

首先,根据学生近 3 次的语文考试平均成绩(平均分为 87 分),将 A 层学生的分数线划为 92 分,B 层学生的分数线划为 82 分,对二(1)班 47 名学生进行初步分层。如表9-1 所示。

表9-1　学生成绩分层

A	杨静秋、郭美馨、殷天池、王皓轩、刘瑞璇、陈心琦、杨诗语、户存杰、杨心语、黄昊、吴安琪、乙圆圆、钱双、丁一凡、杨心昊、夏晨浩、陈浩然
B	徐詠玥、王天旭、潘书杭、刘建业、王伟、桂阳、夏雨萌、杨晔坤、李星彤、王海涛、欧阳冰雨、虞曜、汤浩、李湘东、贾越瑶、刘鹏浩、徐欣桐、戚浩冉、刘洋
C	王高文、张馨研、吴乐宣、周显超、马雨、刘旭、王佳丽、孙名扬、奚涵、余成玉

其次,观察学生上课表现,进行适当调整。如:A 层的杨心语、吴安琪两位同学基本不举手发言,被点名回答时也经常答非所问,乙圆圆同学上课经常思想开小差,将这 4 名同学调整至 B 层。B 层的戚浩冉和刘洋两位同学上课注意力不集中,简单问题亦回答不出,基础比较薄弱,调至 C 层。如表9-2 所示。

表9-2　学生成绩＋课堂表现分层

A	杨静秋、郭美馨、殷天池、王皓轩、刘瑞璇、陈心琦、杨诗语、户存杰、黄昊、丁一凡、杨心昊、夏晨浩、钱双、陈浩然
B	徐詠玥、王天旭、潘书杭、刘建业、王伟、桂阳、夏雨萌、杨晔坤、李星彤、王海涛、欧阳冰雨、虞曜、汤浩、李湘东、贾越瑶、刘鹏浩、徐欣桐、吴安琪、乙圆圆、杨心语
C	王高文、张馨研、吴乐宣、周显超、马雨、刘旭、王佳丽、孙名扬、奚涵、余成玉、戚浩舟、刘洋

再次,根据学习态度,如是否自觉地预习、复习,是否独立完成作业或练习,能否积极举手、主动思考,进一步调整分层。B层的徐欣桐经常不完成家庭作业以及课堂作业,经常抄袭别人作业,调至C层,先端正其学习态度,再进一步夯实其基础知识。如表9-3所示。

表9-3　学生成绩＋课堂表现＋学习兴趣学习态度分层

A	杨静秋、郭美馨、殷天池、王皓轩、刘瑞璇、陈心琦、杨诗语、户存杰、黄昊、杨心昊、夏晨浩、钱双
B	徐詠玥、王天旭、潘书杭、刘建业、王伟、桂阳、夏雨萌、杨晔坤、李星彤、王海涛、欧阳冰雨、虞曜、汤浩、李湘东、贾越瑶、刘鹏浩、吴安琪、乙圆圆、杨心语、丁一凡、陈浩然
C	王高文、张馨研、吴乐宣、周显超、马雨、刘旭、王佳丽、孙名扬、奚涵、余成玉、戚浩舟、刘洋、徐欣桐

（扬州新坝小学卢婷,行动研究报告）

3. 分层备课

针对各层学生的现有水平、学习态度、学习兴趣等进行分层设计,对不同层次的学生提出不同层次的教学目标,力求各层学生都能在原有基础上得到最大发展。首先,制订分层教学目标,有基本目标、中等目标和较高目标;其次,设计不同层次的教学内容、教学时间、教学步骤、教学方法,以及不同层次的课堂提问、课堂练习和课后作业。

以苏教版语文二年级下册《晚上的"太阳"》一课第一课时备课为例(表9-4中宋体字为集体备课内容,楷体字为分层备课内容)。

表9-4　《晚上的"太阳"》分层教学教案

课　题	15. 晚上的"太阳"			主备人	卢婷
课　时	第一课时	授课时间	2012.04.25	执教人	卢婷
教学目标	A层:1. 使学生会复述这个故事,明白其中的原理。2. 使学生理解文中生字词的意思。3. 培养学生遇到问题就积极动脑动手的习惯。 B层:1. 使学生会复述这个故事。2. 使学生理解由生字组成的词语。3. 激发学生从小爱科学的思想感情,使学生努力做爱动脑筋的好孩子。 C层:1. 使学生流利地朗读课文。2. 使学生学会本课10个生字。3. 使学生学习爱迪生从小遇到问题就积极动脑动手的精神。				
重点难点	理解课文内容,会复述这个故事。				

教师活动内容、方式预设	学生活动内容、方式预设	个性化设计
一、揭示课题 　1. 板书:晚上的"太阳"。 　2. 读了这个课题,你觉得奇怪吗?(教师引导学生质疑:咦,晚上怎么还会有太阳?)你能猜猜这是怎么回事吗?(学生运用预习得到的信息来解释) 　3. 关于晚上的"太阳"——电灯,你还知道些什么?(相机介绍爱迪生以及他的发明) 　4. 爱迪生为什么想要造一个晚上的"太阳"呢? 让我们一起来读读这个故事! 二、初读课文 　(一)学生自由轻声读课文,借助拼音读准字音,读通句子。 　(二)检查自学情况。 　1. 出示生字词 　① 请来　医生　急性阑尾炎　手术　无可奈何　一分一秒　挡手　简易 　② 犹豫　痛苦　发明　焦急　呻吟　自豪　智慧　一本正经 　(2)指名读生字词,相机正音。(注意:"请"、"性"是后鼻音,"术"是翘舌音。) 　(3)去拼音读词。 　(4)齐读生字词。 　初步理解词语的意思。 　2. 读较难读的长句子 　① 妈妈,要是晚上也有太阳/该多好哇,我要造一个/晚上的"太阳"。	学生齐读课题 学生质疑 学生介绍 学生自由读课文 男女生赛读	指名C层学生回答,以激发其学习兴趣。 指名B层学生回答,A层学生稍作补充,最后教师总结。 先指明C层学生回答,B层学生纠正,A层学生范读。 对A层学生的要求:不仅能够读准字音,还要读出感情。 对B层学生的要求:能够读准字音,正确断句,尽量读出感情。 对C层学生的要求:能够读准字音,在教师或学生范读后,能够熟读,正确断句,并读出一定的思想感情。

续表

教师活动内容、方式预设	学生活动内容、方式预设	个性化设计
② 这些灯/围一圈/挡手哇!(此处断句不准确会造成歧义) 3. 指名分自然段读课文 4. 再读课文,想一想:课文写了一件什么事? 三、学习生字 1. 出示生字,指名读,齐读。 2. 你是怎样记住生字的?(教师提醒要点:"医"的笔顺) 3. 教师范写,学生练习,教师巡视指导。 4. 反馈。	再读课文	先提问概括能力强的 A 层学生概括文章的主要内容,再提问 B、C 层学生模仿作答,最后教师总结方法:"主要内容即什么人做了什么事。" 指名各层学生介绍自己记住字的方法。 对各层学生所达要求不一。

（扬州新坝小学卢婷,行动研究报告）

4. 分层上课

加大提高 C 层学生学习兴趣的力度(尤其是复习课关注 C 层学生);简单问题的回答由 C 层到 A 层,复杂问题的回答由 A 层到 C 层。分层教学,让 A 层学生"吃得饱"、B 层学生"吃得好"、C 层学生"吃得了"。

《识字4》教学片段一:

师:从"眼睛""瞄准""眺望"这一组词中,你发现了什么?

刘建业(B 层):它们都需要用到眼睛。

吴安琪(B 层):瞄准和眺望都和眼睛相关。

师:嗯,你们观察得真仔细,它们确实都和眼睛有关,还有谁想说?

殷天驰(A 层):瞄准是用眼睛瞄准,眺望是用眼睛眺望,它们都和眼睛有关,所以"眼、睛、瞄、眺"都是"目"字旁,因为目就是指眼睛的意思。

师:你观察得真仔细,它们都是"目"字旁,所以我们得出结论:目字旁的字一般与眼睛有关。

《识字4》教学片断二:

师:谁能用"晴空""温暖""晾晒"3 个词语中的 1 个或 2 个甚至 3 个说一句话?

杨静秋(A 层):晴空万里,妈妈在温暖的阳光下晾晒衣服。

师:真厉害,3 个词语都用上了。

郭美馨(A 层):在温暖的晴空下,我把衣服拿出来晾晒。

师:也用上了3个词语,还有呢? 汤浩(B层),你也来一个。

汤浩(B层):晴空万里,小红在晾晒衣服。

师:真不错,使用了一个成语晴空万里。王佳丽,你呢?

王佳丽(C层):晴空万里,妈妈在晾晒衣服。

师:你们刚刚都用到了一个词语——晴空万里,谁来解释一下晴空万里?

……

（扬州新坝小学卢婷,行动研究报告）

5. 分层作业

分层作业为基础达标题、巩固运用题、拓展深化题。C层学生必做基础达标题,选做巩固运用题和拓展深化题;B层学生必做基础达标题和巩固运用题,选做拓展深化题;A层学生必做3类题。或设置基础练习与拓展练习,基础练习面向所有学生,拓展练习面向高层次学生。

如《晚上的"太阳"》一课的预习作业分层为:

A层:自学生字词,不懂的词语查字典弄懂,会复述课文,收集关于爱迪生的资料。

B层:给生字注音、组词,不懂的词语查字典弄懂,熟读时注音停顿,反复朗读直至有感情地朗读,划出有疑问的地方。

C层:给生字注音,熟读时注音停顿,反复朗读直至有感情地朗读。

6. 分层辅导

即"提优"、"补差","促中间",特别帮助后进生提高对概念、原理的理解水平。为了弥补分层教学的不足,可按A、B、C 3个层次人数的比例,兼顾认知方式、思考方式的互补,合理组成合作学习小组。每组都有A、B、C 3层的学生,A层的学生为组长,负责辅导C层学生和帮助B层学生解难释疑。同时,教师再对个别学生进行针对性辅导。

7. 分层评价

观察不同学生课内外作业、学习态度、学习习惯、学习兴趣的进步情况,将形成性评价与终结性评价相结合,注重日常评价,及时了解学生的学习情况,对大班额背景下分层教学的效果进行全面的评估。

(三) 分层教学的价值

(1) 有利于实现教育公平

教育公平不仅包括入学机会平等,而且包括教育过程与教育结果的公平。教育起点、入学起点平等只是形式上的平等,教学过程中的公平才是实质上的平等。教学过程中的公平是教育公平在微观的教学层面的体现,是教育公平中最主要的内容,也是教育过程公平和结果公平的重要内容。① 当然,教育公平也不是对具有不同天赋的学生统一要求、统一步调,采取相同的教学方式方法。从教育对人的个性化发展的作用来看,教育应该区别地对待每一个受教育对象,分层教学给予个性不同的学生不同的发展机会,采取适合学生个性差异的教学,尊重他们的差异,培养差异发展的个体,正是符合教育公平的精神。

（2）有利于提高课堂效率

分层教学能够弥补班级授课制教学效率低的问题。首先,教师为各层学生设计了教学目标、教学要求、教学内容、教学评价等,使得处于不同层的学生都"跳一跳,摘到桃",能极大地优化教师与学生的关系,提高师生间合作、交流的效率。其次,分层教学存在着竞争的氛围,处在这种氛围中,对那些要求上进的学生来说是一种动力,而对那些处于中下游的学生也是一种促进,学生们置身于竞争氛围中,学习质量也会得到相应的提高。

（执笔:扬州新坝小学卢婷）

二、大班额英语隐性分层教学的行动研究

隐性分层是相对于显性分层而言的。显性分层教学就是按照不同的学习基础将学生分成不同班级,在不同的教室（或同一教室）,由不同的教师（或同一教师）实施授课。这样的分层教学方式比较简单,易于操作,但它可能挫伤学生的积极性、伤害学生的自尊心。本研究尝试隐性分层教学。"隐性分层教学"指在综合考虑学生原有基础、智力特点、兴趣爱好、学习潜力的基础上,教师在心里将学生分层设标、分层施教、分层评价,以满足不同层次、不同基础学生的需要。英语隐性分层教学以班组教学为主,层次教学为辅。② 学生间只有组的差别而没有类的差别;分层结果只是教师自己心中有数,不向班级公布,仅作为编排座位、划分合作小组、实施课堂教学的依据。

（一）行动方案

研究对象为高邮市第一中学高一（5）班和高一（6）班,两个班级分别有 65人（其中男生 32 人,女生 33 人）和 63 人（其中男生 31 人,女生 32 人）,两班学生的水平起点、学习成绩等基本相当,以高一上学期入学检测成绩为参照,实施英

---

① 张文学:《学生差异:教学公平的困境与思考》,《职业教育研究》,2007 年第 3 期。
② 王先荣:《大学英语隐性分层教学实验研究》,《山东外语教学》,2005 年第 1 期。

语课堂分层教学。高一(5)班为实验班,高一(6)班为对照班。

1. 研究目标

构建英语分层教学可操作性的课堂教学模式,编写分层教学实施方案,形成一套英语分层教学策略,着力解决大班额学生差异问题,切实提高大班额教学效率。

2. 研究内容

学生分层。根据英语测试成绩、学习能力、语言感悟,把全班学生分成3个层次:A层为优等生,学生学习成绩高,学习目标明确,学习能力强;B层为中等生,学生学习成绩中等,但目标明确,教学效果较好;C层为学困生,学生缺乏明确的学习目标,学习习惯差,学习效果差。

目标分层。每个学生对语言的感悟、理解能力以及语言表达能力存在很大差异,因此,分层确定不同的教学目标。

授课分层。对不同层次的学生,采取不同的对策。对A层学生,加深问题的难度。对B层学生,适度增加和加深知识,做到稳步推进。对C层学生则降低要求,减小坡度,放低起点,浅讲多练,要求他们弄懂基本概念,掌握必要的基础知识和基本技能,培养他们良好的阅读方法和习惯。

作业分层。因人而异地设计英语作业,让不同程度的学生在一定范围内自由选择作业内容和数量。对那些学习有困难的学生,适当减少作业量,减轻他们的课业负担。而对于英语学习能力较强的学生,适当扩大作业量,加深作业难度,更有效地提高他们的学习成绩。

评价分层。用欣赏的眼光去看待每一位学生,采用不同标准评价不同层次的学生,使各个层次的学生都能体验成功的快乐和喜悦,从而增强英语学习的热情。

辅导分层。针对不同层次的学生采用不同的辅导方法和策略,通过辅导解决学生心中的疑惑与学习中的困难,建立和谐的师生关系。

3. 资料搜集方法

访谈记录。通过访谈了解部分学生的学习情况、感受、问题、建议。

观察记录。观察学生的课堂表现、学习态度、学习兴趣的情况,并做好相应记录。

行动研究日志。认真撰写行动研究日志,将自己在行动研究中所观察到的、所感受到的、所反思到的内容记录下来。

学生作业。对比学生在行动研究前后的作业变化。

4. 效果评价

通过行动研究前后对比,以调查、访谈、观察、测试、自我评价与反思等手段,关注两个班级学生英语学习的积极性、学习水平、学习能力、学习成绩在实验前后有无变化及变化程度。

（二）方案实施

1. 学生分层

学生分层分组,要求教师对每个学生的学习现状了然于胸,准确"把脉确诊",做到有的放矢。笔者在接手高一新班级的时候,尽快去熟悉学生英语学习状况,然后用一份难易适中的试卷——高一上学期入学检测试卷(这种考试比较客观,考查比较全面)对学生进行测验。按照考试情况,把实验班高一(5)班学生分为 3 个层次:A 层(优等生 11 人)、B 层(中等生 33 人)、C 层(学困生 21人),详见表 9-5。采用隐性分层模式,不在班级上公布好、中、差学生的名单,只是教者心中有数。

表 9-5　学生层次划分表

学生层次	测试成绩(总分 120 分)	占总数比例
A 层(优等生)	≥90 分	17%
B 层(中等生)	80～89 分	51%
C 层(学困生)	≤79 分	32%

合作学习和个别化学习相比,有利于促进学生高级认知能力的发展,有利于学生健康情感的形成,将产生"1＋1＞2"的效应。学生分层后,在实验班班主任的支持下,笔者对学生的座位进行了适当的调换,按照 A、B、C 的搭配进行组合(每一小组 6 人:A 层 1 人;B 层 3 人;C 层 2 人)。前后左右 6 人搭配成 11 个组内异质、组间同质的学习小组,要求各小组总体水平基本一致,学习小组力求均衡,便于公平竞争。这样既减少了差生的挫折感,又使学生间取长补短,创造了既竞争又合作的学习气氛。[1] 学习小组组内设组长和副组长,组长把关(如第三组成员构成,见表 9-6)。同时,加强分层和分组结合,教师调动各小组长的积极性,充分发挥其协调作用,在课堂内外学习活动中把全体成员紧密"捆绑"在一起,实行"兵教兵",做好以优带差及帮扶工作。

表 9-6　第三组成员(★为小组组长)

王　平(A)★	杨　阳(C)	邹彦钦(B)
张秀慧(B)	郭　帅(C)	姚以新(B)

---

① 张菊敏,张映辉,王惠:《对大学英语隐性分层教学的思考》,《考试周刊》,2007 年第 33 期。

案例 1:课堂书面表达训练

在进行书面表达训练时,笔者提供题目和关键词,要求各个小组合作讨论,形成一篇书面作文交给教师批阅。各小组成员的分工如下:

(1) Make sentences with the key words and phrases.

C 层学生(杨阳、郭帅)负责利用教师所提供的关键词造一些简单句。

(2) Place appropriate linking words between the sentences.

B 层学生(邹彦钦、张秀慧、姚以新)负责在造好的各个简单句之间添加适当的连接词。

(3) Polish up the article to make it fluent and logical.

A 层学生(王平)负责构建整篇文章的结构并对已经写好的简单句进行润色,最终完成这项小组任务。

案例 2:Module 1 Unit 1 Project Designing a poster(设计海报)

在本节课的教学中,笔者让学生通过小组讨论,然后进行分工,设计出一张海报。A、B、C 3 个层次的学生根据自己的专长分配任务。图 9-1 是第三组学生的作品:Reading Club(读书俱乐部)。

海报文字撰写:杨阳(C)(擅长书法)

海报文字设计:张秀慧(B)、姚以新(B)

海报图案设计:郭帅(C)、杨阳(C)、张秀慧(B)(3 位同学擅长美术)

海报的展示和讲解:王平(A)负责向全班同学展示并用英语讲解本组的海报。

图 9-1 学生设计的英语海报

2. 目标分层

教学目标是教学活动应达到的结果,从学生实际出发,进行目标分层,区别对待,可以使不同层次的学生都享有充分的学习机会,学有所获。隐性分层教学面向全体学生,使教学目标适合每一个层次学生的"最近发展区",让学生获得成功与自信,全面提高教学质量。在实施分层教学过程中,笔者根据不同层次学生的学习能力及实际需求,制订出适用于 A、B、C 3 个层次的教学目标。对 A 层学生着重提高其思维品质,让他们"吃得饱"。对 B 层学生则立足于教材,使听、说、读、写等达到一般目标与要求。对 C 层学生着重调整他们的学习心态,改善其学习习惯,重视基础知识学习与技能训练,使他们上课听得懂,知识得以消化吸收。

案例:Module 2 Unit 3 Amazing people-Project 的教学目标

1. 共同基础目标(A、B、C 3 个层次的学生都要达成的目标):

(1) Understand the relevant phrases and sentences(正确理解文中相关词汇、短语及句型):

单词:orbit, astronaut, northeastern, army, fighter, pilot, project, candidate, survival, rocket, commander, etc.

短语:make the dream a reality, survival skills, be qualified for, be described as, go down in history, look up to sb, live one's dream,etc.

句型:Born in 1965, Yang wanted to fly since he was a young boy. It was his high scores... that finally won him his position as China's first astronaut. Because of these qualities, his commanders were sure he would be successful.

(2) Get the information about Yang Liwei and do some relevant exercises.

看懂所给的阅读材料——关于杨利伟的人物传记,通过不同的阅读方法获取有关杨利伟的信息并进行信息处理。

(3) Learn from Yang Liwei,and try to realize the dream by working hard.

向杨利伟学习,树立远大理想,懂得要通过自我勤奋努力来实现自己的梦想。

2. 巩固提高目标(针对 A、B 两层的学生):

(1) Answer some difficult questions in English.

对文章进行深层理解,并用英语对此进行思考和表达。

(2) Grasp the structure of biography and summarize the article.

把握人物传记的篇章结构,掌握简单的人物传记的写作格式,并在此基础上对文章进行简单的缩写。

3. 运用拓展目标(针对 A 层的学生):

Copy the article and write another biography.

能够选自己喜欢的人物,搜集信息并按照传记格式进行仿写。

3. 授课分层

分层施教对教师提出了较高的要求。隐性分层教学强调的是面向全体,关注差异,教师必须根据学生分层和目标分层的具体情况,处理好同步讲授和分层教学的关系,运用"合—分—合"等策略,分合有致,动静结合,对不同层次的学生,运用不同的方法施教。① 教师应以基础知识作为课堂教学的基础,以满足 C 层学生的需求。在此基础之上,适当增加一些中等难度的知识,培养 B 层学生的应用能力,拓宽他们的知识面。在整个教学过程中鼓励 B、C 层学生提出自己的问题,同时让 A 层的学生充当"小老师"帮助他们分析、解决问题,以此促进 A 层学生能力的提升。通过授课分层,尽量满足不同层次学生的学习需要,激发他们的学习兴趣,调动全体学生的积极性。"阅读教学"的授课分层要求如下:

对 A 层学生的授课要求:不仅让学生按照阅读课的要求弄清大意,回答问题,判断正误,而且根据课文的内容有目的地设置一些难度较大的理解练习,例如词语替换、用自己的话解释难句、复述等,引导 A 层学生自主学习,注重培养其综合运用知识的能力,提高其解题的技能技巧,使其掌握一些拓展知识,锻炼其英语思维方式,提高其阅读速度和阅读理解能力。

对 B 层学生的授课要求:实行精讲精练,注重基础知识和语言训练,在掌握基础知识和训练基本技能上下工夫,重点放在阅读方法上,消化并积累常用字、词、句,保证阅读量,力争有一个从量到质的转变。

对 C 层学生的授课要求:降低要求,减小坡度,放低起点,浅讲多练,要求学生弄懂基本概念,掌握必要的基础知识和基本技能。阅读教学时要求学生能静下心认真阅读,独立思考,培养学生良好的阅读方法和习惯,使其树立自信心。

4. 提问分层

提问是教师在课堂教学中经常性的教学行为。英语教学中的提问和回答能增进师生之间的交流,营造英语课堂气氛,提高学生的交际能力。教学中要做到针对不同层次的学生设计不同的提问。一个问题根据其难易程度分出 A、B、C 3 个层次,不同层次的问题问不同程度的同学。简单的问题或者是直接可以在课文中找到答案的问题留给 C 层学生,并及时给予表扬和鼓励;需要在理解的基础上找到正确答案的问题留给 B 层学生;让 A 层学生回答深层次的问题。确保每个学生尤其是 C 层学生都有回答问题、参与教学的机会。促使各层次学生都能在愉快、轻松的氛围中领略到获得学习成功的愉快和欢乐,达到自己的学习目标,并向高一层次转化。

---

① 刘树仁:《分层递进教学的实施策略》,《吉林教育科学(普教研究)》,2001 年第 2 期。

案例:Module 2 Unit 3 Amazing people-Project 的课堂提问(部分)

1. 基础题(适合 C 层学生):

(1) How long did Yang's space journey last?

吴霜同学答:21 hours and 23 minutes.

(2) What should be learnt in order to be an astronaut?

吴进同学答:One shouldn't only learn all the subjects required to be an astronaut but also learn survive skills and all about how spaceships and rockets are built.

以上两个问题的答案可以在文章中直接找到,两位学困生回答之后,笔者给予了表扬,以此增强他们的自信和对英语学习的兴趣。

2. 提高题(适合 A、B 层学生):

What spirit can we find in Yang Liwei? Which of Yang's personalities attracts you most? Why?

王天予同学答:work hard and having dreams.

该同学是 C 层学生,但他主动举手要求回答这个有一定难度的问题,笔者给了他回答问题的机会。尽管他的回答过于简单且有语法错误,但笔者对他敢于接受挑战的精神给予了充分的肯定,同时婉转地帮他修改了错误。

陈宇同学答:We can find Yan Liwei is determined, hardworking, intelligent, confident and ambitious.

董旭同学答:Being ambitious is the quality that attracts me most. For one thing, as teenagers, we shoud be ambitious and have our dreams. For another, with the dreams, we will have the motivation to live.

这个问题给了 B 层学生展示英语口语的机会,让他们对人物作出正确的评价,同时提升学生理解的深度,并以此激励学生通过自己的奋斗实现自己的梦想。

3. 深层理解题(适合 A 层学生,鼓励 B 层的学生去尝试):

How many parts can we divide the passage into and what are they about?

姚雅艳同学答:Part One(Para 1):The most important achievement of the main character. Part Two(Para 2-4):The main character's hard struggle to success. Usually it is written in time order. Part Three(Para 5):A conclusion:Yang is really worth our respect.

这个问题对学生有两个方面的要求。一方面要求学生做到对杨利伟一文的总体把握,训练学生对文章主旨的把握;另一方面要求学生能够在理解全文的基础上具备提纲挈领的概括能力。姚雅艳同学属于 A 层的学生,她出色的回答符合笔者设计此问题的初衷,即强化学生理解传记文体的三段式写作特点:第一部分为人物简介,突出强调其主要成绩或卓越之处,明确写作目的,同时也以此来吸引读者的注意。第二部分为文章的主体,主要突出其通向成功的历程,通常以时间为主线。第三部分为结论部分,通常以发人深思或激励读者的语气来结尾,起到画龙点睛的作用。

5. 作业分层

作业布置要从学生实际出发,让学生通过自己的努力来完成,又要在他们能力所及的范围之内,这样学生才能感受到成功的快乐,产生更持久的学习热情。笔者将课后布置的作业分为 3 个层次:第一层次为知识的直接运用和基础练习,重在知识的验证和记忆,是全体学生的必做题;第二层次为变式题或简单综合题,侧重基础知识的熟练和知识灵活运用技能的提高,以 B 层学生能达到的水平为限;第三层次为综合题或探究性问题,让那些"吃不饱"的学生不断提高创造性思维和应变能力,从而满足旺盛的求知欲。第二、三两层次的题目为选做题,这样可使 A 层学生有练习的机会,B、C 两层学生也有充分发展的余地。

案例:Module 2 Unit 3   Amazing people – Project 的家庭作业

必做题(A、B、C 3 个层次的学生共同的作业):

Read the passage carefully again, reciting the useful phrases and sentences.(品读文章,背诵重要短语和句型)

选做题:

1. Write a summary of Yang Liwei.(主要针对 B 层次的学生)

对文章进行缩写

2. Write down the biography in 3 paragraphs.(主要针对 A 层次的学生)

写一篇人物传记

隐性分层教学过程中学生并不知道自己已被分层,因此教师在布置作业时无法直接要求各个层次的学生完成何种层次的作业。如果 A、B 层的学生只选择必做题,这时需要教师帮助他们克服惰性,严格要求自己。对于尝试选做题的 C 层学生,教师要以鼓励和个别辅导为主,帮助他们尽快提升到更高的层次。

6. 评价分层

苏霍姆林斯基曾说:"只有当教育建立在信任孩子的基础上,才会成为一种现实力量。"隐性分层评价就是承认学生的差异并对他们采取不同的方法、形式和标准,进行不同的评价。对学习有困难、自卑感强的学生,给予更多表扬,寻找其闪光点,及时肯定他们的点滴成绩和进步,使他们看到希望,逐步消除自卑感;对成绩一般的学生,采用激励评价,既指出不足,又指明努力方向,促进他们不甘落后,积极向上;对成绩好、自信心强的学生,采用竞争评价,坚持高标准、严要求,促使他们更加严谨、谦虚,努力拼搏。A层中学习能力较强但比较粗心的学生在作业中出错,笔者不直接告诉学生错在哪里,而是在作业结尾批注上说明有几处错误,请学生自己仔细检查,查出以后用另一种颜色的笔把错误之处改正过来。这样减少了学生对教师的依赖性,还能培养学生的主观能动性。学习态度认真但成绩一般的学生一般采用表扬的评语以不打击他们的积极性,如:你的字写得真好,相信你下次会做得更棒。点评不仅要传递知识信息,还要起到表达情感的作用,所以热情、风趣、委婉、充满期待的评语能使学生感受到教师的关爱与信任。学习能力相对较弱的 C 层学生,他们的作业中常出现较多错误,教师不是简单用红笔打"×",一概否定,而是把正确的部分划出来,写上"good point"或"good sentence"之类的表扬话,使他们感到还有希望,从而保持学习的积极性。

以下是笔者对两个同学的作文批改(见图9-2):

朱静同学(C层学生)的英语基础较为薄弱,但是她一直坚持不懈地学习英语。笔者希望能够激发朱静同学的自信心,所以想方设法地寻找她的闪光点。在给她批改作文时,笔者把她的错误一一找出来,并且帮她做了修改,

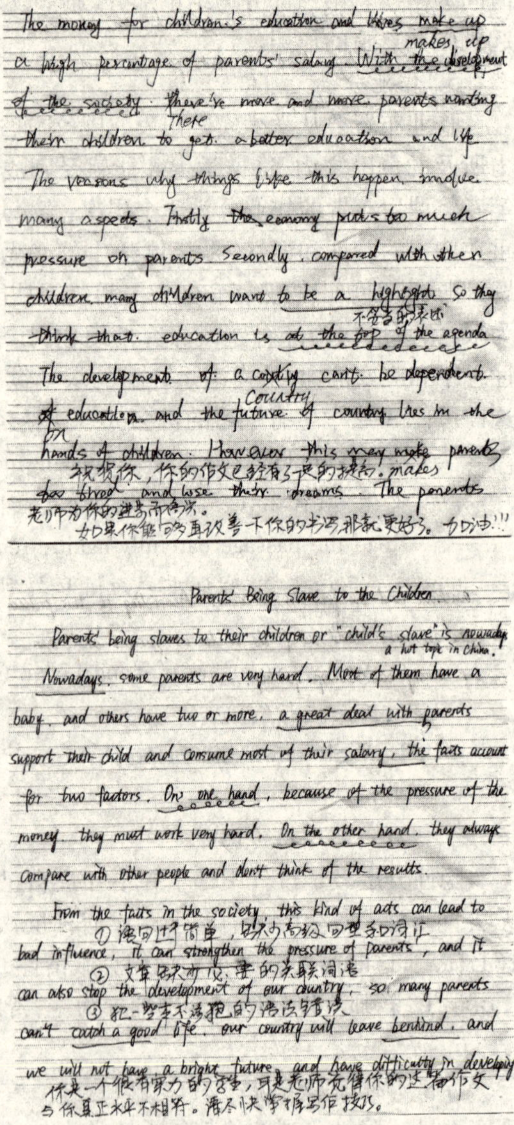

图9-2 学生作文批改

并把她作文中的精彩的语段用波浪线划出来,以资鼓励。批语如下:"祝贺你,你的作文已经有了一定的提高,老师为你的进步而高兴。如果你能够改善一下你的书写,那就更好了,加油!"

董旭同学(B层学生)是个天资聪颖、悟性很好的男生,可是他缺乏耐心和细心,经常犯一些常识性错误。笔者在给他批改作文时,也会把作文中的亮点用波浪线划出来,表示肯定。但对他所犯的错误,笔者只是帮他指出来,然后让他自己去反省并改正,这样可以减少他下次犯同样错误的几率。批语如下:"你是一个很有实力的学生,可是老师觉得你的这篇作文与你的实力不相符。请尽快掌握写作技巧。"

7. 辅导分层

分层辅导是分层教学的重要辅助环节,它既可以查漏补缺,完成教学任务,又可以进一步激发学生的兴趣、爱好,提高学生的自学能力与创造能力。

(1) 课内辅导分层

在课堂上,学生遇到困难是不可避免的,需要教师给予及时的帮助和指导,教师必须对学生进行必要的个别点拨、个别启发和个别纠正,但对不同层次学生的辅导应有所不同。对A层学生的辅导,教师只提示,绝不把问题讲清楚,让他们自己在教师的提示下独立分析出答案。对B层学生,教师把问题基本讲清楚,但解答过程不全讲。对于C层学生,由于他们一般比较自卑,不太敢向教师提问,因此教师就应鼓励他们提出自己的困惑,并且耐心细致地作出解答。这样让不同的学生得到不同的锻炼。

(2) 课外辅导分层

课外辅导是课堂教学的有益补充。这种补充不应该是课堂的延时,更不能增加题量负担,而应根据不同层次的学生给予针对性指导。[①] 对A层学生而言,完成课内学习任务还远远不够,教师可利用课余时间,指导他们阅读一些内容适中的中英文对照的翻译读物,扩大他们的词汇量,提高阅读能力;对B层学生,课外时间要求他们整理笔记、消化课内所学内容,鼓励他们不懂就问;对C层学生,教师帮助和督促他们完成课内的基本内容,并独立地完成相应的作业。

黄河同学言谈举止非常有礼貌,学习非常认真,但是他对英语不感兴趣,英语成绩在班上处于倒数的位置。于是我经常在晚自习的时候找他谈话,给他以发自内心的鼓励,并表示对他充满信心,相信他一定能把英语学好。真诚的话语使得他的信心大增。此外,黄河同学的英语词汇相当匮乏,我就经常督促他背单词、词组、课文。古人云:信其

---

① 方曼华:《高中英语分层教学的探索》,《双语学习》,2007 年第 7 期。

道,亲其师。对于这类比较乖巧的学生,应该先给他一点小小的成就感,建立他的自信,使他变被动学习为主动学习。每次考试前,我都会利用课外辅导时间帮他拎一下重点难点,跟他讲解相应题目的做法,并让他讲给我听,直到我满意为止。在每次周考、月考试题里我总会有意识地出几道类似的题目,然后在班上有意识地对他点名表扬或让他来告诉全班同学这题为什么会选这样的答案。虽然他的成绩不算很出色,但我给他带来的成就感大大提高了他对英语的兴趣,使他对自己的英语学习产生了自信。黄河同学在高一下学期的期末测试中取得了78分的成绩,比他期中成绩提高了9分。由于高二分班,我现在已经不再教黄河同学了,不过在教师节的时候我收到了他送给我的贺卡和礼物。他在贺卡上写道:"老师,教师节快乐！如果要评一中最受欢迎的女教师,您肯定是不二人选。跟您说再见我好舍不得呀！"

黄河同学的案例使笔者明白了课外辅导除了能够帮助学生解决英语学习方面的问题之外,也能增进师生间的友好关系,和谐的师生关系又能促进教师的教学,改善学生的学习动机。

（三）实施效果与反思评价

1. 实施效果

（1）英语课堂学习氛围得到改变

隐性分层教学充分调动了学生学习英语的积极性。由于分层教学,教师针对 A、B、C 层次的学生设定不同的学习目标,确定不同的学习内容,采用不同的教学手段和方法,使得各个层次的学生都能经过努力有所进步,在课堂活动中找到自己的位置。隐性分层教学营造出一种宽松、温馨的学习氛围,教师经常让学生有表现的机会,对学生的点滴进步都加以表扬。这样一种环境让不同水平的学生都能无忧无虑、无所顾忌地去学习,无拘无束地表现自己,最大限度地发掘自己的潜能,得到最大收获。分层前后"课堂表现"的问卷调查如表9-7 所示。

表9-7 分层前后"课堂表现"的问卷调查

调查项目		实验班/%		对照班/%	
		实验前	实验后	实验前	实验后
英语课堂上保持良好的精神状态	一直	23.0	29.1	23.8	25.0
	经常	44.7	64.3	50.3	60.7
	偶尔	24.1	15.4	12.3	11.0
	从来没有	8.2	1.2	13.6	3.3

调查项目		实验班/%		对照班/%	
		实验前	实验后	实验前	实验后
积极参与英语课堂教学	一直	13.2	17.8	13.0	13.8
	经常	47.6	60.2	59.3	59.2
	偶尔	33.4	19.0	24.7	23.0
	从来没有	5.8	3.0	3.0	4.0

从表9-7中可以发现,隐性分层教学使不同层次的学生都体会到成功的乐趣,实验班78%的学生积极地融入课堂,比原来的比例上升了17.2%。这将促使各层次学生都能在愉快、轻松的氛围中领略到学习成功的愉快和欢乐,达到自己的学习目标,完成向高一层次的转化。

2011年4月9日,笔者在高一(5)班进行公开教学,全校43位英语老师都参与了听课评课。通过7个月的行动研究,笔者对于隐性分层教学已经得心应手,能够轻松地驾驭课堂,根据学生实际、教材大纲的要求,设计成几个不同层次的问题,由浅入深,层层推进,引导、促进学生主动探索,积极思考,大胆猜想,凝练规律,充分发挥学生的主体性,让学生在动脑、动口、动手的活动中掌握知识与方法,发展智力,丰富情感,让不同层次的学生都能参与教学活动,充分调动学生的积极性,同时,适当增加相关知识,扩大知识面,照顾"吃不饱"的学生。上课过程中老师和同学们都充分享受课堂,学生没有像一般公开课中那样拘谨紧张,他们能够在老师的引导之下积极思考,踊跃发言,每个学生都品尝到了成功的滋味。在本节课结束的时候,大家都觉得意犹未尽。许多学生惊呼时间过得太快了。笔者在课堂教学中采用的分层教学法受到了同仁的充分肯定。他们觉得学生学习英语的热情很高,师生关系融洽,课堂气氛较为欢快。高二备课组长邹红娟的听课评价为:备课充分,目标明确,层次清楚,课堂气氛调动好,师生配合默契,教学目标达成好,教师提问面广,学生参与度高,是一堂成功的课。

(2)学生的自信心和兴趣得到增强

隐性分层教学力求"低起点,突重点,散难点,重过程,慢半拍,多鼓励",既能让学生在各自不同的起跑线上逐步发展"自我",完善"自我",又能激发学生进一步学习的愿望,形成强大的学习动力,树立起学习的信心,将"要我学"变为"我要学"。实验班学生在英语学习方面表现得越来越活跃,积极回答问题,并勇于表达自己的意见,在小组合作中充分发挥自己的长处,自信心和学习兴趣都得到明显的增强。分层前后"学习兴趣"的问卷调查如表9-8所示。

从表9-8中可以发现,两班在实验开始前对英语学习的兴趣没有太大的区别,两个班级的学生对英语学习普遍不感兴趣。在实施隐性分层教学一年后,实验班中对英语很感兴趣的人数比例由原来的24.2%上升至38.6%,对英语学习没有兴趣的人数比例从原来的15%下降至5.4%。而在传统教学模式下的对照班中,对英语学习感兴趣的人数比例虽然有一定的提高,但并不明显。

表9-8 分层前后"学习兴趣"的问卷调查

调查项目		实验班/%		对照班/%	
		实验前	实验后	实验前	实验后
对英语学习的兴趣	很高	24.3	38.6	24.2	28.9
	一般	51.1	48.8	49.0	47.0
	不太高	9.6	7.2	12.7	12.4
	没有	15.0	5.4	13.2	11.7

王同学是实验班高一(6)班的学生。他的英语基础较弱,在英语课堂上,他缺乏自信,同时总是心不在焉,不愿意参与课堂活动。在开学第一次月考中他的成绩为54分。王同学是典型的学困生,笔者将他归为C层的学生。在与他耐心细致地沟通后,笔者得知他在上初中时,英语课上有很多知识他无法理解,跟不上老师的节奏,久而久之失去了学习兴趣,再加上自己本身的惰性,最终导致他英语成绩落后。在实验过程中笔者想方设法地帮助王同学找回学习英语的信心和兴趣。首先,笔者经常与他促膝谈心,给予积极的心理暗示,让他意识到英语老师很重视他并且愿意帮助他。其次,笔者通过各种途径让王同学品尝到英语学习的成就感。比如,在课堂提问时笔者经常让王同学回答简单的问题,并且毫不吝啬地给予他赞美。再次,笔者通过观察寻找王同学的闪光点。比如,他的书写非常漂亮整洁,笔者会在作业本上写上由衷的赞美之词,同时把他的作业投影到黑板上。王同学逐渐找到了自信,上课踊跃发言,积极参与到小组活动中。在C类学生中他的成绩上升幅度很大。在高一期末测试中他的英语成绩为73分,并且由C层晋升B层,实现了由量变到质变的转变。

实验结束后,笔者与王同学进行了访谈,访谈问题如下:

1. 你对英语课的兴趣提高了吗?为什么?

2. 你对教师目前采用的教学方式有何感想?

王同学表示笔者与初中老师不同的教学方式让他重新找回了学习

英语的热情;自己对英语学习越来越有兴趣;他很喜欢老师采用的新的教学方式,这种方式让他不再自卑,甚至于他每天都很期待英语课,他很感谢老师没有放弃他。王同学对今后的学习有了明确的目标,为自己确定了为之奋斗的大学。

通过对王同学的个案分析,笔者认为隐性分层教学对学生学习英语的情感态度方面产生了积极的影响,满足了学生的心理需要,增强了学生的自尊心,促进了学生情感的发展和综合能力的提高。

(3)班级整体学习成绩有所提高

通过实验班和控制班的第一、第二学期的期末成绩(满分120分)的数据对比可见:分层前(见表9-9)实验班的平均成绩为78.6分,而对照班的平均成绩为79.9分;分层后(见表9-10)实验班的平均成绩为84.3分,而对照班的平均成绩为81.5分。显然,实验班的成绩要明显高于对照班的成绩。以上的分析和实验结果表明,课堂氛围、学习兴趣与学习成绩是密切相关、相互影响的。一方面,英语学习的兴趣激发了学生的学习动机,学习的主观能动性得到了提高,学习成绩自然就会提高;另一方面,学习成绩提高了,学生的成就感和自信心也会随之得到增强,学生学习英语的兴趣和动机也自然会得到强化。

表9-9 2011年9月底高一上学期第一次月考(前测)成绩对照比较

班级	平均分	最高分	最低分	优秀率(≥96分)	及格率(≥72分)	低分率(≤55分)
实验班	78.6	98	48	2%	72%	8%
对照班	79.9	102	49	4%	75%	7%

表9-10 2011—2012年高一下学期期末考试(后测)成绩对照比较

班级	平均分	最高分	最低分	优秀率(≥96分)	及格率(≥72分)	低分率(≤55分)
实验班	84.3	105	57	9%	80%	0
对照班	81.5	102	49	6%	74%	4%

笔者对分层教学前后的英语考试及格率进行了统计:第一学期(分层教学前)及格率为72%;第二学期及格率为80%。从及格率来看,与对照班相比,实验班学生成绩的进步是比较明显的。可见,隐性分层教学适应了不同水平学生的需要,使学生各有所得,学业成绩获得提高。

2. 问题反思

(1)如何划分学生的层次

毋庸置疑,分层教学是一种对大班额学生进行的人性化教育尝试,在教学过程中将学生分为 A、B、C 3 个层次,符合学生身心发展的需求,有利于学生的全面进步和个性发展。然而,在对学生进行层次划分时,人性化的另一层面即学生的情感因素不可避免地摆在教师的面前。教师不得不思考一系列问题:怎样把学生划分成 A、B、C 3 个不同层次? 是进行隐性分层还是显性分层? 是进行动态分层还是静态分层? 确定为 A 层的学生会不会产生骄傲自满? 确定为 C 层的学生会不会觉得自尊心受到伤害而产生自卑情绪? 怎样在保护学生自尊心的同时,严格要求各层次学生? 对这些问题处理的好与坏,对分层教学的效果有很大影响,甚至会决定分层教学的成败。在实施分层教学前,怎样划分出合适且有效的层次,怎样在划分层次的时候既不挫伤学困生的自尊心又不助长优等生的傲气,这是教师在实施分层教学前必须慎重考虑的问题。

对策:隐性分层和动态分层相结合。罗森塔尔说过,最受学生尊敬的教师,正是那些能提出公正要求而又能机智地实现它的教师。显性分层容易伤害部分学生的自尊心,而隐性分层能为我们提供一种更人性化的教学方式。隐性分层教学不仅保持了分层教学的优势,同时也提高了学生的自信心,为学困生开辟了一条积极的道路,更有利于学困生的转变,体现教育的公平性。因此,组内 A、B、C 3 类学生的区分应该是动态的、可变化的。半个学期后应及时调整,把进步快、水平高的组内成员分到较差的组内做组长,以带领后进组共同进步。总之,学生的分层是一个动态发展的过程,鼓励低层学生向高层奋斗,进步的可以升级,若退步可以转级,从而充分调动学生的积极性和主动性。

(2) 如何让不同层次的学生都有收获

在班级授课制下,学生使用同样的教材,接受同样的教学进度。然而,要实现大班额隐性分层教学,教师就必须考虑到对不同层次的学生采用不同的教学要求。那么怎样对不同层次的学生提出不同的要求? 教师又该如何在教学中把握和实现这些要求? 英语教学的重要组成部分就是课堂任务设计,它也是在课堂中实施分层教学与小组合作的平台。那么在同一教学内容的前提下,教师要设计什么样的活动? 如何体现各层学生的需要? 设计什么样的活动才能既满足各个学生的需要,又激发大多数学生的兴趣? 分层教学所面临的另一个现实问题就是课后作业的布置和讲解。对于同一教学内容,如何布置不同层次的课后作业? 对于不同层次的课后作业如何进行讲解和检查? 这些问题无疑是对实施分层教学的教师的课堂驾驭能力和把握教材能力的考验。

对策:实施差异教学,确保不同层次学生共同提高。同一班级的学生由于能力、知识及个性特点存在差异,他们对知识接受的快慢程度不一样,因此,实施差异教学有助于关注不同层次学生的发展,强化学习的积极性、主动性。其基本策略有:运用"合—分—合"的分配策略,将同步讲授和分层教学结合,使各层次学生都有所提高;引导 A 层学生分解难题、突破重点,提高他们分析新问题、解决新问题的能力,激发 B 层学生,教会他们分析和解决新问题的能力,带动 C 层学生,使学生能学得进、跟得上;对不同层次的学生提出不同层次的新问题,让学生都有提新问题和回答新问题的机会;布置学生作业时,分类布置题型;组织互助小组,把能力强和能力弱的搭配起来分组,让他们互帮互助,共同学习,共同提高。

(执笔:高邮市第一中学孙云平)

第十章　大班额个别化教学

一、个别化教学的概念与意义

（一）个别化教学的概念界定

个别化教学是指教学方法的个别化，当同一教材、教法不能针对班级教学中学生的程度差异时，为顾及学生的个别能力、兴趣、需要及其可能遇到的困难，教师在教学过程中特别设计的不同教学计划。[①]

个别化教学是一种以适应并发展学生的差异性和个别性为主导的教学策略和设计。更具体地说，它是指在教学过程中教师根据学生的能力、兴趣、需要和身体状况等设计不同的具体计划和方案，采用不同的教学资源、不同的教学方法和不同的评价方法进行教学工作，从而使班级中每一个学生都得到合适的教育，取得尽可能大的进步。[②]

个别化教学是在现代教育观引导下的一种教育理念，它以学生个体各自特点为出发点，以发展学生个性为目标，以开放的姿态、灵活的手段，根据不同个体的不同学习需要而把个别的、小组的、课堂的方式有机地结合起来，以使每个学生获得最充分的发展。[③]

个别化教学就是适应并注意学生个性发展的教学，它采用灵活的教学组织形式、精心的教学设计来适应学生的个别差异。个别化教学是处在班级教学和个别教学两端的线段之间的一个可以位移的点。[④]

此外，《国际教育百科全书》将个别化教学解释为：一种以个体而非群体为基础的教学形式，与诸如演讲或小组教学等以群体为基础的教学方法相比，在学习步子和学习时间方面，几乎一切个别化教学都允许学生有更大的灵活性，教学

[①] 耿志涛：《个别化教学的有效性》，南京师范大学硕士学位论文，2007 年。

[②] 肖非，王雁：《智力落后教育通论》，华夏出版社，2000 年，第 190 页。

[③] 周慧梅：《个别化教学的历史透析》，《新乡师范高等专科学校学报》，2002 年第 4 期。

[④] 黄志诚：《美国个别化教学》，《外国教育资料》，1992 年第 1 期。

适应学生个人需要的程度随所采用的特殊方法而变化。① 美国学者沃尔伯格根据上述含义引申出个别化教学的 3 项指标:(1) 教学活动针对一个既定的教学目的,即教学在于发展每个学生的个性与个别性;(2) 学生在个别化教学中可以充分发挥自己的学习自主性,充分考虑自己的兴趣、意愿与需要;(3) 在教学目标一致的情况下,可以有变通的教学方式、方法等,可以运用个别的、小组的和集体的形式。②

综上所述,我们可以从宏观、中观、微观这 3 个层次来界定个别化教学。从宏观的理念思想来看,个别化教学倡导在教学过程中珍惜、善待、尊重学生的个别差异,以学生的个别性和差异性为出发点,使每个学生都获得最合适、最全面、最充分的发展。个别化教学要在承认差别的基础上鼓励个性的发展。从中观的教学组织形式看,个别化教学主要是一种不同于分组教学、班级教学的教学组织形式。这种教学建立在学生主动参与的基础之上,教师提供集中讲解、分组讨论和个别辅导。个别化教学组织形式是实施个别化教学的具体操作方式,是教师实施个别化教学的落脚点。从微观的教学方法看,个别化教学指教学方法的个别化,它是教师在面对不同学习准备、兴趣爱好、认知风格、个性特征的学生时所采用的具体的教学手段,是教师在实施个别化教学过程中具体采用的教学策略。

研究个别化教学就是试图探索如何在现实的历史时空条件下培养个性自由、人格完善和全面发展的人。③ 因此,本书所涉及的个别化教学以"面向群体,兼顾差异"的理念为支撑,以个别化的教学组织方式和教学方法为落脚点,使全体学生获得有差异、有个性的发展,取得全面、充分而又适合的进步。

(二) 实施个别化教学的意义

1. 个别化教学是弥补大班额课堂教学不足的重要途径

《基础教育课程改革纲要》明确指出:教师在教学过程中应与学生积极互动、共同发展,要处理好传授知识与培养能力的关系,注重培养学生的独立性和自主性,引导学生质疑、调查、探究,在实践中学习,促进学生在教师指导下主动地、富有个性地学习。落实到课堂教学中,就是要实施个别化教学,即充分利用学生间的个体差异这一宝贵资源,把个别化教学的理念落实到教学实践中去,运用个别化的教学方法、策略和技术,促使每一个学生都找到适合自己个性才能发

---

① [瑞典]Husen T,[德]Postlethwaite T N:《国际教育百科全书》(第五卷),贵州教育出版社,1990年,第 75 页。

② Walberg H J. Psychological theory of educational individualization, in Talmage H(ed.) *Systems of Individualized Education*,McCutchan,1975:15 – 18.

③ 杨启亮:《因材施教的理论与实践》,《教育评论》,1989 年第 3 期。

展的独特领域。

鉴于当前大班额课堂教学面临的重重困境，我们有必要怀揣"面向群体"的教育理念设计和组织教学，调适现有大班额集体教学中的问题，关照"每一位学生"发展的需要，形成学生主动、高效、富有个性的学习能力。将个别化教学有效地融入到大班额教学中去，构建个别化教学与班级授课互补的教学模式，是克服班级授课制无法照顾学生个体差异的弊端、实现学生丰富而灵活的发展的必然选择。

2. 个别化教学是平衡共性培养与个性塑造的必然措施

如何在班级授课制的前提下处理好共性培养与个性发展的矛盾，就成为课堂教学改革的一个亟待解决的问题。"在班级授课制的情形下，教师面对众多的不同资质、不同程度、不同特点的学生，很难做到因材施教。即使最大限度地采取各种措施，也难以获得理想的效果。"[1] 个别化教学正是认识到学生的独特性与差异性，并把学生的差异当做教学的出发点和宝贵的资源，促进学生全面成长的教学形式。个别化教学立足于学生群体，强调教学中要以学生为主体，尊重学生的个性差异，兼顾学生不同的需要，既有共性的要求，也有个性的标准，处理好共性与个性的关系，在集体活动中发展学生良好的个性。通过每个人的发展促进良好班集体的形成与发展，而良好班集体的成长又为每个人的发展提供更多更好的机会和条件，将个体的全面发展与个性发展统一起来。大班额背景下的个别化教学追求的是共性与个性的和谐统一，追求的是每一位学生都最大限度地发挥学习潜力，获得最充分、最适宜的发展。

3. 个别化教学是促进教育公平的重要保障

教育机会均等包括3层含义：一是教育起点均等，即入学机会均等；二是教育过程均等，即教育资源分配均等；三是教育结果均等，即学业成就机会、体验成果机会均等。教育公平包括起点、过程、结果均等。其中，"教育过程公平是最大的公平"。[2] 教育过程公平的本质就是要使学生能够得到一种最适合其本人发展的教学。教育过程公平的实质是关注学生的差异，以个别化的理念对待、处理学生的差异，让学生都有机会获得符合自身特点和需要的教育，使学生获得最大限度的发展。来自学生差异性的挑战和促进学生发展的需求也是推进教育过程公平的动力之源。学生的差异与生俱来，要实现学生的真正平等，就是要使教学符合学生的实际情况，使每个学生要得到适合其个性特征的教学。在教学过程中，必须立足学生个人的利益与发展，根据学生的个别差异来教学，使每个学

---

① 吕达，张廷凯：《试论我国基础教育课程改革趋势》，《课程·教材·教法》，2000 年第 1 期。

② 华桦：《再论教育机会均等》，《上海教育科研》，2006 年第 9 期。

生的个性都得到充分的张扬和彰显,真正实现教学中的"过程平等"。

案例:大班额初中作文教学——让学生作文各显身手

七年级,抓好日记写作

要调动大班额学生写作的积极性,日记写作好处多多,但很多老师难以坚持,主要是没有及时批改反馈。久而久之,写的人就会越来越少,质量也会越来越差。笔者采用符号批改法,及时交流,并及时给学生写信,因为学生最怕的不是狠的老师,而是对自己好的老师,如考取北大的赵倩就是尝到写日记甜头的学生。从日记中找出的优秀习作有很多。如《可怜的车棚棚长》写自己担任车棚棚长期间的酸甜苦辣;《当工人的滋味》写了自己双休日到父亲的厂里当了一天工人后的感受;《卸货》写自己帮爸爸卸塑料袋的故事;另外还有《快乐的星期天》《意外的收获》《走在乡间的小路上》等。

八年级,抓好周记写作

成语运用是学生比较头疼的问题。一次,笔者让学生做了20条成语运用选择题,做好后让学生将做错题目的成语意思用词典查出来,有不懂的再讨论解决,并告诉学生,几天后老师打乱顺序后添加5题再测。笔者巧用对比,立表公布这次检测的结果,然后顺水推舟,让学生根据表格里面的内容写一篇作文,收到了意想不到的良好效果。

王立文同学在《天壤之别》一文中写道:"不出所料,男生的及格率只有46%,而女生高达100%,这组数据犹如晴天霹雳一般,毫不留情地打在我们男生从未受到过如此打击的心灵上,此时此刻,我们是'叫天天不应,叫地地不灵'啊!只有一声长叹:'男生自信如此大,不及差数摧我心。'"用数据说话,学生描写生动,直抒胸臆,又受到了深刻的教育,达到了文道统一的教育目的。石磊同学的《成语练习以后》一文写回家路上的深刻思考,采用了以景衬情的手法。张宏祥同学在《课堂也是战场》一文里心理描写非常突出。夏爽同学在《男女成语大比拼》中运用对比手法记下了这一活动的全过程。

如果不能及时运用教学机智,这样的精美写作素材就会白白地流失。其真无"米"邪?其真不知"米"也。笔者把它叫做"巧用对比,顺水推舟"。后来笔者把这一类做法总结成一篇论文《把握最佳时机,让灵感之花及时绽放——兼谈作文教学机智的运用》发表在《考试教研》杂志上,被多家网站转载。

九年级,抓好自由练笔

结合韩愈《马说》一文的学习,让学生开展默写《马说》竞赛,默好自改，书写工整且全部正确的上黑板签名。前三分之一的学生自命为"千里马"，中间三分之一的自命为"常马"，速度最慢、错误最多的三分之一自甘成为"骡子"。由于事先通知，学生准备充分，谁也不甘落后，虽是命题作文，因为各人速度不一，心理活动各异，"千里马""常马"与"骡子"写得精彩纷呈。

（扬州汤汪中学丁文宏，行动研究报告）

二、大班额语文个别化教学的行动研究

（一）研究方案

研究对象为扬州市育才小学五（2）班。全班 56 人，男生 33 人，女生 23 人，多为 11～12 岁，成绩在全年级居中。

1. 研究目标

发掘转变学习方式、改善学习状态的有效策略，调动学生学习的主动性，激发学生的学习热情，提高学习效率，探索可供借鉴的大班额个别化教学策略。

2. 研究内容

（1）营造自主学习氛围，调动学生的学习主动性

开展多种多样的语文学习活动，利用听说带动阅读，其策略有：① 教师在平时的教学中，无论在词语理解、阅读课文、分析及深究等环节，都尽量加插听说训练，鼓励学生说话及聆听。② 利用新补充读本的阅读材料进行听说训练。③ 听说与阅读相结合，开展课内讲故事比赛、读书分享等活动，全面提高学生的阅读和口语表达能力。④ 指导学生课外阅读和学习，如：推荐简易名著读本，要求学生每日阅读 4～5 页，一周写一篇短文，介绍所阅读的书本情节，以复述的方式做读书笔记，并加以评论。

（2）加强个别学生的学法指导，训练学生的学习技能

重视学生听说能力的培养与训练。采用语言激励或者用奖励卡鼓励学生倾听和表达，让学生品尝成功的喜悦，获得成功的满足感。

指导不同学生课内"指导读"和课外"拓展读"。首先，课内"指导读"，夯实基础。在阅读教学中重视发挥课本的示范作用，教会学生阅读的方法，培养学生阅读的兴趣。其次，课外"拓展读"，适应差异，指导学生有选择地阅读课外书籍。让学生每天读一篇优秀作文，并准备一本阅读记录簿，将自己的读书心得和最精彩片段摘抄下来，再提供机会让学生交流互动。

督促并帮助学生按时完成课后作业。对于不同层次的学生，适当调控作业

难度,要求学生书写工整,操作规范有序。教师通过批改作业了解学生对所学知识的掌握情况,重视作业中出现的错误,及时纠正、补缺。对不同学生作业给予适当的鼓励并附上肯定性的简短评语,让学生及时反思。

引导学生学会个性化复习。指导学生使用比较、分类、抽象、概括等技巧对学习内容进行进一步加工整理;引导学生及时复习、合理分配复习时间、分散复习与集中复习相结合、复习方法多样化,运用多种感官参与学习,形成个性化复习方式;指导学生重视复习检查。

3. 资料搜集方法

参与观察。包括课堂观察(如教学流程各项活动、学生的课堂参与以及师生互动)与课后观察(如学生个体课间活动情况、学生之间的互动、教师与学生在走廊的短暂谈话等)。

撰写研究日志。记录行动研究情况,并根据所得信息及时调整自己的行动研究过程。

学生作业。批改学生的默写和作文习作,了解学生的课文学习、写字、写作情况;检查学生的课外阅读情况,督促学生课外阅读。

个别访谈:通过对不同层次学生的个别访谈,了解学生的学习态度、学习情绪等,做好访谈记录,了解学生的学习状态。

4. 效果检测与评价

学生自我评估表。针对五(2)班个别学生语文学习的状态和具体特点,设计一份学生语文学习自我评估表(见表10-1),引导学生每周对自己的学习进行个性化评估,使学生了解自己每周学习的动态并获得继续学习的动力。

表 10-1 语文学习自我评估表

1. 本周我的语文学习状态: (   )好   (   )较好   (   )差
2. 本周我的语文学习知识点掌握情况: (   )优   (   )良   (   )差
3. 本周我对我的语文默写与背诵情况: (   )满意   (   )较满意   (   )不满意
4. 本周我的课堂发言次数: (   )< 5次   (   )5次 < 9次   (   )> 9次
5. 本周我的课外阅读量: (   )大   (   )中   (   )小
6. 本周我的语文学习的主要问题是_____
7. 下周我的语文学习的改进方法有_____
姓名_____班级_____

（二）方案实施

1. 营造自由积极的氛围，拓展自由学习的空间

（1）调整自我观念，形成正确的自我定位

苏霍姆林斯基说："让每个孩子抬起头来"，"帮助每一个人看到自己，使他看见、理解和感觉到自己身上的人类自豪感的火花"。笔者对五（2）班学生进行一段时间的观察后，发现班里有这样一个群体，他们默默无闻，上课认真听讲、循规蹈矩，极易被老师遗忘，从他们的眼神中可以读出他们的自卑、无奈。针对中等生的现状，笔者特别设计召开了一次"寻找优点，找回自信"的主题班会。具体做法是：先写一段演讲稿，内容包括自己的优点、特长和能力，以及自己所希望达到的理想目标；语言要求简洁、积极，读起来铿锵有力；时间一般为 60 秒左右。先由自己亲口说，然后由其他同学补充，希望所有的同学都能用"放大镜"去看别人的优点。同学们可以对着自己的家人朗读，也可以对着镜子朗读，最后在课前朗读给大家听。要饱含感情，坚持每周朗读三遍。改变不良的自我观念，形成积极的自我概念。

学生 1：我的优点是热心帮助别人，讲究卫生爱整洁，听老师和家长的话，按时认真写作业，学习有上进心，有好奇心……

学生 2：我的优点就是跑得快，而且我还有一个秘诀呢！想知道啊？那我就透露一点吧——因为我很瘦啊，跑起来身子轻，不拖班级后腿呀，嘻嘻！说正经的，每天早上按时起床，然后去跑步锻炼……

案例：害羞的学生开口说话了

女生叶同学，性格内向，学习被动，成绩中等。在课堂上常常畏缩、躲避、说话声小、胆怯，从不主动举手发言，不敢提出自己的意见。但是叶同学的说话音质特别好。在第一次的主题班会中，由于过于紧张，没有能发挥出色。笔者在评点中对她进行了表扬，肯定了她的优点，并鼓励她进行积极的自我暗示：你有很多优点，在老师的眼中你是最棒的，你是独一无二的，无人能取代的。平时，笔者给予她更多的关注，经常留意她在课堂、课后的表现以及与同学、老师的交流。渐渐地，她一点一点地发生了变化，原本在课堂上发言非常不积极的她居然也会主动举起她的小手发言了，变化最大的是她说话的声音清脆、洪亮了许多，遇到困惑也会主动寻求老师的帮助了，课后也会主动跟同学交流，还会跟我分享她的"小秘密"。她变得积极开朗多了，自信和阳光写在她可爱的小脸上。在随后的语文默写、背诵中，她的表现都有着明显的进步。

（2）搭建平台，鼓励学生个性化表达

除了平时课堂教学中的词语理解、阅读课文、分析及深究，适当安排学生的说话活动，鼓励学生大胆、清晰、准确地表达自己的观点。搭建学生表现的平台，举行读书分享会、讲故事比赛会等活动，促进学生个性的发展。

案例：《爱迪生读书的故事》分享会

举办分享会的前一天，笔者把阅读任务布置给学生，让他们每个人回去阅读《爱迪生读书的故事》，然后利用周一下午的阅读课进行分享。当学生得知要举行分享会时，个个劲头十足。以下是学生分享的部分内容。

问："不知道大家读了《爱迪生读书的故事》，有没有什么感想呢？"只要是自己的感受都可以说出来，这个没有对错之分，只是谈谈自己读完之后的感受。

生1：读了这篇文章，我知道了读书应该要有计划。怎样才有计划地读书呢？我们可以分几天读完一本书，平均每天读这本书的一部分，比如今天读2页，明天读2页，每天都读一样多的内容，这样便可以合理安排好时间。现在想想自己以前的读书时间是多么的混乱、毫无规划性：要不一天内什么事也不干，抱着一本书没日没夜地在那儿读；要不就是好长时间都不去图书馆或者书店，不碰一本书。

生2：这篇文章给我最大的启发便是，读书一定要有所取舍，不一定要读完一本书的所有内容，而是根据需要有选择地读，读你所需要的、关键的地方，找到重点，而不能眉毛胡子一把抓。我以前读书就是这样囫囵吞枣，读完文章后脑子里还是一团糨糊一样，分不清、辨不明重点与非重点。

生3：另外，我认为读书时还可以准备一个小本子，随时都可以做读书笔记，认真实践并努力养成"不动笔墨不读书"的好习惯，这样日积月累，便可获得更多的知识，对于我们小学生而言还可以提高我们的作文水平，大家不妨试一下。

（教师2012年9月10日观察日志）

通过这次读书分享交流活动，五（2）班的学生们在课堂参与、小组讨论、课外阅读方面有了非常显著的变化：以前班级的图书角几乎无人问津，整个班级的读书氛围也不浓，只有个别学生课外阅读。现在同学们几乎每个人的课桌上都摆着一本课外书，有的学生甚至有成套的系列读物（比如曹文轩、杨红樱系列）。课后或者午饭之后经常看到学生捧着一本课外书自由自在地阅读，整个班级的阅读氛围一下子浓厚了许多。此外，令笔者感到欣慰的是，以前从来不读课外书的学生这学期也开始读书了，进步挺大。

（3）确定个别化学习目标，抓好学生的最近发展区

根据维果斯基的最近发展区理论，笔者和学生们根据每个学生的不同情况设置了不同的学习目标，主要以提高分数为主。在一步一步实现目标的过程中，让学生们逐渐体会到自己努力后得到的回报，不断地增强学习自信心。

案例：一位英语成绩中等生苏同学的学习目标

> 积累基本的字音字词
> 每天默写的错误不能超过 3 处
> 每天背诵一篇美文
> 主题阅读两天一篇
> 每天练字 30 分钟
> 两周一篇日记
>
> 2012/5/11

一个月后，苏同学对自己的学习目标作了重新调整，如下：

> 掌握并运用描写、抒情与议论等手法
> 每天默写尽量不出错
> 每天背诵两篇美文
> 主题阅读一天一篇
> 每天练字 30 分钟
> 一周一篇日记
>
> 2012/6/9

随着计划的不断变化，苏同学的英语学习成绩一直在不断进步。她对于自己取得的进步在惊喜之余又有不安，担心这只是一时的进步。于是笔者指导她继续坚持下去，在今后的学习中，不断调整自己的学习目标，并有意识地反思、完善自己的学习过程，相信这样下去成绩一定会巩固并不断提升的。

2. 加强个别化学法指导，培养良好的学习习惯

（1）指导课前预习，培养预习习惯

适当预习是良好学习习惯的表现。该班许多学生没有预习的习惯，导致学习困难的产生，因此，培养学生的学习习惯，应从预习入手。

首先，总结预习方法。在课堂上，安排后 10 分钟的时间进行预习。一开始让学生自行预习，预习的方法、内容由学生自己定，接着小组交流各自的预习心得和体会，以期探索科学的预习方法。经过一个单元的集体预习，同学们总结了预习的要求，提出了语文的预习三步法：解决生字词—疏通课文大意（课后思考题）—记录预习中的疑难问题。预习方式见表10-2。

表10-2　五(2)班的表格型预习方法

借助于生词表,工具书及注解,有的放矢地研读新课的内容,初步了解将要学的基本内容	尝试搜索你已有的知识来理解正在预习的内容	总结课文的中心思想和各个细节	记录预习中的疑难问题(含义深刻的语句)

通过对所学信息的梳理,学生明了课堂学习的目的,学困生开始能抓住重难点,学习的责任意识与参与意识得到加强。

其次,进行预习演练。要形成学生自动化的预习习惯,必须不断实践演练。为此,笔者跟该班语文任课老师商量在班级进行一次预习演练,帮助学生熟练地使用并掌握科学预习的方法,并形成个性化预习方式。

观察记录:《爱之链》

教师:同学们还记得上一周我们一起讨论得出的语文预习模型吗?今天我们一起来尝试《爱之链》这篇课文的预习。现在给同学们10分钟时间自主预习,然后我们一起交流预习体会并进行预习成果的展示。

学生1:我是先从课文的生字词入手的:"凄"这个字让我想到了李清照《声声慢》里的"寻寻觅觅、冷冷清清、凄凄惨惨戚戚"。(引导学生尽量联想自己学习过的知识理解将要学习的新知识,让学生学会融会贯通地学习。)

学生2:我是从课文后的思考题切入预习的,这篇课文中有许多含义深刻的句子,你理解了吗?请你细细地读文章,找出你不太理解的语句。我是从以下4句话来理解文章的:

(1)他的脚腕被蹭破了,因为他没穿袜子……

(2)乔依愣住了,他从没想到他应该得到钱的回报……

(3)乔依笑着对老妇人说:"如果您遇上一个需要帮助的人,就请您给他一点帮助吧。"

(4)一切都会好起来的。

学生3:当这篇课文映入我眼帘时,我立刻被这篇课文的题目深深地吸引了,脑子里立马浮出好多好多问号:爱之链到底讲述了怎样的故事呢?为什么作者把课文名称定为"爱之链"?……于是带着这些疑问,我开始了阅读这篇文章的旅程……

(教师2012年10月8日观察日志)

再次,重视预习检查。预习效果评测分课前检测和课堂检测。课前检测主要是检查学生导学案的完成情况,完成情况分为优、良、差3个等级。课堂检测中,凡是能积极主动地回答预习检测问题的学生,给予五角星奖励。累积五角星附属在学生期末的成绩报告册上,以便家长参考。同时,鼓励学生概括自己的特点,选择、使用恰当的预习方法。

(2) 指导课中学习,培养学生良好的听课习惯

据笔者观察,五(2)班一些学生的听课习惯极其不科学,具体表现为:课桌上堆得乱七八糟,学生坐得七歪八扭,很多学生听课的时候手里会转笔或拿着魔方玩,注意力非常不集中。为此,笔者决定培养他们良好的听课习惯,鼓励他们积极参与课堂,提高课堂学习效率。

① 培养学生整齐有序的习惯。如果学生没有稳定的作息制度,生活杂乱无章,学习用具乱放,长此以往,学生就会养成粗心、马虎、无序等不良学习习惯。因此,应着力养成"有条理"的好习惯,如学习用品摆放要整齐、上课专心等。

② 戒除不良习惯。有的学生上课时精力不集中,往往与上课时做小动作有关。比如玩钢笔或小玩具、在本子上胡乱涂画、左顾右盼、坐立不安等,这些动作往往干扰了学生的课堂注意,分散了学生的学习注意力。戒除不良习惯的方法就是通过净化学习环境,实现对自己的控制。如,爱玩东西的同学上课时把手放在膝盖上或背到背后,把桌子上分散注意力的、与学习无关的东西统统收起来。

③ 保持正确的坐姿。一些学生上课趴在桌子上听讲,或是用手托着头,或把头缩在衣服里,这样很容易导致昏昏欲睡、思路混乱、头脑不清晰。为了避免思想开小差,从培养学生良好的坐姿开始,身体坐正,振作起来。

案例:调皮大王的转变

刘同学长得虎头虎脑,是老师、家长公认的"调皮大王"。他的成绩一直很差,语文考试每次都不及格。他上课极其随意,坐不了几分钟就动桌凳、摇头晃脑,甚至有时还把桌子弄翻,经常影响其他同学上课;注意力不集中,东张西望;课余时间爱搞"恶作剧",欺负其他同学;书写很不认真,学习态度非常不端正。一段时间的观察后,我发现他的头脑很灵活,他还经常参加科技比赛并获得名次,就是在课堂上不能安下心来听课。事后我跟吴老师单独交流了关于他这方面的问题,吴老师说之前他妈妈对他的学习抓得还比较紧,但最近他妈妈生了比较严重的病,他爸爸也要照顾他妈妈,家里是由奶奶照顾他,自然在学习方面照应不到。了解了这么多情况后,我决定采用"晓之以理,动之以情,导之以行"的策略,首先试图从他的思想入手,让他了解到课堂认真听讲对于学习的重要性;其次,多多跟他交流他近期的学习感受、学习进步,让他感受到还有人关心他,从情感上打动他;最后,逐渐地指导他课前应该把课桌收拾整齐,做好上课前的准备,上课时身体坐正,并指出这样做的好处。我跟他说不要求你一下子进步多少,而是每天变化一点,时间久了,你肯定会看到坚持的变化的。一开始,他很不适应,出现

反复,但是慢慢地就有了起色。他上课时掉头讲话的频率降低了,坐得
也比以前正了,偶尔还会加入到同学们的讨论中来,作业字迹也整齐了
许多。对于他每次取得的哪怕是一点点微弱的变化,我都给予肯定并
鼓励他坚持下去,渐渐地,他的听课习惯得到了改观,学习态度有了一
定的转变,学习成绩也进步了。

(3)引导学生课后拓展学习,开辟个别化学习途径

课后学习是课堂学习的延续和补充,对于巩固所学知识、增强学习效果有着
非常重要的作用。对于中差生,课后学习可以查漏补缺。为此,笔者开展了以下
工作:

① 指导课后复习。教给学生一定的复习策略,如每节课留一定的时间,让
学生当堂巩固,默记复习;做作业前,在脑中回忆所学内容;利用早读课及时复习
一天所学知识,写作课文提要、进行默写等。

② 指导课外“博览读”。指导学生广泛并有选择地阅读课外书籍。如:推荐
名著的简易读本,如《我飞了》《凯蒂的幸福时光》《动物大逃亡》等,让学生每天
读一篇优秀作文,并准备一本阅读记录簿,将自己的读书心得和自己认为最精彩
的地方摘抄下来。同时,建议部分学生多读自己感兴趣的名篇、佳作,感受这些
文章绝妙的语言、写法,积累写作素材。

3. 给课堂注入活力,挖掘不同学生的学习潜力

(1)引导学生提出各自的问题,延伸思维深度

思起于疑,没有问题就没有思考,问题的深度决定了思维的深度。五(2)班
部分同学不喜欢动脑筋,上课不专心,为此,笔者注意引导他们提出问题,如在学
习小学六年级语文上册第4课《古诗两首》后,教师总结陆游的《示儿》和杜甫的
《闻官军收河南河北》这两首诗都是以爱国为主题的诗,然后让学生讨论交流,
提出自己的疑问。3分钟后,一位学生举手发言:《示儿》和《闻官军收河南河
北》表达的感情一样吗? 问题一抛出后,教室内炸开了锅。有学生说一样,理由
是这两首诗都表达了祖国统一的愿望;有同学说不一样,这两首诗给读者的感觉
不太一样。这时教师提示学生可以从诗的感情色彩角度思考,学生豁然开朗,
《示儿》传达的感情有点悲,而《闻官军收河南河北》整首诗都洋溢着喜悦的心
情。最后,教师总结:“这两首诗一‘悲’一‘喜’,《示儿》表达的是诗人盼望祖国
统一,而《闻官军收河南河北》是诗人听说祖国重新统一后写的。这两首诗既有
一样的地方,即他们的本质一样(爱国),但是两首诗采用的表现方式以及情感
色彩不一样。同学们讨论热烈,积极参与,勇于表达自己的观点,以后也要像今
天这样开动脑筋,积极参与,学会思考。”问题引发了不同的思考与讨论,增强了
课堂思维的深度,有助于发展学生的多元思维和创新精神。

(2)把课堂还给学生,给予学生充分的个性化展示空间

五(2)班中间生居多,大部分学生缺乏学习的主动性,课堂学习被动。那么,怎样激发学生学习的兴趣呢?应为学生创造个性化表现的空间,鼓励他们展示自我,在此过程中获得丰富的体验,从而真正成为课堂的主人。为此,教师精心设计教学情境,把课堂主动权还给学生,以充分挖掘学生的潜力,激发课堂活力。如《负荆请罪》授课前,教师布置任务,让学生根据课文情节创作课本剧。为了完成这一任务,他们投入了极大的热情,写剧本,分角色,琢磨表演动作、表情、台词,经过一个下午和一个晚上的准备,第二天就在课堂上演出了。

案例:排演小话剧活动

时间:战国时期

人物:蔺相如、廉颇、家丁、兵丁

人物扮演表:蔺相如(吴思越)、廉颇(田宇琪)、兵丁(男生)、家丁(女生)、旁白(吴老师)

道具:两个灯笼、一根荆条

第一场幕启:廉颇背对观众站立。

廉颇:我大将廉颇威震八方,主掌赵国帅印,论功劳,我天下第一,可今日在朝堂之上——

兵丁:将爷,刚才国君拜宰相是您吗?

廉颇:不是我,是他。(用手指)

兵丁:他会领兵打仗?他只会耍嘴皮子,昨天还是个芝麻小官呢!

廉颇:哇呀呀,真乃气死我也(手哆嗦状),气死我了。(廉颇下)

……

第五场

家丁:大人,大人!

蔺相如:何事惊慌啊?(正看书状)

家丁:廉老将军来了,他没穿上衣,还背着一根荆条呢!

蔺相如:快请!快请!

廉颇:一念之差,险些误了国家大事,今日特来负荆请罪,听凭相爷发落。

蔺相如:老将军快快请起,知错改错,真英雄也。你我二人共治国家,何愁国家不兴啊!(手扶廉颇)快来人,准备筵席,我要跟廉将军痛痛快快地饮上几杯!

家丁:是——(要有表情)

这次活动非常成功,课堂氛围融洽活泼,学生表演得活灵活现,枯燥无味的

学习内容以生动活泼的形式呈现出来,课堂顿时由静态化为动态。活动充分激发了学生对文本的个性化理解,发展了学生的口头表达与表演能力,激活了学生的自信,促进了经验交流与分享,进一步激发了学生学习语文的兴趣。

（三）效果评价与问题讨论

1. 个别化教学行动研究的效果评价

（1）激活了学习热情

行动研究前后最明显的差异就是学生学习语文的热情有了很大的提高。在课堂中,学生主动举手发言的人数越来越多,积极开动脑筋、认真思考并回答教师提出的问题的学生多起来了,课堂气氛活跃了许多。学生对问题的思考开始走向多元,敢于提出不同的观点、看法。课后,学生也会主动、有选择地阅读课外书。多项"阅读计划"的推行引发了孩子对阅读的兴趣,他们越来越喜欢去图书馆,借的书和读的故事也越来越多。

（2）提高了学习成绩

从 2012 年小学五年级期末考试成绩看,实验班学生的学业成绩有明显的提高（见表 10-3、表 10-4）。

表 10-3　五（2）班期中考试成绩分析表（2012.5）

学生	总分	积累运用	经典诵读	美文阅读	习作园地
优秀生 A1	110	23	18	45	27
优秀生 A2	108.5	20.5	18	43	27
中等生 B1	106	20	18	42	26
中等生 B2	102	20	17	37	28
后进生 C1	93	10	17	42	24
后进生 C2	91.5	10.5	17	38	26

表 10-4　五（2）班期末考试成绩分析表（2012.7）

学生	总分	积累运用	经典诵读	美文阅读	习作园地
优秀生 A1	116	23	18	50	28
优秀生 A2	112.5	20.5	17	48	27
中等生 B1	111	20	18	45	28
中等生 B2	109.5	20.5	19	42	28
后进生 C1	103	17	17	45	24
后进生 C2	101.5	16.5	17	42	26

此次考试试卷由学校语文教研组提供,阅卷依据统一标准。对照期中考试,五(2)班学生的美文阅读成绩有了大幅提高,让全班的学生感到特别欣慰,让全班同学的内心充满了喜悦,享受到个别化学习的快乐,真正体会到了成功的滋味。

2. 问题与反思

(1) 个别化教学如何发挥生生之间的互助作用

布卢姆的"掌握学习"理论是以解决群体教学如何照顾个体差异为己任,是以"'人人都能学习'这一观点为基础的,着眼于现实,以现有条件来改变现状,即以存在着个别差异的学生组成的班级为前提,以传统的教学方式来实施,是所有儿童都能学会学校应教的东西"。① 即认为只要给学生恰当、适时的帮助,给他们一定的时间,每个学生都能掌握学习内容。因此,在个别化教学的实施过程中,为了提高学生学习效率、增强个别化教学的效果,教师需要充分调动一切积极的因素,引导学生与学生之间的互帮互助行为。让知识基础好、学得好、学有余力的学生做基础差、学得不好学生的"伙伴教师",以减轻教师的负担,弥补任课教师不能同时兼顾所有学生的缺陷。换言之,应在实施个别化教学的过程中加强学生之间的互助合作学习。在这方面本研究重视不够,今后有待加强。

(2) 个别化教学怎样全面评价学生的成长

由于受应试教育的影响,我国基础教育阶段的教学评价更加注重预设的、静态的终结性评价。在长期的选拔性考试评价制度的影响下,社会、学校、教师、家长对学生的评价一向都是以学业成绩为依据,采取的多是终结性的评价方式。评价的内容多为知识技能领域,很少涉及学生的情感、态度、价值观、思维方式、学习需求。这样的评价理念无法关注到学生内在的学习需要。我们认为,在大班额班级中实施个别化教学,学校、教师、学生都要转变观念,转换视角。一方面,关注学生生命的动态发展过程,关注学生在情感、心理、品质上的变化,与学生一起体验他们丰富的内心世界,促进他们卓越地成长;另一方面,摆脱惯性思维的牵制,立足于学生的可持续发展,对其进行多方位的学业与人生指导,全面评价学生的成长。本研究还未涉及评价问题,有待今后进一步深入研究。

(执笔:扬州大学王清)

---

① 华国栋:《差异教学论》,教育科学出版社,2007 年,第81页。

第十一章　大班额作业布置与批改

一、作业布置与批改概述

（一）作业布置与批改的意义

作业布置与批改既是教学流程中的重要一环，也是构成素质教育不可或缺的一部分，更是切实减轻学生学习负担、推进课程改革的重要着力点。因此合理布置作业，及时高效地批改作业，显得尤为重要。

作业布置是课堂教学的延续和拓展。合理布置作业可以促使学生进一步巩固、消化课堂所学知识，掌握相应技能，形成相应技能技巧，养成良好学习习惯，进而培养学生的课业责任感；多样性、层次性、实践性、创新性的作业，能为学生能力提高、素质发展提供有力的保障。精心设计、布置作业，还有利于减轻学生过重的学习负担，落实有效教学，全面提升教学质量，促进学生全面和谐发展。

作业批改是对学生学习结果的一种评判，是教师和学生之间无声的对话，是学生巩固所学知识、启迪思维、参加实践、培养兴趣、促进有效学习的重要手段。同时，作业批改也是教师检查自己的教学效果、加强学生学业指导和管理、改进教学工作、提升教学质量的重要途径。

（二）作业布置与批改的类型和方式

1. 作业布置类型
（1）课前预习作业、课中训练作业和课后检测作业（作业时间）

课前预习作业。即课堂教学之前，教师布置给学生自己直接与文本对话、独立思考，运用所学知识和已有能力进行学习，并解决有关问题的作业。这类作业有利于课堂教学的顺利实施，也是提高学生自主学习能力的一种措施。

课中训练作业。即在课堂教学过程中，教师对易混淆的或难理解的知识点进行设计而布置的作业。这类作业便于及时巩固所学知识，利于当场检测学生掌握情况。

课后检测作业。即教师布置给学生在课后完成的作业，这是对课堂教学的延伸，更是对课堂教与学两个方面质量的检测，便于学生巩固、应用，利于教师适时掌控、反馈。

（2）口头作业、书面作业和实践作业（作业形式）

口头作业。即教师针对某些知识点或教学内容布置给学生，要求学生口头回答的作业。此类作业一般是在课堂上通过提问的方式完成，便于及时反馈信息，利于培养学生的思维能力和口头表达能力。

书面作业。这类作业是学生作业的最主要形式，它可能是课前的，也可能是课中的，但主要是课后的。这类作业能系统培养学生分析问题、解决问题的能力，提高学生的科学意识和综合素质。教师可以通过作业的批改及时了解学生对知识的理解和掌握情况，以便及时改进教学方法，达到提高教学质量的效果。

实践作业。此类作业可以是课本上的家庭小实验、探究小实验，也可以是课外实践活动、研究性学习。此类作业能提高学生的动手操作和创新能力，从而提高学习的兴趣，也利于学生贴近生活、增长知识、开阔视野、激发兴趣，理论联系实际。

（3）个人独立作业和小组合作作业（作业主体）

个人独立作业。即教师布置给学生，要求他们自己独立思考、独立完成的作业。这是当前作业的主要形式，有利于培养学生独立自主的学习能力。

小组合作作业。即教师布置给学生，需要多人组成团队、合理分工、共同去完成的作业。这是当前比较提倡推广的作业形式。这类作业的完成既是小组成员情感交流、互相学习的过程，也是思维碰撞、潜能发挥的过程。

（4）统一要求作业和学生自主作业（作业要求）

统一要求作业。即教师布置给学生，要求每个人都要完成的作业。这类作业往往比较重视基础，是对所有学生基本的统一的要求。当然也可以根据不同学生的个性差异，实行分层次要求，由学生自己有选择地去完成。

学生自主作业。即学生根据自己发展的需要，在完成教师布置作业的基础上，自己额外自主选择的拓展性作业。这是对教师布置作业的补充，也是学有余力的学生满足自身学习需求的选择。

2. 作业批改方式

（1）全批全改。即对所有学生的作业都进行批改。这种方式利于教师全面了解班级学生整体掌握知识的情况。

（2）面批面改。即对存在独特问题或个别错误的少数学生进行面对面的批改。这种方式利于教师对少数学生进行个别辅导，分析错因，帮助学生及时纠正、消化理解。

（3）分组批改。即让学生参与,学生小组互换批改作业,然后进行讨论,接着教师公布答案,再进行总结。这种方式利于学生在批改中扬长避短,互帮互学。

（4）自我批改。即作业完成后,教师公布解题过程和标准答案,要求学生对照答案自行批改作业。这种方式利于调动学生学习的主动性,利于培养学生发现问题、分析问题、解决问题的能力。

（三）作业布置与批改的原则

1. 科学性原则

作业布置要体现重点、难点,要结合学生和教学的实际需求,内容上注重基础、高质,形式上注重灵活、多样。

2. 适度性原则

作业量的大小和难易程度直接影响作业的效果,过大过小、过难过易都不便于对学生进行科学的训练。作业量大小和难易程度通常是以认真学习的中等学生在规定时间内能独立正确完成为标准。

3. 及时性原则

作业布置与批改应及时,通常情况下在一节课或一个单元结束后,应及时进行相关作业的布置与批改,以利于学生知识的巩固、技能的形成和能力的培养。

4. 激励性原则

作业布置与批改要有效发挥激励功能,激发学生作业的兴趣,激励他们在完成作业的过程中勤于思考,乐于实践,感受成功,体验快乐。

5. 层次性原则

作业的布置要分层次,要针对不同层次的学生设计选做性作业。因人而异,在基础要求上谋求统一,在发展要求上追求分层,注重梯度和循序渐进。

（四）作业布置与批改的要求

1. 作业布置要求

（1）内容精选。要符合课程标准、教学要求以及所用教材的特点,符合学生的认知结构和思维特点,重点关注学科素养和学科思维,能很好地启发学生积极思考,培养他们及时巩固复习、迁移拓展的能力。习题要精选、经典,反对死记硬背机械式作业,提倡布置有利于学生开展创造性学习和实践活动的作业。

（2）形式多样。要从课内外学习的不同特点、作业本身的难易程度、完成作业的主体等方面出发,改革学生作业形式和完成作业方式,拓展学习空间,为学生提供更多的体验与实践机会,加强课堂教学与社会、生活的联系,促进学生个性化发展。书面作业、口头作业、实践作业等要相得益彰；课内作业与课外作业、书面作业与实践作业、个人独立作业与小组合作作业、统一要求作业和学生自主作业等要相互补充，体现作业形式的多样化。

（3）难易适中。要根据学生的实际能力进行作业编制，总体难度要控制，遵循基础为上、巩固为先的原则，难易适中，由易到难，搭配合理。作业格式要统一（如编制统一的作业纸），作业形式要规范，作业完成时间要规定，对难度较大的题目可以给出必要的提示。要面向全体学生，尽可能分层设计作业，对不同学生在作业数量、难易侧重、完成方法上可提出不同要求，力求让绝大多数学生在作业完成过程中体验到成功和快乐。

（4）总量适当。要通过提高作业质量的方法，控制作业总量，突出重点，精选精练，减轻过重的作业负担。要严格控制作业量，小学一、二年级不留书面家庭作业，小学中高年级每天家庭作业总量不得超过 1 小时，初中每天家庭作业总量不得超过 1.5 小时，高中每天家庭作业总量不得超过 2 小时。

2. 作业批改要求

（1）及时批改。应及时、认真地批改作业，做到不漏批、不拖延、不草率。当天作业，尽可能当天批改。

（2）规范批改。作业批改要正确规范，做到科学无误，不马虎，不随意，不允许只批个日期或写个"阅"。用规范的批改符号或文字标注出作业中的错误或不足，让学生明白错在什么地方，便于学生自行改正。对于学生作业中出现的个性化错误，提倡面批，提高效率；对作业中的共性问题，要做好记录，及时讲评。

（3）重视反馈。反馈要及时，讲评要科学。讲评时要突出重点内容和普遍问题，重视学生暴露的错误思维轨迹，剖析原因，寻求方法，重视归纳。要正确对待学生作业中的独特见解和典型错误，拓展学生的思维宽度，提高分析问题的深度。对于作业认真、完成较好的学生要及时给予表扬，对少数存在困难、难以完成作业的学生适时给予个别辅导。

（4）按时收发。要按时收发作业，对个别缺交、马虎、抄袭的学生及时批评教育，对故意拖欠、遗漏、潦草等不符合要求的作业应退还补做或重做，但不能以作业惩罚学生，坚决杜绝布置惩罚性作业。

（执笔：扬州新华中学薛义荣）

二、大班额作业布置与批改的实践探索

（一）大班额作业布置与批改的困惑

教师批改学生作业是课堂教学的延续,是师生双方获得信息的重要通道。然而在大班额背景下,很难做到及时反馈、及时订正。通常存在以下问题:

1. 加重了老师的负担

由于学生多、作业量大,一名教师每天至少要花 2 小时的时间批改作业,尤其是批改计算题、作文等,要花费更多的时间。再加上平时的小测验、单元测验、备课,教师整天忙得团团转,探索教学改革基本上无从谈起。

2. 减少了对学生的关注

班额过大,学困生相对增加,教师往往因工作负担重、精力有限而无暇更多地关注他们。补缺补差不到位,导致学困生越来越多、越来越差,久而久之容易使学困生产生厌学心理。

3. 作业形同虚设

作业的繁重使学生天天忙于按时完成作业,根本无暇顾及对错,很少主动去思考。自我检查的积极性受到严重压抑,甚至出现作业抄袭的现象。

4. 反馈时间过长

若对大班额作业实行全批全改,会造成每次作业批改的周期过长,反馈时间短则两天长则三天,学生作业中的问题不能及时解决,正确的得不到强化,错误的得不到及时改正,实际上已经失去了批改作业的信息价值。

5. 反馈信息量过小

由于教师教学负担过重,所谓全批全改也只是"蜻蜓点水"一般,迅速画上对号、错号,不能做到全面分析,不能给每个学生的作业认真评论或批改。不能发现学生一些精彩的解法,不能和学生产生思维的碰撞,甚至一些错误的原因都得不到认真分析。等作业发下,学生看到的只是对号或错号,却不明白错因,如此反馈,作业利用价值不大。

总之,大班额环境下布置和批改学生作业是教师很辛苦的一项工作,它不但束缚了教改的手脚,还束缚了学生学习的主动性,甚至影响师生之间思想、情感的交流,直接影响学生的学习情绪。

（二）大班额作业布置与批改的实践探索

那么,大班额环境下怎样做好学生作业的布置和评改工作呢? 近年来,江苏

泰州姜堰二中进行了一些探索，主要立足作业实效，从作业布置、批改以及评讲3方面着手积极探索，取得了可喜的成果。限于篇幅，这里主要以语文和数学为例，介绍作业的布置与批改的改革。

1. 作业布置的变革

（1）体现趣味性

兴趣是最好的老师，有了浓厚的学习兴趣才会有强烈的学习动力。因此，作业设计的基础应当注重学生的兴趣。传统的作业练习中，教师往往忽视了指导学生充分运用感官，全方位、多角度地感知和认识事物，也很少鼓励学生以丰富多彩的形式展现其学习、思考的结果。学生个性得不到发挥，创造潜力也得不到挖掘。新课程中的作业应是开放的，应努力联系各门学科，改变单一的、学生不感兴趣的作业现状，采用灵活多样的作业形式，激发学生的作业兴趣，丰富多方面的作业体验。

变革后，我们的作业从内容、形式和结论表述上尽力体现"趣"字。低年级作业抓住学生喜新、厌多、图快、求趣的特点，尽量贴近生活，内容丰富多彩。高年级作业做到读与写的有机结合，有读课文、背诵相关段落、写小练笔、查阅资料等。

例如语文学科的学习，如果只是一味地背诵、默写、作文，学生势必产生厌学情绪。我们根据学生的具体情况，高一高二重在培养兴趣、积累知识、提高素养，高三重在复习备考、训练技能、查漏补缺。高一高二可以让学生准备3个本子：积累本、摘抄本、随笔本。

积累本，主要是积累基础知识、基本技法，如容易错的字音、字形，标点的用法、成语的写法及用法、修辞、文言知识点（实词、虚词、通假字、古今异义词、词类活用、特殊句式等）、文学常识、写作常识、各种题型的解题技巧等。最好是做个目录，编上页码，每一项内容再加上特殊的注释。下面是学生独创的注释："字音辨识"后的标示是"想认清我吗？除非你毒（读）死我！""通假字"后的标示是"别以为你换了一张脸，我就不认识你了"。"易错成语"的标示是"你要怎么错随便，反正化成灰我也认识你"。还有"拯救汉字""成语熟语火拼""标点会战""病句屠杀"等。只要把学生学习的主动性调动起来，他们总能创意无限。这个本子上所选的内容一定要精，特适合自己的学情，这样来构建语文知识的框架体系。

摘抄本，相当于学生自己编的一本书。里面的内容包罗万象，如名人名句、术语名词、民间俚语、上佳广告语、古今诗词、历史掌故、精短文章、文学流派、专题研究、精美流行歌词等，特别要注意搜集鲜活、新颖、富有时代意义的素材，以及广播、电视、报刊、网络上的最新事件、热点问题等。除了内容丰富，还要注意形式的优美,有的教师特别建议学生:"给这个本子取一个好听的名字,注意版面设计、注意排版,让别人打开你的本子就有种要读下去的冲动,这样你就是一个受人欢迎的编辑了。"学生的摘抄本都做得很精美,看他们的这项作业真是一种享受。为了强化学生对这项作业的兴趣,每次发放作业时,教师都是按照座位顺序发下去,这样每个学生手中拿到的都是别人的本子。然后让学生根据本子的内容,写上感悟。感悟包括对这个本子的评价,根据内容和形式推测出本子主人的性格,还可以给本子主人一些中肯的建议。

随笔本。积累本和摘抄本重在吸收,这个本子就重在释放运用语言的能力。这才是我们学习语言的最终目的。随笔本的内容可以写自己的学习生活、成长经历、身边的人和事,可以写亲情、友情、社会真情,可以折射社会问题等。因为是触景生情、有感而发,所以这样的文章有生命力有个性。学生有话可说,就不会害怕写作了。一些教师常跟学生说:"如果做摘抄时,你是编辑,这个本子你就是作者了。还是为你的作品起一个最适合你的名字,每写完一篇要自评,找同学评,然后再让老师给你指导。有他人的评价,学生可以更全面地认识自己,然后才能逐步完善自己。"这样充分调动了学生的积极性,作业就不再是作业,而慢慢成了学生生活中必不可少的部分。这样写随笔也可以促进学生思考,而思考的本身就是成长进步。

（2）体现优化性

近年来,减轻学生过重负担的工作取得了一定的成效。但是,学生负担过重现象至今仍没有从根本上得到有效遏止,甚至已成为全面推进素质教育的严重障碍。大班额环境下,学生人数多,文本作业布置太多,不但学生身心受影响,对教师来说也是不能承受的重负。针对这些问题,为了减轻教师和学生的过重负担,设计作业时要优化作业内容。

首先,教师要针对教材和学生实际,特别是针对当天所讲的内容,精心设计作业题。以笔者所在的姜堰二中为例,作业都是校本化的,教师自己查阅大量的参考资料并从网上下载相关的资料,优化组合,组成最适合学生、最适合当天所讲内容的作业。其次,作业的量要少而精,根据作业的时间,布置相应量的作业。同时要求在规定时间内完成,不能把作业延伸到课外,既减轻学生负担,又留给学生更多的时间去针对自己的实际情况有目的地自我消化、自我学习。例如数学作业,如果作业时间45分钟,就出 10~12 道题,1 个小时就出 13~14 道题。

（3）体现层次性

一切为了每一位学生的发展是新课程的核心理念。大班额环境下,学生人数超多,学生个体差异尤为明显。学生的作业应紧扣教材,结合课程改革的要求并根据不同学生的需求进行设计。也就是说,要设计不同特色、不同层次的作业，使不同层次的学生都有所收获，这样才能获得成功的体验，增强学习的自信心。缺乏重点、面面俱到、不分对象、为设计而设计，这样会让学生有的"吃不饱"，有的"吃不了"，更别说让每位学生得到发展了。因此，作业要多层次设计，学生要分层次要求。

按照学生学习程度分成 A、B、C 3 个不同的学习层次，通常分为优等生、中等生和学困生。作业难度要分层，作业数量有弹性，不搞"一刀切"，即给优等生、中等生和学困生布置不同的作业，给学生一个自主选择的空间，让学困生巩固基础知识，中等生强化基本技能，学优生优化知识结构。

例如，数学作业的布置，通常以中等生为主采取必做题和选做题结合的形式。一份作业共 12 道题，其中 10 道是必做题，也就是中等生必须完成的，剩下两道是选做题，是优等生必须完成的，而对于学困生只要求完成巩固基础的部分，尽量去做，但是不能抄袭。在完成可以完成的作业的基础上，再额外布置一些简单的作业，主要以课本习题为主。交作业时不以自然组为单位，而是以 3 个层次为单位分别交作业，这样便于老师批改，也便于老师在批改中发现针对性的问题。

再如，语文作业可以给学生更多的选择，如在复习了《荷塘月色》一课后，一名教师设计了这样的作业：（1）摘录 4～5 个形容词，将它们连缀成一段话，不少于 30 个字。（2）请鉴赏文中几个通感修辞的妙处。（3）古人对月亮的描写很多，请摘录月亮的诗、词各一首，并写一篇 100 字左右的鉴赏文。（4）仿照课文，写一篇以"心灵中的荷塘"为话题的作文。（自主选择 2～3 题）。这样由容易到困难、由简单到复杂地设计作业，有的放矢，培养学生答题能力，又可根据学生的实际能力自主选择作业，促进学生的个性发展。同时，学生又是比较好强的，只要教师稍微"激将"一下，学生便会知难而进。

分层布置作业则有效满足了优等生的自豪感，使其加倍努力学习，又增强了学困生的学习自信心，使其明确奋斗的近期目标，同时节约了学生宝贵的作业时间。

当然，传统的统一作业很难兼顾全体，长期的分层作业又会导致部分学生的心理差距，同时造成教师工作量大幅度增加。我们可以将两者相结合，根据课堂的具体情况交替使用。

2. 作业批改方式的变革

批改作业是教师的一项常规工作，是课堂教学的延续。它能督促学生巩固知识、夯实基础、查漏补缺，也能帮助教师掌握学情，调整教学进度，选择教学方法。

多年以来，全批全改的方式一直被大家默认。它的优点是检查全面，能让教师准确掌握学情,广泛了解学生知识的掌握情况,从而有针对性地对教学作出相应调整。对学生来说,能看到来自教师的评价,心里有种信任感、紧迫感,评价能更有效地督促学生重视作业的质量。然而,大班额作业实行全批全改会造成每次作业批改的周期过长,不能及时反馈,学生不能从作业中得到及时强化,错误得不到及时改正,从而失却了批改作业的教育意义。

大班额环境下,教师批改作业的方式及评价方法应是多种多样的,通常有以下几种批改方式:

(1) 全批全改

全批全改就是教师对学生作业逐份批改。通过作业全批全改可以全面了解学生学习情况,使得教学更有针对性,学生可以普遍受益。批改过后统计错误率,一般一个班有 15 人以上出错的题目是一定要讲的,错得少的由学生自己订正,错得多的就要认真分析错的原因,从知识、方法、能力各方面进行分析,然后进行评讲。但这种批改方式下,教师花费时间精力多,负担重。这种批改方式主要运用于新教班级的开始阶段及新开课程的开始阶段。

(3) 精批细改

精批细改就是教师先对全部作业作一番浏览,只对一部分学生的整份作业或全体学生作业的一部分题目进行批改。在分层作业的基础上,采用分层抽样的方法,从不同层次的学生中抽取一部分进行精批细改,也可以分批或分组轮换地每次抽改一部分学生的作业。例如高三学生作文的批改,不同层次的学生能反映出不同的问题,教师可以进行有针对性的评讲。这种批改方式可以有重点地、较深入地了解和分析学生作业中存在的问题。但这种批改方式不利于全面了解学生掌握知识情况,影响因材施教,也可能助长个别学生的偷懒行为。

(3) 分层批改

大班额背景下,由于学生与学生之间存在基本素质和智力水平上的差异,学生两极分化严重,学生完成作业的速度和质量都有明显的差异,为了更好地贯彻因材施教的原则,针对每个学生的知识差异,针对不同层次的学生作业的批改也应有不同的方式。

针对优等生可以进行随堂批改。对于完成速度比较快的学生,鼓励他们先交作业,做完后立即交给教师,教师当堂批改,学生可以及时订正;对一些有难度的问题还可以当堂和教师交流,有益于及时发现教学中有无遗漏的知识。这样既可提高学生的积极性、完成作业的速度,还可锻炼学生的反应能力,增强学生的竞争意识,形成积极的人生态度。

对于学困生可以进行当面批改。学困生必然有很多问题无法自己解决,因此教师可以一边批改一边讲解、纠错,使学困生明确知道错在何处、错误原因及正确解法,并要注意发现学困生的思维火花和作业进步,给予充分肯定与鼓励,激发学困生的学习兴趣。这要求教师对学生的基本状况极为熟悉,对每次所教的内容要做到心中有底,对学困生可能出现的作业问题要做好预见性准备。教师当面批改作业最好是课外进行,这样可以保护学困生的自尊心。例如在作文批改中,教师的当面批改就是有效的办法。师生共同研究修改习作,对其中的问题,或由教师提出,或由学生指出,然后彼此决定怎样修改。由于当面听清了教师的建议,学生也经过了积极思考,印象也就比较深刻。

3. 作业批改形式的变革

(1)分组批改

在班额过大的情况下,针对教师无法评改全班学生作业这一现状,教师应培养一批优秀生充当小老师来批改中等生的作业,实行"兵"改"兵"的评改方法。在评改中,把错误记在纸条上交给教师,便于教师讲评,这样既能减轻教师过多批改作业的负担,对优秀生也有促进作用。优秀生在评改过程中可以学习到其他同学新颖的思路和方法,锻炼提高改错和辨析能力。

也可以将作业按学习小组分开,指定一名学习成绩较好的学生任组长,共同讨论习题的解法及答案,教师综合各组意见后公布标准答案,然后各组成员流水进行作业批改。这样,学生在批改中能够吸取其他同学好的解题方法,也可以从错误中吸取教训,以防重蹈覆辙,还能培养学生集体主义精神、严谨的学习态度以及互帮互学的学习风气。

(2)互改互评

评改作业时,学生互改互评可以节省大量的时间,完成后,教师当场抽看部分互改结果,进行讲评。学生之间相互批改作业,实际上也是同学之间互相学习的过程。教师可按"好、中、差"搭配,将学生分成若干小组,让组长带领其他同学一起进行批改,要求尽量做到批阅正确。批改后统一交给教师,再由教师检查核定,给出分数。让学生当堂互批,可使全体学生都介入作业批改的过程,极大地调动他们对作业的热情和关注。通过互批,学生既可以了解自己作业中的问题,又能从其他同学的作业中学习到新颖的思路和方法,锻炼提高其改错和辨析能力。教师可把答案公布在黑板上,让同桌或前后左右的学生组成批改学习小组,交换作业互相批改。其中要注意优差生搭配。这个过程要求当堂完成、教师主持,并注意评改时要认真且署上批改者姓名,这样既能增强学生们发现错误的能力,还能培养其研究的风气。批改可在学生随时研究中进行,提倡集体讨论,通过小声交谈、询问、征求意见等提高批改质量。教师在学生批改过程中巡回检查。批改完后,由作业者去审查,提出异议,再进行讨论。

例如,在作文的批改中,用互批互改的作文批改法是提高学生作文能力的有效手段。在进行学生作文互批互改训练前,教师要做示范。拿一次作文的批阅为例,引导学生学会批改作文的方法及正确的批改符号,并且根据作文批改的相关标准,帮助学生确定批改的方向,要求学生主要从 4 个方面入手:① 内容方面:分解为思想内容、篇章结构、语言表达、书写质量 4 个方面。其中思想内容又分解为 3 个小项目:文章是否符合作文要求,主题是否明确,选材是否合理。② 篇章结构方面:分解为篇章是否完整、段落是否清晰、详略是否得当、过渡是否自然 4 个小项。③ 语言表达方面:分解为语句是否通顺、有没有病句、语言表达是不是符合文体要求、有没有错别字、是否恰当运用了修辞方法 4 项。④ 书写方面:看书面是否整洁。每次作文前,评分的标准可以略作调整,由教师和同学根据每次作文的要求而制定具体细则。

在此基础上,让学生分组合作,互批互改。其方法有:① 自由组合,全班分为若干小组,4 人为一组,每组选出一名认真负责的同学为组长,批改时,教师将学生的作文分发给各小组,由组长负责协调本组问题。② 学生小组交流。各小组长组织本组人员做好记录,并推举一名代表发言。③ 组织全班讨论交流,说说所评改作文的优点。④ 做笔记,让学生有收获。

采用这种评改方式后,学生写作的兴趣明显提高,而且对自己的习作也不厌其烦地去修改,写作水平大大地提高了。而这种评改方式是在师生互动的过程中共同完成作文评改的,学生在互相交流中可以取人之长、补己之短,也可以增强鉴别、判断的能力。此外,师生互评增进了教与学的相互了解和深层次的沟通。这样,评价体现了语文的工具性与人文性的统一,学生的主体愿望得到了尊重和满足,学生的写作兴趣有所提高。改变了师生关系,形成师生平等对话的教育民主的氛围,出现了学生互动、师生互动的生动场面,让学生真正爱上写作,享受写作的无限魅力。

(3)自我批改

自我批改能调动学生学习的积极性、主动性,启发学生思维,培养学生发现问题、分析问题、解决问题的能力。在自改法的经常运用中,学生会慢慢形成自我检测习惯,减少马虎。当然,由于学生水平有限,自我批改难免有不够准确和科学之处。因此,对学生自我批改过的作业教师要加以检查。这种批改方式较适用于分量较重的复习题或答案较为机械呆板的某些作业,如选择题、填空题、判断题及理科中查表求值或主要套公式的计算题等。

又如,词语听写、古诗文默写、作文中的错别字等,完全可以放手让学生自改。这样,学生是自己作业的首位批改者,教师是二度评判与点拨者。当学生的自批获得老师的肯定时,其自信心将得到进一步加强;当学生发现自批与教师的批改有出入时,便能产生心理反差,促进反思与理解,从而将批改变为学生自主参与、自我教育、自我发展、自我完善的过程。

再如,大班额作文批改也可以采用自我批改法,把自己作文的构思经过、写作体会阐述出来。这个过程是一个认真反思的过程,有助于加深对自己作文的理性认识,这比写一遍要深刻得多。更重要的是,这种自评为自己修改作文提供了激情,提供了信心,也提供了资料。

案例:"循环日记"——大班额语文作业设计

"循环日记"作业设计不但可以减少教师的作业批改量,而且可以让学生更好地参与到小组合作学习中,激发学生的写作兴趣,切实提高教学效率。操作如下:

1. 发挥小组合作功能,让每个学生都能参与。

把全班学生分成几个小组,每组5名成员,好、中、差搭配,竞选出组长,由组长进行组织管理。每组共用一个日记本,由5名组员每天轮流记一篇日记。

2. 建立评价机制,激发学生写作兴趣。

(1) 每一组为自己小组起一个有自己特色的名字。在班级板报上专门留一块"循环日记"评分栏作为评价展示。

每天由下一次记日记的同学对上一篇日记进行评价,写出优缺点并评分,教师每天对上交的10多本日记进行评分。每周一由小组长对小组自评和教师评价的分数进行统计并将统计结果填写在评分栏上。

(2) 每一天,挑选日记中精彩的句段,在语文课上诵读。每周组织一次优秀日记展评。

(绵阳市警钟街小学文海琳,行动研究报告)

(执笔:泰州姜堰市第二中学陈余根、丁连根)

大班额教学管理研究

第十二章　大班额教学管理研究

一、大班额课外作业管理的行动研究

（一）中学大班额课外作业管理现状

1. 中学大班额课外作业管理调查

（1）学校课外作业管理制度有待完善

对于学生的课外作业，江苏省《关于进一步规范中小学办学行为，深入实施素质教育的意见》（也称"五严"）规定了中小学生课外作业量：小学一、二年级不得布置书面课外作业，小学中高年级、初中和高中学生每天书面课外作业分别控制在 1 小时、1.5 小时和 2 小时以内。课外作业管理规定主要由学校制定，如某中学制定了《各学科课外作业管理》。

×× 中学各学科课外作业要求（部分）

初三年级英语学科课外作业要求

（1）作业量：每天 20～30 分钟，其中课外书面作业 10～20 分钟，口头课外作业（背诵笔记、课本重要段落）10 分钟。

（2）作业形式：① 以"一课三练"为主，各班根据具体情况补充和删减，英语作文每周一篇；② 背诵课文：统一布置主要段落和过关句型、短语、单词。

（3）听力：每周集体组织两次（周五、周日晚），每班各教师再安排一次。

（4）批改要求：① 抽查两组，重点批改；② 全部收上，分题批改；③ 每次每班 4～5 个同学面批。

高一年级语文学科课外作业要求

（1）作业格式：校发的"一课三练"，内容包括字词、文学常识、阅读理解题，由基础巩固、能力升级、生活拓展三个版块组成，根据课程进度布置相关版块。适当布置片段作文和口语表达题。每专题结束整理基础知识,文言文有配套练习。

(2)作业量:每天作业时间 20～30 分钟,每学期大作文不少于 6 篇(不含考试作文),随笔每周一篇。

(3)批改要求:有时间、等第(优、良、及格、不及格)、作文打分(60 分满分)、评语、面批每次不少于 20%。

由上可见,学校在布置课外作业内容上各科根据实际情况做了明确的规定。作业量规定每门学科书面作业量控制在 30 分钟左右。批改方式有全批全改、部分批改和面批 3 种形式。在作业检查方面,一般情况一个月检查一次,交叉检查,主要检查作业次数、批改次数、作业订正次数、批改认真程度等。该规定显示,学校对于课外作业的设计与评价未作具体规定。

(2)教师课外作业管理意识有待加强

调查显示,83.3%的教师每天要批改 3 个小时左右的课外作业,课外作业批改任务繁重。在调查中,当被问到"有没有想过要提高大班额课外作业管理效率的方法时",有 67.2%的教师表示不知提高大班额课外作业管理的方法。

2. 中学大班额课外作业设计调查

(1)课外作业设计内容以掌握为主

调查可知,72.2%的教师认为同步训练上的习题基本能够满足学生的需求,只有 27.8%的教师会根据大班额中学生的实际情况经常设计课外作业。从教师所设计课外作业题的目的看,大多数教师主要为了学生掌握和运用书本知识去设计题目,只有 8.9%的教师考虑激发学生的学习兴趣,很少从培养学生实践能力、情感态度方面去设计课外作业题,课外作业应试化明显。

(2)课外作业设计形式以书面和口头作业为主

调查发现,课外作业设计以巩固所学知识、掌握书本知识和技能为主要目的,这必然导致大多数课外作业以口头背诵作业和书面练习题为主(如图 12-1 所示)。

图 12-1 显示,在中学语文、数学和英语中,教师设计的书面练习题分别是 38.6%,68.9%,46.6%,口头作业分别是 43.7%,10.6%,36.5%,综合实践作业分别只有 6.9%,10.5%,4.7%,需要小组合作完成的作业占的比例分别为 10.8%,10%,12.3%。这说明教师设计课外作业的目的主要是提高该班的考试成绩,而对于小组合作能力的培养不够重视,需要小组合作和动手实践的综合性作业较少。在调查中还发现,像语文、英语之类的口头作业主要以背书为主,提高学生交际能力和口才能力方面的作业训练很少。

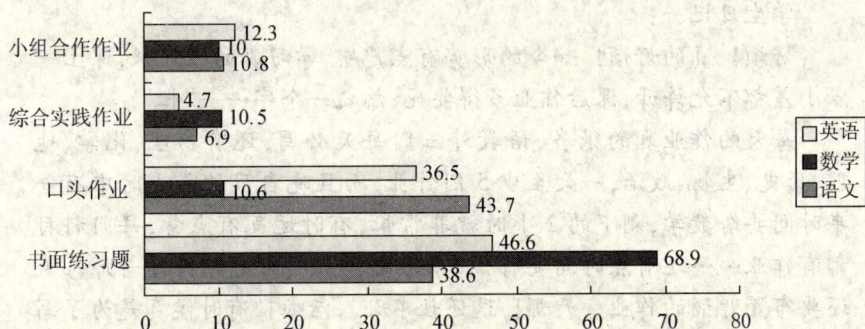

图 12-1　各科设计课外作业类型

（3）大班额课外作业设计主体以专家与教师为主

调查发现，对于教师自主设计课外作业，25%的教师非常赞同，33%的教师基本赞同。学生参与设计课外作业题的机会不多，偶尔和从来没参与课外作业题设计的学生分别为31%和45%。

3．中学大班额课外作业布置调查

（1）学生课外作业量过多

除了上课以外，学生每天得完成3~4小时的作业。调查显示，66.7%的学生认为完成课外作业不太轻松，17.6%的学生认为课外作业对自己来说是一个负担。由于繁重的课外作业任务，大多数学生可自由支配的时间少得可怜，没有足够的时间看自己感兴趣的书。调查显示，45.1%的学生认为最理想的课外作业时间是2小时。学生课外作业量调查情况如表12-1所示。

表 12-1　学生课外作业量调查

课外作业时间/小时	每天阅读课外书时间/%	每天课外作业时间/%	认为合适的课外作业时间/%
1	21.6	5.9	13.7
2	2.0	3.9	45.1
3	0.0	37.7	35.3
4	0.0	51.0	5.9

调查显示，88.1%的学生要完成3个小时及以上的课外作业，过多的课外作业使得学生自由阅读的时间严重不足，每天只有半小时阅读自己喜欢的书所占的比例较高。由于课外作业占用时间太多，学生失去思考的时间，影响休息，甚至长期处于压抑状态。举例如下：

学生日记一:

好烦! 真的好烦! 如今的形势有点严峻,学习真的很紧张,课上一点小差都不允许开,课后作业多得要死,总之一个字——"忙"。

每天的作业真的很多,语数外三门每天必写,还有物理、化学、地理、历史、生物、政治,一天至少5门作业,而且晚自习的3小时中有一半时间要给数学,剩下的2小时就非常忙,有时运气有点背,每门科目都有作业……还有点时间要背诵,像语文、英语、历史等科目老师每天还要布置背诵的作业。天哪! 这还让不让人活啦! 有时候真是为了写作业而写作业,作业太多了,不得不去"参考"其他同学的。作业没完成,老师可能会问:"课间怎么不抓紧?"课间这么点时间,能写多少啊! 哎! 好累,有时候上课忍不住会打豆豆。

学生日记二:

从小到大,我最不愿意写课外作业,但是我们几乎每天都要写课外作业,对于作业,我并没有太大的感觉,只知道晚自习疯狂地在忙碌着写作业,似乎成了写作业的机器,早已失去了知觉。

堆积如山的作业压得我喘不过气来,尤其到了考试阶段,硬性作业要写,还有软性作业,背英语、背政治、背语文……让我失去空余时间去做任何自己喜欢的事情,作文素材也没时间看,别提自己感兴趣的书了。有时候作业太多,实在写不完,也只得大半夜起来写,关键是查寝室的老师不允许太晚睡觉,我们只能等他们睡了才开始偷偷摸摸地写,有时候太累了,半夜起来想奋斗,发现那时候困得实在起不了身了,每天5:30就得起身,6:00必须到班,这中间最多还有45分钟来写,这么多时间写一门功课还差不多,更何况差不多每天每堂课老师都要布置课外作业。

(2)学生选择余地小,自由度低

大班额中的学生多,学生之间的差异也更明显,教师在布置课外作业时很少分层,只有11.8%的教师在布置课外作业时会经常分层。在与教师的聊天中我们发现,课外作业大多来自同步练习册,学生并不能根据自己的需要自由选择难度适中的课外作业,因此,大班额中"吃不饱"与"消化不了"的学生大量存在。

(3)大班额课外作业布置形式欠丰富

大多数教师布置的课外作业以独立完成的书面作业、口头预习作业和背诵作业为主,很少有需要合作完成的作业和综合实践性作业,62%的学生觉得作业有点枯燥。

访谈:窦同学,男,初三学生

问:一般情况下,老师布置什么类型的课外作业?

答:主要是书面作业,语文、英语老师每天还会布置背诵之类的软性作业。

问:老师布置实践调查之类的作业吗?

答:一般不布置,因为考试也不考这,布置的话也是放假前布置作为寒假或暑假作业,但这样的作业老师也没具体说怎么做,也不作为要求,所以大多数同学也不会认真去做。

问:你对老师目前布置的作业如何看待?

答:老师布置的书面作业主要是同步训练上的题目和单元模拟题,感觉自己像做题的机器一样,除了睡觉时间外都在不停地运转,虽然现在提倡减负,但那股风为什么没有刮到我们学校呢? 整天忙着写作业,思考的时间也没有。

4. 中学大班额课外作业批改与评价调查

(1) 教师批改任务繁重,方法简单

调查发现,66.7%的教师采取全批全改的形式处理学生的课外作业,因为他们认为这样做有利于了解学生知识掌握的情况。83.3%的教师每天需要花 3 个小时左右的时间批改学生作业。就教师批改学生课外作业方式看,课外作业批改方式以"×"与"√"的方式简单处理,78%地教师以对错符号批改学生作业。从表 12-2 得知,只有 17.6%的教师经常在学生课外作业本上写评语,课外作业评价缺少人性化。

表 12-2　师生通过课外作业本交流情况统计

频率	教师在课外作业本上写评语/%	学生在课外作业本上留言/%
从不	5.9	72.5
偶尔	44.4	23.5
有时	32.1	3.9
经常	17.6	0.0

访谈:吴老师,女,高一语文教师

问:吴老师,您作为拥有 20 年教龄的老教师,感觉工作强度如何?

答:上班时间要做的事情太多了,备课、查资料、改作业,上班时间感觉一直在忙。对于教案,学校教导处每天都要查,虽然我教一个班(其实大多数主课老师都教一个班),但上班时间感觉没休息时间。我家住市区,离学校很远,每天坐车来回就要 2 个多小时,到了家,家里的事情也是一大堆。我尽量把工作上的事情在学校做完。每天5点就要起了,不过也慢慢习惯了,像我这样年纪大的人晚上也睡不着。

问:您作为语文老师,一般有哪些课外作业要批改呢?

答:每天练习本上的作业,每周一篇两三百字的随笔,每个月800字的作文,就光这作文就改得够呛。

（2）批改与评价主体单一,学生参与极少

调查显示,学生参与课外作业批改的机会不多,只有16.7%的教师比较赞同学生参与课外作业批改,多数教师认为并没有必要让学生参与课外作业批改。47.9%的教师抱着无所谓的态度。这直接导致学生参与批改与评价作业的机会很少。调查还显示,只有2%的学生经常参与课外作业批改,从来没有参加课外作业批改的学生有27.5%。虽然很多学生没有机会参与,但还是有很多学生愿意参与课外作业批改,非常愿意和比较愿意参与同学作业批改的学生分别有21.6%和33.3%,有33.3%的学生认为参与课外作业批改可以树立发现问题的意识,39.2%的学生认为能巩固所学的内容,也有21.6%的学生认为可以减轻教师的负担。总之,在课外作业批改与评价方面,学生的主体性地位没有得到真正体现。

5. 中学大班额课外作业管理中存在的主要问题

（1）作业管理不能因材施教

由于缺乏以生为本的理念,教师布置的课外作业主要以专家编写的同步训练为主,作业很少分层,学生选择余地太小,教师对于学生课外作业的评价也采取"一刀切"的评价方式。教师对课外作业的设计、布置、批改与评价主要以掌握知识为出发点,忽视学生多元智能的培养,不能根据学生的禀赋、爱好、智力的不同情况因材施教。

（2）作业评价缺少人文关怀

在现实的作业批改与评价中,绝对化标准使得作业批改与评价缺少人文关怀,教师注重对学生掌握知识结果的评价,忽视对学生完成课外作业过程的评价,漠视学生在完成课外作业时所付出的努力。课外作业本对于教师来说只是检查学生对所学知识掌握程度的工具,78%的教师是以"√"和"×"的形式批改学生的课外作业,很少把作业本当做与学生交流的手段。翻看学生的作业本,绝大多数作业本上是"冰冷"的对错符号与分数,甚至只是简简单单的日期。

（3）作业批改任务过重,影响教师的专业发展

调查发现,中学教师实在太忙,课外作业批改每天花3个小时以上的时间,这样的工作状态使得原本蕴藏于教师身上的智慧火花逐渐被淹没。很多新教师在刚踏上工作岗位的时候锋芒毕露,勇于创新,但是工作几年后便逐渐失去激

情,其主要原因是教师在平时的工作中自由支配的时间实在太少,每天需要处理学生太多的作业。很多教师除了看看与所教学科有关的参考资料外根本没有时间仔细阅读教育理论方面的书籍,更谈不上教学反思与研究了。

（二）中学大班额课外作业管理行动研究（以高中语文为例）

实验对象为扬州市邗江区公道中学高一（2）班,该班有 51 位学生。由班主任、任课教师、实习人员等组成 4 人研究小组。研究内容选择高一语文课外作业的管理,因为笔者对语文兴趣浓厚,任教语文,同时,语文课外作业类型、形式较其他学科丰富。行动研究主要有客观作业的设计、批改和评价。

1. 行动研究之一——学生自主设计、评价客观题

（1）计划

① 建立参与式课外作业管理模式。传统大班额课外作业管理以教师全程管理为主,学生极少参与作业的设计、布置、批改,导致学生学习积极性不高,机械训练,个别学生情绪低落。为了克服传统课外作业管理的弊端,我们设计了以学生为主体的参与式作业管理模式,体现师生互为主体的教育理念。在这样的模式中,学生主动参与课外作业的设计、批改和评价,使得知识始终处在不断运动、拓展之中,变被动作业为主动学习,培养自主学习能力。

② 以自批作业为切入口,引导学生参与课外作业管理。让学生在行动中学习,成为积极的参与者。教师一改过去全批全改的做法,课外作业完成以后首先由学生自己用红笔批改,并将错题加以订正,提出疑点,教师再根据学生课外作业的批改与订正情况进行打分。

（2）行动

① 教学内容

教学内容为《沁园春·长沙》《劝学》《师说》的客观题作业设计、批改与评价。

② 教学目标

学生通过参与课外作业的设计、批改与评价,对大班额课外作业管理形成初步的认识;让学生在课外作业的设计、批改与评价中成为课外作业管理的主人;学生通过参与课外作业管理巩固所学知识,提高学习效率,促进主动学习。

③ 教学组织

教师确定课外作业设计的格式、范围、题型和作业量。学生利用课外时间查阅相关资料设计作业。将学生设计好的课外作业卷以随机的形式发给学生做。做完以后返回到出卷人手中进行批改,批改人将正确答案写在错题旁边供答题人参考。批改与评价完后将作业纸再返回到答卷人手中,答卷人把错题记录在

错题集上作为学习资源使用。

④ 教学流程

作业设计。教师规定课外作业设计内容范围限定在《沁园春·长沙》《劝学》《师说》三篇文章中，其格式为：

Ⅰ．统一设计在 A3 纸上，每份练习卷开头依次写上出卷人、日期、答卷人、成绩。

Ⅱ．题型及分值：

注音(5 题，每题 1 分)

词类活用(10 题，每题 1 分)

特殊句式(5 题，每题 1 分)

古今异义(10 题，每题 2 分)

句子默写(20 题，每题 1 分)

重点实词解释(10 题，每题 1 分)

重点虚词解释(10 题，每题 1 分)

翻译句子(10 题，每题 20 分)

Ⅲ．学生利用课外时间查阅相关资料设计课外作业，由课代表在规定时间内将设计好的试卷统一收齐。

作业布置。老师将学生设计好的练习卷以随机的形式发到学生手中，规定学生在 30 分钟之内完成。

作业批改和评价。学生将完成的试卷返回到出卷人手中；出卷人统一用红色签字笔对作业进行批改，并改正错误；最后对试卷进行评分。学生在批改中遇到困难可寻求老师帮忙，作业批改完后将练习卷返回到答卷人手中。

(3) 观察与反思

① 高中学生学习任务非常重，寝室、食堂、教室三点一线的生活让很多学生觉得枯燥无比，繁重的课业任务和巨大的升学压力也让很多学生处在焦虑和烦躁的状态中。学生参与课外作业设计能根据自身的水平、兴趣爱好去设计作业题，能够对所学的知识进行查漏补缺，学习热情比较高，学习更加主动了，体验到了学习的快乐。

学生日记

张同学：这样的作业形式，以前我从没有经历过，但是我很喜欢，因为我可以根据兴趣去翻阅课外资料，在翻阅资料的过程中我学到了不少东西。

沈同学：因为每个人出的题都不一样，所以当我设计了一套题并做了别人设计的一套题时,其实我做了两套题,真可谓"一箭双雕",我觉得这样可以有效地提高学习效率。

② 在与学生的聊天中,还了解到学生为了设计具有难度并且较为新颖的题目会去查阅相关资料。同时,学生设计的作业在重点、难点方面的把握比较准。

访谈:寇同学,男,高一学生

问:你是如何进行课外作业题的设计的?

答:我成绩不是很好,为让设计出来的作业不让同学笑话,每次设计作业,我都绞尽脑汁,翻阅课堂笔记,回忆所学内容的重难点,想想哪些是老师在课堂上强调的,课后还去查阅相关资料,挑一些我不大会做的题目放上去,因为我觉得,我不会做的题目放在练习卷上可以提高难度嘛!

问:当你在批改你设计的卷子时是什么样的感受呢?

答:每次批改我设计的卷子对我来说都是一件令人兴奋的事,尤其当我改到同学做错了的题时会感觉特别有成就感,说明我出的题有水平呀!

2. 行动研究之二——学生参与设计与评价期中考试复习卷

(1) 计划

① 开展题为"我们需要什么样的课外作业评价"的主题班会。在上一轮行动研究中,发现班上所有的学生在评价同学答题卷的时候都是以分数形式进行评价,没有学生想到为答卷人写点评语,这说明学生注重结果评价而忽视过程评价。因此,需要打破整齐划一的评价模式,追求个性化、多样化评价。

② 座位调整,组建合作小组。为了使小作文版块环节的批改与评价更具公正性,根据学生的个人意愿、学习特点、学习风格等情况对学生的座位进行全面调整,学生在课外作业批改时需要讨论的时候,前后排学生组成 6 人学习小组。后经过调整,全班变成 9 个合作小组,包括 6 个 6 人合作小组和 3 个 5 人合作小组。为了将形式上的 5 人或 6 人小组转变成真正意义上的合作小组,对小组内的成员进行角色定位并赋予不同的任务,通过任务促进小组成长,让学生在参与大班额课外作业管理中学会帮助别人,学会交流、合作。

(2) 行动

① 教学内容

第一单元和第二单元阶段性复习检测卷;第三单元和第四单元阶段性复习检测卷。

② 行动目标

帮助学生树立参与课外作业的设计、批改与评价中的主体意识,转变学生对课外作业的评价理念;巩固所学内容,提高课外作业管理效率。

③ 教学组织

教师确定课外作业设计的范围、题型和作业量。学生利用课外时间设计课外作业。将收集的课外作业以随机的形式发给学生做。做完以后将练习卷返回到出卷人的手中并进行批改。以小组为单位对小作文进行批改与评价。批改的试卷返回到答卷人手中,答卷人改正错误,并检查批改情况。以小组为单位,对出卷人的试卷进行评价,并提出建议。

④ 教学流程

作业设计。两次课外作业设计内容范围分别限定在第一、第二单元和第三、第四单元中。其格式如下:

Ⅰ.统一设计在 A3 纸上,每份练习卷上依次写上出卷人、日期、答卷人、成绩。

Ⅱ.题型及分值(满分100分):

注音(10 题,每题 1 分)

字词(10 题,每题 1 分)

解释词语(10 题,每题 1 分)

病句修改(10 题,每题 2 分)

古文句子默写(10 题,每题 1 分)

古文句子翻译(10 题,每题 1 分)

诗歌赏析(课外)(3 题,共 10 分)

200 字的小作文(20分)

Ⅲ.学生利用课外时间完成,在规定时间内将设计好的试卷上交课代表。

作业布置。老师将学生设计好的练习卷以随机的形式发到学生手中,规定学生在 45 分钟之内完成。

作业批改和评价。学生将完成的试卷返回到出卷人手中,出卷人统一用红色签字笔对作业进行批改,客观题部分以出卷人批改为主,学生在批改中遇到困难可以寻求老师或组内其他人员帮忙,小作文部分以小组的形式进行批改,同一篇作文小组中至少由 3 位同学打分并写上评语,最后的分数取其平均分。

以小组为单位,对出卷人所出的试卷进行评价。

将改过的试卷返回到答卷人手中,答卷人改正错误并检查批改情况,对批改提出异议。

（3）观察与反思

① 学生主体意识增强了。这种模式得到了教师们的认可,他们认为这种方法在巩固所学知识、提高学习效率的同时还能让枯燥的复习充满乐趣,使学生的主体意识逐渐显现。作业的批改评价对于学生来说是令人兴奋的,尤其在小作文这一环节,小组之间讨论热烈,学生所写的评语形式多样、角度独特,无论从遣词造句还是口吻语气来看都很到位,产生的效果并不亚于教师的评价。

学生小作文评语摘录:

王同学:景物描写流畅,但语言平淡,略显幼稚,行文有点孩子气,深度不够,无突出亮点,望努力!

苏同学:事例论证从古到今,但是从"叶"开始,为何不以"叶"结束呢?

曾同学:立意很独特,细节描写很生动,值得学习,但友情提醒你书写要注意,字迹过于潦草,有些文字甚至难以辨认。

邱同学:你的文章像无风的湖面,语言流畅,俏皮,感情真挚,但我个人认为文章中网络化语言的运用不大合适,你认为呢?

② 教师批改作业的负担减轻了。让学生参与课外作业的设计、批改和评价,在调动学生学习的积极性与主动性的同时,让教师从繁重的课外作业批改任务中解脱出来,这样教师有更多时间关照学生,帮助、关心与照顾每个学生。

3.行动研究之三:行动深化——信息技术支持下的期末复习卷设计

（1）计划

① 信息技术支持。以小组为单位,参照期末考试试卷的试题类型和格式让学生设计期末复习卷,学生设计的每套试卷以电子稿为形式,每个小组在完成试卷设计以后通过 e-mail 发送到语文老师设置的邮箱里。为了提高学生文字输入的能力,计算机老师临时调整教学内容,让学生将设计好的复习题输入计算机,并教给学生发送电子邮件的方法。

② 分配任务。为了使小组之间的合作有效进行,语文老师与学生商量以后根据每位学生的不同特点给他们分配不同的角色,不同的角色承担相应的任务。小组中的每个人既是出卷者又是他人卷子的监督与评价者（如图 12-2 所示）,在设计完成自己的任务后还得对别人所出的题目进行监督和评价,每个小组中的 1 号是该组的总负责人,总负责人需要由语文学习成绩优秀并有一定组织能力和责任心的学生担任,该学生主要对该组设计的试卷进行总体监督、整体评价,以确保试卷设计的质量。

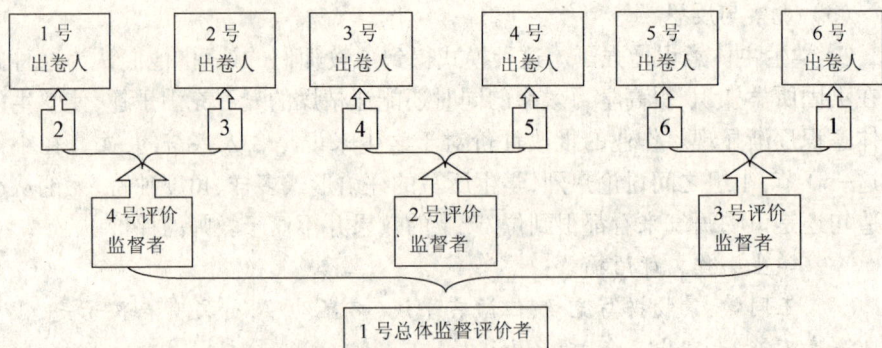

图 12-2　小组内成员组合情况

说明:2、3、4、5、6、1 号分别是 1、2、3、4、5、6 号试卷的评价和监督者。

（2）行动

行动内容:期末复习卷设计

① 行动目标

培养学生良好的合作能力和自主学习能力;通过学生参与作业管理,改变教师角色,减轻教师批改课外作业的负担;巩固所学内容,提高学习效率。

② 行动组织

学生根据期末试卷的考试题型,以小组为单位设计期末复习卷。小组内每位学生利用课外时间根据所分配的任务设计作业题。各组的监督和评价人员对小组内其他成员所设计的作业题严格把关。该组的 1 号学生需对小组设计的复习卷进行总体监督与评价,以保证设计质量。在计算机老师的指导下,将所设计的题目输入电脑,发送到语文老师的邮箱内。语文老师对学生设计的 9 套试卷进行修改,严格把关。学生在一个月的时间内有计划地完成 9 套练习卷。以小组为单位,对出卷小组的试卷进行评价,提出建议。

③ 行动流程

作业设计:

设计时间:一周

设计要求:

Ⅰ.严格按照期末试卷的格式以小组为单位设计期末复习卷。

Ⅱ.题型及分值(满分 160 分):

基础知识及运用(30 分,每题 3 分)

文言文阅读(18 分)

古诗词鉴赏(8 分)

名句名篇默写(8 分)

文学类文本阅读(17 分)

实用类文本阅读(9 分)

作文(70 分)

　　作业布置:教师在一个月时间内有计划地将试卷发给学生,要求完成。

　　作业批改和评价。由出卷小组公布试题答案,学生以小组为单位批改其他组成员的试卷。作文部分的批改要求是:按照作文评分标准评价(包括内容、语言、结构、文面、亮点,详见表12-3),同一篇作文小组中至少有3位同学对该作文打分并写上评语,最后的分数取其平均分。然后将改过的试卷返回到答卷人手中,答卷人改正错误,并检查批改情况,对批改提出异议。

表 12-3　作文评分标准

项目＼等级		一等	二等	三等	四等	五等
内容 18分	要求	中心突出,构思精巧,内容充实	中心明确,内容具体	中心较明确,内容较具体	中心不够明确,内容不够具体	中心不明确,叙写不合理
	分值	14～18	11～15	6～10	2～6	1～2
语言 18分	要求	简明,流畅,有文采	贴切,流畅	通顺,有少量语病	基本通顺,语病较多	语言不通
	分值	14～18	11～15	6～10	2～6	1～2
结构 18分	要求	严谨,自然	清晰,完整	基本完整,比较有条理	不完整,条理不清楚	结构混乱
	分值	14～18	11～15	6～10	2～6	1～2
文面 6分	要求	卷面美观,书写规范,标点正确	卷面整洁,书写清楚,标点正确	书写基本清楚,有少量错别字和标点错误	书写不清楚,错别字和标点错误较多	书写潦草,难以辨认
	分值	6	5	4	3	1～2
亮点10分		深刻: 1. 分析深入; 2. 揭示事物内在的联系; 3. 观点具有启发性。	丰富: 1. 材料丰富; 2. 论据充实; 3. 形象丰满; 4. 意境深远。	有文采: 1. 用词贴切、句式灵活; 2. 善于运用修辞手法; 3. 文句有表现力。	有创新: 1. 见解新颖; 2. 材料新鲜; 3. 构思精巧; 4. 推理想象有独到之处; 5. 有个性色彩。	

【说明】

  ① 评分时依据上表分项分等给分。

  ② 文不对题或文理不通的文章不分项给分,给 6 分以下的综合分。

  ③ 内容得分为四等的文章,其语言、结构均不能给一等的分数;内容得分为五等的文章,其语言、结构均不能给二等以上的分数。

  ④ 不足 800 字的文章每少 100 字扣 1 分,少字最多扣 5 分。

  ⑤ 亮点分 10 分,不求全面,以突出点为准,每出现一个亮点给 2 分。

(3) 观察与反思

① 提高了课外作业效率。在行动实施之初,很多学生对于学生参与作文评价之类的主观题评价持怀疑态度。经过一个学期的实施,很多学生改变了原先的观点,他们坦言在批改作文时能够学习别人写作中的优点,通过发现别人写作中的缺点清楚地了解如何才能写好作文。在题为《我对课外作业管理的感想》的随笔中,全班 51 位学生,只有两位学生对该模式持否定态度,96.1% 的学生认为在参与课外作业管理中能体验到快乐和成就感,认为参与其中可以为枯燥的期末复习注入活力,提高复习效率。

② 增强了学生合作意识。在课外作业的设计、布置、批改和评价中,班上的每一位学生都作为小组成员之一参与到大班额作业管理中来,小组任务的完成需要小组内成员的密切配合。这无形中增加个人与小组成员的交往,很多学生在与小组成员交往中体验到乐趣,体会到当自己小组所出的练习卷得到其他组的好评时的荣耀,增强了小组成员的依赖性和集体荣誉感。

(三) 成效与反思

1. 培养了学生的反思能力

学生参与课外作业设计、批改与评价是一个主动建构知识的过程,这样的过程是生动活泼的、主动的和富有创建性的,它提高了学生的反思能力,促使学生成为自主学习的人。在前后测问卷中设计了"你是否总结并反思解题方法","你是否整理并反思已学过的某些章节的知识系统","你是否对提高课外作业效率进行反思",结果如表 12-4 所示。

表 12-4　学生反思意识前后测情况比较

%

	对解题方法的反思		对知识章节的反思		对课外作业效率的反思	
	前测	后测	前测	后测	前测	后测
从不	10.1	7	10	8.0	13	10.0
偶尔	53.5	38	34	21.5	34	22.7
有时	20.4	35	41	51.5	35	43.3
经常	16.0	20	15	19.0	18	24.0

可见,对于解题方法,有时反思和经常反思的学生分别由 20.4% 和 16% 提高到 35% 和 20%,对所学知识章节和对提高课外作业效率、解题方法进行反思的学生都有不同程度的增加。这说明经过一学期的课外作业行动方案实施,大多数学生在学习中逐渐养成主动反思的习惯,学生的思维得到了锻炼。调查还显示,能及时订正课外作业本上的错题并能认真进行反思的学生由原来的 45.8% 上升到 64%。

2. 提高了学生自信心

后测卷发现,比较愿意与非常愿意与其他同学以合作的形式完成课外作业的学生分别由原来的 30.4% 和 20.8% 上升到 46.2% 和 30.5%。这说明大多数学生已认识到小组合作能够提高课外作业的乐趣。在小组合作中,每位学生都有发挥自己潜能、表达自己想法的机会,这促使成绩不怎么理想的学生也喜欢表达自己的观点,他们的自信心有了显著的提高。

访谈对象:凌同学,女,高一学生

问:参与大班额课外作业管理对你来说有什么收获?

答:它让我更喜欢写课外作业,我是个内向的女孩,平时不怎么爱讲话,在参与课外作业管理中我的口才得到了锻炼,在小组合作过程中我至少敢于发表自己的想法了。

问:是的,这说明你的自信心提高了,不知你是否赞同我的观点?

答:我也这样认为,以前,我可不敢向沈老师问问题,虽然沈老师很和蔼。自从参加大班额课外作业管理后,我也学到不少新的理念,"老师是我们的朋友"这样的观点我非常赞同,它是我敢于向老师交流的支柱,其实与老师交流也挺有趣的,老师并不会因为我幼稚的问题而取笑我。

问:是不是很多同学都有想与老师交流的愿望?

答:我想应该是的,至少我们寝室的同学是这样的,只是在这之前不敢与老师说话,现在这种情况有所转变了。

3. 提高了学习效率

学生在设计课外作业过程中需要去翻阅有关的书籍,这一过程在培养学生良好自主学习的能力的同时无形中增加学生的阅读量。在后测中,有70.1%的学生平均每天阅读课外书的时间由原来的0.5小时左右提高到1小时左右。对行动研究前后该班语文成绩的比较分析结果显示,行动前第一次月考均分99分,行动后最后一次期末考试均分上升为102.5分,年级排名也由行动前的第六名上升到行为后的第三名。

4. 减轻了教师负担

课外作业方式的变革使得学生的主体地位得到彰显,学生成为课外作业批改与评价的主人。它打破过去课外作业批改与评价仅是教师任务的传统观念与做法,把课外作业交给学生批改可以使教师从繁重的课外作业批改中解脱出来,教师不用为大量批不完的学生课外作业而发愁,有更多的时间钻研教学、研究学生。教师由原来的课外作业批改者向课外作业组织者、顾问者转变。

当然,大班额课外作业管理过程中还存在一些问题,如课外作业管理过程中主体单一,学生未能有效参与课外作业管理的全过程,课外作业管理过程中师生、生生之间的合作较为欠缺等,这些有待今后研究与解决。

（四）中学大班额课外作业管理的策略建议

1. 共同体构建策略

大班额课外作业管理共同体由学习主体(包括个体的或群体的学习者)、助学者、教师、共同愿景、课外作业管理规则、学习活动分工等要素组成。其中,作为实体要素的学习者、助学者、教师的关系如图12-3所示。

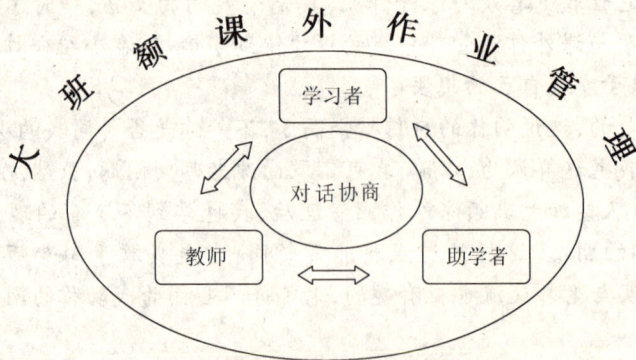

图12-3 大班额课外作业管理共同体的构成

学习者、教师和助学者是大班额课外作业管理共同体的中心,学习者是共同体的核心,教师和助学者是共同体中的学习指导者、组织者、监督者,他们通过对话、协商、交流和互动来共同管理大班额课外作业。课外作业共同体中的规则是管理和完善内部成员交往活动的程序,规则调整着整个学习共同体内的活动及各种交互关系。共同愿景为学习提供精神支柱,只有当学生致力于实现某种目标时,他们在课外作业管理过程中才会产生创造,才能激发动力和激情,分享彼此的经验,取长补短。最外层的是课外作业管理支撑环境,它是课外作业共同体的基石,没有支撑环境,学习共同体就无从谈起,支撑环境为课外作业提供物质和技术上的保障。

2. 相互合作策略

大班额参与式课外作业强调"共同",强调合作。团体中的成员在一定硬件环境和技术的支持下,相互依赖,彼此交流和沟通,共同学习、共同进步、共同发展。在大班额分组中,在不改变座位整体布局的形式上进行微调,前排转后排就可以组成6人合作小组,在分组过程中要充分考虑不同学生之间的搭配。同时,还要促进群体与群体之间的互动合作,让学生在多边立体的互动合作中获得更多更有价值的东西。在小组合作中,教师要注重营造良好的合作、共进的学习氛围,尤其要注重创造良好的心理氛围。

3. 自主管理策略

在大班额课外作业管理中,由于班额过大,教师精力有限,极易导致课外作业管理中的教育放弃现象,使成绩不良的学生失去获得教师关注的机会,在课外作业管理过程中处于边缘状态。构建学生自主参与的课外作业管理系统(见图12-4),可以使教师从繁重的课外作业批改任务中解脱出来,提高对边缘学生的关照度,引导学生对课外作业进行自主管理,让每一位学生体验到成功的快乐。

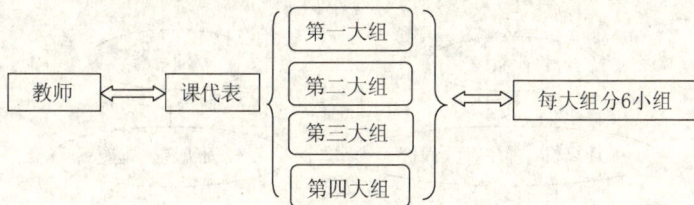

图 12-4 大班额课外作业自主管理系统

这是一个立体开放、循环、信息畅通的课外作业管理系统,教师向课代表提出课外作业的具体要求,课代表与各个大组的负责人协商、落实课外作业评价和反馈工作。全班分为4个课外作业大组,每一大组下面又分6个小组。小组长负责组织该组成员的课外作业检查、评价、纠错。大组长负责把各小组语文作业情况汇总到课代表处,由课代表向语文教师陈述。在课外作业自主管理系统中,教师的主要任务是对课外作业的全过程进行宏观调控,根据学生的问题和建议为学生提供针对性指导。

4. 因材施教策略

大班额学生差异明显,但差异不一定都是消极的,差异也是一种重要的教育资源。教师要树立因材施教理念,充分利用学生之间的"异质"资源,以此形成巨大的合力来实现小班中无法实现的目的。在大班额中,在承认、尊重、适应、利用和发展学生主体性的基础上有效利用差异资源。在具体的实践过程,布置课外作业要注重分层,以"课外作业超市"的方式让学生能较为便捷地根据自己的实际情况选择相应难度的、适合自己的作业。相应的,课外作业的批改和评价也要根据学生个性差异有的放矢地进行,促进学生个性化、主动式学习。

大班额课外作业管理因材施教意味着,利用大班额中的差异资源是一门科学,更是一门艺术,是对教育本质的回归。针对课外作业管理过程中呈现较大的差异性这一特点,教师要充分理解学生差异资源的特殊教育价值,转变角色,成为学生差异资源的促进者、开发者和组织者。

5. 网络化管理策略

课外作业网络化需要在网络化环境中,由计算机、教师和学生共同参与课外作业管理以提高大班额课外作业管理效率。其运行程序如图 12-5 所示。

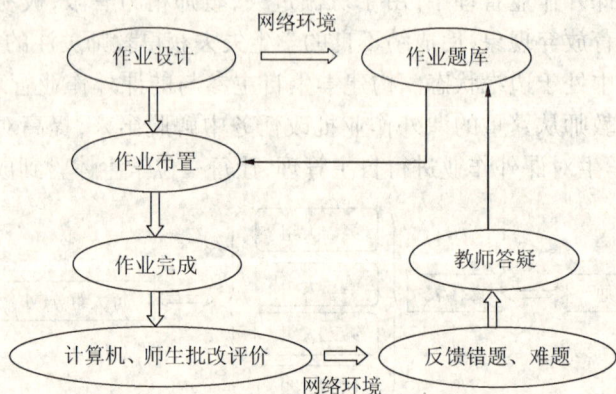

图 12-5 大班额课外作业网络化构建

具体而言,学生可以利用网上智能的练习题进行模拟,并根据系统反馈对自己的学习效果进行及时评价。教师也可以根据网上测试中体现的共性问题进行及时补充解答和重点提示,并对学生进行个性化辅导,还可以对课外作业题库中的试题进行及时调整。将网络技术有效地融入大班额课外作业管理过程中,营造一种新型课外作业管理环境,实现既能发挥教师主导作用又能充分体现学生主体地位的课外作业管理方式,改变以教师为中心的传统管理方式。为此,学校要重视学生课外作业管理软件的开发,开发相关软件用于课外作业的删选、批改等工作,使得课外作业管理软件能够很好地支撑作业管理的全过程。

(执笔:扬州大学马志芳)

二、大班额课堂座位安排的行动研究

大班额人数众多,教室空间狭小,"前贴黑板后靠墙"成为一句十分形象的说法。教室内课本、课外辅导资料堆积成山,每个书桌都有几十斤重,加大了座位设计与变换的难度。

(一) 合理安排中学大班额课堂座位的价值思考

1. 有助于提高课堂教学效果

在大班额环境下,由于人数过多更易导致课堂秩序混乱,直接影响教学质量,因此需要对座位进行合理安排。同时,合理安排大班额的座位,可以根据教学进度和教学目标要求制定教学规则,针对不同的教学内容采取不同的座位安排方式,使座位安排更好地服务教学内容的需要,以此提高课堂教学效率。

2. 有助于促进教育过程的公平

教室作为其中重要的教育资源,是学生学习和生活的基本场所,教室不仅为教育提供了可能与机会,而且是学生成长、自我发展、展现自我及人际交往与互动的重要场所。[①] 其中,座位安排直接决定其他教育资源的分配,影响学生学业成绩和个性发展。学生处在不同的位置接受教师信息的程度是不同的,从而导致教育过程不均。大班额人数过多使得教师不能照顾到每个学生的发展特点,因此,合理安排大班额的座位是为了照顾学生学习的需要,对于保证学生在学习过程中享受均等的机会具有重要意义。

(二) 大班额座位的现状调查

为了深入研究大班额中学课堂座位安排的现状,准确掌握学生对大班额座位的感受的第一手资料和数据,笔者自编涉及班级人数、座位安排形式和依据、师生互动情况以及教室中的"后排现象"的问卷,选择了扬州市 3 所中学作为调查对象,分别是公道中学、新华中学、扬州中学。共发放学生问卷 445 份,回收有效问卷 398 份,回收有效率为 89%;教师问卷 130 份,回收有效问卷 102 份,回收

---

① 徐敏娟:《从教室座位安排透视教育过程均等》,《现代教育论丛》,2007 年第 6 期。

有效率为78%。调查结果如下:

1. 班级人数分布状况

无论是农村学校还是城市学校,班级人数都在 50 人以上,其中重点学校人数最多,这从侧面体现了人们对优质教育资源的追求,同时也成为大班额客观存在的现实基础。具体情况参见表 12-5、表 12-6、表 12-7。

表 12-5　G 中学学生人数(农村学校)

年级	班级数	总人数	平均人数
高一	12	648	54
高二	12	696	58
高三	12	684	57

表 12-6　X 中学学生人数(城市学校)

年级	班级数	总人数	平均人数
高一	15	1021	63
高二	14	1005	72
高三	15	992	66

表 12-7　Y 中学学生人数(城市重点学校)

年级	班级数	总人数	平均人数
高一	16	1052	66
高二	16	1085	68
高三	17	1164	68

教师调查显示,54% 的教师认为大班额环境令他们"很烦躁"。访谈中,教师们说道:

我刚带这个班的时候人数是 64 人。人多太头疼了,课堂纪律就是大问题,他们刚从初中升上来,还不适应高中的学习方法和环境,尤其英语学习方法必须得慢慢转变,和初中是完全不一样的。我很想在我的课上对每个学生进行方法转变的辅导,可是力不从心,45 分钟只能和几个同学进行交流和对话,还只能是找前排的,后排的感觉离我太远了,当我和前排学生对话时其实我内心在挣扎:后排的学生好好听啊!

(Y 中学高一英语女教师)

这个班是"重点班",曾经一度达到 68 人。我们这个乡镇虽然没有市区条件好,但是镇上的人生活也不差,也很重视孩子的教育,所以都想把孩子送进重点班。后来由于人数太多导致班级氛围不好,班级整体学习成绩下滑,学校取消了重点班和非重点班一说,因此这个班的人数也开始慢慢减少，但是这个班的任课老师没变，所以给人的印象还是重点班。大班额带来的消极影响太多了，首先是影响学生学习成绩，人数一多，教师在教学精力上就不足了，无法深度了解每个学生的学习情况，加上现有评价制度和教学进度的影响，教师只能"满堂灌"。还有就是影响班级课堂纪律，尤其在进行讨论时真是人声鼎沸，一节课45分钟起码有10分钟是在要求维持上。

（G中学语文男教师，兼任班主任）

当笔者走进调查学校的大部分班级时，第一感觉是很压抑，放眼望去全是黑压压的人头，每个人的书桌上和抽屉里都是高高的课本和学习资料。第一排紧贴着讲台，最后一排距离后黑板也只有半米的距离。最左边和最右边的学生紧靠着两边的墙壁，学生的活动空间很小。

2. 课堂座位安排情况

目前大部分班级座位形式基本上是传统的秧田式安排，讲台的位置在前方中央，学生通常两人同桌，也有秧田式座位的变形，但也只是在同桌数量上发生变化，如变为三人同桌。调查显示，教师安排座位的主要依据是身高、性别或成绩，各个学校情况略有不同。

3. 课堂师生互动情况

在大班额环境中，由于人数过多，师生互动次数减少，教师"一言堂"现象比较普遍。

（1）师生互动类型单一

有调查表明：师个互动（即教师与学习者个体的互动）约占师生互动时间的44.4%；师组互动（即教师与学习小组之间的互动）仅占师生互动时间的0.2%左右；师班互动（即教师与全班学生群体的交互作用，如集体授课、统一要求、集中评价）约占师生互动时间的54.4%。[①] 笔者调查亦显示，班级中最经常出现的是师班互动，经常师班互动的占62.3%；其次是师个互动，经常师个互动的只占25.4%；师组互动最少，经常师组互动的只占22.5%。

（2）前排和后排互动频率相差明显

有关研究表明，教师在一节课的讲课过程中，经常提问第一排学生的约占40%，经常提问右边学生的约占39%，经常提问左边学生的约占17%，很少注意后排学生。[②] 笔者根据自己的听课记录和课堂观察，绘出教师与学生互动频率记录图（如图12-6所示），其中A代表被教师提问，V代表举手回答。

---

① 曾继强：《师生互动的表现形式》，http://gxpx.cersp.com/article/browse/116788.jspx。
② 闫江涛：《大班额教学环境下学生座位的价值差异与消除》，《当代教育论坛》，2006年第3期。

		讲 台							

1A		1A			1V	1A1V		1A	2V	
			过 道		1A	2A	过 道	1A		
		1A1V				1A1V		1 V		
1A			1A							

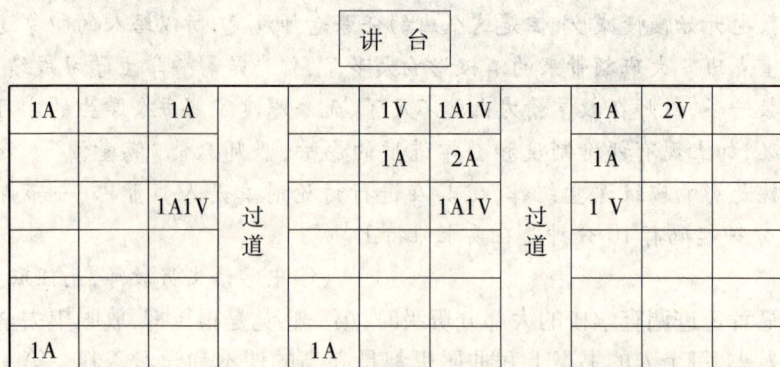

图 12-6　师个互动平面图

在大班额环境下,教师与前三排(或中排)学生互动频繁,强度也比较大,以积极互动为主,而与后排和两边的学生互动频率低,与最后一排学生互动频率最低,多是对其进行惩罚性提问或纪律约束。学生问卷显示,教师与第一排学生互动的比例为81.5%,与前三排互动的比例为16.7%,与最后一排互动的比例为1.8%。根据教师问卷调查统计,不同的教师与学生进行互动的依据也不尽相同,可以分为按成绩好坏互动、按座位靠近互动以及惩罚性提问,根据教师问卷总结出偏好的互动依据。

可以看出,大多数教师喜欢提问前排学生,即与前排学生互动频率较多。对于教师来说,学生座位靠前便于进行交流。

(3)互动效果两极分化严重

师生互动直接影响学生的学习成绩和心理发展,这种不同的对待方式容易使学生产生不同的自我认知,从而形成学生不同的学习态度和行为。前排和中间的学生一般比较自信,而后排和两边的学生自我认知比较悲观、消极。在学习成绩上,前排属于学习好的学生专座,周围同桌成绩都不相上下,容易形成积极向上的竞争意识和学习氛围,后排差生较多。

访谈:刘倩(高一女生,坐在第一排中间)

问:你认为座位影响你与老师之间的互动吗?如果有,是如何影响的?

答:影响。坐在这跟老师交流起来比较方便,后面好像不太好,靠墙有时候也不方便和老师交流。

问:这种交流是如何表现的呢?

答:总会提问老师,一举手老师就会叫我,老师也总叫我主动回答问题。

问:你喜欢现在的座位吗?

答:很喜欢,不想换。

访谈:唐健(高一男生,坐在最后排靠右边)

问:你觉得你坐在这个位置与老师总能进行互动吗?

答:少吧。觉得自己在后排,老师看不到。

问:你会主动提问或举手回答问题吗?

答:很少,有时候就算举了老师也不叫我,那举有啥用?

　　教师与前排学生互动明显,因此前排学生学习态度积极,充满自信,成绩普遍较好,而后排学生由于与教师互动机会少,容易出现消极的学习态度,自卑感强,因此成绩普遍不理想。由此可知,座位的安排会影响到学生上课的积极性和学习成绩。

　　4. 教室中的"后排现象"

　　"后排现象"指的是坐在最后一排的学生容易出现不思进取、心理偏差较大、学习和心理发展出现障碍的情况。虽然坐在最后一排的学生并不全是不思进取型,但是出现问题的几率很大。

　　最后排学生一般有 6 种类型:第一种,"钉子型",指在课堂上容易产生纪律问题的学生,这种学生容易在课堂调皮捣蛋或故意与教师作对;第二种,"莠草型",这些学生学习基础和学习能力比较差,学习态度消极;第三种,"孤岛型",这类学生多属心理上先天不足,安静地游离在课堂之外;第四种,自暴自弃型,这类学生认为自己成绩差,坐在前排也听不懂,因而主动向老师要求坐在最后一排;第五种,情感型,这类学生的家长与老师不经常保持联系或疏远老师,于是被安排在后排,而那些领导、亲戚的子女则被安排在"黄金地段";第六种,无辜型,这类学生身材高大,理所当然加入"后排阵营"。[①] 参照该框架,笔者观察发现,后排学生中"钉子型"占 18.3%,"莠草型"占 24.2%,"孤岛型"占 35.2%,自暴自弃型占 12.8%,情感型占 3.4%,其他占 6.1%。

　　从对学生的访谈中可以看出,排除那些学习成绩好的学生,最后一排确实影响学习态度和积极性。在进行课堂提问时,如果后排学生支支吾吾,教师常立刻停止与其互动,在不知不觉中扼杀了他们的主动性。因此,作为教师不仅要从心理上正面引导后排学生,还应该从教室座位上给予所有的学生同样的关怀。

---

① 雷瑛:《破解"后排现象"》,《教育文汇》,2008 年第 8 期。

（三）中学大班额座位安排存在的问题

1. 教师对班级座位编排的重视程度不足

在对教师的调查问卷和访谈中，当被问及"您认为班级座位编排重要吗？"的问题时，有36%的教师认为"不太重要"，同时有5%的教师认为"完全不重要"。编排座位涉及教育空间资源的分配，关乎教育过程是否均等，不仅影响学生的情绪状态和人格发展，也会影响学习的学习成绩和班级秩序。

2. 教师处理座位矛盾方式以"冷处理"为主

在所调查的班级中，座位矛盾不断增多。访谈发现，教师认为"在不影响教学的条件下是不参与管理的"。但是面对座位矛盾增多的情况，教师不能一味地不理，应尽最大可能消除矛盾。

3. 大班额座位安排中教师缺乏主体性教育理念

在大班额的座位安排时，教师很少讲求民主和尊重学生意愿，只是单纯依据身高或成绩布置"棋子"，很难根据每个学生的个人特点进行合理搭配，难以使座位安排符合学生的需要。

4. 大班额座位安排形式没有与教学方式相结合

在对教师的问卷调查中，很多教师没有将座位形式与自己的教学方式相结合，有超过一半的教师从来没有过这种行为，仅有2%的教师经常运用这种方法，27%的教师偶尔会将座位安排形式与教学方式相结合。

总之，目前秧田式的座位安排形式弊端日益增多，大班额导致教师对学生的关注不够，座位安排不合理，坐在教室后排的学生更是受到"漠视"，学业成绩较差的学生极易出现厌学和其他心理问题，因此改变传统的座位形式刻不容缓。

（四）大班额座位安排的行动研究

本研究对象为扬州市邗江区公道中学高一（1）班。在同班主任进行协商后，笔者于2011年9月开始了为期一个学期的行动研究。

在对班级进行充分调研和取得大班额座位安排的第一手资料后，笔者设计了两种行动方案——讲授课和讨论课的座位安排。之所以将讲授课与讨论课作为行动研究的内容，主要是由于这两种教学方式适用于中学阶段的学习内容，也是教师最热衷的两种教学方式。同时大班额空间资源有限，这两种座位编排形式可以在确保不影响教学秩序的前提下实施。

1. 讲授课座位安排的行动研究

笔者对该班学生的学习情况、兴趣爱好、性格特点等进行全面了解，决定在"秧田式"基础上变换学生座位。

（1）设计与实施

① 确定小组

首先笔者根据班级人数来确定小组，鉴于大班额空间资源紧张这一现实，笔者将班级的每一纵行作为一个小组。由于同桌是 3 个人，故把 3 纵行作为一大组，这样便于班级管理和活动的展开。

② 确定"核心人物"

根据班级现状，将班委成员、课代表和班级积极分子分别安排到每一小组的适当位置，使得其榜样的力量和表率作用发挥出来，形成良好的学习氛围。

③ 搭配同桌

人际关系建立的基础是地理位置的接近，在班级这样一个组织中，相处和交往最多的就是同桌，因此同桌的最优化搭配对于提高学生学习成绩和人际交往能力都有很大作用。笔者根据对学生的调查情况，在班主任的大力配合下，打破原有同性别同桌的状态，主张男女混搭，采用相似搭配和互补搭配来编排同桌。

相似搭配。把彼此熟悉、兴趣爱好相仿的学生安排在一起，以便于他们学习和交流。在根据成绩搭配时，需要避免优优组合和劣劣组合。

互补搭配。根据学生的个性特点、学习成绩等方面将理科差但文科优秀或理科优秀但文科差的学生搭配起来，班级积极分子和沉默少言的学生搭配起来，防止两极分化。

整体布局。在确定"核心成员"和搭配好同桌后，要考虑学生身高、视力状况等，关注每一个学生。为了尽可能满足学生对座位的需求，笔者对所研究班级的座位进行了调整，考虑班级 7 个班委成员、9 个课代表，做到每一纵行（小组）有核心成员以及不同性别、不同成绩、不同个性的学生（详见图 12-7）。

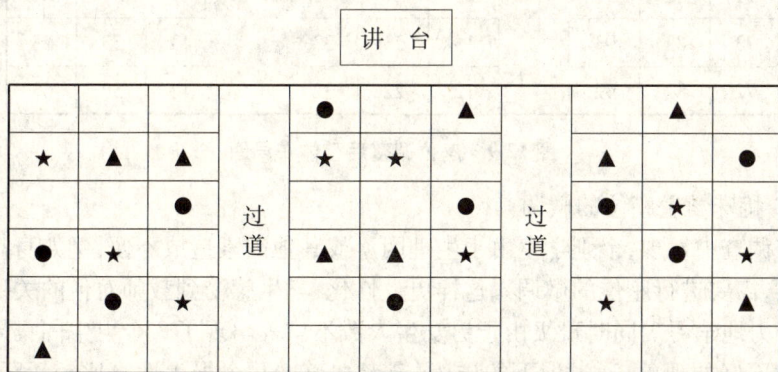

说明：●课代表　▲积极分子　★班委成员

图 12-7　座位调整后整体布局图

④ 座位周期变换方式

根据行动方案的需要,笔者用学生座位的横排和竖排的数字序号为学生编码,遵循列在前、排在后的原则,例如该生位于第四列第五排,则该生的编码为45。这样做是方便观察学生以及微调时及时了解学生的动向。为了使教师更多地关注后排和靠两边的学生,为了让后排学生体验前排的学习氛围,笔者将座位周期加以变换,采取"前后滚动,左右平移"方法,即前3排轮流滚动,后3排轮流滚动,同时每一大组依次平移(见图12-8、图12-9)。

第一周

16	26	36	过道	46	56	66	过道	76	86	96
15	25	35		45	55	65		75	85	95
14	24	34		44	54	64		74	84	94
13	23	33		43	53	63		73	83	93
12	22	32		42	52	62		72	82	92
11	21	31		41	51	61		71	81	91

图 12-8　座位调整图

第二周

74	84	94	过道	14	24	34	过道	44	54	64
76	86	96		16	26	36		46	56	66
75	85	95		15	25	35		45	55	65
71	81	91		11	21	31		41	51	61
73	83	93		13	23	33		43	53	63
72	82	92		12	22	32		42	52	62

图 12-9　座位调整后整体布局图

⑤ 特殊学生座位的微调

在调查中发现,个别学生由于生理因素或其他因素造成不便,例如身高太高或太矮,需要进行座位的微调。这样更人性化,学生感受到教师对他的关照也会更加努力地学习。同时班级由于男女生人数不均等出现了3个男生同桌导致课堂纪律不好的现象,通过课下的访谈,笔者知道这几个男生性格比较活跃,因此在尊重他们意愿的情况下,把他们分别调到不同的小组。

（2）效果评价

笔者制订了讲授课课堂观察表,包括教师课堂提问、后排学生学习积极性、同桌搭配、学生学习效果。通过课堂观察与访谈,笔者发现学生进步明显。

① 后排学生开始得到教师关注

通过对课堂座位进行调整可以看出,在原有"秧田式"座位基础上教师开始有意识地提问后排学生,提问频率相比以前有明显提高。

访谈:数学老师

问:我发现座位变换后,您喜欢提问最后排的学生了,这是为什么呢?

答:因为有的学生当时坐在前面(第四排)的时候属于比较爱举手的,他(她)现在坐在最后一排,我怕他(她)放松了,思想开始开小差,所以适当点名,也算是从侧面告诉他(她)不要懈怠。可以说班级上原先热衷举手的学生分散了,这样挺好。当然我也不能照顾到所有的学生,不过现在只要印象深刻能想到的,不管坐在哪儿我都会适当地提问一下。

② 后排学生学习积极性提高

同桌能相互学习、相互促进,达到互补;同时在最近的一次月考中大部分学生成绩普遍提高。

访谈:殷凯(男学生)

问:坐在前面感觉怎么样呢?

答:挺好的,找到了初三时的感觉。

问:为什么这么说呢?

答:那个时候我就坐在前面。

问:你个子很高啊,为什么能坐在前面?

答:因为那个时候成绩好……

"找到了初三时的感觉"简单的几个字,让笔者不禁为大班额的座位现状扼腕,同时也为笔者能有机会改变这个班级的座位现状而庆幸。坐在前排确实能提高学生学习的热情和积极性,后排学生由于与教师距离较远导致学习放松,但如果让学习优秀的学生或班级核心人物坐在后排,制造出的良好学习氛围会感染周围的学生。笔者希望能随着研究的深入,改变最后一排是学生"学习的禁区"、教师"关注的盲区"这一现状。

2. 讨论课座位安排的行动研究

根据调查班级语文课的教学方式,在讨论课上将讨论分为小组讨论学习和全班范围的讨论学习。

（1）设计与实施

① 初步分组

班级人数 54 人，6 个人为一组，共分 9 组。按照学生成绩分组有一定的合理性，学生与成绩相当的人一组，不会有太大的心理偏差，因此根据学生的学业成绩排名，避免第一名和最后一名分在同一组，防止学生产生自卑心理。分组如图 12-10 所示。

组别	组员					
一	1	10	19	28	37	46
二	2	11	20	29	38	47
三	3	12	21	30	39	48
四	4	13	22	31	40	49
五	5	14	23	32	41	50
六	6	15	24	33	42	51
七	7	16	25	34	43	52
八	8	17	26	35	44	53
九	9	18	27	36	45	54

图 12-10　依成绩分组的课堂布局

② 分组调整

以往大部分教师分组时考虑成绩后就不再进行组员的搭配，笔者通过平时的课堂观察和课下访谈，对学生性格有了一定程度的了解，在此基础上，对每组成员进行微调，争取做到组员在知识结构、特长、爱好等方面的同质，在调整时考虑学生的差距不宜太大。同时为了保证讨论能在有序的环境下进行，提高讨论效率，每组通过选举产生一名小组长、一名记录员、一名纪律维持员。这 3 名人员可由组员轮流执任。

③ 整体布局

6 人小组教室布局如图 12-11 所示：

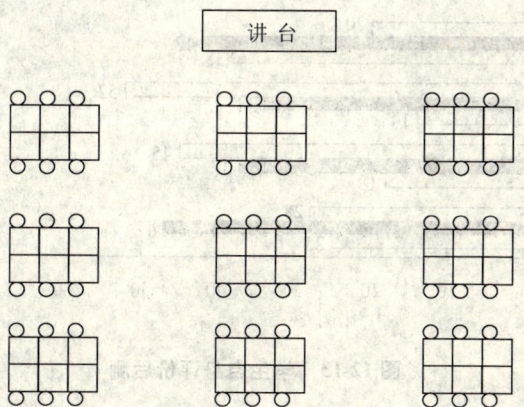

图 12-11 小组式课堂布局

在 6 人小组讨论的课堂上,教师可自由走动,随时参与到学生的小组讨论中,为学生的讨论思路提供指导。

④ 个别学生座位的微调

分组后会发现小组中有全是男生或全是女生的情况,为了保证课堂纪律,男女生需要进行合理穿插。

(2) 效果评价

分组前,由于相互不了解或成绩悬殊太大,学生之间没有共同语言;后排的学生普遍不自信,不敢对别人的发言提出异议;学生课堂积极性不高,很少发言或不发言,不太愿意与同桌合作(如图 12-12 所示)。

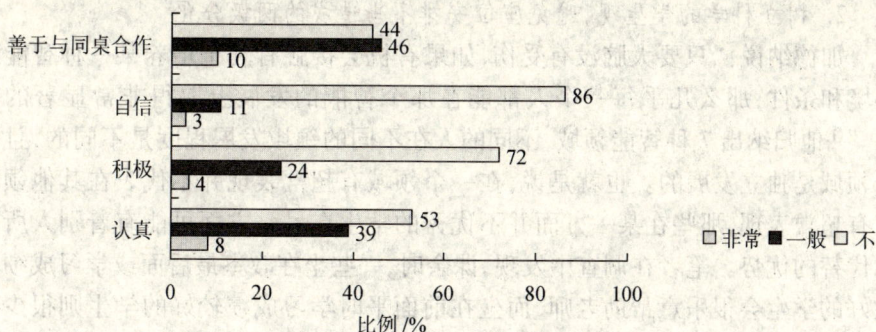

图 12-12 学生自身评价前测

分组后,学生与组员合作的意识普遍提高,课堂发言更积极,能在讨论中提出与别人不同的看法;通过发言表现自己的学生明显增多,在发言的过程中也更加自信;学生的学习认真程度普遍提高(如图 12-13 所示)。

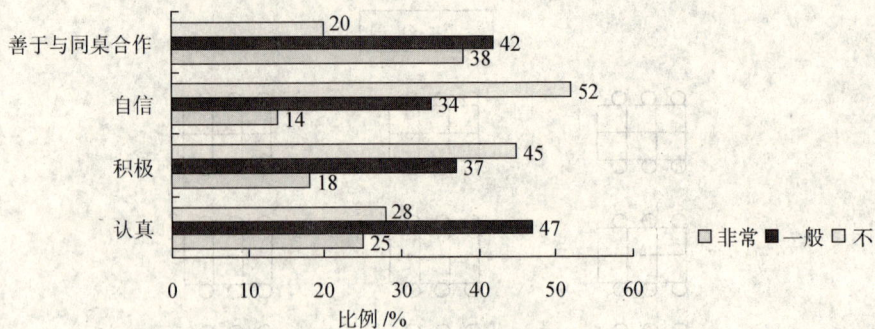

图 12-13   学生自身评价后测

（五）科学安排中学大班额课堂座位的策略

1. 逐步缩减班级规模

班级规模缩减，顾名思义是减少班级的人数。从 20 世纪 80 年代起，西方的一些发达国家及亚洲的韩国、日本等国家相继掀起了一场缩减班级规模的运动，其中，在缩减班级规模的运动中最为成功的当属美国，在 20 世纪末，美国的"STAR project"（星计划）、"Student Achievement Guarantee in Education Program"（学生成就保证计划，简称 SAGE）等一系列实验，从理论和实践上论证了小班教学的积极效果。小班化教学是教学组织形式的必然趋势。我国也在缩减班级规模方面做着努力，目前我国规定的班级学额以不超过 45 人为宜，小班的人数为 20～30 人，在班级规模上应依据我国国情，不能一味效仿外国。

2. 树立科学的学生观，避免座位安排不当造成的两极分化

加德纳说："只要大脑没有受伤，如果有机会接触有利于培养某一种智能的环境和条件，那么几乎每一个人都能在那个智能的发展上取得非常显著的效果。"[①]他归纳出 7 种智能领域，不同的人在不同的领域发展程度是不同的，且各个领域是独立发展的。也就是说，在一个领域有超常表现并不代表在其他领域也有超常表现，那些在某一方面并不优秀的学生在另一方面可能有着别人所不能代替的优势。笔者在调查中发现，课余时，一些坐在教室最后面或学习成绩不太好的学生会很乐意帮助老师，而坐在前面平时学习成绩较好的学生则很少或缺乏与其他同学的交流。因此，教师和学校都应该充分认知学生的特点，帮助他们发展自己的特长，缩小座位安排造成的两极分化。

其次，要充分认识到每一个学生都是具体的人，了解不同学生的家庭状况，

---

① ［美］霍华德·加德纳：《多元智能》，沈致隆译，新华出版社，2004 年，第 214 页。

在座位上给予关怀。在调查中,笔者发现一些班级中存在着单亲家庭的学生,这些学生由于从小父母离异缺乏安全感,在班级中少言寡语,不主动与人交流。面对这样的学生,新华中学一位班主任的做法值得借鉴。

> 我们班上单亲家庭的学生有两个,都是父母离异的,学校就各个班级存在这样的学生开过专门的会议,强调这样的学生变成问题学生的可能性相比其他学生来说比较大,要求我们给予他们更多的关怀。在我们班上这两个学生成绩不算太好,但是都安排在前排。首先不能让他们觉得在班级中处于"边缘地位",让他们被同学包围,使他们了解他们仍处在关心和爱的氛围中;其次在课余或班会课上我们有心理辅导老师会经常与他们主动沟通,作为班主任也会时刻了解他们的心理动向。

3. 全方位了解学生,为中学大班额座位安排提供现实依据

笔者在行动研究中发现,教师缺乏对学生各方面的了解和认识,仅从成绩方面去评判学生的优秀与否,不了解学生的爱好、兴趣和优势所在,对住宿生没有进行过心理辅导,不知道他们在家庭环境和学校环境中遇到的问题。笔者访谈了几个不满意目前座位的学生,如同桌的两个女生都不善于沟通,性格比较内向,讨论起来谁都不说话。学生本身也认识到了这一点,但是都很难突破自己。如果教师了解学生,让性格互补的学生成为同桌,就会产生积极的学习效果。例如新华中学的那位班主任能掌握学生各方面情况,根据现实条件来安排座位,把单亲家庭的学生安排在前排,或在他们的周围安排一些善于交流的学生,这样有利于打开学生的心结,使他们有更好的状态去投入学习。

4. 中学大班额座位变换与教学方式相匹配

笔者在行动研究初期,曾多次变换座位形式,例如圆形和T型,学生起初充满新鲜感,课堂积极性一度很高,但是经过了短期变换后,发现学习成绩并没有明显提高,由于组织不利导致课堂纪律也会出现短暂的混乱。至此,明白了座位变换如果不与教学方式结合将会流于形式,学生只是对新同桌、新位置感兴趣,并没有引起学习上的变化,长此下去,不仅不会增强教学效果,还会影响学生学习成绩的提高。后来,笔者及时调整座位变换依据,根据教学目标和教学方式,采取小组模块式或改进传统"秧田式"的座位形式,取得了明显效果。大班额的座位编排应与实际条件相适应,并与教学目标和方式结合,只有这样,才能使座位编排更加高效与合理。

5. 适度变换座位形式

在小组式座位编排中,教师走下讲台,参与到学生的小组讨论中,师生互动和生生互动明显增强。有些教师采取计分制,促进小组间竞争,调动了学生课堂学习的积极性,但是,过多的讨论也会使学生分散注意力,使他们对课本失去兴

趣,因此教师必须要加强引导。同时,笔者也发现,在采用小组模块式时,即使小组成员的人数再少,也会有学生不想或懒于参与讨论,所以小组模块式要适时适度,否则会削弱学生独立思考能力,使其产生知识的惰性。

(执笔:扬州大学杨文卉)

三、大班额班级管理的实践探索

笔者所带班为姜堰中学高二史地班,共 68 名学生。总体上看,该班学生基础特别差,数学正常均分比普通文科班少 15 分;学习习惯差,上课时思接千载、神游八极的,作业马虎、抄袭的,考试弄虚作假的大有人在;好吃馋懒的、缺乏集体观念的、不求上进的也很多。带这样的班,真可谓挑战教师的耐力和智力。为此,笔者作为班主任,主要从安排座位、维护班级秩序、培优补差、呵护学生心理健康、营造班级文化等方面开展工作,渗透共同体思想,实施小组合作学习,加强班级管理。通过不断的实践探索,取得明显成效。

(一) 坚持以人为本,科学安排座位

采用异质分组(或者叫混合编组),即尊重学生个性,让每一个学生得到充分的发展,尽量保证一个小组内的学生各具特色,能够取长补短。班主任通过问卷调查、查看成长记录袋以及开展一些活动,对学生的才能倾向、个性特征、学业成绩等多方面进行了解,在编排小组时,综合考虑以下几个因素:(1)学生成绩。保证同一个小组成绩好中差的学生都有。不放弃、不歧视差生,保证小组成员的多样性。(2)学生的能力。有的学生口头表达能力强,有的学生观察能力强,有的学生思想比较深刻,将这些具有不同能力优势的学生组合在一起,不仅能够提高小组活动的效率,更有助于每个组员全面发展。(3)学生的性别。心理学研究表明,不同性别的个体在认知风格、能力、性格特征等方面存在差异。在合作小组中混合男女学生可以丰富小组认识问题、分析问题、解决问题的视角,活跃学生思维。(4)学生的家庭背景。学生的行为习惯、思维方式和性格特点等往往带有家庭的烙印,而学生的家庭可能属于不同社会群体。在真实的社会生活中,我们必须学会与各种人一起工作,需要与不同社会群体的人接触往来。学生在小组活动中与来自不同家庭背景的同学合作,其经验将有助于学生应对将来真实的社会生活。

班主任手记——

大家的位置

班主任工作中有一项工作常常吃力不讨好,那就是排座位,要想面

面俱到，满足每一个学生的愿望，比登天还难。学生的愿望满足不了，家长就会生气，甚至一激动就找到校长，那麻烦就平方了。有的班主任还带着一点私心和偏心，常常让学习成绩差的学生坐在后两排，或坐在靠墙的一边，让成绩好的或"打过招呼"的靠前坐，试图放弃或孤立差生，差生不被重视，越来越差，优秀的学生常常因为成绩好而一俊遮百丑，越好越得宠。这很不公平，而这种两极分化恶性循环的事情总是在年复一年地上演，这种隐蔽性的歧视学生的行为，在班主任工作中都或多或少存在，长此以往，使差生自卑、愤怒，甚至会报复，导致班主任威信下降，班级不再和谐稳定。有时我们总觉得这些差生故意与班主任过不去，天生不是一块学习的料，今天带进办公室教育了一番，明天继续犯错误，渐渐地我们就失去了耐心。但是我们想想如果这个差生是自己的孩子，你希望孩子被他的班主任当废物到处乱放吗？将心比心，做老师或做班主任都要用良心来面对每一个生命，我们不能让孩子在学习上有所成就，但至少不要让他感到自己一无是处，失去自尊，失去对未来的信心，否则，这是对不起良心的。有时我真的感到老师这个职业既弱势又强势，既可以让学生笑，也可以让学生哭，既可以让学生品尝成功的甜蜜，也可以让学生整天郁郁寡欢。

对于差生，我希望班主任即使自己不能帮助他们，也应该发动同学帮助他们，制定相关制度保证他们心理上不受歧视，享受公平的学习氛围。从我内心来讲，班主任要对这部分学生更好些，这类学生的家长付一样甚至更多的钱，最后他们的孩子还学不到东西，又总是挨批评，真的让人于心不忍啊。在你眼里这些差生只是千分之一，在他们父母眼里，他们可是家庭的百分之百。从教这么多年来，我发现当年成绩差的学生后来发展得不错的不在少数，他们还经常回来感谢曾经对他们严格管教、不歧视他们的老师。我以为这些当年所谓的差生应是教育体制的受害者，他们在长期的失败中锻炼了坚强的心理素质，足以应付未来的挑战，他们保持乐观，不怕失败，他们的情商不低，在暗淡无光的少年时代，如果有哪一位老师不计较他们的成绩，给他们一点温暖，或者只是平等地对待他们，他们就会把他当作生命中的太阳一样去感恩。

安排座位、分组的具体操作如下：

第一步，选组长。组长是小组的细胞核，是本小组学习的领头雁，不仅自己学习态度要端正，学习成绩也要略好一点，还要具有一定的奉献精神、大局意识。每个班都有这样的学生，只不过需要班主任花一些时间有意识地培养。选举的提名权交给班级试运行时的班干部们，让他们讨论提名20个数学成绩较好的、有组长经验的学生(文科班数学重要),把名字写到黑板上。然后全体同学把头俯下来,闭上眼睛,班主任报名,由班长清点举手的人数,很快就能按得票多少排名,选取出前11名为组长。但选举好之后必须把不想当组长的学生去掉,如果组长人数不足,再往下推。

第二步,填报合作意向。组长选好后,由普通学生填报合作意向,每人可选报3个组长。

第三步,组长选组员。把组长带进办公室,用电子表格统计好每个组长后面的人选,先从人数较少的组长开始,确保每个组长后面有4~5名组员。在组建时,必须把各组实力平衡好,此过程既要尊重组长,又不能完全遵照组长的意思(组长都希望本组优秀的学生越多越好)。

第四步,编排座位。按照5~6人一组,呈T型安排桌凳,小组长根据组员的特点适时调整组员内部位置,确保纪律严明。

第五步,确定组名和组歌。每组的组名都由学生自己确定,个性鲜明,并配以小组的口号和组歌,以此增强小组的凝聚力。这样下来,小组成员基本是按照自愿组合的,成员间相互熟悉,相互依赖。

在我把位置分配好了之后,有一位女生走进我的办公室,要求调位置。我说:"恐怕不好吧,当初是完全尊重你意愿安排位置的,你不能出尔反尔呀,就像填高考志愿一样,你的档案被学校调走了,你不好不去上学的。"那女生不依不饶,还是站着不走,我念她是女生,不能因为这点小事把师生关系搞僵了,现在孩子心理脆弱,万一有个想不开那就不好办了。我说:"这样吧,我把班上所有学生的意向表交给你,你带回家研究,排好了位置后,只要班级百分之八十的人同意你的安排,我就听你的。给你3天时间,如果没有八成的满意度,那你就老老实实坐在原来的位置上,还要服从组长的管理。"那女生一听,满口答应,估计长这么大,上了这么多年学,从来没有班主任这么放权的。后来,听说这位女生为了排位置连续3天熬夜到凌晨,看上去很认真,似乎也根据学生的成绩和性格特点来分的。但是后来这女生没有调位置,偃旗息鼓的原因很简单,没有几个人认可她的意见。

我将全班分成11组(其实只有10组,有一组全是艺术生,他们下午和晚自习不来,我把他们安插在各小组之中,只保留"组籍",名义上是一组,实际上不在一组学习)。我把教室划成方格形,各小组长抽签,选择小组的位置。第一次分位置是靠运气,以后就拼实力了。从位置分好的第二天开始,班级的积分制度也开始了。小组长、科代表每人拿一本记录本,记录一天中各人的加分和减分情况。然后临下晚自习的 10 分钟班长收齐记录本,进行登记核对。电子表格中有个人得分,也有小组均分。每一本记录本都清晰记录着学生一天的表现,这些记录都在课间完成,比如某同学上课回答问题正确了,下课到科代表和组长那里记录一下,这样一般就很难相互扯皮、相互包庇。对工作认真的小组长每周表扬加分一次,或者请组长上台介绍管理经验。一周结束后,我把班级分成 9 块(3×3＝9),按照均分从高到低的顺序,请组长上台把本组的组名写进方格内。第十名小组没有位置怎么办?我让他们"流浪"到其他 9 个小组里,虚心学习其他小组争先创优的态度和方法,这有点像教师的城乡交流活动。但是,该小组的"组籍"还在,我希望他们通过一到两个星期的努力,能够"复组"。半周时间过去了,我会邀请第十小组到我办公室里谈谈流浪的心得体会,组长会说其他小组长是怎样负责的,组员们也会说到其他小组是怎样团结向上的,这种自我批评就是最好的教育,不需要训斥,只需鼓励和引导,和学生们敞开心扉交流就好。我会给他们讲犹太民族的坚强和智慧,进一步激励他们努力"复组"。将来的社会,没有合作精神、不会合作的人,是很难获得成功的,也只有经得起挫折、宠辱不惊的人,才能取得最后胜利。

上例中,笔者没有采取传统的由班主任一锤定音的做法,敢于创新,勇于开拓,改革插秧式座位编排方式。这种 T 型座位便于课堂以学生为中心,把更多的课堂时间交给学生相互交流,进行思维的碰撞。学生在小组中面面相对,每个小组都有自己的视线聚焦点,课堂的视觉中心由一个变成了多个。小组长再根据本组的个体情况适度调整位置,有一定的管理权限,体现了民主、信赖的管理思想,调动了小组长的积极性。

(二)民主制定班级公约,加强过程管理

一个班级没有制度的约束是不行的,而要让班级制度得到学生普遍认可,必须由班主任和学生共同制定。班级公约应分类清晰,落点细致,内容全面,涉及学生学习生活的方方面面。在民主制定班级公约的基础上,笔者把合作学习和评估程序写进班级公约。

班级公约制定结束后,教师总结:

康德说过:"有两件事我愈思考,愈觉神奇,心中也愈充满敬畏,一是我头顶上的这方星空,一是人们心中的道德准则。"

各位同学,20 班的班级公约终于在大家的支持和参与中呱呱坠地,虽然她的诞生经历了如此的反复和艰难,而且目前还有许多规定有待今后在实践中不断修缮,但她毕竟是我们班集体智慧的结晶,是大家

在这个新集体中权利和义务的真实表达与体现。公约不是脚镣,不会让我们越跑越慢,她犹如裹缚在习武之人脚上的沙袋,在我们习惯之后,就会健步如飞、形影如风。公约不是高墙,不会让我们无路可走,它更像十字路口的红绿灯,只有按规则行驶,我们才能畅通无阻、行而有序。公约其实是为向善者放行,为向上者搭梯,既方便了他人,又善待了自己,渐渐地当我们把这些规则变成了学习和生活的习惯时,我们的素质就提升了,我们的做人就达到了一种境界。同学们,熟悉公约,利用公约,遵守公约,让公约引领我们成长。

某中学高二(20)班班级公约(部分):

一、加分类(通常以 1 分为单位,大于 1 分以《公约》特别注明为准)

1. 受校级以上表扬,按等级加分(省级 12 分,大市级 10 分,姜堰市级 8 分,校级 6 分)。

2. 学习积极性高,上课举手正确回答问题的,一次 1 分。

3. 学科作业收缴快,在前 3 名,相应负责的同学加分(科代表负责加分);各科代表本科目作业收缴快,在各科前 3 名,相应科代表加分(值日班干部负责加分)。

4. 成绩优秀、作业优秀工整或态度端正而受老师点名表扬或书面表扬,加分(成绩测试算前 15 名,第 1—5 名加 8 分,第 6—10 名加 6 分,第 11—15 名加 4 分;成绩进步 10 名以内的加 1 分,大于 10 名的以 10 名再加 1 分的标准计算)。

5. 早读课、晚自习到班较早(前 20 名,第 1 名加 2 分并在讲台前读书,督查后来者签名,到 7:00 时画上标记后上位读书,以防弄虚作假代签现象,凡是签名后不认真读书的要扣分)、学习认真的由值日班干通报,或由值班老师通报表扬。

6. 关于自我加压的规定:艺术生每交一次作业加 1 分,无上限。到任课老师处接受提问,酌情加分,每天一科不超过 4 分。自己抄写或做题,由科代表根据质量,统一标准加分,上限每天一科 5 分,语数外 3 科的课堂上不得抄写,发现一次扣 5 分;普通文科生利用白天课间,根据科代表划定的内容(通常是晚自习老师所教科目的内容)在自我加压纸上命题,命题内容超出范围或出错者,答案不详尽或有误者,由科代表认定后扣命题人的分数,有 1 题扣 1 分。命题时,所有学生必须参加,不命题者扣 4 分,少 1 题扣 1 分。小组长审核试题内容、姓名并编号,答案由组长统一管理,每份试题单题 1 分,总分 4 分,泄露试题者扣

4分。晚上9:00准时发题,小组长相互调位,并把本组的试题带到另一组,督促所驻小组的测试纪律。两小组长相互交换试题,和所驻小组一起做题。所有答题人认真答题,不得讲话交流,题目答好后交给所驻小组组长,小组长把答题纸统一带回本组按编号对应批改,批改后交给答题人订正。如果答题者答不出,命题人有义务讲解,命题人自己也不会的,按1题扣1分累加,没有写姓名的扣1分。凡是全对的加4分,错1题失1分,失去的分数反加给命题人,凡有特殊情况不参加自我加压的不享受反加的分数。无论答题者还是命题者,字迹无法辨认的1题要扣1分。

7. 突击检查错题集、课堂笔记认真完整的,试卷没有遗失并及时订正的加分。

8. 在随机检查中,桌面整洁干净,桌内整齐,加分。

9. 积极参加学校、班级活动,帮助老师做事减轻负担,按轻重酌情加分。

10. 早读前,参加班级打扫(都在38名前到班),积极对待,不马虎了事,加分。

11. 小组合作优秀(读书氛围、新闻编辑、讨论问题等),加分。

12. 小组竞赛活动中获得优胜,加分一般按6分、4分和2分3个等级计算。

13. 班团委成员、课代表、小组长认真负责,每周加2分。

14. 一周值日未扣分的组加分。

15. 拾金不昧,酌情加分。

16. 懂礼仪,讲礼貌,尊敬父母,主动与父母沟通,加分。

17. 及时向班主任反映班级中不良行为,主动与老师沟通,加分。

18. 助人为乐,为班级进言献策,为班级作出特殊贡献,加分。

19. 跑操快、静、齐,被当众表扬的,加分。

20. 犯了严重错误及时向班主任承认、解释的,酌情加1分。

二、奖励类

1. "一周之星"奖励各优秀小组;如果某优秀小组中有人是负分,则该优秀小组资格取消,取下一小组;若分数相等,"一周之星"奖给扣分最少者。

2. 班级各类活动中的优胜者或对班级有特殊贡献者,获得奖励。

3. 期中期末考试中成绩优秀(前20名)以及进步的学生(人数不限),获得奖励。

4. 学校各类表彰,班干优先、一周之星优先。

5. 小组位置由综合成绩从高到低挑选,任何人不得随便调位或搬桌子。

6. 最优小组可申请班费奖励(每人5元,小组长统筹支配使用)。

三、扣分类与其他处罚措施

主要包括品德类、课堂类、常规类、作业类、管理类等方面,共45条(略)。

公约对学生的积极行为进行奖励引导,对不良行为进行详细列举,加分扣分有章可循。这样,小组有明确的发展目标、职责分工,班干被弱化,小组长的职能扩大。组内团结自律、紧密合作、互助互学,小组之间竞争激烈,整个班级呈现良好的合作和竞争的局面。在评估中,个人积分和小组积分相结合,既能体现小组竞争力,又能展示优秀学生的魅力,还能带动后进生的自律。

(三)创新活动载体,推进班级文化建设

班级文化是丰富的,活动也是多样的,如何把合作文化融入活动中,班主任大有可为。在合作学习的班集体中,班级文化的精髓就是"团结拼搏、共享共赢"。虽然班级文化看不见、摸不着,但是能够感受到。所有活动的创新只要围绕这根主线展开,就一定能够形成文化的力量。

1. 歌声融入合作文化

如果说,一首校歌也可以让阔别多年的老校友思绪万千、时光倒流、饱含热泪,那一定是校园文化发酵的力量。

开学前,笔者在网上搜索,希望能找一首大家不太熟悉、旋律简单、歌词优美易记的歌曲作为班歌。太熟悉的,学生就没新鲜感。如果没唱过,学生就很难评价了。旋律必须简单,如果旋律复杂,合唱不齐就难听了。歌词有意境,唱起来才能动情,歌词也不能多,多了记不住也不行。班歌选好后,笔者设计了一段简短的导入语:

> 首先,感谢学校给予我最充分的信任,在众多班主任中挑选了我,让我担任史地20班的班主任,我深感荣幸。其次,我要感谢你,因为你的选择,我才有机会在茫茫人海中认识你,如果把新的班集体比作一艘船的话,俗话说"十年修得同船渡",今天能够与你结缘,这也算是生命中的一种守候吧。在接下来的日子里,我就是你的船长了,将要和你朝夕相处,晨昏相伴,在你需要的时候拉你一把,在你倦怠的时候鼓励你一下。虽然我们的角色不同,但是我们拥有一个共同的愿景,从今天开始,我们的船就起锚离港了,这是一个新的起点、新的征程,我们将要同

舟共济、乘风破浪、直挂云帆,一起驶向成功的彼岸。我也需要你真诚
的支持,一起加油吧!

唱出我们的豪情,唱出我们的心愿吧!

开始播放班歌《乘风破浪》,男生唱,女生唱,男女合唱,刚开学就让班级热
闹欢腾起来,让同学们有一种新家的感觉。歌声拉近了彼此的距离。

扬帆起航,海岸天际,仰望苍穹,鸟瞰大地。

生命如歌,瑰丽如虹,傲视群英,谁当称雄。

海阔任我乘风破浪,天高独我振翅翱翔,踏月而行竞芬芳,醉酒当
歌笑痴狂。我欲乘风破万里浪,天地何远跋涉无疆,逐梦而往伴朝阳,
唯我逍遥逛四方。

后来,每次班会课都以这首歌开始或者结束。小高考最紧张的时候,无论
多忙,我们都满怀激情,在课间播放一首励志歌曲。每天一唱,唱得十分豪迈,
唱歌成了一种课间难得的享受,疲劳和紧张都被赶到九霄云外去了,播放的歌
曲都是有字幕的视频,像《从头再来》《蜗牛》《隐形的翅膀》《我的未来不是
梦》《真心英雄》《铿锵玫瑰》《相信自己》《飞得更高》等歌曲,旋律优美,内涵
隽永。小高考的前一天,我们唱了《年轻的战场》,大家唱得斗志昂扬、精神
饱满。

班歌是什么? 高二结束会上,当我再次和同学们唱起《乘风破浪》
的时候,我的心久久不能平静,因为我不再是船长了,谁来和他们一起
乘风破浪呢! 时过境迁,这首歌竟成了我对 20 班的思念,对 20 班祝福
的一首心曲。

2. 故事融入合作文化

在教育学生、引导学生的过程中,班主任要带真感情,但是语言要生动,要新
鲜,陈词滥调只会让学生感到厌烦,会讲故事是好班主任的必备技能。班会课
上,笔者向学生讲述了有关故事,并引导学生分析故事的意蕴。

在《瞎子和瘸子》寓言中,瘸子可以用明亮的眼睛指路,而瞎子可以用健壮
有力的腿走路,瞎子背上瘸子,正好弥补缺陷,发挥了各自优势,大大提高了行走
的速度。寓言说明了合作中优势互补十分重要。

《刘连仁的故事》讲述了二战中一名中国劳工刘连仁因逃避奴役,躲在深山
老林十几年,最后被发现时,因长期脱离人类社会,竟不能与任何人交流。说明
与人交往是生存和发展的必要条件。

马季相声《五官争功》,借用眼、耳、鼻、口和大脑争抢功劳的冲突,来讽刺那
些自以为是、好大喜功的人。笑声中,学生明白了身体尚且需要合作,社会更是
需要人与人的合作。

3.活动体验合作精神

开展丰富多彩的学习竞赛、体育游戏等活动,让学生在活动中体验合作精神。如以小组为单位进行单词比赛、习题大赛、组合阅读,以小组为单位策划远足计划等,让学生在喜欢的活动中感受合作的意义,体验合作带来的快乐。又如:

在"瓶中取乒乓球"的游戏中,如果游戏者只顾自己迅速取出小口瓶内的乒乓球,那么会出现乒乓球卡在瓶口谁也取不出的窘状。只有相互合作谦让,才能完成游戏。

在"多人单腿着地跑"的游戏中,游戏者一只脚着地,另一只脚系着相邻游戏者的一只脚,每个人只允许单脚着地往前跑,每个小组只有听从组长口号、动作协调一致时,才能跑得最快,否则最慢和最快的人都将影响小组的比赛成绩。

(四)端正学习态度,培优补差,不让一个学生掉队

所有家长都希望自己的子女不仅思想好,还要学习好,对班主任充满了期待。班主任也有责任管理学生的学习,助其端正学习态度,改进学习方法。

以前订正试卷的程序一般是:学生做—老师改—评讲订正—二次批阅。教师十分辛苦,教学效果也未必理想。将合作引入班级管理,在合作学习中融入竞争,调动学生的学习积极性、主动性,使他们相互帮助、促进。有时遇到记忆的内容,也可以在全班进行招募,"谁能把这段内容快速记牢,你是怎样记住的?"让学生在快乐的学习中相互启发,相互学习借鉴,提高学习效率。

班主任手记——

换一种思路订正试卷

今天我没有改试卷,而是把按组交来的试卷分发到不同的小组里,然后直接公布答案。要求学生在小组内先帮助别人批改,然后小组出具一份批改报告,报告要包括以下几个内容:成绩优秀名单、态度不认真名单、错误最多的地方是什么、不应该错的题目哪些同学做错了、本组讨论后仍然不能解决的题目。小组开始安静批改,改完后写出批改意见,小组讨论后得出:某同学成绩相对优秀;某同学书写清爽;某同学态度较差,字迹潦草,没有复习,上课没有认真听讲,某个简单问题都搞错了;某同学有抄袭行为;等等。错得最多的是某个题目,做错的主要原因是没有搞清概念;某个题目做错的不少,做错的主要原因是粗心大意,没有看清条件限制等,犯了这种类型的错误有某某同学。某个题目大家都不懂,请老师讲解。

我把学生都没搞懂的少数题目在全班讲解了一遍,接下来让小组

开始互帮互学,最后各组提问一个人,答对的加分,答错的扣分,第一个答题者是谁由抽签决定,其他各组由前一个被提问的学生指定。最终一节课下来,订正试卷的任务全部完成,该教育的教育了,该表扬的表扬了,差生在小组的帮助下基本完成了学习任务。

笔者改革了试卷批改程序,对优秀的学生进行具体表扬,符合激励性原则,起到了示范意义;对差的学生没有批评,符合不歧视学生的原则,但对态度差的学生毫不手软,让学生找出证据更客观、更有效地批评,同时提出批评意见的人也接受了一次端正学习态度的教育。学生会的不讲,节约了课堂时间;学生不会的教师先讲,学生再消化,重点突出。

(五) 共同呵护,相互温暖

长期以来,心理健康教育被忽视,而当前高中生心理问题比较突出,主要表现在学习方面厌学、考试焦虑普遍,其次还表现在人际关系、青春期等方面。因此,班主任应更新教育观念,对学生进行心理健康教育,或开设心理咨询室,或进行个别心理教育,或利用集体的智慧和力量,助人和自助相结合,温暖受伤的心灵,筑起一道心理健康的绿坝。

班主任手记——

温暖的心灵助手

小张这两天情绪低落,怎么了? 我把她请到办公室,与她交谈后,得知她的父母刚刚离异,她跟母亲生活,现在一下子不适应,觉得很孤单。说实话,离异家庭的孩子是很可怜的,我能够理解孩子的心情,但作为班主任,我并没有这方面的亲身体验,即使对她说些什么恐怕也是很空洞的。我知道班上还有 3 个离异家庭的孩子,现在很健康,学习也很用功,不如请他们帮帮她。这 3 个孩子中两个是女生,我排了一个时间,找了一个安静的地方,让他们与小张彼此交谈、倾诉,另外那个男生则写了一封很励志的信交给小张。然后,我又找小张所在小组的小组长谈话,请他保护小张的隐私,在学习上、生活上多给小张帮助,勉励其他组员与小张友好相处,真情相助。一学期下来小张的笑容渐渐多了起来,学习成绩还有了一定进步。

(执笔:泰州姜堰中学刘付刚)

主要参考书目

[1]［美］彼得·圣吉:《第五项修炼——学习型组织的艺术与实务》,郭进隆译,上海三联书店,1998年。

[2]［德］滕尼斯:《共同体与社会》,林荣远译,商务印书馆,1999年。

[3]［美］古德,［美］布罗非:《透视课堂》,陶志琼等译,中国轻工业出版社,2002年。

[4]［美］安德森:《想象的共同体》,吴叡人译,上海人民出版社,2003年。

[5]［美］罗伯茨,［美］普鲁伊特:《学习型学校的专业发展——合作活动的策略》,赵丽、刘冷馨等译,中国轻工业出版社,2004年。

[6]［英］齐格蒙特·鲍曼:《共同体》,欧阳景根译,江苏人民出版社,2007年。

[7]［法］让-吕克·南希:《解构的共通体》,郭建玲等译,上海人民出版社,2007年。

[8]［美］尼柯尔斯:《苏格拉底与政治共同体》,王双洪译,华夏出版社,2007年。

[9]［美］Jane A. G. Kise:《不同的人格,不同的教学》,王文秀译,中国轻工业出版社,2009年。

[10]［英］保罗·霍普:《个人主义时代之共同体重建》,沈毅译,浙江大学出版社,2010年。

[11]［日］佐藤学:《学校的挑战——创建学习共同体》,钟启泉译,华东师范大学出版社,2011年。

[12]王坦:《合作学习——原理与策略》,学苑出版社,2001年。

[13]王坦:《合作学习的理念与实施》,中国人事出版社,2002年。

[14]庞维国:《自主学习——学与教的原理和策略》,华东师范大学出版社,2003年。

[15]靳玉乐:《自主学习》,四川教育出版社,2005年。

[16]靳玉乐:《合作学习》,四川教育出版社,2005年。

[17]马兰:《合作学习》,高等教育出版社,2005年。

［18］蔡清田：《教育行动研究》，南京师范大学出版社，2005 年。

［19］郑金洲：《教学反思与行动研究》，北京师范大学出版社，2006 年。

［20］郑葳：《学习共同体——一个文化生态学习环境的理想架构》，教育科学出版社，2007 年。

［21］赵健：《学习共同体的构建》，上海教育出版社，2008 年。

［22］华国栋：《差异教学策略》，教育科学出版社，2009 年。

［23］李志厚：《变革课堂教学方式》，广东教育出版社，2010 年。

［24］王作亮，伏荣超：《构建乡村学校学习共同体》，光明日报出版社，2010 年。

［25］潘洪建：《活动学习教学策略》，北京师范大学出版社，2010 年。

［26］潘洪建：《有效学习与教学——9 种学习方式的变革》，北京师范大学出版社，2012 年。

后 记

大班额是我国基础教育领域一种独特的现象。在追求教育公平的今天，大班额现象的存在已成为制约教育公平实现的瓶颈。关于如何破解大班额难题，人们已做过一定的探索。我们认为，构建大班额学习共同体、变革教学方式是一种可行的选择。国内外学者已对学习共同体的内涵、特点、构成、标准进行了一定的理论研究。在实践方面，日本东京大学佐藤学教授 1998 年在神奈川县茅崎市滨之乡小学展开了"学习共同体"学校的实验研究，取得显著成效。此后，又在富士市的岳阳中学开展了初中"学习共同体"实验，现在已有 2000 所小学以"滨之乡模式"进行学校改革。英国建立了覆盖整个国家的中小学网络学习共同体（Networked Learning Communities）。我国一些中小学也在语文、数学、科学、历史、体育等科目进行了学习共同体的探讨。在教学方式方面，近年来人们在学习方式变革特别是自主学习、合作学习、探究学习方面做了大量研究。

在吸收已有研究的基础上，我们以学习共同体与教学方式变革为突破口，从学习共同体构建与教学方式变革的视角，开展了大班额教学改革实验，寻求大班额教学难题破解的路径。该研究试图在大班额中构建动态化、多样化的学习共同体，充分发挥大班额潜在的差异优势，激发学生的学习热情，让大班额课堂焕发活力，让学生在学习共同体中相互学习、取长补短、共同进步，促进大班额每一个学生全面和谐而富有特色地发展，全面提高大班额教学效率与质量。同时，通过中小学多学科大班额教学方式的变革，形成一套适用于大班额环境、行之有效的教学组织、方法与策略，指导大班额教学实践，丰富大班额教学理论。

针对大班额教学的复杂性、具体性、情境性，本书选择行动研究作为研究的基本范式。因为，行动研究主要面对复杂情境中的具体问题展开研究，它不旨在建构一套宏达的、普适性的知识体系，而是运用相关理论于具体实践中，围绕教育教学实践中的一些特殊、具体问题进行探索，创造性地回答与解决这些特殊问题。行动研究特别适合大班额教学研究。为此，我们建立了一批实验学校，广大教师积极参与，认真学习、掌握行动研究的理论与方法，在自己的教学实践中不断尝试、反复揣摩、改进完善。行动研究一般要经历设计—实施—反思多次反复螺旋式循环过程，看似简单、轻松，似乎人人可用，事实上并不如此。对于如何撰写研究方案、如何实施、如何评价与反思、如何撰写行动研究报告,人们也许能说出一番道理,但如果不"下水",不去亲身经历体验,只是纸上谈兵、隔靴搔痒,很难体会其中的奥妙与意蕴,难以真正掌握行动研究的技巧与要领。同样,我们开始时也是"摸着石头过河",常常不知道下一步该怎么走。正是通过不断的尝试、改进,反复的讨论、切磋,在扎扎实实的行动研究中才逐渐掌握行动研究的方法,领略行动研究的要旨。真是"纸上得来终觉浅,绝知此事要躬行"。在研究中、实践中、讨论中、反思中,理论与实践碰撞,彼此回应,相互质疑,不断改进、完善,对大班额教学的许多问题进行了一些具体而微的探索,获益良多,感触颇深。一批实验教师在行动研究中成长起来,学会了观察,学会了思考,学会了研究。回顾行动研究的那些日子,尽管充满了诸多困惑、艰辛,但也有不少的快乐、收获。研究团队开始成为一个共同体,拥有共同的愿景,彼此互动,相互促进,沿着共同的目标前行。

纵观 3 年的课题研究历程,尽管取得了不少令人欣喜的成绩,但也存在不足,如:大班额学习共同体还比较单一,类型不够丰富,大班额教学设计、教学评价、课堂管理还未深入展开,有的行动研究不够规范,质量尚待提高。这些问题有待后续研究不断拓展、深化,将本研究推向新的高度。

课题研究得到众多学校、个人的支持,没有他们的参与和坚持,行动研究难以真正展开,课题进展难以如此顺利,也难以取得这样的成就。在此,我要向全体参与者表示衷心的感谢。

参加课题研究的主要单位有:扬州大学、扬州市汶河小学、扬州市育才小学、扬州市新坝小学、扬州市汤汪中学、扬州市公道中学、扬州市美琪学校、扬州大学附中、扬州中学、扬州中学西区校、扬州市新华中学、扬州市邗江中学、高邮中学、高邮一中、高邮二中、高邮市城北中学、高邮市赞化学校、高邮市南海中学、高邮市临泽中学、高邮市临泽中心小学、南京市拉萨路小学、南京九中、南通中学、如东县马塘中学、如皋市薛窑中学、如皋高等师范学校、淮阴师范二附小、淮安市淮海中学、涟水中学、无锡市稻香实验小学、无锡市天一中学、盐城市一小、盐城市伍佑中学、泰州中学、泰东市实验学校、姜堰中学、姜堰二中、常州市新闸中学、溧阳市埭头中学、溧阳市南渡初中、溧阳市周城中学、溧阳市平桥中学、镇江九中、周口市直一中、周口实验一小、宿迁学院、绵阳师范学院、绵阳市警钟街小学、绵阳市火炬一小、绵阳九中、安县花荄初中、苍溪中学、苍溪城郊中学。对上述单位的各位校长、老师、学生的大力支持,特致诚挚的感谢。

本书的出版还得到扬州大学出版基金的资助,在此一并致谢。

潘洪建

于扬州瘦西湖畔

2012 年 11 月 12 日